Marc Späni

Der Heiland aus dem Glasturm

Marc Späni

Der Heiland aus dem Glasturm

Erzählungen

KaMeRu Verlag

Anmerkung

Die Handlung der meisten Geschichten spielt sich in der Schweiz ab. Um die Authentizität der Figuren und das Lokalkolorit zu wahren, beschlossen der Autor und der Verlag, gewisse Helvetismen der deutschen Standardsprache nicht anzupassen.

www.kameru.ch – Spannende Unterhaltung beginnt hier!

Gestaltung: www.diaphan.ch, Stephan Cuber, Bern
Umschlagabbildung: scheffler/photocase.de
Printed in EU

ISBN 978-3-906739-82-3

Bibliographische Information der Deutschen Bibliothek:
Die Deutsche Bibliothek verzeichnet diese Publikation in der Deutschen Nationalbibliographie; detaillierte bibliographische Daten sind im Internet über http://dnb.ddb.de. abrufbar.

Inhalt

Das Zwergenzimmer 7

Die Galluskonferenz 29

Der Mann im Mond 59

Abfall 74

Übungsstunde in norwegischer Konversation 138

Der Heiland aus dem Glasturm 165

Die Honiginsel 224

Das Zwergenzimmer

Eine verrückte Sache ist es schon mit dem Kuno, da hat die Frau mit dem speckigen Gesicht vollkommen recht. Ihr Gegenüber, auch ein Stammgast im Gasthof *Sternen*, nickt heftig mit dem hochroten Kopf. Und auch der Wirt pflichtet dem bei, während er sich laut atmend wieder zu seinen Gästen setzt: Eine verrückte Sache. Später kassiert er im vorderen Teil bei der alten Clara Fritschi, die mit wehenden Gewändern und ohne zu grüßen, wie man sie eben kennt, in die winterliche Kälte hinausrennt und ihren Jungen am Tisch beim Eingang zurücklässt. Eben diesen Kuno.

Dieser sitzt nun etwas schief auf der Bank und lässt den Blick durch die rauchige Gaststube schweifen, ohne etwas Bestimmtes anzuschauen oder überhaupt wahrzunehmen, weder den Fernseher, auf dem ohne Ton ein Fußballspiel gezeigt wird, noch die leeren Tische, den hageren Kerl, der mechanisch Münzen in den Schlitz des Spielautomaten wirft, die Theke mit der *Locherbräu*-Werbung oder die unzähligen Gartenzwerge, die überall aufgestellt sind: auf den Regalen, den Fensterbänken, neben der Kasse, auf der Theke; Zwerge in allen Ausführungen, mit Laternchen, Schaufeln, Hacken, alle mit weißen Bärten, roten Mützen und diesem dümmlich verzückten Ausdruck, der den handelsüblichen Gartenzwergen eigen ist. Kuno beachtet auch die drei Personen nicht, die am anderen Ende des Raums, die Köpfe zusammengesteckt, leise über ihn reden und sich von Zeit zu Zeit nach ihm umdrehen.

»Die Mutter bringt ihn jeden Tag her, holt ihn wieder ab«, erklärt der Wirt leise. »Und da sitzt er dann … stört keinen.«

Albert nickt wieder, ganz nachdenklich, während Brigitt ihre *Parisienne* ausdrückt und den Kopf vorbeugend wissen will: »Kann er … Ich meine … ist er klar? Versteht er? Kann man mit ihm reden?«

Der Wirt zuckt die Schultern. »Nun ja, manchmal redet er ganz normal, liest mir aus der Zeitung vor …«

Die Dicke macht hinter der altmodischen Brille große Augen, Albert schüttelt abwehrend den Kopf. »Ach was!« Er glaubt nichts von alldem, dreht sich um und mustert den jungen Mann am Eingang.

Dieser sitzt verkrampft da, als wolle er jeden Moment wieder aufstehen. Seine Beine sind verdreht, die Füße in den eleganten, aber schmutzigen, schwarzen Schnallenschuhen stehen in einem unnatürlichen Winkel ab. Überhaupt spottet die Gestalt jeder Proportionslehre: Die Arme sind ungleich lang, wirken nachlässig an den Körper angesetzt. Auch der Kopf mit den kurzen Haaren will nicht recht auf den Körper passen. Das schicke Hemd mit dem feinen Karomuster liegt nicht richtig an, als hätte er es nicht selbst angezogen. Die Arme stützt er auf den Tisch, wo eine Zeitung liegt. Der eine Unterarm ist bleich, fast bläulich, während der andere dunkelrot leuchtet und in unregelmäßigen Abständen von einem Zucken durchfahren wird. An den Oberarmen sind vernarbte Wunden sichtbar.

»Und wenn man ihn auf die Sache anspricht?«, bohrt Brigitt weiter.

Der Wirt winkt ab. »Ich weiß nicht, ich lass ihn in Ruhe … Der hat genug durchgemacht.« Er spielt nervös mit dem Ehering.

Brigitt dreht den Kopf zu Kuno und mustert ihn. Ab und zu bewegt er sich, immer ruckartig, wie eine Marionette. Dabei blättert er ungelenk in der Zeitung, vor und zurück, dazwischen führt er mit zittrigen Bewegungen ein Glas Mineralwasser zum Mund, gibt gurgelnde Geräusche von sich, während er trinkt, und lässt immer etwas Wasser auf den Tisch tropfen.

»Geschieht ihm doch recht!«, meint Albert mit Nachdruck. Sein Gesicht wird noch röter und sein grauer Seehundschnauz wippt auf und ab. »Geschieht ihm doch recht!«, wiederholt er. Dann schweigt er für einen Augenblick.

»Der ist doch völlig hinüber. Seht ihn euch mal an!« Jetzt blickt auch der Wirt unauffällig zu Kuno rüber.

»Der versteht doch nichts«, wiederholt Albert. Plötzlich steht er fahrig auf und ruft laut durch die Gaststube: »He, Kuno! Erzähl doch mal von deinem Unfall!«

Doch Kuno reagiert nicht, sieht nicht einmal hin. Also setzt sich der Alte wieder und blickt nervös vom einen zum anderen.

»Hör doch auf, Albert!«, fleht Brigitt, worauf dieser leise sagt: »Der … der versteht doch nichts, der ist total hinüber.«

Der Wirt schaut sich ängstlich um, doch der hagere Kerl am Spielautomaten hat nichts bemerkt.

»Ich bin mir da nicht so sicher«, greift er das Gespräch nach einer Weile wieder auf. »Wie gesagt, manchmal spricht er ganz normal.«

»Ach was!«, ist Alberts Kommentar.

»Mir macht er Angst«, meint Brigitt mit ernster Miene. »Wenn ich ihn so ansehe … Ich möchte ihm nicht allein begegnen.«

»Ach was!«

»Man weiß nicht, was in ihm vorgeht. Ob er zuhört …« Sie senkt die Stimme zu einem Flüstern. »Ich meine, dass er überhaupt noch lebt!«

»Hm, *leben!«,* meint Albert spöttisch.

»Die alte Fritschi muss ihn ja regelrecht zusammengesetzt haben – unvorstellbar. Fischt ihn aus dem Fluss, so zugerichtet … Es ist schon seltsam, dass sie gerade da war, um die Jahreszeit, am Fluss unten, und gerade an *der* Stelle, wo er angeschwemmt wurde … vollständig.« Das letzte Wort spricht Brigitt fast unhörbar aus.

»Ah, sie hat Geld«, erklärt Albert, »hab ich immer gesagt. Sie hat Geld, solche Leute können die besten Ärzte haben.«

»Aber nein, Albert, sie soll ihn ganz allein gepflegt haben. So oder so … Dass es überhaupt noch möglich war!«

Der Wirt nickt und steckt sich eine von Brigitts *Parisiennes* in den Mund.

Von irgendwoher dringt leise Schlagermusik in den Raum, von Zeit zu Zeit erklingt aus dem Spielautomaten eine elektronische Fanfare, Kuno rülpst leise und knackt mit seinen Kniegelenken.

»Mir tut der Alte leid«, unterbricht Albert das Schweigen, »der steckt jetzt in der Scheiße. Seinetwegen!« Er deutet auf Kuno.

»Nun, immerhin hat er ihn …«, beginnt Brigitt.

»Zu Recht«, fällt ihr Albert ins Wort und die andern schauen ihn besorgt an. »Zu Recht«, wiederholt er. »Nach alldem, was er der Familie angetan hat. Ich kann es ihm nicht verübeln. Ich hätte gleich gehandelt.«

»Ja, gerade du!«, spottet Brigitt und nimmt einen Schluck.

Albert braust auf: »Ja, verdammt, ich hätte!«

»Ist ja gut«, beruhigt ihn Brigitt.

Der Wirt macht ein besorgtes Gesicht.

In dem Augenblick wirft Kuno sein Glas um; es zerspringt klirrend am Boden. Auch die Speisekarten stößt er um, und einen der selig lächelnden Zwerge mit einer kleinen Schaufel, der auf der Fensterbank steht.

Der Wirt steht keuchend auf, holt hinter der Theke einen Lappen und wischt auf. Während der schwerfällige Mann vor Kuno auf den Knien herumkriecht, liest ihm dieser, als hätte er von dem Vorfall gar nichts mitbekommen, aus der Zeitung vor. Er hat einen starken österreichischen Akzent. »Ei, Walter, des glaubst' net, was hier steht.« Er räuspert sich unappetitlich. »Als ehemaliger Instruktor der Schweizer Armee hat der Herisauer Benedikt Geel in einem Teilzeitpensum eine Kompanie des Zivilschutzes übernommen.«

Der Wirt nickt, während er die Scherben zusammenwischt.

»Und hier: An der Mitgliederversammlung der Freien evangelischen Gemeinde Gais (FEG) erinnerte Dirk Onnen, Vorsitzender der Übergangsgemeindeleitung, in seinem Jahresbericht daran, dass die gesamte Gemeinde seit dem Wegzug der Pastorenfamilie …«

»Lass nur, Kuno.« Der Wirt richtet sich wieder auf.

»Aber des, Walter, des muesst' no' hör'n, des is' zu lustig: In Innerrhoden waren Ende Februar 185 Personen als stellensuchend verzeichnet, im Vormonat waren es 181 und vor Jahresfrist 189 Personen gewesen.« Kuno schaut den Wirt erwartungsvoll an. »Lustig, net wahr?«

»Ja, Kuno, ja. Sehr lustig.« Dann geht der Wirt kopfschüttelnd in die Küche, um die Scherben zu entsorgen. Er zittert.

Die beiden Stammgäste verfolgen die Szene interessiert. Als der Wirt an den Tisch zurückkehrt, nimmt Albert den Faden wieder auf: »Der alte Hofstetter ist doch jetzt völlig am Ende. Hetzt ihm die Fritschi noch die Polizei auf den Hals. Wir hätten geschwiegen. Alle. Aber die alte Hexe …«

»Sie war es nicht«, unterbricht ihn der Wirt.

»Wie? … Wer dann?«

»Die Enkelin, die Fränzi.«

Albert und Brigitt sind verblüfft und bringen nicht mehr als ein »Ach …« und ein erstauntes »So was!« hervor.

»Ja«, fährt der Wirt fort, wieder ganz leise, mit wichtiger Miene: »Die hat ihren eigenen Großvater angezeigt. Das hat mir der Kurt erzählt, sein Sohn ist ja bei der Polizei.«

Albert pfeift durch die Zähne.

»Und nicht nur wegen dem Kuno«, erklärt der Wirt weiter, »nein, der alte Hofstetter soll gewalttätig gewesen sein, der Fränzi und der Mutter gegenüber.«

Albert zuckt die Schultern und sagt nichts.

»Da verrät die Enkelin den eigenen Großvater.« Brigitt kann es nicht fassen. »Der Hofstetter ist doch erledigt, der erholt sich nicht mehr. Stell dir vor, wenn der ins Loch muss. Und dabei hätten alle geschwiegen, da hast du schon recht, Albert, alle hätten wir geschwiegen. Davon bin ich überzeugt.«

Der Wirt nickt und fährt fort: »Jetzt ist sie irgendwo untergebracht, Jugendamt oder was weiß ich wo. Bis zum Prozess.«

»Den eigenen Großvater«, wiederholt Albert ungläubig und bricht in einen Hustenanfall aus. Auch Brigitt hustet, vielleicht aus Solidarität. »Aber wenn er sie wirklich ...«, räumt sie ein, doch Albert unterbricht sie, noch immer hustend: »Ach, hör doch auf, Brigitt. Jeder weiß doch, was die ... was die ...« Ein erneuter Hustenanfall schüttelt ihn.

Der Wirt schlurft schwerfällig zur Theke. Er blickt über die Schulter zum seltsamen Gast am Eingang, der vor einigen Wochen zum ersten Mal seit Jahren wieder im *Sternen* erschienen war.

***

Zuerst erkannte er ihn nicht, den schlanken Mann um die vierzig, sportlich-elegant gekleidet, mit Vollglatze, die Sonnenbrille in der Brusttasche, eine teure Golduhr am Handgelenk.

Er nahm gerade eine Bestellung auf, als ihn der andere am Arm packte und fragte: »Na, kennst du deine besten Freunde nicht mehr?« Und das mit diesem Lächeln, das dem Wirt seit den ersten gemeinsamen Schultagen ein quälendes Rätsel geblieben war, bei dem sich sein Magen so häufig verkrampfte und das ihn die unterschiedlichsten Gefühle empfinden ließ, von ehrlicher Bewunderung und kameradschaftlicher Verbundenheit bis zu Eifersucht und kalter Verachtung. Nur an diesem Lächeln hatte er ihn erkannt, mit dem Jugendlichen von damals hatte der Glatzköpfige sonst nichts mehr gemein. Zudem konnte er, so sehr er sich auch anstrengte, einen österreichischen Akzent nicht verbergen.

»Ja ... ja, Kuno, was machst du denn hier? Das muss ja eine Ewigkeit her sein«, sagte der Wirt zögernd. Es kam ihm vor, als habe sich ein Zeitfenster geöffnet, aus dem eine unbeschwerte, abenteuerliche Jugendzeit voller Sonnenschein heraussprudelte. Jetzt musste auch er lachen, und die Verkrampfung im Magen löste sich. »Mein Gott, Kuno, ich kann es nicht fassen! Lass mich rechnen ... fünfzehn Jahre ...«

»Sechzehn, mein Lieber, sechzehn.«

»Sechzehn Jahre.« Der Wirt schüttelte den Kopf. »Was bringt dich hierher? … Warte, ich setze mich zu dir. Du musst mir alles erzählen. Ich glaub's nicht. Sechzehn Jahre. … und du hast dich kaum verändert.«

Kuno fuhr sich grinsend über die Vollglatze. »Man ist älter geworden. Und …« – mit einem Blick auf den Bauch des Wirtes – »dicker, hm?«

Der Wirt schmunzelte.

»Du bist jetzt also der Chef im Grandhotel *Sternen*?«, fragte Kuno.

Der Wirt zuckte zusammen. »Wie du siehst«, sagte er mit etwas unsicherer Stimme. »Der alte Benz ist vor fünf Jahren gestorben. Da hab ich, also da haben wir …«

»Aha, ich sehe.«

Wieder ein Zucken. »Und … was hast du in den letzten Jahren so getrieben?«

»Ich … nun, ich war in Österreich.«

»Ja, du hast den Akzent angenommen. Was hast du denn da gemacht?«

Kuno sah sich in der Gaststube um, anstatt zu antworten. Wenige Leute saßen an den Tischen, trostlose Gestalten auf der Suche nach etwas Wärme, die meisten Alkoholiker, Kettenraucher, verbittert über die Sinnlosigkeit ihres Lebens und voller Angst davor, es bald zu verlieren.

»Die Leute hier sind wohl immer noch gleich konservativ und verstockt wie vor sechzehn Jahren.«

Der Wirt hob die Schultern. »Immerhin Kundschaft, die kann man sich an so einem Ort nicht aussuchen.«

Kuno nickte übertrieben verständnisvoll. »Natürlich nicht. Weißt du«, begann er nun und lehnte sich lässig zurück, »eigentlich hab ich nur professionalisiert, was ich in der Schulzeit als Amateur betrieben hatte.«

Der Wirt spürte das unangenehme Ziehen in der Magengegend.

»Mit der Zeit ist mir das allerdings zu schmutzig geworden.« Kuno schien sich zu amüsieren. »Ich bin nicht der Typ für die Straße, das war nie mein Ding.« Er nahm einen Schluck Bier, während ihn der Wirt erwartungsvoll ansah.

»Ja, nach einigen Jahren hab ich meinen eigenen Klub eröffnet, das heißt übernommen von einem, der sich damit außerordentlich ungeschickt anstellte oder Pech hatte, wie man will. Du weißt ja – aber nein, woher auch?«

Der Wirt wurde bleich.

»Nun, in diesen Kreisen«, fuhr Kuno fort, »in diesen Kreisen gibt es kein Pardon. Da heißt es zugreifen, wenn sich etwas bietet. Ein feiner Klub, sag ich dir, der hätte dir gefallen. Kein Vergleich natürlich mit dem *Sternen* ... aber ein feiner Klub.«

Beide lachten.

»Ein feiner Klub. Eine Goldgrube. Da hab ich mich nicht mehr selbst hinstellen und kämpfen müssen, da hab ich Kerle gehabt, die das für mich erledigten. Wahre Monster, durchtrainiert, mit Anzug und Sonnenbrille, wie im Film. Herrlich!«

Der Wirt wurde noch bleicher. Wie Kuno sich zurücklehnte, als ob er der Herrgott persönlich wäre. »Da hast du ja wirklich was auf die Beine gestellt. Während ich hier ...«

»Jaja«, meinte der Glatzköpfige wohlgefällig. »Aber das Milieu ist hart. Einen Augenblick lang bist du ganz oben – und am nächsten Tag wird dir in die Fresse getreten.«

Der Wirt nickte ernst.

»Manchen Leuten war ich sehr im Weg, die hätten einiges gegeben, um mich loszuwerden. Schließlich ist der Klub hopsgegangen. Aber was soll's, ich hab mich abgesichert und bin jetzt für eine Weile hier.«

»Du hast schon immer gern das Schicksal herausgefordert.«

»Tja, ich genieße also erst mal das schöne Landleben.«

»Wo wohnst du denn?«

»Bei Mutter ...« Kuno schüttelte den Kopf. »Wie das klingt: bei Mutter.«

Wieder lachten sie.

»Meine Mutter wohnt auch bei uns, oben. Sie hat Parkinson ... Ich kann ihr Zittern kaum mehr ertragen. Wie geht's deiner Mutter? Ich hab sie seit Jahren nicht mehr gesehen.«

»Sie geht nicht unter die Leute.«

»Ich weiß. Die Leute reden manchmal, in einem kleinen Ort wie hier ...«

»Das ist ihr egal.« Kuno überlegte eine Weile. »Ich hab gehört, wie die Dorfkinder sie Hexe nennen.«

Der Wirt lächelte verlegen. »Ja, die Hexe ... Hast du gewusst, dass wir sie als Kinder auch immer so genannt haben?«

»Hexe?«

»Ja. Ich weiß nicht warum. Für uns war sie immer die Hexe; vielleicht, weil sie keine Einheimische ist oder weil sie sich immer von allem ferngehalten hat … Und ihre seltsame Kleidung.«

Kuno konnte sich kaum beherrschen. »Hexe, das ist gut. Das gefällt mir … Ich lebe in der Scheune einer alten Hexe.«

»Welche Scheune?«

»Sie liegt ein wenig abseits, mehr sag ich nicht, du weißt ja, man hat Feinde. Und ein Wirt …«

»Ach, hör doch auf!«

»Anyway«, fuhr der Kahle unbeirrt fort, »ich richt' mich dort ein. Mutter wollte bereits vor einigen Jahren ein Ferienhaus draus machen, ist also alles da, was ich brauche: Strom, Telefon, ich hab auch schon ADSL.«

»Was hast du denn vor?«

»Ich arbeite von dort aus. *Home office.* Gutes Bildmaterial, hohe Gebühren. Ich hab zwar den Klub aufgeben müssen, aber ich hab nach wie vor die besten Verbindungen, du weißt schon … Und in der Scheune hab ich meinen Frieden.« Er lachte etwas gezwungen.

Der Wirt schüttelte den Kopf. »Du hast dich kein bisschen verändert. Wo immer sich eine Gelegenheit ergibt … Wie die Fotos, die du immer gemacht hast, in der Schule … die Mädchen der halben Klasse, ich weiß nicht, wie du das immer hingekriegt hast …«

»Ach, das war doch gar nichts. Dilettantische Fotos von Dorfmädchen. Du solltest mal sehen, womit ich jetzt arbeite, da würdest du staunen!«

Der Wirt schwieg und wich Kunos Blicken aus. »Sag mal«, fragte er nach einer Weile, »hast du keine Bedenken, einfach wieder hier aufzutauchen, nach allem, was war?«

Kuno schaute ihn fragend an.

»Na ja, die Geschichte mit der Bea, du weißt schon, die Morddrohungen. Ihr Vater hat dir doch angedroht, wenn du je zurückkommen solltest …«

»Das war vor sechzehn Jahren.«

»Du musst trotzdem vorsichtig sein. Ich weiß nicht. Wenn der Alte erfährt …«

»Ich bin am Hof vorbeigefahren. Alles verlassen.«

»Ja, er hat den Hof vor einigen Jahren aufgegeben. Die Bea …« Der Wirt zögerte. Er fühlte sich unwohl.

»Ja?«

»Die Bea ist depressiv geworden. Ziemlich schlimm. Geht nicht mehr raus, hat sich zweimal die Pulsadern aufgeschnitten.«

»Aber wohl kaum wegen dieser Sache?«

»Kuno, begreifst du nicht, was …«

»Nein, Walter, lass mal. Ich will nichts mehr hören von der alten Geschichte.«

»Sie …«

»Wirklich nicht, hör auf!« Kuno lehnte sich bedrohlich vor. »Ich bin nicht bereit, irgendwelche Schuld auf mich zu nehmen, verstehst du das? Wenn du wüsstest, wie es bei ihr zu Hause, bei diesem katholischen Satan, zu- und hergegangen ist!«

Der Wirt zuckte nur mit den Schultern.

»Nein«, fuhr Kuno ruhiger fort, »ich will nichts hören. Ich habe meinen Teil der Schuld getragen, ich bin damals weg, hab mir eine neue Existenz aufgebaut. Die Sache ist vorbei. Man muss nach vorne schauen, Walter.« Kunos Gesicht hellte sich auf. »Ich hab da ein Mädchen kennengelernt …«

Der Wirt schüttelte wieder den Kopf. »Kuno, sei vorsichtig. Das hier ist ein kleiner Ort. Da ist alles anders als in der Stadt. Du solltest dich nicht zeigen. Das ist kein Spiel.«

»Na und, soll ich hier versauern?« Für einen Augenblick machte sich ein gehetzter, verängstigter Ausdruck auf Kunos Gesicht breit, für einen winzigen Augenblick nur, dann setze er wieder sein zweideutiges Lächeln auf. »Komm, erzähl lieber von dir. Du hast also die Regula geheiratet, wer hätte das gedacht?«

»Ja, das war vor … vor zwölf Jahren.«

»Und, alles gut?«

Der Wirt sah sich unruhig im Raum um. »Ja, alles bestens.«

»Dann ist ja gut.«

Sie plauderten noch eine Weile und lachten viel – zwei unterschiedliche Lachen, beide so falsch wie das süße Lächeln der Zwergenschar mit ihren roten Lippen in den dicklichen Kindergesichtern.

Dann packte Kuno seine Wagenschlüssel und ging zu seiner Liebsten, wie er mit übertriebener Gestik und Augenzwinkern bemerkte. Der Wirt sah ihm nach. Hätte er ihm mehr erzählen sollen? Dass der alte Hofstetter nicht weg-, sondern nur umgezogen war; etwas außerhalb des Orts, um abgeschottet an seinen Holzfiguren zu arbeiten, diesen meterhohen Heiligenbildern? Dass die Bea eine Tochter hatte, die im Ort für Skandale sorgte und den alten Frömmler provozierte, wo sie nur konnte? Aber Kuno wollte nichts wissen. Er erkundigte sich mit keinem Wort nach dem Mädchen, das vermutlich sein Kind war. Für ihn war alles ein Spiel. Das war es, nichts als ein Spiel. Er hatte keine Ahnung, worum es wirklich ging.

Der Wirt hätte doch gern gewusst, wo sich der Kuno verschanzte und was für ein Mädchen er sich da geangelt hatte. Er ärgerte sich über sich selbst, weil er sich zu sehr von diesem Zuhälter beeindrucken ließ.

Nein, Kuno hätte nicht zurückkommen sollen.

***

Der Himmel war leuchtend blau und die Luft klirrend kalt, als Kuno mit seinem silbergrauen Porsche vom Gästeparkplatz hinter dem *Sternen* losfuhr. Kein Mensch war auf der vereisten Straße zu sehen und die Fassaden der alten Schindelhäuser mit ihren schmalen Fensterreihen wirkten abweisend.

Beas Bild, das Walter in ihm wachgerufen hatte, ging ihm nicht mehr aus dem Kopf. Eine Erinnerung wie ein vergilbtes Schwarz-Weiß-Foto, dachte er. Er sah die fließenden, schwarzen Muster auf ihrer weißen Haut, wenn die Sonne durch die Vorhänge seines Jungenzimmers auf sie schien. Ihre dunklen Haare, ihre Zöpfe, ihr Schamhaar … die sanften Schatten auf ihrem weißen Mädchenkörper, wenn sie auf seinem schmalen Bett lag. Vor sechzehn Jahren.

Er kam auf der eisigen Straße nur langsam voran. Links und rechts Altbekanntes oder neu erstellte Wohnbauten. Er nahm es alles wahr, nicht anders als die anderen Male, seit er wieder hier war. Er wusste nicht, was er davon halten sollte, welche Gefühle sich in ihm regten. Nostalgie? Fremdheit? Gleichgültigkeit? Ein bisschen von allem?

Er fragte sich, warum er sich damals geweigert hatte, die Konsequenzen seines Handelns zu tragen. War es, weil das geheißen hätte, eine Zukunft außerhalb des Dorfes aufzugeben? Auf ein Leben in der großen Welt zu verzichten? Nein. Er hätte sich arrangieren können mit dem Dorf, das schon damals kein Bauerndorf mehr war. Anonymität wäre möglich gewesen, wenn auch um den Preis der Isolation. Er hätte *sein* Leben leben können, ohne sich um die Hinterwäldler und hergezogenen Kleinbürger zu scheren. Genauso wie seine Mutter. Sie hatte immer gesagt: »Die können dir nichts anhaben, Junge.«

Die Konsequenzen zu tragen hätte aber bedeutet, nicht mehr wie ein Peter Pan dem bürgerlichen Käfig entfliehen zu können, nicht mehr laut über die Scheinmoral des Ortes zu spotten, um sich so Luft zu machen. Nicht mehr in die moralischen Abgründe einzutauchen, die hinter den Fassaden der Bürgerhäuser klafften, und den stinkenden Schlamm ans Tageslicht zu ziehen, ihn allen vor Augen zu halten, bevor man sich in die Höhe erhob, um ihn auf das ganze scheinheilige Dorf zu versprengen wie die Jauche aufs Feld.

Die neu gestaltete Kreuzung am Dorfausgang, mit drei Spuren, einer großen Signalanlage, einem Bahngleis und einer Haltestelle der *Appenzeller Bahn*, erschien ihm, als wäre sie aus einer Großstadt herausgerissen und hierher in das unbewohnte Waldstück verpflanzt worden. Kuno nahm die dritte Spur und bog rechts ab, zu den letzten Scheunen des Ortes und weiter zu den Hügeln.

Natürlich war es nicht ihre Schuld gewesen, aber er war auch nicht bereit, die Schuld auf sich zu nehmen. Mutter hatte ihm beigebracht, dass ein Mensch nur dann schuldig war, wenn er die Schuld als seine anerkannte. Schuld lag da und störte, bis sie jemand auf sich nahm. Warum hätte er das tun sollen?

Er verführte die Mädchen mit der Kunst zu fliegen, schwebte mit ihnen aus den engen Schlafzimmern ihrer Bürgerhäuser. Sie bewunderten ihn und seine Ungebundenheit, er aber vergaß sie wieder, kaum war er weitergeflogen. Er liebte sie nur einen Augenblick lang und war bereit, sie zu verraten, wenn sie sich – nach einem Blick in sein Wunderland – zurück in ihre Schlafzimmer sehnten. Er pflegte ihnen anzudrohen, ihren Eltern die erotischen Fotografien zukommen zu lassen. Was sah man schon auf diesen Bildern? Ein bisschen nackte Haut. Aber damals war das viel.

Das alles war ein Spiel gewesen, und auch mit Bea begann alles wie ein harmloses Spiel. Und doch hatte er sich mit dem Videoband viel mehr abgesichert als bei den anderen. Er war damals siebzehn, er wollte sich nicht als Ehemann und Vater in diese Familie einmauern lassen. Kuno musste weiterfliegen.

Eine Abtreibung war für den alten Hofstetter natürlich kein Thema. Nicht, dass sie jemals darüber geredet hätten. Mit dem Alten konnte niemand reden. Höchstens der liebe Gott, der schien der einzige Freund dieses Sonderlings zu sein. Der abgeschieden auf seinem Hof lebte und, wenn er nicht gerade betete, aus Baumstämmen riesige Holzfiguren schnitzte, biblische Gestalten oder weiß Gott was. Überall im Hof standen diese unheimlichen Dämonenfratzen. Ins Dorf kam der Alte selten, ins Wirtshaus schon gar nicht; ein grobschlächtiger, brutaler Kerl, mit seinem Ohrring und dem Goldzahn.

Natürlich wussten damals alle im Ort, dass Kuno der Vater von Beas Kind war, aber als Bea sich weigerte auszusagen, erhob man keine Klage. Er hatte sich eben abgesichert. Das Videoband war sein Schlüssel zur Freiheit, zu einer Freiheit, die zunächst einmal Flucht bedeutete. Er hatte nicht vorgehabt, zu flüchten, doch schließlich hatte er es getan; nur wegen des alten Hofstetters, den er mehr fürchtete als alles in der Welt. Natürlich hätte er ihm die Videoaufnahme nie gezeigt. Nicht nur weil er sich vorstellen konnte, wie dieser Satan Bea danach behandelt hätte, vielmehr deswegen, weil ihm alles, was man auf dem Band sehen konnte, so heilig war wie dem Alten die Holzgötzen.

Die Straße zog sich in einer weiten Kurve über ein schneebedecktes Feld zum Wald hinauf. Hierhin waren sie im Winter immer wieder mit ihren Schlitten gekommen. Eine Viertelstunde hochgegangen und knapp eine Minute runtergefahren. Dann wieder hoch. Und wieder runter. Den ganzen Nachmittag.

Vom Wald her kam ihm ein zweistöckiges Postauto entgegen, das fast leer war.

Wenn jemand schuldig war, dann der Alte, der es nicht für nötig gehalten hatte, seine Tochter aufzuklären. Bea hatte sich vor ihren Klassenkameradinnen erniedrigen müssen, um etwas zu erfahren, und glaubte ihre Ehre nur dann wiederherstellen zu können, wenn sie alles tat, wovon die anderen hinter vorgehaltener Hand redeten und kicherten. So hatte sie sich an Peter Pan gehängt, der nun ihr Werkzeug sein sollte. Ein Werkzeug, das in ihren Händen weich und biegsam wurde. Sie zeigte ihm etwas, das alles übertraf, was er bis dahin erlebt hatte. Der Augenblick, als sie das erste Mal nackt vor ihm stand, vor Erregung und vor Angst zitternd, ließ ihn alles andere vergessen.

Später, in seinem Klub, lernte er Mädchen kennen, deren Beruf es war, Lust zu bereiten – erfahrene Technikerinnen. Sie konnten die männliche Gier in eine Höhe treiben, in welcher die Gesetze der Schwerkraft aufgehoben wurden und man im Taumel der absoluten Lust mit dem Universum verschmolz. Dabei spielte jede ihre eigene Rolle; es gab herrische Dominas ebenso wie kleine zierliche Geschöpfe, die mit Zöpfchen und Kniestrümpfen die Pädophilen ansprachen. Mit etwas Übung beherrschen die Mädchen beide Rollen sehr schnell. Ganz anders die Rolle der natürlichen, jugendlichen Blüte, die nur von wenigen, meist jungen Russinnen gespielt wurde. Denn die musste echt sein; es gab nichts Peinlicheres, nichts Ekligeres als imitierte Jugendlichkeit, aufgemalte Frische, wie man sie in den billigen Vorstadtbordellen fand. Und doch war auch bei diesen Russenmädchen etwas falsch; natürlich, sie *waren* jung, aber es waren trotzdem Prostituierte, Künstlerinnen, wenn man so wollte. Ihre Unschuld, ihre Unerfahrenheit, ihre Ängstlichkeit waren gut gespielt, aber doch nur gespielt. Und Kuno konnte nie darüber hinwegsehen, dass sie spielten; es erinnerte ihn schmerzhaft daran, dass das Original für immer im Strom der Zeit verschwunden war.

Bea, damals, vor sechzehn Jahren, in seinem Zimmer im Haus seiner Mutter. Im Vergleich zu den Mädchen, die er später kennengelernt hatte, war sie ungelenk, sogar etwas schwerfällig gewesen. Aber sie besaß eine Echtheit, die keine Prostituierte je nachahmen konnte. An diesem Nachmittag war jede von Beas Bewegungen echt, jeder ihrer Laute, die Überraschung über die eigene Begierde. Seither suchte er bei jeder Frau nach diesem verschlossenen Paradies, doch es war verloren.

Die Straße führte durch den Wald, über den Hügel, an einer steilen Flanke entlang, zum Fluss hinunter, der unten im Tobel lag.

Er hatte sich die Aufnahmen mehrmals angesehen, als er deprimiert war, doch es half ihm nicht. Einzig eine ferne Erinnerung an einen paradiesischen Moment kam zurück und die Gewissheit, dass es diesen Moment *gegeben* hatte, dass es der größte, der intensivste seines Lebens gewesen war. Er konnte alle Mädchen haben, alle Techniken ausprobieren, alle Varianten der Lust erleben, aber das Zimmer mit dem Vorhang, durch den die Sonne sich ihren Weg bahnte, Beas Gesicht, ihr weißer Körper, ihre Unberührtheit, ihre ungeschickte Zärtlichkeit, die lustvolle Ängstlichkeit in ihren Augen – er hatte das Band noch immer, doch heute wusste er, dass es ihm nichts mehr zu geben vermochte.

Der Porsche verließ den Wald und fuhr durch ein offenes Landstück. Links und rechts führten Abzweigungen zu verstreuten Höfen. Im Winter war es hier bestimmt sehr einsam.

Auch Franziska konnte ihm nicht geben, was er suchte. Er hatte sie gesehen und es sofort geahnt. Dafür war sie viel zu direkt, fast aufdringlich, sonnte sich in seinen Blicken, schien einen Skandal richtiggehend zu suchen. Sie tauchte plötzlich in seinem Leben auf, wahrscheinlich hatte sie der Porsche angelockt. Sie sprach ihn an, flirtete mit ihm, er bot ihr Bier an; sie saßen vor der Scheune und sie räkelte sich auf dem Stuhl, war schön, ungewöhnlich schön, ein junges Mädchen, das ein Spiel spielte, wissend, dass ihr Körper der beste Einsatz war. Bei ihr fand er etwas wieder, was ihn an seine jungen Jahre erinnerte, als er noch Peter Pan gewesen war und sich geweigert hatte, in dieser Gemeinde von Moralaposteln und heimlichen Lüstlingen erwachsen zu werden. Für Franziska war es ein Spiel und er war bereit, mitzuspielen.

Er musste schmunzeln. Es waren unschuldige Kindereien, mit denen sie versuchte, ihre Umgebung zu schockieren. Ihre einzige Möglichkeit zu rebellieren. In ihrer Naivität hoffte sie wahrscheinlich auch, ihn dadurch an sich zu binden. Aber er hatte nicht vor, sich binden zu lassen. Seine Regeln waren sehr einfach: Er schenkte ihr das Gefühl mitzumachen, sie ihm ihre Jugend. Sie träumte von einer Welt, die sie hinter dem Porsche und der teuren Armbanduhr erahnte, sie wollte mit Peter Pan wegfliegen, sah aber nicht, dass dieser im Lauf der Jahre erwachsen geworden war. Sie war eine Episode, so wie viele andere auf seiner hoffnungslosen Suche.

Er bremste, als er den Wegweiser zur alten Sägerei sah. Ein kleines Sträßchen zweigte rechts ab und führte durch den Wald zum Fluss.

Die Straße zur Sägerei war schmal und schlecht gewartet. Tief verschneite Tannen bildeten ein weißes Dach, unter dem sich der Porsche langsam voranschob. Er fragte sich, warum sie ihn an einem solchen Ort treffen wollte.

Aber er beschloss, seinen Teil der Abmachung einzuhalten, auch wenn er nicht verstand, warum sie von ihm verlangte, einen seltsamen Telefonanruf zu tätigen. Was kümmerte es ihn aber? Ihm konnte ja nichts geschehen. Niemand konnte wissen, dass er dahintersteckte. Sie hatte ihren Spaß, ihre kleine Rache am bornierten Großvater, er hatte *sie*. Vielleicht glaubte sie tatsächlich, er würde sie mitnehmen, sie in die Welt des Milieus einführen. Welch naive Vorstellung sie von dieser Deckswelt haben musste. Er lachte. Er tat ihr einen viel größeren Gefallen, wenn er sie nicht mitnahm. Wo würde ein sechzehnjähriges Mädchen in seiner Welt landen, außer bei einer billigen Filmproduktionsfirma, die ihren Sitz in einer Garage hatte und deren Team allabendlich nach dem Dreh nur darauf wartete, von der jungen Darstellerin befriedigt zu werden, wobei sie weniger verdiente als die billigste Putzfrau?

Er bog auf den Parkplatz vor der alten Sägerei, den sie ihm beschrieben hatte. Dort wollte sie auf ihn warten.

***

Er schmiegt sich in seinen schwarzen Schal, den er in Künstlermanier über sein Jackett gewickelt hat. An das Mäuerchen eines alten Trafohäuschens gelehnt wartet er, sich mit verschränkten Armen gegen die beißende Kälte schützend, raucht und blickt die steile Böschung hinunter. Ungefähr zehn Meter tiefer zieht der Fluss zwischen den verschneiten Uferbänken durch, eine schwarze Fläche, auf der die absterbende Wintersonne funkelt und hier und da für einen Augenblick auf einer Eisscholle grell aufblitzt.

Auf der anderen Seite des Parkplatzes die Silhouette der verlassenen Sägerei, aufgeschichtete Baumstämme und ein Geländewagen. Vom dunklen Wald her dröhnt eine Kettensäge. Als Kuno in den Fluss blickt, glaubt er sein Leben vorbeiziehen zu sehen; er ärgert sich über diese leere Metapher und doch erinnert ihn das Bild daran, dass auch sein Leben von irgendwoher nach irgendwohin fließt.

Und dann kommt sie, taucht aus dem Nichts auf, den Kurzmantel in der Taille von einem Gürtel zusammengehalten, hohe, schwarze Stiefel, ein Lächeln im jungen Gesicht – Jugend, einfach Jugend! Küsst ihn cool, wirft den Kopf mit den schwarzen Haaren in den Nacken und fordert ihn dann auf, den Anruf zu tätigen, so wie er es versprochen hatte. Vorher ist nichts zu wollen. Zuerst der Anruf, dann alles Weitere. Also holt er sein Handy aus der Westentasche, klappt es auf, tippt die Nummer ein. Sie scheint unruhig zu sein, ihre Lockerheit wirkt gespielt, und er hat plötzlich ein schlechtes Gefühl, von Spaß ist keine Rede mehr.

Aber er tut es, redet zu der verzerrten Stimme am anderen Ende von der Filmproduktion, im breiten Vorarlbergisch, das ihm in den letzten Jahren so vertraut geworden ist, redet von der Produktion, von ihrem Körper, von den Wünschen der Kundschaft, den Dreharbeiten, von erotischer Ästhetik. Und dabei hat er Mitleid mit dem Mann, mit der alten Stimme, die zuerst schweigend zuhört, nach Luft ringt, nach einer Antwort sucht, und dann nur noch flucht: »Saupack! Wenn ich dich in die Finger kriege! *Ihr* nehmt sie mir nicht weg! Dreckskerle!« Diese ehrliche Verzweiflung trifft Kuno so tief, dass er glaubt, das Echo der Flüche aus dem nahen Wald zu hören, mit einer Verzögerung vom Bruchteil einer Sekunde zur machtlosen, gedemütigten Stimme am anderen Ende der Telefonleitung. Es ist ihm zuwider, aber er spielt seine schmutzige Rolle, während er sie ansieht. Im Licht der Abendsonne erscheint sie ihm unerträglich ernst und reif. Vor ihm ein fremdes Gesicht, das seine Jugendlichkeit verloren hat – an seinem Handy eine

Stimme, die ihm bekannt vorkommt, die Stimme der Verzweiflung. »Saupack!«, klingt es kraftlos aus dem Gerät, und »Saupack!«, scheint es aus dem nahen Wald zurückzuhallen.

Irgendwann ist das Gespräch beendet. »Zufrieden?« Kuno ist sauer und missmutig; ein zu hoher Preis für eine Lust, die ihm jetzt ohnehin vergangen ist. »Können wir jetzt?«

Ungeduld.

»Warum hast du uns überhaupt hierher …?«

Sie blickt ihn lange an, betrachtet seine Stirn, seinen Hals, den Kragen seines Mantels.

»Warte!« Sie sagt es leise, aber ganz fest, lässt keine Widerrede zu. »Warte noch kurz.« Sie wirkt nervös, ihre Bewegungen sind hektisch. Sie versucht zu lächeln, dann verschwindet sie im Winterabend, läuft zu den Baumstämmen, zu dem geparkten Auto, zum Wald.

Und Kuno? Kuno blickt dumpf in den Fluss, wo sein Leben vorbeifließt. Sein ganzes Leben. Eine Geburt irgendwo dort, wo die schwarze Masse um den Felsen herumströmt, ein Tod irgendwo dort, wo die dunklen Wasser in Richtung des Dorfes verschwinden. Dazwischen kleine Wellen, Wirbel, Eisschollen, nichts von Bedeutung, Leben halt. Leben, das vorbeifließt. Kalt und schwarz. Die Zigarette, die er sich ansteckt, lässt er abbrennen, ohne daran zu ziehen.

Dann, irgendwann, ertönt sein Handy, eine SMS: *Folge dem Pfad entlang den Stämmen.* Er überlegt, ob er sie mit ihren kindischen Spielereien allein lassen soll. Mit dem Porsche wäre er in zehn Minuten wieder im Dorf, in fünfzehn in seiner Scheune, in der Wärme. Er hat Bier im Kühlschrank, Essen ist auch da. Aber er fährt nicht weg, sondern überquert den Parkplatz und betritt den Pfad, über den sich eine dunkle Tannendecke wölbt.

In den eleganten Schuhen rutscht er immer wieder auf dem knirschenden Eis aus. Der Weg scheint in einen dieser Wälder zu führen, die sich – kaum hat man sie betreten – auf alle Seiten ins Endlose erstrecken, lange Reihen dunkler Stämme, bläulicher Bodennebel, im Geäst die funkelnden Augen eines Käuzchens, seltsames Heulen und Kreischen in der Ferne.

Aber der Weg öffnet sich nach ungefähr hundert Metern zu einer Lichtung. Auf einem Meer von Ästen und Sägemehl liegt ein gefällter Baum, daneben steht eine dunkle Gestalt, ein Waldarbeiter wohl. Kuno ist erstaunt. Was sucht der Mann hier um diese Zeit? Es dämmert ja schon. Einen Augenblick lang hat er das Gefühl, es sei gar kein Waldarbeiter, der einen Baum entästet, sondern ein Hexer, der mit anderen wilden Gestalten ekstatisch um ein grässliches, hölzernes Götzenbild tanzt, nach blutigen Opfern lechzend.

Kuno ist wie erstarrt. Geriet er vielleicht in einen Hexensabbat? Der Mann dreht sich um, doch Kuno kann ihn nicht erkennen. Erst als die spärlichen Strahlen der Abendsonne sein Gesicht kurz erhellen, wird ihm klar, wer da auf ihn zukommt, und sein Atem stockt. Er könnte sich umdrehen und fliehen, über die vereiste Fläche schlittern, stürzen, sich fluchend wieder aufrichten, den Parkplatz erreichen, in sein Auto hechten – und er wäre gerettet. Aber er tut es nicht. Er bleibt stehen.

Der Mann ist nun ganz nah: Das kantige, alte Gesicht mit der Hakennase, die Haare, die in der Zwischenzeit grauweiß geworden sind, der Ohrring, der Goldzahn. In der Hand hält der alte Mann ein Handy. Er wirkt verwirrt, wie wenn er ein schwieriges Rätsel zu lösen hätte. Er mustert Kuno, und plötzlich scheint sich ein Puzzleteilchen ans andere zu reihen, bis das Bild vollständig ist. Und es ist kein schönes Bild, das weiß Kuno.

»Verlaufen?« Der alte Hofstetter hat nie viele Worte gemacht.

Kuno antwortet nicht. Er will nicht versuchen, sich herauszureden.

»Kuno?« Der Alte ist ganz ruhig.

Kuno nickt nur.

»*Du* hast angerufen?«

Kuno nickt.

»Du hättest nicht hierher kommen sollen.«

Kuno nickt.

»Ich hatte mir damals geschworen, dich zu töten.«

Kuno nickt.

»Ich habe all die Jahre gewartet … sechzehn Jahre.«

Kuno nickt und begreift, dass Franziska ihn absichtlich hierher gelockt hat.

»Und jetzt kommst du von selbst?« Der Alte schüttelt den Kopf. Die Frage bleibt in den Tannenwipfeln hängen.

Kuno nickt abermals. Von selbst, ja. Etwas in seinem Inneren regt sich, ein Kichern, ein Glucksen, ein Lachen. Trotzdem steht er starr da und nickt wieder, als ob er in seinem eigenen Körper fremd wäre, als wäre es nicht wirklich er, der hier auf dem Platz hinter der Sägerei steht.

»Ich verstehe nicht, warum du gekommen bist.«

Kuno antwortet nicht, aber jetzt hat er verstanden. Auch an dem Alten will sich Franziska rächen. Plötzlich empfindet er eine Art Solidarität und Verbundenheit mit ihm; sie sind beide Opfer, die Opfer eines Racheengels, eines bildschönen Racheengels. Noch bevor er den Gedanken zu Ende denken kann, spürt er Schmerz und Lust gleichzeitig, wie er sie seit Langem nicht mehr gespürt hat. Er empfängt den Faustschlag, der ihn zu Boden streckt, auf das Bett von Morast und Sägespänen, sein Sterbebett, ohne Groll. Er wird nie mehr aufstehen, das weiß er. Und es ist gut so, das weiß er auch. Er wird vom alten Hofstetter zurechtgesägt, aus ihm, einem rohen, heimatlosen Zuhälter wird eine von Hofstetters Heiligenfiguren. Es ist absurd. Es ist zum Totlachen.

Er ist erstaunt darüber, dass er nicht in Panik gerät, nicht schreit, sich nicht windet und wehrt, sondern gierig das sinnliche Erlebnis in sich einsaugt, zuerst das Geräusch der Kettensäge mit ihrer unbestimmten Tonhöhe, dann die Berührung, bei der sich seine Körperbehaarung aufrichtet, der Sägekette entgegen, und schließlich den Schnitt, als die Säge durch seinen Oberarm dringt wie durch Butter. Knochen splittern, überall Fleisch und Blut. Und Kuno liegt da und genießt es, ein Pinocchio unter dem Hobel Meister Gepettos, der aus der ungelenken Holzpuppe etwas Rechtes schnitzt. Kein Schmerz, nur grenzenlose Lust.

Der alte Hofstetter sieht sich verwirrt sein Werk an.

»Du kannst mir nichts anhaben«, lacht der einarmige Kuno.

Der Alte ist nur das Werkzeug dieses Racheengels, er schneidet sich mit seiner Tat ins eigene Fleisch. Kuno lacht über diese Erkenntnis, während der alte Meister sein Werkzeug erneut ansetzt.

Der einarmige Kuno lechzt mit gierigem Schauern nach dem zweiten Schnitt und spürt wohlig, wie der Maître cuisinier das zweite Stück vom Braten gekonnt abschneidet, lacht über den Anblick seines zweiten Armes. Lacht innerlich, während sich eine erfrischende Kühle von den Armstümpfen her dem Herzen nähert. Ein Braten, in saftige Stücke geschnitten. Ein Festmahl!

Wer hat es ihr gesagt? Die Frage zerfließt in einem Tanz irrsinniger Vernetzungen, der alte Hexenmeister mit seinen Götzen aus Holz, das Zimmer des Jugendlichen, die Muster auf ihrer nackten Haut, die hohen Stiefel, Walters Gartenzwerge. »Wer hat es ihr gesagt, Hofstetter?«

»Was gesagt?«

Das ärgerliche Fragespiel lenkt Kuno vom Wesentlichen ab; der dritte Schnitt, unterhalb der Hüfte, am linken Bein, geht ohne großes

Lustempfinden vorüber, fast unbemerkt. »Wer, Hofstetter?« Das Bein fällt ab, in die Tweedhose eingewickelt wie eine Frühlingsrolle im frittierten Teig. Der Alte bleibt ihm die Antwort schuldig.

Kuno stellt verwundert fest, dass er auf die Größe eines Kindes schrumpft, als das rechte Bein mit dem vierten Schnitt abgetrennt wird. Man ist viel zentrierter ohne die langen Beine, die einen immer von etwas wegbringen, die Arme, die immer nach etwas greifen wollen.

Kuno vergisst die Frage, es fehlt nur noch ein Schnitt zum vollkommenen Heiligenbild, in fiebriger Erwartung stellt er sich die Weichheit seines Halses, der Speise- und Luftröhre vor. Und als das warme Messer mit einem *Hui!* erneut durch sein Fleisch fährt, steigert sich seine Lust so sehr, dass sie beinahe dem Gefühl ähnelt, das er damals empfand, in der Nacht, als alles begann, was jetzt endet. Aber nur beinahe, denn im entscheidenden Augenblick, als der Kopf vom Rumpf wegrollt, schleicht sich ein kleiner Gedanke ein. Ein ganz kurzer Gedanke, der kommen musste: Mama wird mich hier schon rausholen. Dieser Gedanke hindert ihn seit Jahren daran, noch einmal zu erleben, wonach er die ganze Zeit sucht. Eigentlich ist es zum Lachen, und er tut es auch. Da lacht dieser Kopfmensch, prustet trocken los, schüttelt die erschlaffenden Gesichtsmuskeln, während der alte Hofstetter einen Körperteil nach dem anderen packt, zum Fluss bringt, dann weit ausholt und den zerstückelten Kuno in hohem Bogen in das halb zugefrorene Wasser wirft. Das linke Bein und das rechte Bein klatschen auf die schwarze Wasseroberfläche, während der Kopf noch immer lacht und lacht in einer Lust, die nicht zu stoppen ist. Der linke, der rechte Arm, der Rumpf und schließlich der lachende Kopf, alles versinkt und treibt wieder an die Oberfläche; der Kopf verdreht die Augen, um zu sehen, wo die anderen Teile schwimmen. Hier eine Hand zwischen den Eisschollen, dort ein Stück Hose, ein Schuh, ein roter Stumpf. Die Augen können nichts festhalten, weil der Kopf sich bei jedem Wirbel im eisigen Fluss dreht, sodass einmal der Scheitel, einmal das grinsende Gesicht, einmal ein Ohr oder der rote Halsstumpf auf der Oberfläche treiben. So zieht Kuno, in sechs Teilen, fröhlich den Fluss hinab in Richtung des Dorfes.

***

Als der Wirt an diesem Abend sein Lokal schließt und beginnt, die Lichter auszumachen, quälen ihn unangenehme Gedanken.

Da richtete also ein Mann einen anderen mit einer Kettensäge so zu, dass dieser sein Leben lang ein Krüppel bleiben wird – in der Absicht, ihn zu töten. Der Täter wird nun vor Gericht gestellt und wandert für eine lange Zeit in den Knast. So gesehen ist es nur gerecht. Der Wirt hängt seine Schürze an den Haken, schaut nach, ob die Kaffee-, Spül- und alle anderen Maschinen ausgeschaltet sind.

Aber Vorsicht, schießt es ihm durch den Kopf. Der Alte hat den Jüngeren ja nicht ohne Grund angegriffen, sondern weil dieser vor vielen Jahren seine Tochter schwängerte und sie in die Depression trieb. Hat der Halunke nun seine verdiente Strafe erhalten? Der Wirt macht einen Schalter nach dem anderen aus, und allmählich taucht die Gaststube ins Dunkel.

Und doch: Der Alte hätte seine Tochter besser aufklären müssen. Dass die allerdings gar nichts gewusst haben soll, ist auch unwahrscheinlich.

Der Wirt grinst spöttisch die Wand mit den alten Fotos an, während er langsam die Treppe hochsteigt.

Letztendlich wäre nichts geschehen, wäre der junge Mann nicht zurückgekehrt. Der Wirt schüttelt den Kopf, der von den vielen Gedanken und vom Alkohol ganz schwer geworden ist.

Und die Enkelin ist an dem Unglück auch nicht ganz unschuldig. Eine verzwickte Sache! Aber es ist schon so: *Sie* wollte sich rächen, an ihrem Vater, der sie Jahre lang verleugnete, und an ihrem gewalttätigen Großvater.

Das Mädchen hätte aber nie so gehandelt, hätte es den Vater nicht getroffen. Und hätte man ihr nicht verraten, *wer* ihr Vater ist. Aber halt, dann wäre ja er, der Wirt, der Hauptschuldige. Nur weil er über die Sache geredet hat? Er überlegt angestrengt. Kuno hat recht. Schuld ist tatsächlich etwas, das von alleine entsteht und an die Menschen verteilt wird. Es sei denn, jemand ist bereit, sie sich freiwillig aufzubürden. Kuno hat völlig recht.

Das Wohnzimmer ist dunkel, nur durch die kleinen Fenster fällt bläuliches Licht hinein. Der Wirt geht den Flur entlang, vorbei an der geschlossenen Tür, hinter der das Zimmer liegt, das sie vor einigen Jahren zu *ihrem* Schlafzimmer erklärt hat. Kein Geräusch ist zu hören.

Am Ende des halbdunklen Flurs angekommen, holt er einen Schlüssel aus der Hosentasche und öffnete die Tür zu seinem Zimmer. Gedankenverloren dreht er sich um, bevor er eintritt, schaut und lauscht in die Stille. Alles ruhig. An den Wänden stehen Kommoden und halb hohe

Gestelle, in der Mitte, dem Fenster zugewandt, ein schwerer Schreibtisch. Eine Tischlampe beleuchtet die Arbeitsfläche. Darauf Behälter mit verschiedenen Werkzeugen: Lack- und Farbdosen, Pinsel in verschiedenen Stärken, Leimtuben, Stifte, Lappen, Taschentücher, Lehmklötze, Säckchen mit weiß-braunem Pulver, Wassergläser, ein Holzlineal. Dazwischen leere Kaffeetassen, nachlässig zusammengewischte Lehmkrümel, eine halb volle Flasche Williams, ein Stapel vollgekritzelter Blätter, ausgeschnittene Zeitungsartikel, alte Zeitungen, vor lauter Farb- und Lackflecken unlesbar geworden. Alte Zeitungen füllen auch den Papierkorb und stapeln sich am Boden.

Der Wirt lässt seinen Blick über die Kommoden und Gestelle schweifen. Auf ihnen, säuberlich aufgereiht, eine neben der anderen, stehen kleine Figuren aus Lehm, farbig bemalt, es müssen an die einhundert sein. Keine einförmigen Gartenzwerge mit roten Mützen und weißen Bärten wie in der Gaststube unten, sondern kleine Menschen in den unterschiedlichsten Ausformungen, alle mit irgendeiner Auffälligkeit, die ins Monströse gesteigert ist: Da kratzt sich einer an dem Kopf, der zweimal so groß ist wie der Körper, ein anderer steht so weit vornübergebeugt, dass die lange Nase in seinem dicken Hintern verschwindet, ein Dritter hat schwarze Narben an Stelle der Augen, ein Vierter blickt verstört auf seine Handgelenke, aus denen Rasierklingen hervorstehen, ein Fünfter sitzt in einem Glaskäfig, ein Sechster steckt kopfüber in einem Blumentopf, ein Siebter baumelt an einem kleinen, aus Holzleisten zusammengenagelten Galgen. Da sind Bucklige, Figuren mit fehlenden oder überzähligen Gliedern, Mischwesen mit dem Kopf eines Appenzellerhundes oder dem Körper einer Kuh. Es gibt auch Gruppen von Figuren, die sich gegenseitig verfolgen, kämpfen, kopulieren, tanzen, aufeinandersitzen, einander den Rücken zudrehen; Zusammengewachsene, von denen jede Hälfte verzweifelt versucht, von der anderen loszukommen; Figuren mit allen möglichen Gegenständen in den Händen und im Körper, mit einem Messer, einer Blockflöte, einer Bierdose, einer Musikkassette, einem Stück Stoff; Kreaturen, deren Körper aus einem Buch, einer Flasche oder einer Steckdose bestehen, deren Kopf ein Filzschreiber, ein Wasserhahn oder eine Stecknadel ist; andere mit Glasscherben gespickt, von einer dicken Nadel durchbohrt, mit Seilen gefesselt. Eine Figur neben der anderen, auf jedem Gestell, auf jeder Kommode, auf der Fensterbank und über dem Fensterbrett.

Auf der Arbeitsfläche liegt eine Figur mit einem riesigen Penis, erinnert an afrikanische Fruchtbarkeitsgötter. Der grinsende Kopf und die Extremitäten sind mit Leim wieder an den Rumpf angeklebt worden, die Klebestellen sind deutlich zu erkennen.

Der Wirt schüttelt den Kopf und seufzt, als frage er sich, was das Ganze eigentlich soll, während er die Figur in die Hand nimmt, lange begutachtet und dann aufs Gestell neben die anderen stellt. Danach schaltet er das Licht aus und schließt die Tür mit dem alten Schlüssel ab.

Als er einige Minuten später unter seiner Decke liegt, der Winterstille lauscht und auf den Schlaf wartet, fragt er sich, ob er in Zukunft nicht doch etwas besser auf seine Worte achten sollte. Eine wohlige Wärme breitet sich aus, zieht ihn langsam aus der Realität weg. Der Mond wirft ein schwaches, weißes Licht durch das Fenster ins Zimmer.

Ach was, er ist rein und schuldlos! Wie ein kleiner Zwerg.

Die Galluskonferenz

An den Bischofsvikar Peter Hagmann, Leiter des Amtes für Innere Mission und Öffentlichkeitsarbeit im Generalvikariat des Bistums St. Gallen

Schwamendingen, im August 2050

Verehrter Herr Bischofsvikar

Die ganze Stadt fiebert dem Gallus-Fest entgegen. In den Gassen der Altstadt werden Festbänke aneinandergereiht, auf den Plätzen Zelte aufgestellt und Planen festgezurrt, mobile Küchen und Grills herangefahren; die Orchester und Chöre der Stadt führen die letzten Proben durch, Restaurants werben immer mehr Aushilfskräfte aus dem nahen Ausland an, Straßenmusikanten suchen nach ruhigen Nischen. Keiner bleibt unberührt von der Vorfreude.

Was für eine Ehre für Sie, Herr Bischofsvikar, die Fäden dieses Spektakels in den Händen zu halten, das dieses Jahr in einem ganz besonderen Zeichen steht: Denn nicht nur jährt sich zum tausendvierhundertsten Mal der Todestag des großen Stadtheiligen – was den neuen Namen »Gallus-Fest« anstelle des alten »St. Gallerfestes« durchaus rechtfertigt –, auch dürfen Bistum und Stadt auf die zwanzigjährige Erfolgsgeschichte des Gallus-Erlebnisparks in den Anlagen des Klosters anstoßen.

Grund genug für das Bistum, alle Register zu ziehen, um der Stadt ein unvergessliches Erlebnis zu bieten und die neu gewonnene Führungsposition der katholischen Kirche einmal mehr gehörig zu zelebrieren. Letzteres mit vollem Recht, angesichts dessen, was in den letzten Jahrzehnten weltweit erreicht wurde. Noch nie waren die multimedial aufgerüsteten Kirchen so gut besucht, die katholischen Glaubensinhalte so greifbar, die Verbindung von Kirche und Volk so eng wie heute!

Ich bin hocherfreut, glauben Sie mir, über Ihren Vorschlag, einen Artikel über das interdisziplinäre Forschungsprojekt zu verfassen, das damals vor zwanzig Jahren dank der großzügigen Unterstützung der Kirche realisiert wurde.

Doch wie ich hocherfreut bin, so bin ich doch auch überrascht. Beim ersten Durchlesen Ihres Schreibens witterte ich – Sie verzeihen – einen Augenblick lang sogar eine Falle. Doch offensichtlich war das Bistum durchaus imstande, alle Schandflecken rund um das Gallus-Projekt erfolgreich aus dem Bewusstsein der Bürger zu tilgen, und Sie, Herr Bischofsvikar, der Sie erst seit einigen Jahren im Amt sind, scheinen sich dessen nicht bewusst zu sein, in welches Wespennest Sie mit Ihrer Anfrage gestochen haben. Ich bin nur zu gern bereit, Ihre Wissenslücken mit meinem Erfahrungsbericht zu schließen; es brennt mir regelrecht unter den Nägeln.

Das Bistum legt, das ist mir aus der Lektüre Ihrer Publikationen bekannt, großen Wert auf eine saubere, unkomplizierte Vergangenheit, und die Historiker der Abteilung für Innere Mission und PR sind wahre Meister darin, jegliche Verschmutzung der Geschichte zu verdecken.

Ich hingegen bin ein Historiker von der unbequemen Sorte, vom Drang besessen, die Wahrheit ans Licht zu bringen, auch wenn sie noch so schmutzig ist. Daher erlaube ich mir, Ihnen und Ihrer ›Geschichtsreinigungsequipe‹ das mühsame Kürzen und Umschreiben zu ersparen, indem ich meinen Artikel als offenen Brief dem *St. Galler Tagblatt* zustelle, das ihn bestimmt mit großem Vergnügen veröffentlicht.

Doch halte ich mich, Herr Bischofsvikar, gern an Ihre Vorgaben und lasse aus, was provokativ oder – wie Sie schreiben – »[…] bei Lesern, die mit der Faktenlage ungenügend vertraut sind, fälschlicherweise einen negativen Eindruck hinterlassen könnte«.

Lassen Sie mich zunächst ein buntes Bild der Gallus-Konferenz malen und die Tatsache unbeachtet lassen, dass die Polizei die Ansammlung von einigen Tausend altkatholischen Rentnern stürmte, die den Ostflügel des Klosters besetzt hatten.

Die Konferenz fand an einem der ersten heißen Vorsommertage statt; die Luft um den Gallusplatz war schwül und stickig. Die Gelehrten hatten Schweißflecken unter den Achseln. Einige dösten. Durch das offene Fenster drang das Stimmengewirr aus der Fußgängerzone, ab und zu schlugen die Domglocken.

Wir hatten uns alle über das großzügige Angebot gefreut – freie Übernachtung, beste Verpflegung, Abendunterhaltung –, wenn auch keinem so richtig klar war, welchen Nutzen das Bistum aus der Konferenz zu ziehen hoffte. Schließlich war es ein offenes Geheimnis, dass solche Kongresse jedes wissenschaftlichen Wertes entbehrten und vielmehr der Selbstinszenierung alter Koryphäen als dem Austausch neuer Forschungsergebnisse dienten. Die wenigen jungen Akademiker, die sich in die Sackgassen der klassischen Geschichtswissenschaft, Archäologie oder Philologie des Mittelalters verirrt hatten, bekamen die Möglichkeit, zum ersten Mal vor einem kleinen Publikum aufzutreten. Vor den Augen der ergrauten Gockel stellten sie ihre Arbeiten vor, während diese gelangweilt die immer gleichen Thesen zum Besten gaben, sich in ihrem wissenschaftlichen Ruhm sonnten und je nach Laune einem jungen Aspiranten ihre Anerkennung zusprachen oder seine Arbeit durch den Dreck zogen. Die Bevölkerung nahm damals wie heute, angesichts der Fülle gewaltsamer und blutiger Neuigkeiten aus aller Welt, von historischen Tagungen keine Kenntnis. Die offizielle Begründung der Veranstalter lautete: Mit dem Kongress solle allfälligen Widerständen gegenüber dem Erlebnispark-Projekt begegnet werden. Das außerordentliche Bischofsamt für Öffentlichkeitsarbeit unter Ihrem Vorgänger Bischofsvikar Dr. Franz Hässig hatte in jahrelanger Arbeit den Gallus-Erlebnispark geplant: Die multimediale Gondelbahn durch den Dom, das Viborada-Klausenerlebnis, die Holzstamm-Rutschbahn auf der Steinach, den Bärentunnel und die holografische Erlebniswelt ›Das Kloster zur Galluszeit‹. Politiker, Wirtschaftsbosse, Bürgertum und Kirche jubelten über das grandiose Unternehmen, Kran- und Baggerführer, Maurer und Zimmerleute warteten auf das Startsignal. Der Widerstand war zu diesem Zeitpunkt sehr klein: Eine Protestwelle ging von den Seniorengruppen aus, die hier aber nicht erwähnt werden sollen. Ansonsten hatten nur einige Zürcher Historiker und Mediävisten wissenschaftliche Bedenken geäußert und das Projekt aufgrund der unsicheren Quellenlage als Farce bezeichnet. Vielleicht war dies auch nur Ausdruck der Empörung darüber, dass die letzten St. Galler Handschriften an ihren Ursprungsort überführt werden sollten.

Da saßen wir also im Saal des Hotels *Gallusplatz*, schwitzten und ließen einen Vortrag nach dem anderen über uns ergehen. Zu dieser

Zeit erlebten die biologistischen Transmissionstheorien ihre Hochblüte, und wer als junger Mediävist oder Texthistoriker etwas auf sich hielt, schmückte seine Ausführungen mit Begriffen wie ›diegetische Sprossknollen mit motivischen Ausläufern‹, verwies auf ›unpaarig gefiederte Handschriftennachweise‹ oder zeigte in einem Text ›rhetorisch-figürlichen Pilzbefall‹ auf.

Ich selbst hatte früh am Morgen über den Wechsel von der Auto- zur Xenogamie bei der Überlieferung einiger frühmittelalterlicher Heiligen-Viten referiert. Die Herren Professoren, die es sich leisten konnten, aufgrund ihrer Autorität, ihres Rufes und ihrer Publikationsliste alles und jeden zu kritisieren, ohne im Geringsten zugehört zu haben, nahmen mich ins Kreuzverhör, stempelten schließlich meine Thesen aber nur als ›unausgereift‹ ab, da sie mein Doktorvater mit dem Hinweis auf die knapp bemessene Zeit stoppte und mich dadurch vor Schlimmerem bewahrte.

Es war Professor de Vitt, von der Universität Freiburg, der uns davon abhielt, Zeugen des gewaltsamen Sturms auf den Ostflügel zu werden, der an jenem Nachmittag gegen fünfzehn Uhr seinen Anfang nahm. Als plötzlich Sirenengeheul, Motorenlärm und laute Kommandorufe zu hören waren und man blaue Kastenwagen heranfahren sah, schloss der Holländer energisch das Fenster, zog die Vorhänge zu und lenkte unsere Aufmerksamkeit auf das Wesentliche zurück: seine Assistentin, eine nervöse junge Frau, die über Vitenüberlieferung referierte. Die dabei mit dem Laserpointer über einem völlig überfüllten Bild wild herumfuchtelte und angesichts der Unruhe im Raum beinahe aus dem Konzept geriet. So wurden wir nicht Augenzeugen des Sturms, der so blutig endete. Die Details waren am nächsten Tag in der Zeitung zu lesen: Sieben Senioren tot! Wir brauchten an diesem Tag nicht darüber zu diskutieren, ob die Schuld bei ihnen lag oder ob die Rentner Opfer ihres Unverständnisses gegenüber den rasanten Entwicklungen des modernen Katholizismus geworden waren – oder gar Opfer des Polizeistaates! Wir hatten Wichtigeres zu bereden.

De Vitts Assistentin schwitzte allerdings ganz vergebens, weil ihr ohnehin niemand mehr zuhörte.

Die beiden Vertreter des Chronohistorical Research Fund (CHRF), die das Bistum geschickt hatte, wurden bisweilen kritisch beäugt. In ihren Maßanzügen wirkten sie overdressed und deplaziert. Der CHRF, der sich mit Zeitreisen beschäftigte, hatte sich bereits – wie so mancher zukunftsorientierte Forschungszweig – aus dem universitären Schneckenhaus gelöst, sich mit der finanzstarken Kirche liiert und wurde in Philologenkreisen mal als lächerliche Scheinwissenschaft, mal als böse Wirtschaftsmacht, bloße Unterhaltungsindustrie oder zwielichtige Sekte bezeichnet. Es war ja auch verständlich, dass es den ›seriösen‹ Wissenschaftlern äußerst unwohl war beim Gedanken, die Schlussfolgerungen ihrer jahrelangen Quellenstudien könnten sich eines Tages bei einer Inaugenscheinnahme vor Ort beziehungsweise vor Zeit in Luft auflösen.

Man fragte sich, was der CHRF bei unserer Tagung zu suchen hatte, zumal die beiden Vertreter weder Vorträge hielten noch sich an den Diskussionen beteiligten, dafür aber eifrig in ihre Notebooks schrieben. Sie können sich vorstellen, dass in den Pausen hinter vorgehaltener Hand die wildesten Gerüchte kursierten. Es dauerte noch eine Woche, bis wir nach einem streng geheimen Treffen von führenden CHRF-Mitarbeitern, Vertretern des Bistums und drei Professoren erfuhren, was Sache war. Das Projekt ›Gallus‹ sollte drei Zeitreisen ins siebte Jahrhundert umfassen, aus denen man Aufschlüsse über die Person des Heiligen Gallus, über sein soziales Netz und über die Entstehung der Klausnerei an der Steinach gewinnen wollte. Wir waren im ersten Moment von dieser Idee überwältigt und erkannten nicht, um welchen unsäglichen Wahnsinn es sich handelte! Natürlich war es seit einigen Jahren möglich, Zeitreisen zu unternehmen, wegen der enormen Kosten und Schwierigkeiten wurden solche Projekte allerdings kaum durchgeführt, und schon gar nicht, um Erkenntnisse zu gewinnen, die nur lokalen Interessen dienten. Die Geschichtswissenschaft hatte an sich schon einen zu geringen Stellenwert, als dass man hier eine Anwendungsnotwendigkeit sah, und auch die Versuche des chinesischen Militärs, mithilfe von Zeitreisen aktuelle Geschehnisse zu beeinflussen, waren nach dem Beweis von Brown und Ceczkis Konstanzgesetz endgültig zu den Akten gelegt worden.

Erlauben Sie mir, Herr Bischofsvikar, kurz bei diesem unter Laien wenig bekannten Konstanzgesetz zu verweilen, da es für das Verständnis der komplexen Thematik von großer Bedeutung ist: Schon lange bevor Zeitreisen möglich waren, beschäftigte man sich mit den logischen Problemen, die sich ergeben würden, hätte ein Zeitreisender die Möglichkeit, die Vergangenheit zu verändern und – um das bekannte Paradox zu bemühen – beispielsweise seine eigene Großmutter zu töten, bevor sie seine Mutter hätte gebären können. Solche Paradoxa haben sich dank Browns und Ceczkis Arbeiten als Scheinprobleme entpuppt, da die Vergangenheit nicht beeinflussbar ist. Alles, was sich zu einem bestimmten Zeitpunkt abgespielt hatte, würde sich auch dann genauso abspielen, wenn jemand aus der Zukunft an diesen Punkt zurückreiste. Der Fehler des Großmutter-Paradoxes liegt in der Annahme einer nachträglichen Veränderung eines bereits geschehenen Moments. Aber es gibt nicht eine Vergangenheit *ohne* und eine *mit* dem Zeitreisenden. Jeder Augenblick im Universum kommt nur einmal vor. Alles, was ein Zeitreisender in der Vergangenheit tut, ja seine bloße Existenz, ist zu dem Zeitpunkt bereits Teil der Situation. Sollte es mir beispielsweise gelingen, zur Kreuzigung Jesu zurückzureisen, heißt das nicht, dass nachträglich eine Person mehr anwesend war, sondern nur, dass bei der Kreuzigung Jesu ein zeitreisender Zeuge zugegen war. Diese bestimmte Kreuzigung aber fand nur ein einziges Mal statt. Veränderungen sind daher nicht möglich, Einflussnahme nur soweit, als dadurch keine logischen Paradoxa entstehen. Ich kann mit meiner Ururgroßmutter Tee trinken, aber ich kann sie nicht töten.[1]

Für das Verständnis meines Berichts ist das Konstanzgesetz von größter Wichtigkeit. Es erklärt zum Beispiel, warum Zeitreiseprojekte in der Geschichtswissenschaft kaum zur Anwendung gekommen sind. Es brauchte überhaupt keine Reisen, um das moderne Geschichtsbild vollständig auf den Kopf zu stellen, das Wissen um die Möglichkeit derselben genügte vollauf. Lassen Sie es mich Ihnen näher erklären: Schon vor dreißig Jahren stellten einige junge Forscher die These auf, ein unerklärter archäologischer Fund könne als Überbleibsel einer Zeitreise interpretiert werden, als ›Zeitmüll‹. Seit Knevenhorsts bahnbrechender Arbeit von 2038 verstehen die jungen Geschichtswissenschaftler die Vergangenheit sogar hauptsächlich als Abfallhalde, Freizeitpark oder gar als Produkt späterer Generationen, und haben damit einen einfachen Weg gefunden, schlichtweg *jedes* historische Ereignis erklären zu können, während ältere Forscher die Hände über die Köpfe werfen und das Ende der Geschichtswissenschaften ausrufen.

Sie müssen zugeben, dass es mehr als erstaunlich, ja geradezu alarmierend verdächtig war, dass sich das Bistum bereiterklärte, ein Zeitreiseprojekt für die wissenschaftliche Absicherung eines lokalhistorischen Freizeitparks zu fördern, dessen Besucher sich um die historische Wahrheit ohnehin nicht kümmerten. Es war eine übertriebene

1 J. Richard Gott, Time Travel in Einstein's Universe. The Physical Possibilities of Travel Through Time. Boston, New York 2031, p. 15–17.

PR-Aktion, und die Organisatoren waren für alle Gefahren und Schwierigkeiten blind, die solche Projekte mit sich bringen. Die Wahrscheinlichkeit ist verschwindend klein, gestützt nur auf historische Überlieferungen, eine genaue zeitlich-räumliche Landung durchführen zu können. Zu oft sind Expeditionen im zeitlichen Niemandsland geendet, Jahre vor dem gewünschten Termin, der sich dann vielleicht als bloße historiografische Fiktion entpuppte. Erinnern Sie sich nur an die dreizehn Chinesen, die 2018 im Zeitfluss verschwanden und nach deren Verbleib noch bis 2030 systematisch alle möglichen historischen Quellen abgesucht wurden.

Das Projekt »Gallus« war ein gigantischer Wahnsinn, das hätte man niemals übersehen dürfen.

Doch die verzweifelten Historiker hofften, dadurch ihre Forschung rehabilitieren zu können. Gleichzeitig war das Projekt, das drei kurze Zeitreisen ins Alemannien des frühen 7. Jahrhunderts vorsah, für alle Beteiligten eine dieser Gelegenheiten, die sich nur einmal im Leben bieten. Keiner konnte die Pannen voraussehen, keiner konnte ahnen, dass Heinrich Schoch den Tod finden würde und all die Erkenntnisse über den Heiligen Gallus und die Entstehung des Klosters St. Gallen sich beinahe in Luft auflösten. Und das, obwohl sehr strenge Auflagen galten. Schließlich verschlang das Projekt Unsummen. Während drei Monaten – viel zu kurz, wie ich rückblickend bemerken muss – wurden die drei Teilnehmer – die Professoren Schoch, Lehmann und Wiedmer –, intensiv geschult, und wir Assistenten durften sie dabei begleiten. Die meiste Zeit verbrachten die Mitarbeiter vom CHRF damit, uns mit den Techniken der Zeitreise vertraut zu machen, das Zusammenspiel von Collider, Differentiator, Imploder und Inflator zu erklären[2]. Weiter ging es um die möglichen psychischen und physischen Phänomene während und nach einem Zeitsprung sowie um das Verhalten am Zielpunkt. Die Liste der Schulungsinhalte erschien endlos, und doch war die Ausbildung, vor allem was den letzten Punkt betrifft, lächerlich. Stellen Sie sich vor, Sie werden an einem Punkt in der Zeit abgesetzt und sollten ohne alle Hilfsmittel des 21. Jahrhunderts, ohne rechte Kenntnis der Sprache, der Sitten und Gebräuche, überleben. Sie müssen gleichzeitig möglichst unauffällig bleiben, da jeder unüberlegte

---

2 Dem Laien sei das Grundlagenwerk von Paul Davies, How to Build a Time Machine. London 2012, p. 77–91, empfohlen; ebenso Jim Al-Khalili: Black Holes, Wormholes & Time Machines. London 1999.

Kontakt verheerende Folgen haben kann, und dabei historische Forschung betreiben, was jedoch fast unmöglich ist, ohne Kontakte mit den Menschen der Epoche zu knüpfen.

Ich muss es wiederholen: ein lächerliches und tragisches Unterfangen zugleich.

Die drei Gelehrten jedoch waren der Meinung, alle nötigen Hilfsmittel in ihrem akademischen Rucksack bereits mitzubringen und das CHRF-Training auf die leichte Schulter nehmen zu können. Wiedmer, der junge Top-Philologe, war überzeugt, mit seinen Sprachkenntnissen den Schlüssel zum Erfolg zu besitzen – er prahlte unentwegt damit, auch die frühe Variante des Alemannischen fließend zu beherrschen. Schoch, der in seiner langen Laufbahn mehr als einmal Archäologiegeschichte geschrieben hatte, behauptete stolz, die Topografie des Gebietes zwischen Bodensee und Steinachtobel wie seine eigene Westentasche zu kennen und sich sogar unter die Bevölkerung mischen zu können, ohne das geringste Aufsehen zu erregen. Sie hätten ihn am Start sehen sollen! Glauben Sie mir, ein japanischer Tourist, der in Krachlederhosen über das Oktoberfest spaziert, hätte größere Chancen gehabt, unerkannt zu bleiben als unser Professor Schoch im frühmittelalterlichen Alemannien. Auch dass sein Schullatein am Rande der römischen Welt, 600 Jahre nach Cicero, nicht mehr verstanden würde, wies er störrisch von der Hand. Der Dritte im Bunde, mein Doktorvater Lehmann, von Haus aus Historiker mit einem Hang zur Quellengeschichte, war überzeugt, aufgrund seiner mentalitätsgeschichtlichen Studien als Einziger einen fruchtbaren Kontakt mit der frühmittelalterlichen Bevölkerung herstellen zu können. Mit Händen und Füßen sträubte sich der alte Snob allerdings dagegen, sein Äußeres dem Mittelalter anzupassen. Zwischen den drei herrschte kein Einverständnis. Während Lehmann zu allem nur säuerlich lächelte und wenn immer möglich seine eigenen Wege ging, lagen sich Schoch und der rund zwanzig Jahre jüngere Aufsteiger Wiedmer ständig und wegen jeder Kleinigkeit in den Haaren. Jedes Wort, das Wiedmer sagte, wurde von Schoch kritisiert, lächerlich gemacht; jede Aussage von Schoch durch Wiedmer als veraltet, unkreativ oder schlichtweg falsch verspottet. Kaum ein Tag verging, an dem sie sich nicht gegenseitig ihre Kompetenz absprachen.

Der Termin für den Start der Zeitreise war auf Anfang September festgelegt. Ziel war es, möglichst viele Informationen über die Herkunft des Heiligen Gallus, über sein Wirken und über die Gründung des Klosters St. Gallen zu sammeln. Die drei Reisenden sollten mit einer kleinen Zeitverschiebung ins Jahr 613 gebracht werden, als der Heilige Gallus Arbon verlassen hatte und an die Steinach ging, um eine Kapelle und eine Zelle aufzubauen, bevor er vor dem alemannischen Herzog Cunzo ins churrätische Rheintal floh. Über den Grund dieser Flucht und die Wahl der ungewöhnlichen Route kannte ich zum Zeitpunkt der Reise nur die Spekulationen der Forschung[3].

Nach alledem wandte sich der von Gott erwählte Gallus an den Diakon Hiltibod, der ein vertrauter Helfer des vorgenannten Priesters war und mehr als die anderen die dortige Einöde kannte, mit den Worten: »Mein Sohn, hast du je einmal in der Abgeschiedenheit dieser Wildnis einen tauglichen Platz entdeckt, der sich für die Errichtung einer Kapelle und Zelle eignen könnte?«[4]

Die strikte Weisung war, sich ausschließlich auf den Auftrag zu konzentrieren und keine Partikularinteressen zu verfolgen. Dies war insofern begründet, als alle drei bereits während der Vorbereitungen mehrmals durchblicken ließen, dass sie vorhatten, nicht nur den Auftrag des Bistums zu erfüllen, sondern auch ihre eigene Forschung zu betreiben. Vor allem Schoch war von der Idee besessen, ein alemannisches Grab aufzusuchen, das 2012 nicht weit von der vorgesehenen Landungsstelle bei Grundwasserbohrungen gefunden worden war[5] und etwa um 613, um die vorgesehene Landungszeit, entstanden sein musste. Mit diesem Fund hatte er sich in mehreren Aufsätzen beschäftigt. Das Interessante daran war, dass das Grab dank sicherer Datierungsmethoden eindeutig aus dieser Zeit stammen musste, dass es sich in vielen Details aber von anderen alemannischen oder gallorömischen Gräbern der Zeit unterschied. So fanden sich kaum Beigaben, nur eine schlichte Gürtelschnalle. Auffallend war weiter, dass der Mann für sein hohes Alter von fast sechzig Jahren zwar so gute Zähne hatte, dass es sogar für den damaligen Adel eher eine Ausnahme darstellte, er – dem schlichten

3 Gerold Hilty: Gallus und die Sprachgeschichte der Nordostschweiz. St. Gallen 2001, S. 81.

4 Die Lebensgeschichten der Heiligen Gallus und Otmar. Aus den lateinischen Viten übers. und hrsg. von Johannes Duft, Alt-Stiftsbibliothekar, St. Gallen 1988, S. 10.

5 Scott E. Waldmann: Riethusli III.2. Enigmas of an Alemanic Tomb, in: Archeology, Vol, 65 Nr. 4 July/August 2012, p. 34–36.

Grab nach zu schließen – aber kaum ein Adliger sein konnte. Schoch hatte immer neue Spekulationen darüber angestellt, wie der Mann – falls er doch ein Adliger gewesen war – in ein so einfaches Grab gekommen sei, das zudem keine Spur eines Grabsteins oder einer Hügelaufschüttung aufwies. Wir wussten alle, dass der alte Dickschädel es nicht lassen konnte, sich selber ein Bild zu machen.

Als Erster war Wiedmer an der Reihe, sehr zum Ärger von Schoch, welcher die Meinung vertrat, als Ältester den Vortritt vor diesem Naseweis haben zu müssen. Die Zusicherung der Projektleitung, bei einer Zeitreise sei die Reihenfolge angesichts der zeitlichen Verschiebungen absolut irrelevant, konnte ihn nicht besänftigen. Kurz vor Wiedmers Start hatten die beiden einen so heftigen Streit wie noch nie. Schoch lief rot an und war nahe daran, auf seinen Kollegen einzuschlagen. Wir hegten die schlimmsten Befürchtungen seinen Gesundheitszustand betreffend.

Sie stellen sich, lieber Herr Bischofsvikar, eine Zeitreise wohl viel spektakulärer vor als sie es wirklich ist. Der Kandidat wird, entsprechend ausstaffiert, in eine Kammer geführt, die Tür wird verschlossen, im Kontrollraum wird emsig getippt. Zahlenreihen und Grafiken flimmern über die Bildschirme, und nur ein leises Brummen verrät die riesige Energie, die in der Anlage zusammenströmt. Dann, nach wenigen Minuten, wird die Kammer wieder geöffnet und der Reisende wird herausgeführt, benommen von mehrwöchigen Erlebnissen und von der Reise durch die Zeit und den Raum.

Wiedmer war deutlich mitgenommen. Er schwitzte, hinkte, seine Kleidung war schmutzig und zerrissen. Als er von den Technikern in die Isolationsräume geführt wurde, sah er einen Augenblick zu uns hoch, – genauer zu Schoch –, mit einem Blick, in dem sich eine grausame Freude spiegelte, eine Vorahnung des schrecklichen Schicksals, das Schoch wenige Augenblicke später ereilen sollte.

Als dieser zur Kabine schritt, war er sichtlich nervös, hatte offenbar etwas getrunken, sprach stockend und bewegte sich fahrig zwischen den Apparaturen hindurch. Wir winkten ihm zu, dann wurde die Kammer geschlossen. Einige Minuten verstrichen, in denen wir Assistenten uns vorzustellen versuchten, welche Erlebnisse der alte Schoch im 7. Jahrhundert haben würde. Ich fragte mich, ob er das Geheimnis um ›sein‹ Grab lüften, dem Heiligen Gallus gegenüberstehen oder sich alemannischem Met hingeben würde. Ich konnte ihn mir im Frühmittelalter nicht vorstellen und vor meinem geistigen Auge sah ich den alten Forscher immer nur im geplanten Freizeitpark, in einer holografischen Projektion der frühmittelalterlichen Welt – mit Wachsfiguren statt Menschen. Da wurde die Kammer auch bereits wieder geöffnet und wir waren gespannt, in welchem Zustand Schoch erscheinen würde. Aber – Sie kennen die Geschichte – es erschien niemand. Die Kammer war leer.

Stellen Sie sich die Aufregung vor! Keiner verstand, was passiert war. Schoch war irgendwo im Zeitstrom verschwunden, es war nicht einmal gesagt, dass er im Alemannien des 7. Jahrhunderts geblieben war. Unvorstellbar, welchen Gefahren er ausgesetzt war, wenn er längere Zeit in dieser fremden Welt überleben musste. Wir waren alle völlig durcheinander, redeten unsinniges Zeug, während die Techniker zwischen ihren Computerkonsolen hin und her hetzten und nach einem Fehler suchten, den sie ohnehin nicht rückgängig zu machen in der Lage gewesen wären. Wiedmer wurde in der Quarantäne befragt, konnte aber auch nichts über Schochs Verbleib sagen; schließlich war er ja einige Tage oder Wochen vor ihm im Zielzeitraum gewesen. Erst viel später erfuhr ich, welch unglaubliche Schlamperei hier stattgefunden hatte.

Der CHRF ist eine äußerst nüchterne Organisation, da wird nicht lange über vergossene Milch gejammert, da wird geputzt und neu aufgesetzt. Der Fall ›Schoch‹ wurde einem Team von Spezialisten übergeben; dieses kümmerte sich nun um den verschollenen Forscher. So läuft das im CHRF: Man verliert keine Zeit, denn Zeit ist Geld, und die finanziellen Mittel der Kirche sind nicht für sentimentale Aufschübe vorgesehen.

Die dritte Reise wurde nach kurzer Beratung der Projektleitung auf den nächsten Tag verschoben. Wir waren alle hundemüde, und doch klopfte Lehmann spät noch an meine Tür und wollte unbedingt mit mir reden. Ich erschrak, als ich ihn sah: Er war bleich, seine Mundwinkel zuckten, kurz, die blanke Angst stand ihm ins Gesicht geschrieben. Und tatsächlich wendete er alle rhetorischen Kunstgriffe an, um mich zu überreden, an seiner Stelle die Reise anzutreten; aber natürlich nicht, weil er mich einer Gefahr aussetzen wolle – das mit Schoch sei sicher nur ein Zwischenfall, der gut enden würde. Ich sah sofort, wie der Hase lief: Plötzlich war ich ein aufstrebender Wissenschaftler, man setzte Hoffnungen auf mich – ich musste die ganze Kritik der letzten Jahre völlig missverstanden haben. Der alte Feigling wollte sich drücken. Und mir war es recht. Er lag doch richtig, ich hatte bei der Ausbildung viel besser aufgepasst, mich viel intensiver mit der Materie auseinandergesetzt. Was mit Schoch geschehen war, wollte ich nicht wahrhaben, stimmte Lehmann zu, es sei sicher nichts Schlimmes passiert. Kurz, ich wollte die Zeitreise machen – um jeden Preis. Den ganzen Abend war ich wie trunken vom Gedanken daran, ins Frühmittelalter aufzubrechen und etwas zu erleben, wovon ich den Rest meines Lebens würde zehren können, das mir eine steile akademische Karriere ermöglichte; ich sah mich selber als alte Koryphäe an einem Kongress die jungen Aspiranten aburteilen. Hätte ich damals geahnt, wie es herauskommen würde, glauben Sie mir, ich hätte Lehmann nur ins Gesicht gelacht.

Auch aus Sicht des Reisenden gibt es über den Zeitsprung nicht viel zu sagen. Man setzt sich in die Kammer, kommt sich angesichts der sogenannten mittelalterlichen Kleidung ziemlich albern vor, wartet eine Ewigkeit, bis schließlich alles zu flimmern beginnt und ein leichtes Schwindelgefühl einsetzt; man verliert die Bodenhaftung, glaubt zu fallen, tut es aber seltsamerweise nicht. Dann manifestiert sich innerhalb knapp einer Sekunde eine neue Umgebung, noch ganz unscharf, und man landet unsanft auf dem Boden. Die Spezialisten vom CHRF hatten uns eingetrichtert, uns blitzschnell zu orientieren, um uns sofort verstecken oder im Notfall sogar die Flucht antreten zu können. Es war ja nie sicher, wo man als Zeitreisender hineinplatzte. Mir war so übel, dass ich weder an Verstecken noch an Flucht denken konnte, sondern mich als Erstes auf einen frühmittelalterlichen Lehmweg erbrach.

Was denken Sie, was ich dann sah? Welchen ersten Eindruck von dieser fernen Zeit ich gewann, die ich nur aus jahrhundertealten Erzählungen kannte, aus Heiligenviten, Heldensagen und Zaubersprüchen? Glauben Sie, ich hätte einen reisenden Mönch, einen singenden Bruder Tuck vor mir gesehen? Einen Trupp grimmig dreinblickender alemannischer Krieger mit Schnauzbärten? Die Heiligen Gallus und Columban mit ihren Glaubensbrüdern? Nichts von alldem! Ich kniete vor einer hässlichen Hexe, einem hageren alten Weib, das mit seinem krummen Finger auf mich zeigte und bei meinem Anblick in ein schrilles Gelächter ausbrach, sich auf die knochigen Schenkel klopfte, hustete und prustete und nicht mehr damit aufhören wollte. Da reist man tausendvierhundert Jahre durch die Zeit und trifft auf eine Verrückte, dachte ich mit Unbehagen. Mit der Zeit, dies sei kurz bemerkt, stellte ich allerdings fest, dass es sich keineswegs um einen Zustand geistiger Verwirrung, sondern um die gewöhnliche, direkte Art der frühmittelalterlichen Bevölkerung handelte, die auf dem Weg zur Zivilisierung erst einige kleine, tapsige Schritte gewagt hatte. So sind sie, die Menschen im Mittelalter, Herr Generalvikar: Finden sie etwas komisch, brüllen sie vor Lachen laut los; wo wir anerkennend nicken, schlagen sie einem beinahe die Schulter ein. Wer sich über etwas ärgert, stampft wie ein Kleinkind, wirft mit Steinen und Dreck um sich oder mit allem Möglichen, was ihm gerade in die Finger kommt; wer traurig ist, heult und flennt und klammert sich an einen wie ein Affe.

Als ich mich einigermaßen gefangen hatte, rappelte ich mich auf und stützte mich auf einen geflochtenen Holzzaun. Weit und breit war kein Mensch zu sehen, außer der Alten in ihrem schmutzigen, braunen Kleid mit einem Gürtel, an dem allerlei Federn und Amulette hingen. Für mich war sie eine Hexe und ich nannte sie fortan so. Die Hexe. Meine Hexe. Ihren Namen habe ich nicht herausbekommen, denn natürlich verstand sie kein Wort von meinem Latein, lachte mich aber mit ihren zwei spitzen, bräunlich verfärbten Zähnen – einem oben und einem unten – weiter fröhlich an. Ich konnte nicht erkennen, welcher Sprache die wenigen Wörter angehörten, die sie zwischen den Lachsalven mit heiserer Stimme brabbelte. Da ich keinen einzigen Anhaltspunkt finden konnte, musste ich befürchten, dass Menke-Glückerts als längst überholt geltende These, im 7. Jahrhundert hätte es in der Ostschweiz noch keltischsprachige Heiden gegeben,[6] doch ihre Richtigkeit hatte. Wenn dem so war, erschwerte das meine Mission gewaltig und ich musste als Erstes zu jemandem gelangen, der Latein oder Althochdeutsch sprach. Doch ich war mir nicht sicher, wo ich mich befand. Eine in den Boden eingelassene Lehmhütte mit einem Strohdach, darum herum ein gestampfter Platz, auf dem der Frühlingsregen braungelbe Pfützen hinterlassen hatte. Vom Hof führte ein schmaler Pfad in einen Wald aus schmalen Laubbäumchen, zwischen denen hohe, dunkle Tannen aufragten und ihren Schatten auf die Hütte warfen. Wenn die Alte für einen Augenblick schwieg, hörte man nur das Rauschen des Waldes, das Plätschern eines Bächleins und Vogelgezwitscher.

Der erste Kontakt mit einem frühmittelalterlichen Menschen war jämmerlich. Die Alte schien nicht einmal zu begreifen, dass ich mich zu verständigen versuchte, sondern hielt mich offensichtlich für einen

6 E. Menke-Glückert: Warum missionieren in Deutschland irische Mönche?, in: Forschungen und Fortschritte 14/5, Leipzig 1938, S. 46 und 183.

Narren, den ihr der liebe Gott, Wotan oder Zis oder wer auch immer allein zu ihrer Unterhaltung geschickt hatte. Egal was ich sagte oder wie ich gestikulierte, ihre Antwort bestand bestenfalls darin, dass sie meine Frage nachzuahmen versuchte und sich dabei köstlich amüsierte. Irgendwann hörte ihr Lachen auf, als hätte jemand einen Schalter umgekippt, sie wandte sich zu ihrer Hütte und bedeutete mir, ihr zu folgen. Zuerst schob sie mich recht unsanft die wenigen Stufen in den Vorraum, in dem allerlei Holzgeräte und Tongeschirr von der Decke hingen und sich an den Wänden stapelten, doch dann hielt sie mich entsetzt zurück, zeterte und spuckte, als ich ihr in den Hauptraum folgen wollte. Aus Ratlosigkeit setzte ich mich erstmal hin. Ich frage Sie, Herr Vikar: Was soll man in einer solchen Situation anderes tun? Was hätten Sie getan? Sich hinsetzen und abwarten ist keine Heldentat und jede verschwendete Minute kostete das CHRF Unsummen, aber es schien mir doch das Beste. Später verglich ich meine Erfahrung übrigens mit Berichten von Ethnologen des 20. Jahrhunderts, die bei afrikanischen Völkern beobachtet hatten, dass Gäste nur den halbdunklen Vorraum, nie aber den dunklen Hauptraum der Hütte betreten durften. Ich saß nicht lange, da kam die alte Hexe wieder raus und brabbelte etwas Unverständliches. Ich fühlte mich wie Hänsel und glaubte schon ein Ästchen suchen zu müssen, für den Fall, dass die Hexe meinen Finger testen wollte. Andererseits war sie der einzige Mensch, zu dem ich in dieser fernen Welt überhaupt einen Bezug hatte, sodass ich beinahe Angst verspürte, sie würde plötzlich verschwinden. Ich beschäftigte mich vorerst damit, meine nähere Umgebung zu untersuchen, was mir nur die Erkenntnis brachte, dass die Kühe im Frühmittelalter kleiner waren und die Menschen unmöglich über Geruchsnerven verfügen konnten – es stank erbärmlich. Ab und zu stellte ich der Alten noch eine Frage oder wies mit der Hand auf etwas, erwartete aber schon längst keine Antwort mehr und erhielt auch keine. Für sie war ich wohl nicht einmal ein Hänsel, höchstens so etwas wie ein zugelaufenes Haustier, das man duldet, solange es nicht bellt oder beißt. Wenn ich mich in der Nähe des Hauses aufhielt, stand sie plötzlich an der Tür und gab mir schreiend und tobend zu verstehen, ich solle da oder dort nicht hingehen – warum, blieb mir ein Rätsel. Wenigstens stellte sie vorderhand keine Gefahr dar, und doch entschloss ich mich, am nächsten Tag dem Pfad in den Wald zu folgen und hoffentlich auf Menschen zu treffen, mit denen ich mich verständigen konnte.

Als ich am nächsten Morgen aus unruhigem Schlaf gerissen wurde, hatte ich mich als Erstes gegen die alte Hexe zu wehren, die sich über Nacht ihres vergangenen Geschlechtslebens erinnert hatte und dieses mit dem seltsamen weißhäutigen Haustier, das ihr der Himmel geschickt hatte, noch einmal auszuleben gedachte. Es musste einem Außenstehenden zum Brüllen komisch vorgekommen sein, wie wir, ich vorne, die Alte hinten, mehrmals um die Hütte rannten. Da tauchte aus dem Nichts ein Riese auf, packte mich wie mit einem Schraubstock am Arm, fuhr die Alte an und verpasste ihr einen Faustschlag, dass sie in die Ecke des Vorraumes geschleudert wurde. Der Mann hatte ein rotes Gesicht, kurze, rötliche Haare und einen Schnurrbart. Er trug grobe Stoffhosen, darüber ein braunes Oberteil, das ihm bis zu den Oberschenkeln reichte und von einem Ledergürtel zusammengehalten wurde. Die Beine waren mit Bändern umwickelt, die Füße steckten in unförmigen Stiefeln. Typische Männerkleidung, wie ich sie in den nächsten Wochen immer wieder sehen sollte. Lediglich die Gürtelbehänge unterschieden sich. Mal waren es einfache Ledertäschchen, mal lange Gebilde aus Münzen und Amuletten, die offensichtlich den ganzen Stolz dieser einfachen Mannsfiguren ausmachten. Häufig konnte ich beobachten, wie zwei Männer ihre Gehänge verglichen und damit prahlten. Nun packte mich der Riese an der Schulter und schob mich vor sich her in den Wald, antwortete nicht auf meine Fragen, sondern fuhr mich in dieser unverständlichen Sprache an, wenn ich stehen blieb oder mich umdrehte, und so lief ich als Gefangener durch einen nicht enden wollenden Wald.

Versetzen Sie sich einmal in meine Lage: Ein wissenschaftlicher Assistent, groß geworden in Bibliotheken und Seminarräumen; am Wochenende ab und zu eine Wanderung, eine Studentenparty, ein Besuch bei den Eltern, dann wieder Handschriften studieren, Texte formulieren, Referenzen nachschlagen. Und jetzt plötzlich Gefangener eines frühmittelalterlichen Riesen. Meine Füße schmerzten, die Kälte der Frühlingsnacht steckte mir immer noch in den Knochen und ich hatte keine Ahnung, was mich erwartete.

›Geh, mein Sohn, fürchte dich nicht! Der Herr möge deine Schritte lenken!‹ (Spr. 3,6)

Auf dem beschwerlichen Weg, der nicht ein einziges Mal aus diesem Urwald herausführte, an der Grenze zwischen Wachsein und Traum, malte ich mir mein Schicksal aus: Einmal wurde ich verkauft und diente einem fränkischen Fürsten oder einer Räuberbande als Sklave, ein anderes Mal wurde ich in ein Verlies gesperrt, vom Pöbel angeglotzt, bespuckt, als Sensation durchs Land gefahren und vorgeführt, oder als Teufelsgeschöpf verbrannt, gesteinigt, ertränkt. Ich sah mich als braune Moorleiche, während man in der Zukunft die Kapsel öffnete und diese erneut leer vorfand. Zwei Verluste! Was wäre aus dem Projekt geworden? Ein Skandal! Hätte man eine Untersuchung eingeleitet oder lieber alles totgeschwiegen?

Doch ich wurde erneut überrascht. Als wir endlich in einer etwas größeren Ortschaft ankamen, ich vermutete Arbona, ließ mich der Riese auf dem Dorfplatz frei; ich sank zu Boden und hockte nun da, an eine Lehmhütte gelehnt. Auch eine Stunde später hatte ich mich noch nicht bewegt. Verschiedene Leute gingen vorbei. Die einen bestaunten mich, die anderen beachteten mich gar nicht, ein älterer Mann reichte mir eine Holzschüssel mit geschmacklosem Brei, Bauern führten Pferde und Kühe vorbei, einige Kinder glotzten mich neugierig an und verschwanden wieder. Stunden mussten vergangen sein, und ich hockte immer noch da. Einmal erhob ich mich und taumelte auf die andere Seite des Platzes, wo mich meine Kräfte aber erneut verließen. So hockte ich wieder da, an eine andere Lehmwand gelehnt.

An den ersten Menschen, mit dem ich einige Worte wechseln konnte, klammerte ich mich wie ein Ertrinkender an ein treibendes Holzstück. Er sprach Latein, das ähnlich wie das Rätoromanische klang, das bis in die ersten Jahrzehnte unseres Jahrhunderts noch in einigen Gemeinden in Graubünden gesprochen wurde. Anfangs war die Unterhaltung schwierig und beschränkte sich auf den Austausch von Namen – er nannte sich Agilulf, kurz Ulf, ein langobardischer Name – und dem Ausdrücken von Grundbedürfnissen wie Essen und Trinken. Ulf gewann mit seiner schlagenden Logik vom ersten Augenblick an meine Sympathie. Auf meine Frage, wo ich sei, antwortete er lachend: »Hier!«, und zeigte mit der Hand auf meinen Sitzplatz.

In den folgenden Wochen verbesserte sich die Verständigung, und gegen Ende meines Aufenthalts konnte ich mich mit den Leuten in meiner Umgebung schon recht gut unterhalten, wenn ich auch immer wieder mit unbekannten oder ungewöhnlichen Begriffen für allgemeines Gelächter sorgte. Immerhin fand ich heraus, dass ich tatsächlich in Arbona war. Mein Bekanntenkreis blieb sehr beschränkt: Neben Ulf, der mich noch am gleichen Abend in sein Haus einlud, lernte ich vier seiner Gefährten kennen, sonst hatte ich kaum Kontakt zu jemandem.

Wenn Besucher in Ulfs Haus kamen, um mich zu sehen, konnte ich feststellen, dass sie Frühalthochdeutsch redeten, wenn auch mit keltischen Begriffen vermischt; dies war aber von dem, was in meinen Althochdeutschlehrbüchern stand, so weit entfernt wie der Dialekt eines Walliser Bergbauern von gepflegtem Bühnendeutsch. Ulf sprach die Sprache der Leute, und zwar immer dann, wenn er sich mit jemandem über mich unterhielt, oft sprach er aber auch Latein. Dieser Ulf, ein junger, sehr gepflegter und offensichtlich gebildeter Mann, bewirtete mich aufs Allerbeste, hielt mich aber, wie ich bald feststellen musste, vollständig von der Außenwelt fern. Wer mich sehen wollte, musste an ihm vorbei, und ich bin überzeugt, dass er sich in irgendwelcher Form dafür bezahlen ließ. Er war wohl das, was Ethnologen im Zusammenhang mit mediterranen Kulturen als ›Vermittler‹ bezeichnen: »Für das Bedürfnis x steht nicht einfach die Institution x' bereit, sondern eine bestimmte Berufsrolle ist dazwischengeschaltet, nämlich die des Vermittlers. Dieser Sozialmakler ebnet den Weg zu wichtigen Personen, empfiehlt Kontakte, organisiert Abhängigkeiten – und kassiert für all diese Dienste.«[7]

Ulf führte sich auf wie mein Besitzer; der Besitzer eines kuriosen Tiers, um dessen Wohlbefinden man besorgt ist, weil es die eigene Lebensgrundlage darstellt.

Ich selbst hatte dem Mann mit dem kantigen Gesicht, der hohen Stirn und den tiefliegenden Knopfaugen eine andere Rolle zugedacht – die des Assistenten. Die besten ethnologischen Studien sind nur dank solcher Assistenten entstanden; einheimischer Verbindungsleute, die dem Ethnologen die Gebräuche und Gepflogenheiten erklären. Je länger ich im Haus lebte, das Ulf und einige seiner Gefährten bewohnten, desto mehr wurde ich mir unserer gegenseitigen Abhängigkeit bewusst und mein Selbstvertrauen begann wieder etwas zu wachsen. Hinter der Fassade freundschaftlicher Plauderei tobte ein harter Stellungskrieg: Wenn Ulf einen Gast zu mir führen wollte, weigerte ich mich so lange, diesen zu empfangen, bis er mir eine weitere Information gegeben hatte, die mir wichtig war. Die wichtigste blieb mir aber vorenthalten: Der Aufenthaltsort des Heiligen Gallus, der gemäß der Vita und historischer Rekonstruktionen um diese Zeit hier in Arbon gewesen sein musste.

---

7 Bernhard Streck: Fröhliche Wissenschaft Ethnologie. Eine Einführung, Wuppertal 2027, S. 91.

Aber die Glaubwürdigkeit tausendvierhundert Jahre alter Texte, Sie wissen schon ... Keiner, mit dem ich sprach, hatte von einem Gallus gehört, und die spärlichen Quellen, die mich auf die Fährte hätten bringen können, wurden von Ulf konsequent sabotiert.

So saßen wir beispielsweise mit einem Theudemar, der so etwas wie ein Priester zu sein schien, bei Kerzenlicht in Ulfs Haus am Tisch. Darauf eine Kanne mit etwas bitterem Wein, einige Äpfel. Dieser Theudemar war, wenn man das von einem mittelalterlichen Menschen sagen kann, ein Snob. Sein Haar war glattgeklebt, an den Ärmeln trug er trotz des warmen Vorsommerwetters Pelzstückchen, die Zartheit seiner Finger bewies, dass er kaum je körperliche Arbeit verrichtete. Dafür nahm er sich ungemein wichtig, räusperte sich vornehm bei jedem zweiten Satz.

»Ich suche einen heiligen Mann. Gallus«, beginne ich.

»Einen Hahn?« In der o-Deklination hat *gallus* diese Bedeutung.

»Nein, einen Mann mit Namen Gallus. Gallus, gallonis, galloni.«

Der andere sieht mich verständnislos an. Mein Deklinieren verwirrt ihn.

»Also, ich suche einen Mann, einen Priester, einen Mönch mit Namen Gallus. Ich glaube, er ist in Arbona.«

»Und hast du ihn gefunden, diesen Gallus?«

»Nein«, antworte ich, bereits leicht gereizt, »ich frage *dich*, ob *du* ihn kennst.«

»Diesen Gallus?«

»Ja ... Er müsste in Arbona sein.«

»Aber was macht er denn in Arbona?«

»Das weiß ich nicht.« Ich hole tief Luft. »Kennst du ihn?«

»Jetzt, nachdem du mir von ihm erzählt hast, kenne ich ihn ein wenig. Erzähl mir mehr.« Ich schüttle den Kopf, beginne dann aber doch zu erzählen, von einem irischen Mönch, der über Luxeuil und Metz an die Grenze zu Churrätien gereist ist, zusammen mit einem Heiligen namens Columban. Ulfs Augen werden immer größer, sein Kopf sinkt auf den Tisch, unsicher greift er nach der Weinkanne, verschüttet beim Einschenken und unterbricht mich mitten im Satz: »Habe ich euch schon mal erzählt, wie ich in Churrätien war? Nahe der Grenze war es, in einer kleinen schmutzigen Ortschaft an einem See. Da ...«

»Ulf, amice«, unterbreche ich ihn, »erzähl uns das ein anderes Mal. Ich möchte Theudemar eine Frage stellen, bitte!«

Doch Ulf lässt sich nicht beirren und beginnt von Dämonen und Geistern zu berichten, die nachts aus dem See auftauchen und die Bewohner in Angst und Schrecken versetzen. Theudemar hört wie gebannt zu, während ich versuche auf meine Frage zurückzukommen. Ohne Erfolg. Eins zu null für den Vermittler. Sobald die Weinkanne leer und Theudemar verschwunden ist, erwacht Ulfs Interesse an der Geschichte des heiligen Gallus. Ich erzähle ihm seufzend die Vitenfassung, in der Hoffnung, er könnte mir Informationen beschaffen, und der Gute kriegt seinen Mund nicht mehr zu. Natürlich verstehe ich nicht, was ihn so fasziniert – verstehe einer den frühmittelalterlichen Menschen!

Ich war mir vorerst nicht darüber im Klaren, welche Rolle ich für Ulf, seine Gefährten, ja überhaupt für die Bewohner von Arbona spielte. Ich war eine Sensation, wusste aber nicht, weshalb. Gut, ich hatte einen seltsamen Akzent, sprach fehlerhaft, sah vielleicht etwas fremdartig aus, war zu weich für diese Zeit, aber war es das? Schließlich hatte ich keine Kranken geheilt, keine Dämonen ausgetrieben, keine dieser Wunder vollbracht, die bei den Arbonern so in Mode waren. Mit der Zeit hatte ich aber den Verdacht, dass Ulf eben solche Dinge erzählte und mich mit erfundenen Geschichten wichtiger machte als ich es war. Überhaupt war er ein Meister im Erfinden verrückter Geschichten, erzählte von Drachen, Fabelwesen, Geistern, Dämonen, Krankheiten, Feuersbrünsten, Zweikämpfen, Wundertaten, dass man gar nicht daran zweifeln konnte, er selbst sei dabei gewesen – eine wahre Schatzkammer frühmittelalterlicher Fantastik. Ich habe in späteren Jahren immer wieder angestrengt versucht, aus der Erinnerung heraus eine umfassende Sammlung seiner seltsamen Geschichten zusammenzustellen, die ich gerade Ihnen, Herr Bischofsvikar, wärmstens zur Lektüre empfohlen hätte.[8] Leider wurde diese Sammlung nicht publiziert.

Es ist kaum vorstellbar, wie auf einer solchen Zeitreise die Grenze zwischen Realität und Traum zu verschwimmen beginnt. Der Mensch des 21. Jahrhunderts ist mental überfordert, wenn er begreifen soll, dass er soeben im 7. Jahrhundert mit einem Langobarden und einem alemannischen Bauern am Tisch sitzt und sich lateinische Schauermärchen anhört. Der Geist stellt automatisch auf Fiktion um, bis einem, während man sich zurücklehnt und sich dem Geschehen hin-

8 Zwerge – Drachen – Wunderheilungen. Agilulfs Erzählungen, hrsg. vom Verfasser (nicht publiziert).

gibt, plötzlich bewusst wird, dass es eben keine Simulation ist, sondern echte, greifbare Realität. Ich hatte mich an das Leben in Ulfs Haus gewöhnt, an die kleinen Machtkämpfe, die regelmäßigen Besuche und die Gespräche. Meine eigentliche Aufgabe vergaß ich bisweilen, in gewissen Momenten aber, zum Beispiel wenn mich Hühnergegacker und Hundegebell aus dem Schlaf rissen, wurde mir plötzlich bewusst, dass ich einen Auftrag hatte, und ich musste mich gehörig anstrengen, um mir die Vorgaben des CHRF in Erinnerung zu rufen. Man hatte mir zusätzlich aufgetragen, mich nach dem Verbleib von Professor Schoch zu erkundigen und – sofern es sich mit meiner eigenen Mission vereinbaren ließ – das Alemannengrab aufzusuchen, von dem der alte Archäologe immer wieder erzählt hatte. Etwas östlich von Arbona mündete die Goldach in einem großen sumpfigen, schilfbewachsenen Delta in den Bodensee. Wenn ich ihr einige Kilometer weit zurückfolgte, würde ich in den Talkessel gelangen, wo einige hundert Jahre später die Stadt St. Gallen entstehen würde. Oberhalb der Steinachmündung müsste ich das Alemannengrab finden; die topografischen Simulationen, die ich im CHRF stundenlang durchschritten hatte, hatten sich tief in meine Erinnerung eingegraben.

Schoch war zwei Wochen vor mir gelandet, sodass ich bald losgehen musste, wenn ich ihn finden wollte. Meinen eigentlichen Auftrag, den Heiligen Gallus ausfindig zu machen, hatte ich abgeschrieben. Ulf ließ sich die Geschichte zwar immer wieder erzählen, schien die Schauplätze der Vita auch zu kennen und versprach mir, seine Leute würden überall, wo sie hinkämen, nach Gallus fragen, aber ich glaubte ihm nicht und hatte keine Gelegenheit, es zu prüfen. Wenn ich schon nichts über den Gründer des St. Galler Klosters in Erfahrung bringen konnte, so erfuhr ich doch unglaublich viel über die Lebensgewohnheiten im frühen Mittelalter. Nutzloses Wissen jedoch, da die ungläubigen Thomasse der modernen Forschung es als ungesichert und unwissenschaftlich abtun und sich – wohl aus Neid – weigern, meine Texte zu publizieren.[9] Ich sammelte also Fakten über Fakten, mehr allerdings aus nebensächlichen Details als aus Ulfs Erzählungen, von denen eine erlogener war als die andere. Dieser frühmittelalterliche Münchhausen konnte mir in vollem Ernst erzählen, er habe selbst schon einen bösen Geist aus einer kranken Frau ausgetrieben.

9 Beobachtungen aus dem frühmittelalterlichen Arbona. Dokumente einer Zeitreise (nicht publiziert).

Der Aufbruch zum Alemannengrab stellte sich schwieriger dar, als ich gedacht hätte, weil mich Ulf und seine Gefährten einfach nicht ziehen lassen wollten. Ulf versuchte mir die Reise aus dem Kopf zu schlagen, indem er erneut von wilden Tieren und Waldgeistern zu faseln begann.

Der Diakon gab zur Antwort: »Mein Vater, diese Einöde ist rau und nass, hat hohe Berge und enge Täler und vielfaches Wildgetier, massenhaft Bären sowie Herden von Wölfen und Wildschweinen. Ich fürchte, sie würden dich, wenn ich dich dorthin führte, überfallen.« Doch der Gottesmann antwortete: »Wenn Gott für uns ist, wer ist dann wider uns? Der den Daniel aus der Löwengrube befreit hat, vermag auch mich der Gewalt der wilden Tiere zu erretten.« Weil nun der Levit seine Beharrlichkeit sah, sagte er: »So wollen wir denn morgen die einsame Waldung durchforschen, ob wir vielleicht einen passenden Ort finden können. Ich vertraue nämlich der Güte unseres Schöpfers, dass er uns wie dem Tobias gnädig einen Vorläufer zuweisen werde.« (Vita, 8)

Nach einem heftigen Wortwechsel packte ich meine Sachen, fest entschlossen, mich endgültig von Ulf zu trennen. Ich war erstaunt, dass mich niemand daran zu hindern versuchte. Als ich allerdings vor das Haus trat, standen sie schon da, mit Wanderstöcken und umgehängten Ledertaschen, Ulf und seine vier Gefährten, schwatzend und scherzend, als ob der Streit nie stattgefunden hätte. Was hätte ich tun sollen? Was hätten Sie getan, Herr Bischofsvikar? Auch Sie wären sicher froh gewesen, ortskundige Begleiter zu haben, denn obwohl das Grab nur gerade etwa zehn Kilometern entfernt war, führte der Weg doch durch einen dichten Urwald, wie man ihn sich heute in diesen Breitengraden kaum mehr vorstellen kann.

Nebelfetzen zogen zwischen den dunklen Baumriesen auf, vom grünschwarzen Blätterdach tropfte Wasser, und es herrschte eine Kälte, die sich langsam unter die Haut fraß. Gesprochen wurde kaum, man hätte beim Geprassel, dem Wind und dem wilden Tosen der Goldach ohnehin das eigene Wort kaum verstanden. Nach neun Stunden erreichten wir die Stelle, an welcher heute St. Fiden liegt.

Wir schlugen unter einer mächtigen Tanne unser Lager auf und wärmten uns am Feuer, während der Regen ein wenig nachließ. Ulf und seinen Gefährten, von denen ich nur zwei mit Namen kannte, Hiltibod und Sigbert, schienen Nässe und Kälte nichts auszumachen, sie sangen und scherzten und waren ganz ausgelassen. Einmal mehr versuchte ich, mir über ihre Religion klar zu werden, was mir schon in den Tagen zuvor nicht gelungen war. Offensichtlich war die Trennung von christlicher und heidnischer Religion noch nicht vollzogen. Die wenigen Handlungen, die einen rituellen Charakter zu haben schienen, waren schwer zuzuordnen. In der Pause konnte ich beobachten, wie Ulf sich von den Gefährten fortstahl, ein Säckchen öffnete und hingebungsvoll hineinsah.

Nachdem sie dann ihren müden Gliedern Ruhe gegönnt hatten, erhob sich der Gottesmann still wieder und widmete sich vor eben jener Kapsel dem Gebet, wobei ihm sein Gefährte heimlich zuschaute. (Vita, 11)

Die Amulette und Schutzsymbole an den Gürteln und in den Häusern hätten sowohl keltisch als auch christlich, germanisch oder galloromisch sein können, und soweit ich die Gesänge der Gefährten verstand, handelte es sich um Trinklieder, die Gebetskapsel hingegen war eindeutig … Doch halt! Augenblick! Was ich sah, war nichts weiter als ein Säckchen, von einer Gebetskapsel wusste ich damals nichts. Jetzt geschieht, Herr Bischofsvikar, was lange abzusehen war, mein Bericht und die Vita vermischen sich. Sie werden bemerkt haben, wie die beiden Texte sich zuerst parallel zueinander bewegt haben, sich unmerklich näher gekommen sind, um sich jetzt, an dieser Stelle, zum ersten Mal wie ein Reißverschluss zusammenzufügen, um zu einem Text zu werden, meinem Text: Ulfs Erzählungen, der Vita des Heiligen Gallus – und Schochs Geschichte.

Am Feuer musste ich erneut die Geschichte von Gallus erzählen. Ich versuchte ihnen klar zu machen, dass ich diesen Menschen suchte, aber ich musste wieder einmal feststellen, dass solche Erklärungen überhaupt nichts brachten, wenn die Gefährten erst einmal ihre eigene Version der Ereignisse erschaffen hatten. Für sie war die Einsiedlergeschichte eine Aufgabe, der sich ein großer Mann stellen musste; Ulf verglich sie gar mit den Aufgaben des Herkules. Er würde sich daran wagen, prahlte er, er würde den Bären zähmen wie schon damals diesen oder jenen bösen Dämon.

Inzwischen kam vom Berg herab ein Bär hinzu und naschte von den Überresten ihrer Mahlzeit. Ihm aber sagte Gallus, der von Gott Erwählte: »Wildtier, im Namen unseres Herrn Jesus Christus befehle ich dir: Nimm

Holz auf und bringe es zum Feuer!« Dieser nun machte sogleich kehrt, brachte einen gewaltigen Holzklotz herbei und legte ihn ins Feuer. Zum Lohn für solche Leistung reichte ihm der Gottesmann Brot, jedoch auf die Art, dass er ihm gebot: »Im Namen des Herrn Jesus Christus, weiche aus diesem Tal! Es seien dir Berge und Höhen überlassen, hier aber schade fürderhin weder dem Vieh noch den Menschen!« (Vita, 11)

In der Morgendämmerung stand ich heimlich auf und versuchte, mich zum Grab durchzuschlagen. Ich verirrte mich mehrmals und wollte bereits umkehren, als ich plötzlich die Stelle zu erkennen glaubte, die ich aus Schochs Rekonstruktionsskizzen kannte. In der Nähe eines Abhangs war wohl ein Erdrutsch niedergegangen oder durch den Regen eine Art Erdspalte entstanden, über die sich von der anderen Seite das Wurzelwerk einiger großer Bäume wölbte. Es bestand kein Zweifel, dieses Loch war Schochs Grab, und als ich mich darüber beugte, sah ich den Archäologen zusammengekrümmt am Grund liegen. Ich war natürlich entsetzt über meinen Fund und wusste nicht, was ich tun sollte. Nachdenklich setzte ich mich auf einen Baumstamm, als meine Gefährten, einer nach dem anderen, auftauchten und sich zu mir gesellten. Sie sahen den Toten und ich erklärte ihnen, dass es ein Freund von mir sei, den ich beim Wandern aus den Augen verloren hätte. Die fünf verhielten sich äußerst rücksichtsvoll. Ulf und ein anderer Mann kletterten zur Leiche, drehten sie auf den Rücken und begannen sie mit Steinen zuzudecken. Dazu murmelten sie lateinische Gebete. Erst in diesem Augenblick wurde mir mit einem riesigen Schrecken klar, was es mit Schochs Grab auf sich hatte. Der gute Schoch war im 7. Jahrhundert in dieses Loch gestürzt, hatte sich den Hals gebrochen und Jahrhunderte später sein eigenes Grab aufgesucht!

Da hörte er ihn sagen: »Lass mich! Hier ist meine Ruhe für alle Zeiten; hier will ich wohnen, denn diese Stätte habe ich mir erwählt.« (Vita,11)

Rund 1400 Jahre später wird das Skelett gefunden, durch den lehmigen Boden gut erhalten, und derselbe Schoch beginnt, ohne von seiner baldigen Zeitreise zu wissen, sich mit seinem Grab zu beschäftigen, sein Skelett zu analysieren. Mir standen die Haare zu Berge ob dieser schreienden Ironie des Schicksals.

An jenem Abend dachte ich lange über solche Zeitschleifen nach: Schoch geht zurück, stirbt, seine Leiche überdauert, er wird geboren, findet seine Leiche, geht zurück, stirbt, seine Leiche überdauert, er wird geboren, findet seine Leiche, geht zurück, stirbt – es war ein Kreis ohne Anfang und ohne Ende, eines dieser Paradoxa, die auch Brown und Ceczkis Konstanzgesetz nicht erklären konnte. Ich blickte zu den Sternen und die ganze Zeitreiserei erschien mir erstmals als der Wahnsinn, die Überheblichkeit, die sie ist und immer bleiben wird. Ein Spucken auf Gottes Schöpfung!

Die Zeiten und die Geschichten beginnen und begannen zu wuchern, sich zu vermengen, sich umeinander zu schlingen, in- und auseinanderzuwachsen. Unsere Exkursion zum Pilgergrab strömte in die Ereignisse ein, die später als Vita des Heiligen Gallus aufgezeichnet wurden, Schoch hatte sein Leben lang seine eigene Geschichte, das Ende derselben zumindest untersucht und beschrieben, und auch dieses mündet an dieser Stelle in die Vita ein. Ulfs Erzählungen und die seiner Gefährten werden zu Vitenstoff, ich selber erzähle und erzählte ihnen und Ihnen Sequenzen der Geschichte, von denen sie nicht wissen und nicht wussten, dass sie schon längst begonnen hatten und die Zuhörer bereits mittendrin waren und sind. Geschichten, die in der Zukunft gelesen in die Vergangenheit fallen wie Schoch in sein eigenes Grab. Erzähler und Erzählungen wirbeln und wirbelten durcheinander, Berichte von morgen werden und wurden gestern gelesen und übermorgen weitergelebt, das Leben folgt und folgte jetzt einer Geschichte, die früher gelesen als geschrieben wird und wurde.

Wir blieben einige Tage auf der Lichtung, fischten und pflückten Beeren, wobei Ulf oft in Gedanken war und mich mehrmals zur Seite nahm, um sich die Geschichte von Gallus, dem Bären, der Klause an der Steinach immer wieder erzählen zu lassen. Inzwischen waren wir beide auf der Suche nach dem Heiligen, wenn auch aus verschiedenen Gründen. Er löcherte mich, ich seine Gefährten. Doch diese erkannten den Ernst der Lage nicht, glaubten, ich wolle unterhalten werden und überboten sich darin, der Vita die merkwürdigsten und fantastischsten Episoden anzufügen.

Da erschienen zwei Dämonen in der Gestalt von Weibern: Nackt standen sie am Ufer, als wollten sie ins Bad steigen; schamlos stellten sie ihm den Leib zur Schau. […] Der Heilige bat: »Herr Jesus Christus, Sohn Gottes, handle nicht so, wie ich es verdienen würde; sondern befiehl diesen Dämonen, diesen Ort zu verlassen, damit er zur Ehre deines Namens geheiligt sei!« Als sie sich dann vom Gebet erhoben hatten und zum Strudel gekom-

men waren, wandten sich die Dämonen dem Flusslauf entlang zur Flucht bis hinauf zum Gipfel des Berges. Der Gottesmann aber rief: »Ihr Trugbilder, ich befehle euch durch den Vater und den Sohn und den Heiligen Geist, dass ihr aus diesem Ort in die Wüste zurückweicht und niemals mehr hier eindringt!« (Vita, 12).

Abends am Feuer erzählten Ulfs Gefährten, wohl um mich aufzuheitern, von ihren gemeinsamen Erlebnissen. Ich glaubte, ihre Geschichte zu kennen. Die einzelnen Schritte ihres Berichts fügten sich stückweise meiner Erinnerung an, der Erinnerung an Gelesenes und Studiertes, wuchsen zusammen wie zwei Hälften einer zerbrochenen Kachel. Zwei Bruchstücke, von denen das eine lebendig, schmutzig und menschlich war, das andere streng bis zur Anonymität stilisiert, entmenschlicht, aufgezogen vor einem goldenen Hintergrund. Dazwischen 1400 Jahre Überlieferungsgeschichte.

Sie waren in Gallien zusammengekommen: Ulf ein junger Abenteurer, *hervorragend durch edle Abkunft und mehr noch durch den Glanz eines guten Lebens* (Vita, 1), die anderen Gaukler, Schelmen, Krieger ohne Geld, dafür voller Tatendrang, voller Ideen. Am Hof eines Königs Sigibert habe sich ein heiliger Mann aufgehalten.

Weil dieser an der Lebensart der Väter festhielt und allen den Pfad der Demut wies, vermittelte er denen, die mit ihm zusammenlebten, seine honigfließende Lehre. (Vita, 1)

Ulf habe sich diesem etwas lebensfremden Greis unentbehrlich gemacht und sei sein Vermittler geworden. Es musste der Heilige Columban gewesen sein!

Als nun der Lenker der Welt beschlossen hatte, unseren Landsleuten ein Licht von weit entfernten Erdteilen her aufgehen zu lassen, folgte der Mann dem Rufe Christi, indem er das Irdische verschmähte und das Himmlische suchte, zusammen mit seinen Gefährten, die gewissermaßen eine Auslese des irischen Volkes waren. (Vita, 2)

Da der König die Anwesenheit Columbans für die Errichtung eines Klosters ausnutzen wollte, seien sie in die Vogesen geflüchtet und dort eine Zeitlang untergetaucht.

So zogen sie denn nach getroffener Entscheidung in eine Wüste, die der Volksmund Vosagus nennt, um einen für die Niederlassung von Gottesdienern geeigneten Platz zu suchen. (Vita, 2).

Irgendwann hätten sie beschlossen, wieder nach Osten, unter die Leute zu gehen, hätten den Alten in den Städten und Dörfern vorgezeigt, ihn als Wunderheiler angepriesen und gegen Entgelt Audienzen abgehalten. Franken, Kelten, Burgunder, Adelige und Könige, alle hätten den Heiligen sehen wollen. Ulf und die Gefährten hätten Geld eingenommen wie noch nie, daneben Handel getrieben, Kühe gehalten, Frauen und Wein in Fülle genossen. Ein wunderbares Leben! Irgendwann habe es aber Ärger gegeben, weil sich einer von ihnen (alle blicken grinsend zu Ulf, der eine Unschuldsmiene aufsetzt) mit einer Königstochter eingelassen habe, der König habe Wind von der Sache bekommen und sie hätten fluchtartig weiterziehen müssen. Den alten Goldesel hätten sie aber mitgeschleppt (verschmitztes Lachen).

So wurde eine Gesandtschaft abgeschickt, um ihn aus dem Reich zu vertreiben. Deshalb begab sich Columban von dannen und gelangte zu König Chlothar. Da er von diesem gütig aufgenommen wurde und er ihn in göttlicher Lehre unterwiesen hatte, erbat er sich, ihn mit Begleitern zu versehen, auf dass er zum Austrasierkönig Theudebert käme. Chlothar gab schließlich der Bitte des Gottesmannes nach und ließ ihn mitsamt seinen Gefährten zum König der Austrasier bringen, der ihn mit großer Freude aufnahm. (Vita, 3)

Von dort hätten sie über das Obere Germanien nach Italien wandern wollen, aber Theudebert habe sie gebeten, in seinem Reich zu bleiben.

... und er versprach ihm, eine für die Diener Gottes angenehme und passende Stätte zu suchen, wo er, wenn er sich anzusiedeln begänne, viele Seelen gewinnen könnte. (Vita, 3).

Da sei die Situation etwas brenzlig geworden, weil sie den heiligen Mann auf keinen Fall aus ihrer Obhut geben und dem König überlassen wollten.

So seien sie nach einiger Zeit doch weitergezogen, zu Städten im germanischen Grenzgebiet, wo Ulf bisweilen, wenn der Alte sich schwach fühlte, begonnen habe, selber den heiligen Mann zu spielen, lange Reden zu halten und Zauberstückchen aufzuführen. Die Gefährten deuteten auch an, dass sie sich während solcher Vorstellungen nicht selten an den Besitztümern der abgelenkten Bevölkerung vergriffen hätten, vor allem auch gern an den Götzenbildern, die seien oft mehr wert gewesen als drei Kühe. Aber einmal habe sie ein Bewohner auf frischer Tat ertappt.

Die Bewohner ergriffen gegen jene die Waffen des Hasses, der ihre Herzen so sehr packte, dass sie den Ratschluss fassten, den Gottesmann Gallus zu töten und Columban unter Misshandlung aus ihrem Gebiet zu vertreiben. (Vita, 4)

Sie hätten erneut fliehen müssen und seien nur gerettet worden, weil der Alte einen Fluch über den Ort ausgerufen habe.

»Gott, du Lenker des Himmels, nach dessen Willen das ganze Weltgeschehen abläuft, mache dieses Geschlecht zuschanden, damit ihr übles Vorhaben gegen deine Diener auf ihr eigenes Haupt zurückfalle!« (Vita, 4)

Nur gegen Versprechen des freien Abzugs habe er den bösen Fluch zurückgenommen; manchmal sei er eben doch ein schlauer Fuchs gewesen, auch wenn er sich immer so lebensfremd gegeben habe – das habe wohl zu seiner Rolle gehört.

Nun lebten sie schon längere Zeit in Arbona, hätten den heiligen Mann zwischendurch nach Pergentia begleitet, wo er fleißig gepredigt habe.

Dabei habe Ulf wieder etwas über die Stränge geschlagen und die Bürger verärgert. Dem alten Heiligen sei das mittlerweile aber zu bunt geworden, er habe sich, womit niemand gerechnet hatte, einen neuen Vermittler gesucht und sich, als Ulf von heftigem Fieber ergriffen wurde, aus dem Staub gemacht.

So hätten sie sich überlegen müssen, wie sie nun ohne den heiligen Mann ihr Leben fristen wollten. Zunächst habe Ulf beschlossen, selber ein solcher zu werden, er hatte das Ganze ja mehrmals geübt. Ich runzelte die Stirn und blickte Ulf fragend an. Ja, glauben täte er natürlich schon, beschwichtigte er, aber darum ginge es ja letzten Endes nicht. Auf jeden Fall sei ich dann erschienen und er habe zuerst in mir einen gottgesandten Ersatz für den Alten gesehen, aber schnell gemerkt, dass ich zum Heiligen nicht taugte. Nun habe er beschlossen, doch selber ein Heiliger zu werden. Zuerst müsse er sich allerdings vor dem Überlinger Herzog Cunzo verstecken, weil er mit dessen Tochter ... Gelächter bricht aus. Da sei meine Reise in die Wälder gerade recht gekommen.

Ich zermarterte mir das Gehirn darüber, was es bedeutete, wenn Ulfs Geschichte die Vita des Heiligen war und er nun deren weiteren Verlauf gestalten wollte. Dabei wusste er von der ganzen Geschichte nur das, was ich irgendwann mal 1400 Jahre später gelesen hatte und ihm nun, im 7. Jahrhundert, erzählte. Die Zukunft war ein Buch, das die Zukunft vorschrieb. Ulf hätte gar nicht anders handeln können, als Gallus zu werden. Zuerst befürchtete ich, Ulf könnte dem Heiligen in die Quere kommen und das Konstanzgesetz auf eine harte Probe stellen. Aber es gab keinen Gallus, nur diesen Ulf, einen charmanten Schelm, den ich zu Gallus gemacht hatte, indem ich ihm dessen Geschichte erzählte. Ulf war Gallus. Ich konnte es nicht fassen, ich war in ein Paradox gerutscht, ob dem ich verrückt zu werden drohte. Passen Sie gut auf, Herr Bischofsvikar: Die ganze Vita ist eine Undenkbarkeit, ein logisches Paradox. Sie ist, was die Forschung als ›Dschinn‹, als Flaschengeist bezeichnet. Vielleicht ziehen sie ja den Begriff ›Wunder‹ oder ›göttlicher Eingriff in die Weltordnung‹ vor. Wie dem auch sei, Faktum ist, dass die Geschichte nie entstanden ist – zumindest nicht von Menschenhand! Ich habe sie im 21. Jahrhundert gelesen und studiert, nachdem sie irgendwann im 8. Jahrhundert zum ersten Mal nach Ereignissen, über die ein Zeitreisender einem Fahrenden im 7. Jahrhundert berichtet hatte, aufgeschrieben worden war. Und dieser Mann im Mittelalter beschloss, die Erzählungen des seltsamen Reisenden zu leben. So wurde der Text zum Ereignis, auf dem er basiert. Das Leben des heiligen Gallus ist aus dem Nichts entstanden.

Aus dem Nichts, Herr Vikar!

Über diesen Gedanken hätte ich beinahe den Rückreisetermin versäumt. Einerseits tat es mir leid, die lustige Gruppe um Ulf verlassen zu müssen, anderseits war ich erschöpft und verwirrt. Man hatte uns während des Trainings eingetrichtert, die Rückreise möglichst diskret abzuwickeln. Ich wusste, dass es in Gegenwart von Ulf und seinen Gefährten unmöglich sein würde, doch es war mir nach allem, was geschehen war, egal. Mochten sie es als Zeichen, als Wunder, als was auch immer verstehen – der Lauf der Geschichte würde sich dadurch nicht ändern. Und so saß ich im Schatten einiger Tannenzweige und grübelte vor mich hin, als ich von diesem Kribbeln ergriffen wurde und mich immer schneller zu drehen begann, bis ich das Bewusstsein verlor und unter grellem Neonlicht, gestützt von Technikern des CHRF, wieder zu mir kam.

Die Rückreise hatte mich erschöpft und ich verbrachte mehrere Wochen in Quarantäne unter psychologischer und psychiatrischer Betreuung, dazwischen gab ich wiederholt meine Erlebnisse zu Protokoll. Als ich entlassen wurde, fand ich mich aller universitären Posten enthoben, ich hatte keine Assistenz mehr, Professor Lehmann beantwortete meine E-Mails nicht, nahm meine Anrufe nicht entgegen und gab vor, mich nicht zu kennen. Die Universitätsleitung vertröstete mich, das Bistum wollte von keinem Gallus-Projekt wissen, zum CHRF war kein Kontakt möglich, ich stand allein da und wurde als verrückter Schwätzer abgetan, worauf ich aus meiner Heimatstadt in die Anonymität der Großstadt floh.

Vor drei Jahren suchte mich Professor Wiedmer in Schwamendingen auf, mittlerweile Lehrstuhlinhaber mit internationalem Ruf, und zwar kurz bevor er freiwillig aus dem Leben schied. Er war äußerst aufgebracht und erzählte mir die wahre Begebenheit um Schochs Tod. Wer weiß, warum. Das CHRF hatte gepfuscht und bei der zweiten Reise die Zielkoordinaten verwechselt. Schoch war nicht aus Unachtsamkeit oder übertriebener Neugier in sein Grab gestürzt. Wiedmer hatte sich nur wenige Sekunden nach Schochs Ankunft am genau gleichen Ort materialisiert und seinen älteren Kollegen in den Tod gestoßen. Bewusst oder unbewusst, für Wiedmer machte es keinen Unterschied. Für mich auch nicht. Er hatte den toten Gegenspieler zurückgelassen und war drei Wochen lang seiner Arbeit nachgegangen. Den heiligen Gallus hatte er sich nicht einmal zu suchen bemüht, sondern sich einzig und allein seinen linguistischen Feldstudien gewidmet. In diesen drei Wochen hatte er sich den goldenen Schlüssel in die akademische Welt gestohlen. Doch mit der Schuld konnte er nicht leben.

Schoch starb durch eine Pfuscherei, Wiedmer hat sich umgebracht, mir haben Sie das Rückgrat gebrochen. Für eine Institution wie das Bistum St. Gallen, einem mächtigen Verwaltungsapparat mit riesigem Einfluss auf die öffentliche Meinung, war es ein Kinderspiel, einen unbedeutenden wissenschaftlichen Assistenten aus der akademischen Welt zu katapultieren, an den Rand der Gesellschaft zu drängen.

Zwanzig Jahre war ich gefangen mit meiner Schuld.

Doch habe ich mir mit den unzähligen Arbeiten, die nie veröffentlicht wurden, einen Turm gebaut, auf dem ich mich mit der Langsamkeit der Alpenfaltung an die Oberfläche gehoben habe, bis ich heute erstmals über den Rand meines Gefängnisses blicke und mit dem letzten Blatt alle Schuld von mir weise.

Ja, Herr Bischofsvikar, hier gebe ich Ihnen, stellvertretend für den ganzen bischöflichen Machtapparat, meine Schuld zurück.

Woran sollte ich Schuld haben? Ich habe mich von Ihren Vorwürfen blenden lassen und habe geglaubt, *ich* hätte alles falsch gemacht, *ich* hätte Ulf nicht die Gallus-Geschichte erzählen dürfen. Aber ich war überfordert. Doch auch das änderte schließlich nichts. Denn glauben Sie mir, wenn Sie im Frühmittelalter stehen, können Sie die Last von 1400 Jahren geschriebener Geschichte nicht um Haaresbreite verschieben, egal was Sie tun und anstellen. Ich möchte mich nicht auf eine Diskussion über den freien Willen auslassen, Herr Bischofsvikar, aber glauben Sie mir, sollte ein Zeitreisender überhaupt über einen kleinen Rest davon verfügen, dann reicht er genau so weit, das zu wollen und zu entscheiden, was das einzig Mögliche ist. Ich hätte nicht anders handeln *können*. In einer zirkulären Kausalität gibt es keinen Anfang, also keine Schuld.

Jedoch gibt es sie beim läppischen Tod von Professor Schoch, beim Selbstmord von Professor Wiedmer. Und diese müssen Sie tragen. Ihnen, die Sie bisher alle Schuld auf mich geladen haben, Ihnen gebe ich sie zurück. Die Schuld am Tod zweier Menschen.

Ihr Fehler ist die Überheblichkeit. Mit dem Gallus-Projekt haben Sie einen babylonischen Turm bauen wollen, um von ihm auf Ihr Kloster, Ihre Stadt, Ihr Bistum schauen zu können. Aber Sie sind mit dem Wissen bestraft, dass der große heilige Gallus, dessen 1400-jährigen Todestag wir nächsten Monat begehen, ein langobardischer Schelm und Schürzenjäger war, seine Lebensgeschichte ein Flaschengeist. Vielleicht ein Fingerzeig Gottes?

Der Mann im Mond

Schon seit einiger Zeit hatten die Bewohner im Dorf und auf den umliegenden Hügeln den kleinen Mann beobachtet, der minutenlang mit gesenktem Haupt steif und bewegungslos dastand, manchmal die Augen aufriss, wie von einem plötzlichen Schwindel ergriffen in leichtes Taumeln geriet, mit den Armen ruderte und sich schließlich, sowie er wieder festen Stand hatte, erstaunt umschaute, den Kopf schüttelte und weiterging.

Kurz nachdem er auf dem Mond gelandet war, hatte Jakob Doerig begonnen, sich mehrmals täglich diesem kleinen Spiel hinzugeben. Er stellte sich zuerst breitbeinig auf den Boden, ließ den Blick über die bläulichen Wälder und violetten Blumenmeere schweifen, senkte ihn dann und starrte die Spitzen seiner Schnallenschuhe an. Dann schloss er die Augen und spürte die Schwere, die Kraft, die seine Füße auf den Boden drückte, spürte, wie seine Hände und Arme vom Zentrum dieses Himmelskörpers angezogen wurden. Wenn das Gefühl der Schwere am intensivsten war, blickte er zum Himmel hinauf, wartete einige Sekunden und, fasziniert von diesem Anblick, der für einige Sekunden das Oben und das Unten in wildem Tanz vermischte, glaubte er, einige Meilen über der Erde zu schweben; über all den Bergspitzen, Seen, Tälern und Meeren seines Heimatplaneten, die sich über seinem Kopf auf alle Seiten des Himmels erstreckten, je nach Tageszeit einmal hinter und einmal vor seinem Scheitel, einmal rechts und einmal links davon. Ein Sog drohte ihn nach unten zu reißen und ihn in einem atemberaubenden Sturz durch die Wolkenschicht hinunter zur Erde zu katapultieren. Hatten sich die Wogen in seinem Gehirn etwas geglättet und das Gefühl des Stürzens einem gewöhnlichen Höhenkitzel Platz gemacht, reichte es, einen Kiesel aus der Hand fallen zu lassen oder den Kopf zu senken und die Bäume und Wiesen neben sich ins Auge zu fassen, um den Rausch noch einmal umgekehrt zu erleben, bis das Unten und das Oben wieder ihre gewohnten Plätze eingenommen hatten.

Und wenn er sein *Lindauerli*[10] dabei hatte, liebte er es, den Rauch auszustoßen und zu beobachten, wie dieser aufstieg, um sich im nächsten Moment wie ein Nebelband im Abwind gegen die weit entfernte irdische Wolkendecke zu senken und sich mit ihr zu vereinen.

Auch nach über einer Woche erschrak er bisweilen, wenn ihn aus heiterem Himmel der Gedanke durchfuhr, dass er es tatsächlich geschafft hatte, dass er hier auf dem Mond stand und sich damit vergnügte, seinen Verstand durch den Anblick der Erde in Ekstase zu bringen. Noch immer fiel es ihm schwer, alle neuen Eindrücke aufzunehmen, zu verarbeiten – ja, überhaupt zu glauben, was er sah und hörte: Die wunderbaren Blumenmeere, die Seen und Wälder, die wuchtigen Paläste von Irdonozur am Horizont und die Musik, die jede seiner Bewegungen begleitete und untermalte. Nicht nur sangen die bunten Vögel melodischer als auf der Erde, auch die Bewohner verständigten sich mit kurzen, lieblichen Melodien, plauderten in Wechselgesängen, Duetten, Trios oder ganzen Kammerstückchen, deren Bedeutung ihm zwar verborgen blieb, die ihn deshalb aber nicht weniger entzückten.

Er hatte es geschafft, nicht die *Ausserrhödler*, die an jenem Abend im Gasthaus an der Landscheide bei Vorderhaslen das große Wort geführt und ihn und seine Pläne zum *Gschpött* der versammelten Gaststube gemacht hatten, nein: Er, Jakob Doerig von Haseln in Innerrhoden, er hatte als Erster den Mond erreicht! Er hatte es allen gezeigt. Seit jenem Abend vor zwei Monaten gab es für ihn nichts anderes mehr. Er hatte gelesen und Pläne geschmiedet, aus der privaten Bibliothek des Dorfpfarrers hatte er sich alle Werke ausgeliehen, die von Mondfahrten handelten: Aristoteles' Metaphysik, Godwins »Wunderbarlichen Wandersmann nach dem Monde«, Cyranos »Voyage dans la lune« und Ariosts »Rasenden Roland«. Er hatte wochenlang gelesen und versucht, die unterschiedlichen Meinungen auf einen Nenner zu bringen. Vor allem Cyrano bereitete ihm Mühe, weil Jakob den französischen Text nicht ganz verstand. Er holte sich Rat beim Pfarrer, und so saßen sie an manchem Abend bei einem *Halbeli Rheintaler* und unterhielten sich über astronomische Probleme. Die Frage, wie weit die Erde vom Mond tat-

10 Siehe Glossar S. 72–73.

sächlich entfernt war, konnten sie allerdings bis zum Schluss nicht genau beantworten. Fünfundfünfzig Sphären hatte der alte Aristoteles errechnet; wie breit die einzelnen waren, das gelang ihnen beim besten Willen nicht herauszufinden. Der Spanier Gonzales hatte gemäß Godwin für seine Reise zwölf Tage gebraucht, Cyrano soll es sogar noch schneller geschafft haben, doch das war sicher ein Märchen, da waren sie sich einig. Für das Projekt war gerade die Frage nach der Distanz von eminenter Wichtigkeit, und Jakob verstand nicht, warum der Pfarrer sie auf die leichte Schulter nahm und sich bisweilen mehr für einzelne ihm unbekannte französische Vokabeln oder Herkunft und Preis des Rheintaler Weins interessierte. Wie lange er dann wirklich gebraucht hatte, konnte er nicht sagen, so sehr er auch seinen Verstand anstrengte; die Zeit wurde gewissermaßen aufgehoben, als er mit seinem Apparat zwischen Erde und Mond pendelte – er Jakob Doerig, selbst ein winziger Planet mit eigenen Gesetzen und eigener Zeitrechnung.

Aber es war auch egal; jetzt war er hier auf dem Mond, und mit der Rückreise eilte es ihm nicht. Bis dahin hatte er noch vieles vor. Einige Franzosen, die schon länger hier waren, versprachen ihm, ihn zu Pylades zu bringen, dem über 3000-jährigen Unterkönig und Gouverneur der Provinz Irdonozur. Weit draußen am Horizont, hinter den Blumenmeeren und Wäldern, konnte er die Kuppeln seines mächtigen Palastes erkennen. Während er mit den Spaniern, die er hier ebenfalls angetroffen hatte, wenig anfangen konnte (*apelöönisch Chöge* – und das nicht nur, weil er ihre Sprache nicht verstand), boten ihm die Franzosen freundlich, wenn auch etwas distanziert, ihre Dienste an. Seine Fragen konnten sie zwar auch nicht beantworten, doch immerhin wollten sie ihn zum Gouverneur bringen – allerdings erst nach der mehrwöchigen Schlafphase, der sich alle Mondbewohner unterziehen mussten und die kurz bevorstand. Auch davon hatte er bei Godwin gelesen. Ja, vor der großen Reise hatte er mehr gelesen und studiert als in seinem ganzen Leben zuvor.

Das war auch nötig gewesen, denn die Ausserrhödler waren ebenfalls nicht untätig, obwohl sie damals in der Landscheide nur gespottet hatten, als er erzählte, er wolle zum Mond fliegen. Doch kaum begann er ernsthaft mit den Vorbereitungen, starteten sie auch mit einem Projekt. Es ging schließlich um die Ehre. Zwar hatten sie, genau wie er, ihre Anstrengungen unter Verschluss gehalten, aber natürlich war immer wieder etwas durchgesickert. Wenn ein Ausserrhödler, der in der Gaststube etwas *gschwolle* tun wollte und dabei mehr erzählte, als er hätte sollen.

Sie wollten, so wurde ihm berichtet, wie Gonzales, mit der Hilfe von abgerichteten Schwänen zum Mond gelangen. Er musste lachen; wahrscheinlich waren sie immer noch mit ihren Dressurversuchen beschäftigt, während er mit seinem Apparat schon hoch über den Dächern ostwärts schwebte. Er hatte auf Cyranos Technik gesetzt – und recht behalten! *Er* stand jetzt hier auf dem Mond, nicht die Ausserrhödler. Was würden sie wohl mit den unnütz gewordenen Schwänen anfangen? Aus der Not eine Tugend machen und sie für die Übermittlung von Nachrichten einsetzen, wie Godwin es empfiehlt? Für manches abgelegene *Heemedli* wäre das sicher eine große Hilfe. Oder hatten sie die Tiere geschlachtet und ein Trostmahl veranstaltet?

Cyranos Technik war von solcher Genialität, dass er sie trotz der Gefahr, die Konkurrenz im Ausserrhodischen könnte etwas erfahren, den Leuten im Dorf immer wieder erklärte: Da die Sonne den Tau anzieht, brauchte man nur genügend davon in ein Behältnis zu füllen, um mit dem Tau (im Schlepp-Tau sozusagen) in den Himmel aufzusteigen. Das war alles! Einfach, aber genial! Den Satz, mit dem Cyrano diese umwerfende Erkenntnis formuliert hatte, lernte er auswendig und zitierte ihn bei jeder Gelegenheit: »Je m'étais attaché autour de moi quantité de fioles pleines de rosée, et la chaleur du soleil qui les attirait m'éleva si haut, qu'à la fin je me trouvais au-dessus des plus hautes nuées.« Natürlich sagten die Leute nichts; sie machten große Augen und bemerkten höchstens »Aha …« oder »Ja, säg au …«, oder lächelten einfach einfältig. War etwas anderes zu erwarten? Es waren Bauern, schlaue Köpfe zwar, wenn es darum ging, für ein Kalb einen guten Preis auszuhandeln, aber eben keine Wissenschaftler. Dennoch hatten sie großes Interesse bekundet, fragten immer wieder, was er denn da werke. Aber natürlich konnte ihm keiner behilflich sein – abgesehen vom Pfarrer. Gerne hatte er sich nach getaner Arbeit zwei *Glesli* bezahlen oder sich von der Witwe Fässler ein *Cheenteli* Milch schenken lassen, aber sonst hatte er alles allein *zweg bringen* müssen.

In wochenlanger, harter Arbeit entwarf und baute er sein Fluggerät. Er taufte es »St. Johann«, zu Ehren des Apostels, mit dem Astolf zum Mond gefahren sein soll, um Rolands Verstand zurückzuholen.

Der Apparat bestach durch seine Einfachheit: Er bestand im Wesentlichen aus zwei kreuzweise vernagelten Latten, an deren Ende mit starken Seilen je ein Behältnis für den Tau angebracht war. An der Stelle, wo die Bretter aneinander befestigt waren, brachte er einen Sitz mit Fußbank an, unter dem Sitz Körbe für Nahrungsmittel und andere

Bagaaschi. Die größte Mühe bereitete ihm das Seitenruder, eine Konstruktion aus Holz und Stoff, die durch einen Seilzug bedient wurde. Aber auch dieses hatte er schließlich geschafft, und die »St. Johann« brachte ihn auf den Mond – zum Leidwesen der Ausserrhödler.

Er lachte leise vor sich hin, als er sich vorstellte, wie sie sich jetzt in der Landscheide über ihn unterhielten. Ob sich die Verlierer überhaupt noch ins Gasthaus wagten? Er hatte es allen gezeigt, über ihn lachte keiner mehr, jetzt war es an ihm, von hier oben ein triumphales Lachen über sie zu vergießen. In Haslen, Schlatt und Appenzell gab es jetzt sicher Siegesfeiern, die hohe Regierung hielt schöne Reden und die Streichmusik spielte zum Tanz auf; vielleicht hatte man Höhenfeuer angezündet. Er kniff die Augen zusammen und versuchte, auf der Erdoberfläche etwas zu erkennen. Aber sogleich wurde ihm wieder bewusst, dass Haslen, Appenzell, ja der ganze Kanton nur ein winziger Punkt irgendwo auf der riesigen Kugel waren.

Rückblickend schien es ihm, als ob er ganz ohne sein Zutun zum Mond gelangt wäre, wie von unsichtbarer Hand zart geführt. Er hatte im Morgengrauen die vier Behälter mit Tau gefüllt und gespannt verfolgt, wie sie langsam von der Sonne angezogen wurden und in die Höhe stiegen, bis sich die Seile strafften und am Gefährt zu ziehen begannen, das er am Boden festgebunden hatte. Dann hatte er sich ein letztes Mal bekreuzigt, einen Blick auf die umliegenden Hügel geworfen, auf dem Sitz Platz genommen und die Seile gekappt.

Langsam, aber stetig war er aufgestiegen. In den ersten Augenblicken hatte der Apparat gefährlich geschwankt, doch schnell fand Jakob heraus, wie er durch Verlagerung seines Gewichts die Bewegungen ausgleichen konnte. Schon war er über den Dächern von Haslen, sah über die Weiden bis nach Teufen im Ausserrhodischen, stieg über den Leimesteig Richtung Bühler. Er wurde sogleich nach Osten gezogen und schwebte bald schon über dem ausserrhodischen Hügelland, über Trogen und Heiden in Richtung Rheineck. Linkerhand kam nach einer Weile die graue Fläche des Bodensees in Sicht. Vor den Ortschaften auf der schweizerischen und deutschen Seite tummelten sich Segelschiffe, die er aber bloß als kleine, weiße Dreiecke erkannte; dahinter verlor sich sein Blick in den Weiten des Schwabenlandes. Unter seinen Füßen zog sich das Rheintal mit seinen Rebenhängen hin. Drehte er den Kopf nach rechts, erblickte er die mächtigen, weißen Gipfel der Bündner Alpen, die den ganzen Horizont beherrschten. Er konnte gar nicht genug bekommen von dem Anblick der Gletscher und Felsbänder, der Geröllhalden und Kamine, der Grate und Schneebänke – er vergaß, wer und wo er war. Er war nur noch Auge.

Unter ihm breitete sich das Rheintal zum Bodensee hin, vor ihm türmten sich neue Gebirge auf, wohl die Vorarlberger Alpen, dahinter eine größere Stadt, vielleicht Kempten. Er stieg langsam von einer Luftschicht zur nächsten und drehte sich, einmal gemächlich schwebend, dann – in einer anderen Luftschicht – von einem kalten Wind getrieben, ostwärts, der Sonne entgegen. Oder drehte sich die Erde unter ihm nach Westen, während er, immer wieder eine neue Luftschicht erreichend, weiterschwebte?

Nach einigen Stunden legte sich eine dicke Wolkendecke zwischen ihn und die Erde, er schien über Gebirgen aus Watte zu schweben, die sich wie Kathedralen auftürmten, um gleich darauf unzählige kleine Hügelchen zu bilden, die ans verschneite heimische Hügelland erinnerten. Schließlich tauchte er mit seinem Gefährt in eine Wolkenbank ein.

Die Sonne verschwand und eine nasskalte Dunkelheit drängte sich von allen Seiten an ihn heran, sodass ihn schauderte. Als sich nach einer Zeit, die er unmöglich bemessen konnte, die Wolkenberge unerwartet öffneten und ihn in den freien Himmel entließen, lag die Erde schon so weit unter ihm, dass er keine Einzelheiten mehr erkennen konnte. War er noch über Österreich oder bereits über dem Türkenreich? Er konnte gebirgige Regionen erkennen, daneben weite Steppen. Hier unten mussten die Kalifenpaläste liegen, aus Sand gebaute Städte, in denen Menschen mit langen Kleidern und krummen Dolchen Gewürze feilboten, die sie mit ihren Kamelkarawanen durch endlose Wüsten gebracht hatten. Von alldem konnte er aber nichts erkennen, dafür wurde ihm plötzlich bewusst, dass der azurne Streifen am Horizont das Meer sein musste, das in feierlicher Langsamkeit über die gekrümmte Erdoberfläche auf ihn zuströmte, schließlich unter ihm zusammenfloss und nur eine Landzunge unbedeckt ließ, die, von hohen schneebedeckten Gebirgen kommend, in ein Dreieck auslief, dessen Spitze nun unter ihm lag. Er musste über Indien sein, dem Land, in dem Elefanten und andere seltsame Tiere lebten. Oder war er am Ende schon über China, wo die Menschen gelbhäutig waren, wo unzählige Generationen in riesigen Familien zusammenlebten, Kinder, Kindeskinder, Kindeskindeskinder, wo die Männer lange Zöpfe trugen und die Frauen sich die Füße banden, damit sie, einer Lotusblüte gleich, klein blieben? Dass er langsam zu den Rändern der bekannten Welt vorstieß, die von Schirmfüßern, Einäugigen und schrecklichen Meeresungeheuern bewohnt wurden, kümmerte ihn wenig, so weit oben war er schon. Der Horizont war bereits stark gekrümmt, sodass er nicht mehr das Gefühl hatte, über der Erde zu schweben, sondern losgelöst von ihr durch die unendlichen Himmelsräume zu gleiten. Dann sah er mit ehrfürchtigem Staunen, wie der Mond majestätisch vor ihm aufstieg und nicht kleiner war als die Welt, die er umrundete. Ihm war von dem Moment an, als hätten alle Dinge, die Erde, der Mond, seine Maschine, die Luftschichten und die Wolken ihre Beziehung zueinander verloren, und jedes schwebte auf einem eigenen Weg, den nur der Schöpfer kannte. Er konnte sich vorstellen, dass er selbst stillstand, irgendwo mitten im Himmel, und sich alle Dinge um ihn herum oder von ihm fort bewegten und ihn in den unendlichen Weiten zurückließen. Doch Begriffe wie »stillstehen« oder »sich bewegen« ergaben keinen Sinn mehr, da es keinen festen Punkt gab, an dem er sich hätte orientieren können. Er flog über, aber auch neben der Erde, von ihr weg, zum Mond, mit dem Mond, am Mond vorbei. Und dabei ergriff ihn eine tiefe Angst: Er hatte alles aufgegeben, was ihm Sicherheit bot, seine Heimat, sein Leben, alles lag unerreichbar weit weg, und er war an einem Ort, wo er nicht hingehörte, an dem Leben und Tod einerlei waren, der sich von einem Lebenden nicht begreifen ließ und ihm den Verstand zu rauben drohte. Aus dieser tiefsten Verzweiflung oder Freude oder Entsetzen oder Wollust – er wusste es nicht – tröstete er sich mit dem Gedanken, mit jedem Atemzug dem Himmel und dem Schöpfer näher zu kommen. Und er bildete sich ein, wenn er sich nur genug anstrengte, aus der Ferne die Sphärenmusik, die Harmonie des Universums zu vernehmen.

Wie sich die Planeten um ihn drehten und er sich zwischen ihnen, überkam ihn bald darauf ein weiterer schrecklicher Gedanke: Er könnte den Mond verpassen, einfach an ihm vorbeiziehen und sich in den dunklen Weiten des Alls verlieren.

Er umklammerte zitternd die Griffe des Seitenruders, wusste aber nicht, in welche Richtung er es bewegen sollte, um auf dem Mond zu landen, bevor dieser stumm an ihm vorbeizöge oder er an ihm. Doch die Scheibe des Erdtrabanten wurde immer größer und nun konnte Jakob Berge, Täler und Meere erkennen. Sein Fahrzeug hatte sich gewendet, sodass er nun den Mond unter und die Erde über und hinter sich hatte. Er wagte noch nicht aufzuatmen, saß bewegungslos und verkrampft auf seinem Sitz, den Blick starr auf die neue Welt unter ihm gerichtet. Erst als er die ersten Flüsse, Wälder und schließlich auch

Häuser erblickte, verflog seine Angst, und die Neugier nahm überhand: Er sah Ortschaften, Felder, Straßen und Brücken, Seen mit großen und kleinen Schiffen, und je näher er kam, desto mehr stellten sich die weiten Meere als endlose, violettfarbene Blumenwiesen heraus, in deren Anblick er versank und jeden Gedanken an die Landung vergaß.

Er streifte einen Baum, worauf die »St. Johann« kippte und Jakob Doerig auf den Mondboden purzelte.

Die Mondbewohner, riesige *Chechen* mit langen, weißen Hemden – offensichtlich die landesübliche Tracht – eilten ihm sofort zu Hilfe, hoben ihn sanft auf und redeten auf ihn ein. Während seiner Reise hatte er sich erkältet und nun brachte er nichts als ein heiseres Krächzen hervor, worüber die Mondlinge nur die Stirn runzelten. Sie nahmen ihn aber mit, setzten ihm Speisen vor, die er noch nie genossen hatte, wiesen ihm einen Raum zu und waren sehr freundlich. Die Sprachprobleme blieben bestehen, auch als er nach einigen Tagen seine Stimme wiederfand. Er versuchte, selber Melodien zu singen und ging sogar so weit, ihnen das alte Landsgemeindelied »Alles Leben strömt aus dir« vorzusingen. Die weißen Mondlinge hörten gespannt zu, eine Verständigung kam aber nicht zustande. Erst einige Tage später begegnete er auf einem seiner Erkundungsspaziergänge den Europäern, die ihm nicht nur einige grundlegende Melodien beibrachten, sondern ihm auch viel von dieser Welt, den Mondlingen und ihren Gebräuchen erzählten, und ihm versprachen, ihn zu den Palästen von Pylades zu führen – nach dem langen Schlaf.

Nun war der Abend gekommen, an dem die ganze Mondbevölkerung sich in ihre Gemächer zurückzog, um in einen zwei- oder dreiwöchigen Tiefschlaf zu fallen, während die Oberfläche des Mondes unter der direkten Sonnenbestrahlung lag. Sogar die Eulen und Fledermäuse fielen in eine todesähnliche Starre. Und nachdem er sein *Lindauerli* zu Ende geraucht hatte, ging auch er zurück in seine Unterkunft, um die nächsten zwei Wochen zu schlafen, von den Hügeln und Kuhweiden, von Haslen, dem Leimensteig, von Sitter und Rotbach zu träumen, die nun so weit von ihm entfernt waren wie noch nie zuvor.

Zwei Wochen verstrichen, in denen der Mond unter den Strahlen der Sonne durchzog, während seine Bewohner und Besucher in tiefem Schlaf lagen. Als Jakob Doerig erwachte, spürte er, dass etwas anders war. Kein Zweifel: *Nebes Oogglobligs!*

Er hatte geträumt: Er befand sich in einem unterirdischen Höhlensystem und eine Armee von Männern mit Krummschwertern und weißen Kaftanen marschierte dicht geschlossen und trieb ihn vor sich her. Bizarre Fabelwesen mit riesigen Nasen, übergroßen Augen, mehreren Köpfen, schuppigen Buckeln und Schlangen, die sich aus ihren sabbernden Mäulern herauswanden, streckten zischend und fauchend ihre Glieder aus den Felswänden und beäugten ihn aus ihren gelben, toten Augen. Nach langer Zeit erreichte er eine riesige Höhle, wo eine seltsame Versammlung wartete: Menschen, die sich wie Tiere aufführten, röhrten, grunzten und schrien, Tiere, die Kleider trugen und sich mit tiefen Menschenstimmen unterhielten, alle durcheinander, ein ohrenbetäubender Lärm. Sowie er näher kam, bildeten sie eine Gasse, durch die er unter dem kaum zu ertragenden Rufen, Blöken, Bellen, Schreien, Röhren, Kreischen und Brüllen bis zum Rand eines azurfarbenen Bassins geschoben wurde. Ein langes Kleid legte sich wie die Blätter einer weißen Seerose um ihn, als er langsam in das warme Wasser stieg, um gleich wieder – wie von Geisterhand gehoben – aufzusteigen, knapp über der glitzernden Oberfläche zu schweben, im Glanz einer Unzahl von Lichtern, die vom Höhlenboden her leuchteten. Aber es war kein Höhlenboden mehr, es war überhaupt keine Höhle mehr, es war eine weite Wüstenlandschaft mit nur wenigen Gräsern im Licht der untergehenden Sonne. Auch die lärmende Menge war verschwunden, dafür sah er am Horizont zehn Geschöpfe herbeispringen, die so groß und schwer waren, dass jeder ihrer Schritte einen dumpfen Schlag verursachte. Es waren riesige Elefanten in verschiedenen Farben, und sie kamen von allen Seiten auf ihn zu, der knapp über dem Boden schwebte und wie ein Heiligenbild strahlte. Sie kamen näher und näher, die Schläge wurden lauter und lauter, und noch näher, und noch lauter – und im Augenblick, als sie ihn erreichten, spürte er, wie ihre langen Rüssel sich vereinten und ihn mit solcher Wucht in die Höhe schleuderten, dass er bald keinen Boden mehr erkennen konnte, sondern einfach nur noch flog und flog und flog. Die Wüste, von der er aufstieg, war nun ein bunter Spielball, und vor ihm und um ihn herum waren andere Spielbälle, um die er lustig herumsauste. Er jauchzte zuerst vor Freude über diese neu gewonnene Leichtigkeit und steuerte mit den Armen mal links, mal rechts, mal oben, mal unten um die bunten Bälle herum. Doch dann zog ein eisiger Wind auf und Jakob wollte zurück, wo er hergekommen war. Aber er befand sich mitten in einem Meer von Bällen, und so sehr er sich auch bemühte, er konnte einen Ball nicht vom anderen unterscheiden, und in tiefster Verzweiflung schwebte er von einem zum anderen, während es kälter und kälter wurde … Tränen traten ihm in die Augen, die zu seinem Erstaunen sogleich zu Eiszapfen wurden, in die Tiefe rasten und die bunten Bälle wie Seifenblasen zerplatzen ließen. Dieser Anblick brachte ihn noch mehr zum Weinen, und dadurch ging eine Welt nach der anderen unter, bis er ganz allein im Raum schwebte.

Als er aus der Hütte trat, brauchte er einige Augenblicke, um zu erkennen, was anders war. Er rieb sich die Augen und kniff sich in den Arm, doch das Bild, das sich ihm bot, änderte sich nicht: Weit über dem lieblichen, hügeligen Land sah er die Erde, doch sie war nicht mehr der große Teller mit den Wolken und Bergspitzen, der den halben Himmel ausfüllte, nein, sie war nur noch so groß wie der Mond von Appenzell aus gesehen, eine kleine helle Münze am weiten Himmel. Und hätte er nicht gewusst, dass es die Erde war, er hätte sich auf der Erde gewähnt und die Münze für den Mond gehalten. Wie konnte es sein, dass sie plötzlich so weit weg lag? Was war passiert? Jakob Doerig wusste keine Antwort, konnte sich höchstens vorstellen, dass er einer Sinnestäuschung erlegen war, und trug die Frage einige Tage mit sich herum, ohne dass die Erde in dieser Zeit auch nur einen Fingerbreit an Größe zugenommen hätte. Stattdessen wuchs ein Gedanke, genauer eine Frage, langsam und stetig an, bis sie seinen Verstand zu erdrücken drohte: *Wie oms Verode* sollte er wieder nach Hause zurückkehren? Würde er je wieder die heimatlichen Berge, Hügel und Wälder sehen? Seine Verwirrung nahm noch zu, als er einen der Franzosen zur Rede stellte. Der gute Mann schien seine Aufregung gar nicht zu verstehen. »Plus loin, vous dites? Mais non, Monsieur, elle est où elle a toujours étée«, sah ihn dann nochmals fragend an und lächelte etwas verlegen. Jakob Doerig schüttelte den Kopf und zweifelte am Verstand des Mannes. Aber jeder, den er in den nächsten Tagen und Wochen darauf ansprach und fragte, wie er denn nun nach Hause zurückkehren solle, reagierte gleich: Zurückkehren? Wohin? Dann, mit Blick auf die Erde: Dorthin? Kopfschütteln. Als ob der Gedanke an die Rückreise völlig absurd wäre. – Aber er sei doch von dort oben gekommen und habe dafür höchstens einige Tage gebraucht, insistierte Jakob Doerig mit wachsender Verzweiflung, da sei die Erde noch näher gewesen. – Ah, die Erde … So, so … Nun, das sei natürlich seltsam und … auch bedauerlich … Leider könne man aber überhaupt nichts tun … Er ging von einem zum anderen und wieder zurück zum ersten. Die Mondlinge schienen Mitleid mit ihm zu haben, und auch wenn sie nicht verstehen konnten, was er sagte, sahen sie seine Verzweiflung und gaben sich alle erdenkliche Mühe, sie mit Speis, Trank und Unterhaltung etwas zu lindern. Das Verhalten der Franzosen blieb seltsam. Er suchte immer neue Wege, um ihnen verständlich zu machen, was er meinte, und um sie von ihrer für ihn unbegreiflichen geistigen Blindheit zu heilen – doch ohne Erfolg. Sie wirkten jeweils irritiert, antworteten ausweichend und versuchten das Gespräch schnell zu beenden. Einige Male kam er in eine solche *Täubi,* dass er schrie und tobte und auf die erschrockenen Zuhörer einzuschlagen begann. Schließlich gab er es auf, sprach zwar immer wieder mal einen der Franzosen an, drängte sich aber nicht auf und ging schnell weiter, wenn er sah, dass sich in ihrer Haltung nichts geändert hatte. Die meiste Zeit zog er aber allein umher, *tuuch und tosm,* und starrte stundenlang zum Himmel.

Dann, an einem schönen Tag, kam die Antwort. Einfach so. Jemand, wohl einer der Franzosen, las sie ihm aus einer Zeitung vor. Oder hatte er selbst die Zeitung irgendwo gefunden und sie gelesen? Auf jeden Fall stand hier die Antwort auf all seine Fragen, und er verstand. Er verstand, warum seine Reise, sein ganzes Vorhaben *abverheit* war.

Seine schlimmsten Befürchtungen bestätigten sich. »Das Bundesgericht entschied am Dienstag einstimmig, dass Appenzell Innerrhoden als letzter Kanton auf kantonaler und kommunaler Ebene das heliozentrische Weltbild anzunehmen habe, demnach sich die Erde um die Sonne drehte, und zwar mit sofortiger Wirkung und ohne dass ein neuer Landsgemeindebeschluss nötig wäre. Die Lehrmeinung in Bezug auf den Kosmos sei bundeskonform zu gestalten.« Er konnte kaum glauben, was er las. Aber es stand da schwarz auf weiß! »Lausanne, 27. November. Die öffentlich-rechtliche Abteilung des Bundesgerichts hat nach mehrstündiger Beratung – in einer Zusammensetzung, die der politischen Herkunft nach der *Zauberformel* entsprach – vor einem aufmerksamen Publikum den Innerrhodern die Gültigkeit eines geozentrischen (ptolemäisch-aristotelischen) Weltbildes abgesprochen. Dass sich die Erde um die Sonne drehe und nicht umgekehrt, ist nun per Bundesgerichtsentscheid auch in Innerrhoden gültige Lehrmeinung.

Die innerrhodische Kantonsverfassung sei mit sofortiger Wirkung dem entsprechenden Artikel der Bundesverfassung anzupassen, welcher besagt, dass die Erde sich um die Sonne drehe. In acht Absätzen wurden weitere Details ausgedeutscht, unter anderem, dass die Planeten sich auf elliptischen Bahnen bewegten und dass der Mond die Erde als deren Trabant in einer Distanz von 384'403 Kilometern umkreise. Damit setzt sich das Bundesgericht über die veraltete, aber in Innerrhoden nach wie vor öffentlich anerkannte Lehrmeinung, die Erde stelle das Zentrum des Alls dar, um die sich auf 55 Sphären andere Himmelskörper wie Sonne, Mond, Planeten und Sterne bewegten. Während auf privatrechtlicher Ebene weiterhin abweichende Weltbilder – wie beispielsweise die Lehre der kristallenen Sphären – vertreten werden dürfen und die traditionellen Bauernkalender und ähnliche Organe in kosmologischen Fragen weiterhin freie Meinungsäußerung genießen, hat das moderne, von Kopernikus begründete heliozentrische Weltbild in allen öffentlichen Bereichen auf kantonaler und kommunaler Ebene vertreten und umgesetzt zu werden.«

Jetzt war es also doch passiert! Es hatte in der Luft gelegen, war an mehreren Landsgemeinden angesprochen worden, aber wer hätte schon gedacht, dass am Ende die Bundesregierung einschreiten würde! Sie mussten da unten vom Entscheid *ase* überrascht worden sein, dass sie seine Rückkehr nicht hatten abwarten können. Wer steckte dahinter? Wer hatte ihm das angetan? Waren es die Ausserrhödler, die ihm seinen Triumph nicht gegönnt hatten?

»Das Bundesgericht war in diesem Fall mit drei Beschwerden angerufen worden. Eine stammte von einem Innerrhoder Industriellen, dessen Gesuch von der Landsgemeinde verschiedentlich abgelehnt worden war …«

Ihm wurde *trömmlig*, mit feuchten, zitternden Händen klammerte er sich an die Zeitung und las mechanisch, ohne wirklich zu verstehen, die Kommentarspalte.

»Machtwort aus Lausanne: Nachdem die Landsgemeinde die Einführung des kopernikanischen Weltbildes zum dritten Mal verworfen hatte, hat nun das Bundesgericht ein Machtwort gesprochen. Darin findet sich auch der einzige Wermutstropfen. Bedeutet etwa der Entscheid einen Schritt in Richtung Richterstaat, eine Bevormundung der Kantone durch die Justiz, eine Beschränkung der kantonalen Autonomie durch Justitia, einen Eingriff in die Volkssouveränität?«

Aber sie hatten sich dagegen gewehrt, *alewil* und jetzt wieder. Sie mussten bis zur letzten Minute dagegen gekämpft haben, bis zum letzten Blutstropfen. Dies bestätigte sich, als er nach einigen Minuten die feuchte, zerknitterte Zeitung wieder in die Hand nahm und einen anderen Artikel zu lesen begann:

»Nach dem Bundesgerichtsentscheid zum Weltbild: Verbitterung in Innerrhoden. sbd, Appenzell, 27. November. Das stimme doch nicht; das glaube er nicht; das dürften *die* gar nicht! So reagierte am Dienstag einer jener beiden Innerrhoder, die an der vergangenen Landsgemeinde vom »Stuhl«, dem Rednerpodium, herunter erfolgreich gegen die Einführung des kopernikanischen Weltbildes gewettert hatten, auf die Nachricht vom Entscheid des Bundesgerichts.«

Die *Sidiane!* Aber natürlich musste die Zeitung ihren edlen Kampf bereits im nächsten Satz wieder *venüzelen:* »Das Beispiel dieser spontanen Stellungnahme darf gewiss nicht überbewertet werden«, hieß es da nämlich, »aber es verweist schlaglichtartig auf die beiden Hauptfragen, die im unmittelbar betroffenen Kanton nun im Vordergrund stehen. Rührt der Spruch des obersten Gerichts nicht an schweizerischen Grundwerten, an jenen der Volkssouveränität und des Föderalismus zumal? Und welche Auswirkungen wird die neue Lehrmeinung auf die Innerrhoder Gesellschaft haben? Dass der Entscheid des Bundesgerichts keine bloße Formsache sei, darauf hatten die Gegner des neuen Weltbildes an den Landsgemeinden immer wieder hingewiesen: Es sei nicht einzuschätzen, welchen Einfluss die Infragestellung traditioneller kosmologischer Konzepte auf die Land- und Milchwirtschaft und damit auf den wichtigsten Wirtschaftsfaktor des Kantons haben könne.«

An die Auswirkungen für den ersten Mondfahrer Innerrhodens hatte wohl niemand gedacht. Nicht für die Land- und Milchwirtschaft, für *ihn*, Jakob Doerig aus Haslen, hatte die Einführung des neuen Weltbildes die einschneidenden Folgen, allein für ihn! Während er auf dem Hinflug noch bequem von Luftschicht zu Luftschicht gondeln und einige Tage später auf dem Erdtrabanten hatte aufsetzen können, fand er sich jetzt plötzlich, wegen eines Bundesgerichtsentscheides, an die 400'000 Kilometer entfernt auf einem unfreundlichen Mond, der nichts als ein dummer Planet war, der mit vielen anderen um eine Sonne kreiste, die am Ende auch nur eine unter vielen war. Und den *cheiben* Palast hatte er immer noch nicht gesehen! Die Franzosen waren auch wie vom Mondboden verschluckt. Aber helfen hätten sie ihm ohnehin nicht können. Es war zu spät.

Er brauchte lange, um sein ganzes *Oogföll* zu verstehen: dass er das Opfer einer grausamen Bundespolitik geworden war, dass seine Heimatlosigkeit der Preis war, den sein Land hatte bezahlen müssen, dass er ein Held war, ein Innerrhoder Held, dass er aber nicht aufgeben durfte, dass es einen Weg geben musste, trotz allem, dass er ihn irgendwo finden würde … Dass er ein Held war! Dass er für Innerrhoden hier war! Dass sie gezwungen gewesen waren, ihn zu opfern! Dass er jetzt auf sich allein gestellt war! Dass er suchen musste … Suchen …

Sein Verstand hatte an diesem Gedanken zu verdauen wie eine Kuh an einem großen Holzscheit, das sie von einem Magen zum anderen und wieder zurück schiebt, Woche für Woche, Monat für Monat, Jahr für Jahr. Er war die meiste Zeit draußen, doch eigentlich war er in sich selber gefangen, mit diesen Gedanken, die so schwierig waren, dass sie ihn langsam um den Verstand brachten. Wenn es Momente gab, in denen er aus sich herauskam und um sich herumschaute, wenn er zum Himmel blickte und dann wieder auf die Hügel um ihn herum, war ihm oft nicht mehr klar, was Erde, was Mond, was Irdonozur und was Haslen war … Aber er stand jeweils nur einige Augenblicke still, dann machte er sich wieder auf die Suche, wanderte umher, sprach mit Leuten, die ihn nicht verstanden, die zwar gutmütig und freundlich blieben, ihm aber nicht helfen konnten …

Wenn die Dorfbewohner von ihren Weiden kamen, von ihren Kühen und Schafen, sahen sie noch während vieler Jahre den kleinen Mann in sich gekehrt durchs Dorf und über die Hügel ziehen. Manchmal war er einige Tage fort und man hörte sagen, er schlafe in der warmen Jahreszeit auch mal im Wald, unten bei der Sitter oder beim Rotbach. Er störte niemanden, redete wenig, und wenn, dann immer das gleiche: Er müsse weiter, *s Göttili suchen*, *s Göttili*. Auf die Frage, was er denn in aller Welt für *ein Göttili* suche, man habe genug Flaschen im Haus, da könne er gern eine haben, meinte er nur kopfschüttelnd: *»s Göttili mit em Verstand, tenk … mit em Verstand.«*

Worterklärungen

wenn er *sein Lindauerli* [seine Backpfeife] mit sich hatte
Er hatte es *zwegbrocht* [zu Stande gebracht, geschafft]
bei einem *Halbeli Rheintaler* [Halbliter Rheintaler Wein]
mit der Rückreise *hatte er nicht pressant* [eilte es ihm nicht]
apelöönisch Chöge [komische, launische Kerle]
gschwolle tun [sich wichtig geben]
manches abgelegene *Heemedli* [kleine landwirtschaftliche Liegenschaft]
ein *Cheenteli* [Kännchen] Milch

zweg bringen [zustande bringen]
für Nahrungsmittel und andere *Bagaaschi* [Plunder, Gepäck]
riesige *Chechen* [starke Männer] mit langen weissen *Hempern* [Hemden]
in weisse *Lilachen* [Leintücher] eingebettet
Nebes Oogglobligs [etwas Unglaubliches]
Wie *oms Verode* [um alles in der Welt] sollte er wieder nach Hause zurückkehren
Einige Male kam er in eine solche *Täubi* [Wut, Zorn]
Die meiste Zeit zog er aber allein umher, *tuuch und tosm* [sehr bedrückt und still], warum sein Vorhaben *abverheit* [schief gegangen, danebengegangen] war.
Sie mussten da unten vom Entscheid *ase* [derart] überrascht worden sein
Ihm wurde *trömmlig* [schwindlig]
alewil [schon immer, immer(zu)] und jetzt wieder
Die *Sidiane* [Donnerskerle]!
Aber natürlich musste die Zeitung ihren edlen Kampf wieder *venüzelen* [mit Worten zunichtemachen].
Und den *cheiben* [dummen, blöden] Palast hatte er immer noch nicht gesehen.
um sein ganzes *Oogföll* [Unglück] zu verstehen
Er müsse weiter, *s Göttili* [das Fläschchen] suchen.

Dialektwörter nach Joe Manser, Innerrhoder Dialekt. Mundartwörter und Redewendungen aus Appenzell Innerrhoden, Appenzell 2001. (Die Wörter sind losgelöst von ihrem gewöhnlichen Kontext, allein aufgrund ihrer hochdeutschen Übersetzung in den Text gesetzt worden.)

Weitere Quelle: NZZ vom 27. November 1989

Abfall

Zürich, Ende 1999

I.

August geht seine Straße hoch. Vor Nummer drei pflegt ein Frühpensionär seinen Garagenvorplatz, eine alte Frau fegt mit einem kleinen Besen das Fensterbrett. Von Nummer sechs her kommt ihm eine andere Frau entgegen – grüne Strümpfe, seliges Lächeln und verklärter Blick, Typ ›Esoteriktante‹, wohl auf dem Nachhauseweg vom Meditationskurs oder von der ›Verstoosch-mi-gspüürsch-mi-Frauengruppe‹.

Vor dem Haus wirft August die Zigarette weg. Sein Nachbar, ein älterer Türke mit schneeweißen Haaren, biegt mit einer großen Einkaufstasche in der Hand um die Ecke, gebückt wie immer. Was der den ganzen langen Tag das Haus verlässt und wieder zurückkommt und wieder weggeht – genau wie August.

August. Wer bitte schön ist dieser August? Who the fuck is August?

August Keller wurde 1969 in St. Gallen geboren, einen Tag bevor die Amerikaner ihre Fahne in den grauen Staub des Erdtrabenten pflanzten. Am 19. Juli, um genau zu sein. Unweit der weltberühmten Domkirche, zu der täglich lange Kolonnen von Reisebussen mit fotografierenden Touristenherden und Ave-Maria singenden Männerchören pilgern, verlebte August seine Kindheit. Eine glückliche Zeit im Schoße einer liebevollen Familie, die ihn mit sicherer Hand auf sein Leben als guten Konsumenten vorbereitete, zwischen bunten Legosteinen, aus denen er unermüdlich ganze Städte, Unterwasserkolonien und Mondstationen, Raumschiffe und Ähnliches baute, einer elektrischen Eisenbahn, Kinderbüchern, Hörspielkassetten und vielen anderen wunderbaren Sachen, die jedes Kinderherz höher schlagen lassen. Das Einzige, was ihm seine unbeschwerten Kindertage zuweilen etwas trüben konnte, war sein Vorname: August.

Wie kann man nur August heißen? Einen idiotischeren Namen hätten meine Eltern kaum finden können, überlegt er. Auguscht.

Oh, du lieber Augustin, Augustin, Augustin,
Oh du lieber Augustin, alles ist hin.

Oder Guschti, der Clown, der einmal bei einem Quartierfest aufgetreten war, auf dem Schulhausplatz. Ein Kind hatte sich während der Aufführung auf die Bühne geschlichen und ihm – mitten in der Show, vor allen Leuten – die Perücke weggerissen. Für August war es der komischste Moment des ganzen Auftritts gewesen, aber gerade da hatte niemand gelacht.

Oder Guscht, der schwule Wirt. Nein, August hat nichts gegen Schwule, auch er hat seine schwule Seite, wie jeder Mann, gut versteckt natürlich, wie bei jedem Mann. Aber dieser schwule Gust, der jedes Jahr an der Fasnacht einen Männerstrip organisiert und selber im Tigertanga auftritt – nicht seine Sache.

August trägt keine Tangas.

August. Dabei gab es doch auch gute Auguste; Auguste, die trotz ihres idiotischen Namens berühmt geworden waren. Da! Eine lange Reihe von Augusten setzt sich in Bewegung, und der andere mit seinem Tigertanga muss abtreten. Endlich. Dass man sich so etwas ansehen oder nur schon davon lesen muss! Da kommt als Erster Augustinus, ehrwürdig, mit dichtem grauem Bart, dicht gefolgt von Gottfried August Bürger, Kaiser Augustus mit langer Schleppe, auf die Auguste Compte versehentlich tritt und sich umständlich dafür entschuldigt, August-Dominique Ingres, einen Pinsel in der Hand, August Strindberg, August Macke, Agostino Steffani und Agostino Agazzari, beide mit dicken Partituren unter dem Arm, diskutierend und gestikulierend, dann folgen viele, die August nicht kennt, und am Schluss kommt – August Keller.

Wie kommst du in diese Reihe?

Ich bin dein Vater

Ja, das weiß ich, aber du gehörst nicht dazu. Das wäre ja noch schöner! Du bist nicht berühmt, du hast keine philosophischen Werke geschrieben, keine Literatur, keine Bilder gemalt, keine Orchesterwerke komponiert.

Ich bin dein Vater.

Nein, du nicht.

Er nicht.

Mit Mädchen hatte August während seiner ganzen Jugendzeit – und auch später – nicht viel, oder genaugenommen, gar nichts zu schaffen gehabt. Sie gehörten zu einer Welt, die unsichtbar neben der seinen existierte, eigenen Gesetzen gehorchte und ihm etwa so fremd war wie der Mond, ja fremder sogar, denn für den Mond interessierte er sich und wusste auch schon eine ganze Menge über ihn. Zum Beispiel, dass sein Durchmesser mit 3.476 km nur etwa ein Viertel des Durchmessers von der Erde mit 12.742 km ausmacht, dass die Tagestemperatur am Mondäquator weit über 100°C steigen kann oder dass ein Mondtag etwa zwei Erdwochen dauert. Er konnte auch mühelos das Mare Tranquilitatis vom Mare Serenitatis unterscheiden und hatte in seinem Zimmer eine große Mondkarte mit einer Abbildung der Saturnrakete und der Mondlandefähre, sogar im Querschnitt, sodass die einzelnen Teile, die Ausstiegsluke, Treibstofftanks, Motoren und Schleusen klar zu erkennen waren.

Jedes Jahr hatte er mindestens einmal eine Lungenentzündung. Dann hustete er erbärmlich und wurde zu Hause mit Zwieback und Tee versorgt. Die Lehre der katholischen Kirche mit ihren Engel, Teufeln, Heiligen, Seligen, mit der unendlichen Sehnsucht oder der unaussprechlichen Seligkeit, der zeit- und schrankenlosen Verdammnis, der Geisterfurcht, der schwärmerisch beschaulichen Liebe und grenzenlosen Entsagungen, welche die Mönche auf sich nahmen, faszinierte ihn. Also wurde er Ministrant. Er liebte besonders die andächtige Meditation, in der er Pläne für neue Mondstationen oder Unterseeboote schmieden konnte.

Besonders angezogen wurde er von einem Deckengemälde in der Domkirche, das die Seligen im Himmel perspektivisch von unten zeigte, wie sie auf den Wolken sitzen, mit großen, nackten, schmutzigschwarzen Fußsohlen.

Später wurde er von einer anderen, schwer zu erklärenden Krankheit heimgesucht, die sich darin äußerte, dass er sich – kaum aufgestanden – zuerst einmal übergeben musste, besonders an Tagen, an denen er seine Hausaufgaben nicht gemacht hatte oder eine Prüfung anstand, für die er ungenügend vorbereitet war. Auch wenn ihm einige Jungs aus der Klasse angedroht hatten, ihn am nächsten Tag zu verprügeln – trotz seiner Brille. Gegen Mittag, nach einem ruhigen Morgen im Bett, waren die Symptome gewöhnlich verschwunden und kamen höchstens wieder, wenn die Mutter meinte, er könne wenigstens am Nachmittag in die Schule gehen.

Er hatte nie die Windpocken und nie Scharlach, und der Weihrauchduft an hohen Feiertagen versetzte ihn in ähnliche Glückszustände wie ein Modell des Spaceshuttles.

Doch wenn die Religionen sich wenden, so ist es, wie wenn die Berge sich auftun: Zwischen den großen Zauberschlangen, Golddrachen und Kristallgeistern des menschlichen Gemütes, die diese ans Licht steigen lassen, fahren alle hässlichen Tatzelwürmer und das Heer der Ratten und Mäuse empor.

August wurde älter. Er absolvierte die Kantonsschule, studierte zuerst Geschichte, dann einige Semester Romanistik, wechselte anschließend zur Politologie und hängte die ganze Studiererei schließlich an den Nagel. Danach war er bei einigen Verlagen tätig, zuletzt bei einer kleinen Lokalzeitung, wo er alle Freiheiten hatte, zu schreiben, was ihm durch den Kopf ging, und wo er schließlich gefeuert wurde. Wegen zu provokativer Artikel, antwortet er stolz, wenn er gefragt wird.

Das also ist August. Jetzt leert er seinen Briefkasten. Werbung. Sein langjähriger Kampf gegen diese Papierflut, mit kleinen, größeren, die Briefkastenvorderseite abdeckenden Aufklebern, die er nach freundlicher Ermahnung, scharfem Verweis und handfester Beleidigung seitens des Vermieters entfernen musste – er war wieder einmal erfolglos. Er schaut sich verstohlen um und legt die heute doch eher wenigen Werbeflyer auf den Nebenbriefkasten. Die adressierten Umschläge: Ein Bankbeleg, eine Rechnung, eine Mahnung (Scheiße!), ein Geschäftsbrief ohne Absender, ein Brief von der Redaktion (Köpke, die dicke Sau) und ein kleinerer Brief, dessen Umschlag mit Gedichtchen und Zeichnungen vollgekritzelt ist (Jean-Luc). Nichts von Eva? Nichts von Eva. Warum auch? Nur weil er es sich im Stillen wünscht?

August wohnt in der obersten Etage. Er stellt die Tasche auf den Boden, zieht Schal, Jacke und Schuhe aus. Auf dem Schuhschrank liegt neben einigen abgelaufenen Tramfahrkarten das leere Zigarettenpäckchen, das er vor zwei Tagen dort hingelegt hatte. Jetzt könnte er es doch bis zum Papierkorb, der am Schreibtisch steht, mitnehmen. Ach was!

August schaut auf den Anrufbeantworter: Drei Meldungen. Die erste von Peter: »Hi Augustus, ich habe deine Meldung gekriegt, danke – bla bla bla – werde morgen mal vorbeischauen, wenn du zu Hause bist – bla bla.« Die zweite von der Redaktionssekretärin: »Herr Keller, bitte setzen Sie sich umgehend mit uns in Verbindung. Es gibt noch – bla bla bla.« Die dritte leer: Tut-tut-tut. »Arsch!«

August schaltet den Laptop ein. Während das Gerät hochfährt, raucht er eine Zigarette auf dem Balkon. Als er sie ausdrückt, ist der PC bereit und August startet das E-Mail-Programm.

»Klare Sicht bis 300 Meter. Nachtsichtgeräte für nur …« – Delete.

»Hoi, Auguscht …« (Janik, nicht schon wieder!) »…wir wollten doch schon lange mal zusammen ein Bier trinken …« (Das kannst du vergessen!) »…Vorschlag: Mittwoch um 6 am Central. Schick mir eine Mail, falls es nicht gehen sollte …« (Eine neue Masche. Absagen. Später.)

Nochmal Werbung – Delete.

Abmelden.

August wirft die Werbung auf seinen schon über einen Meter hohen Altpapierstapel und öffnet die beiden Briefe. Er überfliegt Jean-Lucs Geschreibsel. Das Übliche: Warmherzige Freundschaftsbeteuerungen und wirre poetische Gedanken, die August nur mit Hilfe des Wörterbuchs versteht – wenn überhaupt. Das Ganze in sehr eigenwilliger Orthografie. Aber Jean-Luc schreibt.

Den Brief vom Verlag, von Köpke, der dicken Sau, legt er auf die Seite. Der Job kann ihm gestohlen bleiben. Lokalzeitung. Pah! Er hat Größeres vor. Er wird richtig schreiben. Literatur. Zu Anfang mal einen Roman. August ist sozusagen zum Schreiben geboren, zwar nicht wie Laurenz, der auf seine Buchumschläge drucken lässt, er habe mit fünf seine erste Geschichte geschrieben. Mit fünf konnte August noch nicht einmal lesen. Aber er hat das alles nachgeholt und Laurenz eingeholt, nur dass auf seinen Büchern nie stehen wird, er habe mit fünf seine erste Geschichte geschrieben. Doch August hat für verschiedene Redaktionen gearbeitet, war beim Schulaufsatz immer der, der schon neue Bögen holte, wenn die andern noch an ihren Stiften kauten und der erste, der wichtigste Satz ihnen nicht einfiel. Man muss nicht mit fünf zu schreiben angefangen haben. Man muss mit fünfzig noch immer geniale Ideen haben.

Warum schreibt ein Mensch eigentlich literarische Werke? August sieht sich schon bei Dichterlesungen langsam und überlegt auf die Fragen der Zuhörer antworten, seine Philosophie und sein Literaturverständnis darlegen. Manchmal kann er abends nicht schlafen, weil er sich diese Szenen so lebhaft vorstellt. Ruhm. Nicht einmal ums Geld geht's ihm. Sondern um den Ruhm. Ja, um den Ruhm! Schreibend wird er aus seiner kleinen Welt heraustreten, die Menschen den Sinn ihres Seins lehren. Er wird endlich nicht mehr allein sein. Er wird endlich jemanden haben, der ihm zuhört. Er wird endlich wieder eine Frau haben. Er wird endlich wieder Sex haben.

Vor einer Woche traf er Franziska in der Stadt. Nach fast fünf Jahren zum ersten Mal wieder. Mitten im Zentrum, auf dem Fußgängerstreifen. Sie war mit einer Freundin unterwegs. Er hatte sich schon oft überlegt, wie er sie bei einer solchen unerwarteten Begegnung ansprechen sollte, nach allem, was vor fünf Jahren war:

Kühl?

Traurig?

Freundlich?

Er war aber so erschrocken, dass ihm das Erstbeste, ein freundliches »Hallo«, rausrutschte. Sie war nicht weniger erschrocken und sagte nur: »Wir müssen leider weiter.« Kein Wort mehr, nicht »Hallo«, nicht »Wie geht's?«, nur »Wir müssen leider weiter.«

Was muss er vor fünf Jahren für ein Unmensch gewesen sein!

Bleibt da noch Jean-Luc, der ihm die vollgekritzelten Briefe schreibt. Ihn hat er in Frankreich kennengelernt. Zusammen haben sie stundenlang philosophiert und geträumt, über Literatur im Allgemeinen, über ihre eigenen Projekte im Besonderen. August hatte einmal eine Kurzgeschichte angefertigt, die ihm ganz gelungen schien. Die symbolische Zugreise eines älteren Mannes mit Plastiktasche und Brille, den Haltestellen hatte er die Lebensalter Shakespeares unterlegt, das Ende war wie ein romantisches Gemälde im Stile C. D. Friedrichs gestaltet. Die Szenen waren gut, der Ablauf geschlossen, kurz: Sie war ihm gelungen, die Geschichte. Er hatte gesehen, dass sie gut war – und sie weggelegt. Seither hat er nie mehr geschrieben. Warum nicht? Das fragt ihn auch

Jean-Luc in jedem seiner Briefe. *Wann kriege ich deinen Roman endlich zu lesen? Hast du in der Zwischenzeit schon kürzere Sachen gemacht? Schick mir doch wenigstens die Entwürfe!*

Während Jean-Luc ihm so viele Gedichte und Geschichtchen schickt, dass August seine Wohnung damit tapezieren könnte und selbst dann noch einen ganzen Stapel übrig hätte, produziert er selber weder kürzere Texte noch Entwürfe, sondern einfach nichts. Er entschuldigt sich mit dem nötigen Reifenlassen der Ideen, dem Abwarten des richtigen Augenblicks, damit, dass Zwang ihn blockiere; und in fast jedem seiner Briefe steht, er habe das Gefühl, nahe am Punkt zu sein, wo das Ganze zum Durchbruch kommen, wo das Werk in wenigen Tagen Gestalt annehmen werde. Jean-Luc ist so nett, seinen schweizerischen Freund August, der nichts produziert, schon als großen Dichter zu feiern und seinen Bekannten von ihm zu erzählen, während er seine eigenen Werke nicht groß erwähnt, sondern einfach schreibt, schreibt, schreibt. Bei einem späteren Besuch in Toulouse nahm Jean-Luc August zur Buchvernissage eines Bekannten mit und rühmte ihn als den neuen deutschsprachigen Starautor. Auf die Frage, was er denn schon geschrieben hätte, wusste August keine rechte Antwort: Nun, einige Kurzgeschichten, was natürlich maßlos übertrieben war, denn sein literarisches Werk umfasste zu diesem Zeitpunkt genau die erwähnten sieben Seiten und keinen Buchstaben mehr.

Ideen hatte er zwar. Zum Beispiel wollte er einmal einen Roman über die Verrückten in Zürich schreiben, eine Art moderner Narrengalerie. Es gibt ihrer ja so viele, und er kann sie tagtäglich studieren. Am Central steht manchmal ein Mann mit Sonnenbrille, ganz ruhig abwartend, bis sich ein unschuldiger Passant nähert, springt dann plötzlich neben ihn hin, ohne ihn aber zu berühren, und steht wieder still, als ob er sich nie bewegt hätte. Ein Bewegungskünstler. Die Leute erschrecken natürlich, die meisten sind so verdutzt, dass sie sich nicht einmal richtig ärgern, sie packen nur ihre Tasche etwas fester und gehen unauffällig weiter, schauen sich vielleicht noch verschämt um. August freut sich immer, wenn er diese Szenen mitverfolgen kann. Sie verkürzen ihm die Wartezeit.

Am Central gibt es einen zweiten – den Nervösen. Einen kleinen Mann mit krausem Haar, der ständig auf die Uhr schaut, plötzlich nach links stürmt, dann wieder nach rechts, wie wenn er sich in der Richtung geirrt hätte, wieder auf die Uhr schaut, den Kopf brüsk auf die eine Seite wendet, dann auf die andere, nochmal auf die Uhr schaut, plötzlich in eine neue Richtung loshetzt, nach drei Schritten wieder umkehrt, um ebenso plötzlich in die andere Richtung zu stürmen, stundenlang.

Dann der Verrückte, der im 9er und 5er Tram seine Dialoge mit Luzifer hält, der ist ja stadtbekannt, und wer ihn nicht kennt, kann sich ihn selber mal anhören.

Schließlich gibt es da noch die Frau, die gackernd im Tram sitzt, meistens im 2er.

Alle diese Verrückten wollte er in einem Roman einfangen, aber ein Handlungsgerüst dafür hat er nie gefunden.

Wenn er in Zürich Leute kennenlernt, die schreiben, und davon gibt es wahrlich viele, ist ihm das immer wie ein Schlag in die Magengrube, besonders wenn sie nicht nur für sich schreiben, sondern ihre Texte veröffentlichen und öffentlich lesen. Solche Lesungen sind ihm ein Graus, und jedes Mal zerreißt es ihn im Anschluss daran innerlich, weil er selber nichts hinkriegt. Über Jahre fertigte er Skizzen, Zeichnungen, Entwürfe an, die er immer wieder dem Altpapier übergab, und wartet noch immer auf den Moment des Durchbruchs. Jetzt ist er gekommen.

Als er am Abend auf dem Balkon eine Zigarette raucht, liegt ihm die Stadt zu Füßen. Sie wartet auf ihn. Auf August Keller.

II.

Heute ist der Tag des Schreibens, der Kreativität, der Inspiration. Heute genehmigt sich August einen Spaziergang durch die Stadt, um, frei wie ein Vogel, das Leben, das pure Leben einzufangen und zuhause zu einem literarischen Werk zu verarbeiten; zu dem Werk, das ihm zum Durchbruch verhelfen würde. Today it's gonna be the day!

Er sitzt im Tram Nummer 2 und nimmt die Gesprächsfetzen der Fahrgäste auf, die Werbeplakate drinnen und draußen und den Gestank von Erbrochenem weiter vorne im Wagen. Schräg vis-à-vis sitzt ein Junkie mit seinem obligaten Hund, einer riesigen Dogge, die, so weit die Leine reicht, von einem Fahrgast zum andern geht und liebevoll lange Speichelfäden von ihren Lefzen an deren Hosen, Mänteln und Jacken abwischt. Befangenheit. Als sich eine Frau in schulmeisterlichem Ton beschwert, ist es vorbei mit der Ruhe. Bis zum Bellevue übertönt eine Fluchtirade alle anderen Gespräche.

»Du riichs huere Arschloch, du …«

Viele Leute drehen sich um und tuscheln, so auch die beiden dunkelhaarigen Frauen vor August, von der er der Linken am liebsten in ihr gewelltes Haar gegriffen hätte. Er hätte zu gern ihren Kommentar gehört, aber er versteht ihre Sprache nicht und muss sich mit dem Klang ihrer Stimme begnügen.

Die Straßen von Zürich sind mit Werbeplakaten geschmückt: *Finden Sie im neuen Verso die Rücksitze.*

Draußen geht eine junge Frau, ganz in Leder, mit einem knallgrünen Pudel spazieren. Sieh mal einer an! Er hatte kürzlich einen Artikel über den neuen Trend gelesen, Hundefell zu färben, in vielen Farben, absolut unschädlich für das Tier, Färbemittel gibt es auch mit Haarbalsam; passt Ihr Hund zu Ihrer Haarfarbe? Zuerst in Japan, dann in den USA, und jetzt in Zürich.

»Du tummi Nuss, hä, s git scho tummi Lüüt, riichi huere Idiote.«

Länger telefonieren, ohne zu bezahlen.

Drei Teenager steigen ein, Raver oder so was Ähnliches, August kennt sich da nicht so aus. Hosen, die sie jeden Moment zu verlieren drohen, die Haare mit Gel kunstvoll gestylt. Doch halt! Heute ärgert sich August nicht, er nimmt auf, registriert, fotografiert im Geiste, merkt sich alles. Allerdings versteht er ihre Sprache nicht. Sie sprechen zwar Deutsch, aber er versteht sie trotzdem nicht.

Zeitlose Pflege für ein neues Jahrtausend.

Die Schwarzhaarigen vor ihm lachen, der Junkie ist vergessen, auch wenn er weiter vor sich hinflucht: »Elendi huere Spiesser, eer Arschlöcher …«

Wenn Sie das Rechts mit Links geschafft haben: Karrierestart unter www …

Die Teenager sprechen weiter ihre Sprache, ältere Leute sitzen unruhig da, die Finger verkrampft um den Griff der Handtasche, schon überlegend, wie und wann sie am besten aufstehen und wo sie sich beim Aussteigen festhalten sollen. Bellevue.

August geht den Limmatquai entlang bis zur Wasserkirche. Er sieht elf japanische Touristen in zwei Gruppen von sechs und fünf Personen, fünfzehn Teenager, davon neun mit Skateboards, sieben verliebte Paare, drei alte Damen, fünf Frauen mit meist quengelnden Kindern und großen Einkaufstaschen, zwölf Geschäftsleute in entsprechender Kleidung und mit dem unentbehrlichen Aktenkoffer, zwei alte Männer, die am Ufer gestikulierend über die Limmat zu reden scheinen, zwei Gruppen von Ausländern, die nur dastehen, miteinander sprechen und rauchen, drei Schulkinder, einen Mönch in Kutte und Sandalen, einen Hare-Krishna-Jünger, ebenfalls in Kutte (allerdings in Orange) und Sandalen. Zwei junge Männer und eine junge Frau wollen ihm Flyer aufdrängen. Ein Kerl mit Schreibbrett und Kugelschreiber sammelt Unterschriften – August weicht ihm geschickt aus –, zwei Junkies, von denen der eine nicht wie ein Junkie aussieht, hauen ihn um Geld an. Gleichzeitig erfreut sich August am Blau der Limmat, an den schönen alten Häusern, dem Zifferblatt der St. Peter-Kirche, am blauen Himmel, an der für diese Jahreszeit noch milden Temperatur.

Er setzt sich ins Café Helmhaus und schreibt zwei Seiten voll.

Später geht er über die Gemüsebrücke und zweigt in eine der schmalen Gassen ab, die ihn, gesäumt von Schaufenstern, dekoriert mit unbezahlbaren Modeschöpfungen – Rock 430.- Franken, Veston 870.- Franken, Deuxpièce 980.- Franken – in Richtung Lindenhof führt. Zuweilen hat er das Gefühl, die Leute starren ihn an. Vielleicht weil er sie anstarrt? Also bemüht er sich, nicht zu starren, sondern blickt konzentriert vor sich auf die Pflastersteine. Ob sie wohl immer noch starren? Er hebt den Blick wieder, und wieder starren sie ihn an. Vielleicht weil er sie anstarrt?

Vor einiger Zeit war ihm das bei einer seiner (seltenen) Recherchen in der Zentralbibliothek passiert, als er mehrmals von einem bestimmten Gestell zum Kopierer und wieder zurückgehen und jedes Mal dabei einen Tisch passieren musste, an dem eine Blonde saß, die jedes Mal, wenn er vorbeiging, den Kopf hob, worauf er sie ansah, worauf wiederum sie ihn abschätzig ansah, worauf er rot wurde, worauf sie sich zu ihrer Nachbarin wandte und tuschelte, dabei immer wieder kurz zu ihm sah. Auf dem Rückweg dasselbe, beim nächsten Bücherholen dasselbe, beim nächsten Kopieren dasselbe. Er hatte das Gefühl, jedes Mal mehr zu zittern, mehr zu schwitzen und weniger zu wissen, wohin er den Blick wenden sollte.

In der Schule hatte sich die Klasse manchmal gegen einen Mitschüler verschworen. Dann fragten ihn alle – unabhängig voneinander, – ob etwas los sei, er sei so seltsam heute. Alle sahen das Opfer während der Stunden fragend an, steckten die Köpfe zusammen, bis der Auserwählte, zur großen Freude der andern, nur noch ein zitterndes Häufchen Elend war, niemanden mehr anzusehen wagte und verzweifelt einen Fehler suchte, der sich nicht finden ließ.

Bei manchen ging es wie geschmiert, andere waren so unempfindlich, dass sie es gar nicht merkten. Bei August ging es immer wie geschmiert, deshalb war er auch eines der beliebtesten Opfer. Und wenn er auch bei anderen enthusiastisch mitmachte, durchschaute er das Spiel aus der Opferperspektive nie.

***

Unter einer großen Baseballmütze steckt Laurenz. August erkennt ihn im ersten Augenblick nicht. Der Laurenz, der schon mit fünf seine erste Geschichte geschrieben hatte. Er hat schon mehrere Bücher veröffentlicht, die er in reiferem Alter geschrieben hat, er schenkte ihm sogar mal eines. August hat es immer noch nicht gelesen, peinlich. Eine peinliche Situation sowieso, er ist zu überrascht, findet die richtigen Worte nicht, stottert sich in den Boden hinein, während Laurenz überlegen und ruhig lächelt. Misslungener Small Talk. Man geht bald weiter. August ist neidisch. Laurenz ist über vierzig, er kann eine idiotische, bunte Baseballmütze tragen, ohne dass er sich Gedanken darüber macht, jemand könnte sich über ihn lustig machen. Wenn August etwas Auffälliges trägt, schauen ihn alle an. Und Laurenz schreibt Bücher, hat mindestens drei Bücher veröffentlicht, August keine seiner sieben Seiten.

Er setzt sich ins nächste Café und schreibt. Drei Seiten Kugelschreibergekritzel auf kariertem Papier. Dann geht er weiter.

Auf dem Lindenhof weht ein kühler Wind. Die Schachfiguren sind bereits für den Winter weggeräumt. Während er sich anstrengt, den Geist des Ortes aufzunehmen, kommen ihm Roman und Manuela entgegen, Händchen haltend natürlich. Wenigstens hat er sie früh genug bemerkt, um sich einige Sätze zurechtlegen zu können. Sie sind die Verkörperung dessen, wovor er sich im Leben am meisten fürchtet: der Biederkeit. Eines dieser Paare, die einen ständigen Kampf um ihre eisernen Prinzipien ausfechten, streng rollengebundene Prinzipien, Küchen- und Haushaltsprinzipien für sie, Auto- und Arbeitsprinzipien für ihn. Eines dieser Paare, die überzeugt sind, ein glückliches Paar zu sein und bei jeder passenden und unpassenden Gelegenheit mit allem möglichen romantischen Kitsch zelebrieren, wie glücklich sie sind; die alle an ihrem ätzenden Glück teilhaben lassen wollen, was in der Regel eher zu peinlichen Situationen und gezwungenem Lächeln führt oder dem Betrachter einfach nur furchtbar auf den Geist geht. Paare, die stolz ihre Ferienfotos von Kreta oder Ibiza zeigen, von denen nur schon ein einziges Gähnkrämpfe verursacht, von glücklichen Ferien, über deren Destination sie sich vorher wochenlang gestritten haben. Paare, bei denen es ihm nicht einmal peinlich ist, wenn sie ihn vor anderen Leuten fragt, ob er seine warmen Socken angezogen hat, und bei denen sie sich umgekehrt mit strahlenden Augen in die Runde wendet, da er eben mit einem zu dummen Witz seine Biederkeit demonstriert hat. Ein solches Paar sind Roman und Manuela, und wenn er, August, ihnen begegnet, schwankt er immer zwischen überlegenem Lächeln und abgrundtiefer Verachtung, bleibt aber immer freundlich, um die Freundschaft nicht zu belasten. Und ist damit wahrscheinlich nicht weniger bieder als sie. Die Begegnung geht ohne Probleme über die Bühne, man bedient sich eingespielter Floskeln, die laufen wie geschmiert.

Er setzt sich ins dritte Café und schreibt etwas über zwei Seiten. Nachdem er diese Last abgelegt hat, geht er weiter, in Richtung St. Peter-Hofstatt.

Da kommt Köpke, der Redaktor (die dicke Sau). August will ihn nicht sehen. Nicht ihn. Nicht jetzt. Er dreht sich instinktiv zur Mauer. Soll er jetzt so tun, als ob er pinkeln müsste, aber die Leute … Wenn Köpke ihn erkennen und ansprechen würde, und August gar nicht pinkelte … oder sollte er wirklich auspacken? Nein, das wäre noch peinlicher. Köpke läuft vorbei, August schließt in Gedanken seinen Hosenschlitz wieder und geht weiter.

Er setzt sich in das vierte Café und liest das Geschriebene durch. Er streicht fein säuberlich einen Satz nach dem andern durch. Es ist nichts, nichts Literarisches, ein netter Aufsatz, der genauso gut von einem überdurchschnittlich sprachbegabten Sechstklässler stammen könnte.

›Ein Tag in Zürich‹, ›Meine Stadt‹ oder so etwas. Das kann es nicht sein, das darf es nicht sein. Das ist einfach Scheiße!

Am Fraumünster begegnet er Tina. Sie lächelt und kommt ihm entgegen, wie wenn sie ihn schon den ganzen Tag erwartet hätte, Küsschen links, Küsschen rechts. So was von affektiert! Sie gehen ein Bier trinken. Natürlich spricht nur sie, von ihren Projekten, ihren Problemen, ihrem Freund, ihren Eltern, ihrer Kindheit, ihrem Talent. Wenn er auch mal was sagt, nimmt sie es als Stichwort für einen weiteren Monolog. Während sie ihm von ihrem Romanprojekt erzählt, beginnt in seinem Innern sein eigenes Romanprojekt in wenigen Sekunden zu vertrocknen und zu zerbröckeln, um schließlich zu Staub zu zerfallen, den der kühle Herbstwind für immer mit sich fortträgt, irgendwohin. Irgendwann muss Tina gehen. Die Frau ist verrückt. Ihre ewigen Probleme, diese Affektiertheit, diese theatralische Freundschaft. Dabei hat er sie auch schon ganz anders erlebt, wo sie ihn gar nicht wahrnehmen wollte, keines Blickes oder Wortes würdigte. Sie ist verrückt. Nur scheint sie außer August niemand für verrückt zu halten.

Am Paradeplatz sitzen zwei Frauen oben ohne auf zwei Stühlen und nähen sich gegenseitig die Brüste zusammen. Mit Nadel und Faden ins nackte Fleisch. Einige Passanten schütteln die Köpfe, andere lachen. Kunst.

Ein nächstes Café; August sitzt im unteren Teil. Er schreibt nicht, er hat das Notizbuch nicht einmal ausgepackt. Er starrt vor sich hin. Im oberen Teil sitzt eine Gesellschaft. Er hört Gesprächsfetzen, sieht auf dem Tisch einen Flyer: *Jeden Donnerstag literarisches Café.* Auch das noch. Er will weghören, aber hört doch immer deutlicher die vielen

»Also, ich empfinde es so …«

»Ich spüre hier ganz deutlich …«

»Die Situation, die beschrieben wird, habe ich selber mal …« Und so weiter.

Je mehr er weghört, desto tiefer brennt sich das Gespräch in sein Bewusstsein, je mehr er wegdenken will, desto größer wird seine Wut. Literarisches Café. So ein Scheiß! Bisschen ›Ich gspüre‹ und ›Ich glaube‹. Gescheit schnorren. Und er ist draußen.

August starrt in sein Glas. Der Puls steigt. Er atmet schnell. Ja, aufstehen, den Tisch umwerfen – ein lauter Knall, Klirr, Glassplitter überall, Bier auf dem Teppich – Totenstille im Lokal, riesige Augen schreckhaft auf ihn gerichtet. Aber er hat nur ein Ziel, die drei Stufen zu den Verdammten – eine Waffe – besser zwei, in jeder Hand eine – aus der Hüfte – eine endlose Salve – Blut – Chaos – oder besser ein Schwert – nur ein leises, aber unerbittliches Sausen der Klinge – weg mit diesen leeren Köpfen – wie Kürbisse sollen sie von den Hälsen springen – aufräumen – saubermachen …

Anders allerdings, wenn sie von ihm sprächen, wenn sie krampfhaft versuchten, mit ihren bescheidenen Hirnen in die unerforschlichen Tiefen seines Œuvres einzudringen, voller Ehrfurcht. Er würde unauffällig die drei Tritte hochgehen, wie ein ganz gewöhnlicher Gast, der zur Toilette oder zum Telefon geht, eine Weile stehenbleiben, lächelnd zuhören, geradezu väterlich. Verstörte Blicke – Tuscheln – der Meister! Aber sie beachten ihn nicht. Doch! Jetzt sind einige auf ihn aufmerksam geworden, bemerkten, wie er zu ihnen hochstarrt, vor allem einer (Lederjacke, längere Haare, Großstadtcowboy), der sieht ihn an, und nicht nur weil er drei Stufen weiter höher sitzt, nein, er sieht ihn von oben herab an, weil er auf ihn runterschauen will, weil er, August, ein Nichts ist, ein gewöhnlicher Gast, der nichts von Literatur versteht und wie ein dummes Schaf zum literarischen Teil des Cafés hochstarrt. August wendet den Blick ab und hat das Gefühl, das ganze Lokal habe den Zwischenfall bemerkt und verfolge nun genüsslich, wie er verzweifelt einen Ruheplatz für seinen Blick sucht. Nur schon dafür hasst er die da oben, nur schon dafür. Er sucht enerviert das Geld hervor, legt fünf Franken hin, kleiner hat er es nicht. Warten, bis der Kellner kassiert, will er nicht, steht auf. Er strebt dem Ausgang zu – ein Spießrutenlauf – und rettet sich in die Nacht, rettet sich ans Central, rettet sich aufs Tram, rettet sich in seine Wohnung. Hasst. Vor allem sich.

III.

Eine Geschichte. Ein Anfang. Ein Anfang! Keine gewöhnliche Geschichte, es muss etwas ganz Neues, etwas noch nie Dagewesenes sein, ein Bruch mit allen Konventionen, mit allen Anfängen im »Es-war-einmal-Stil«. Ein Anfang!

Früher war er am Morgen in die Redaktion gekommen, holte sich einen Kaffee, fuhr den Computer hoch und saugte sich den ganzen Tag Geschichten aus den Fingern, direkt aus den Fingern in die Tastatur, ohne den lästigen Umweg über ein zensierendes Gehirn. Geschichten, die den Leuten gefielen und Diskussionen auslösten. Einmal hatte er über eine muslimische Verschwörung im Aargau geschrieben – ja, damit hatte er sich selber übertroffen. Er bekam Drohbriefe, und tagelang standen dunkelhäutige Männer vor seinem Haus. Er hatte sich nicht mehr auf die Straße getraut und einen Freund gebeten, für ihn einkaufen zu gehen. Das war cool!

Und hatte nicht er die Idee mit der Diskussionskolumne gehabt? Gewöhnlich schreibt ja kaum jemand aus der Leserschaft Beiträge für Diskussionskolumnen. Also stellte er eine ziemlich provokante These auf und schickte sie einem alten Studienkollegen nach Malaysia, von dem er postwendend per E-Mail eine ebenso bissige Antwort bekam, genau nach seinen Vorgaben natürlich. Später verfasste August die Diskussionsbeiträge dann selber, das war noch einfacher.

Skrupel hatte er nie gehabt. Warum auch? Die Menschen *wollen* das lesen, sagte er immer. Keiner will die Realität sehen, sie ist viel zu komplex. Und was hätte er auch anderes über die Realität schreiben sollen, als dass sie komplex sei? Sobald er über diesen Satz hinausging, war er schon in Konstrukten und Weltanschauungen verstrickt; nein, er machte nichts anderes, als alle anderen Schreibenden auch taten, ob sie nun Zeitungen, Bücher, wissenschaftliche Artikel, Privatbriefe, Tagebücher oder Gebrauchsanweisungen verfassten.

Jahrelang konnte er sich die besten Geschichten aus den Fingern saugen, ohne dass seine Quelle je versiegte, ohne dass er überhaupt je daran gedacht hätte, sie könnte eines Tages versiegen. Doch jetzt scheint sie ausgetrocknet und tot zu sein. Nichts gedeiht mehr, die letzten Pflanzen sind vertrocknet, gelb und dürr. Nichts.

Mitten hinein. Doch wohin? Und von wo? Ohne Handlungsgerüst kein Anfang. Ohne Anfang keine Handlung.

August geht auf den Balkon und raucht eine Zigarette. Es regnet in Strömen, die Stadt ist von dunklen Wolken bedeckt. Seit er hier eingezogen ist, raucht er nur auf dem Balkon. In der Redaktion waren die Zigarettenpausen immer seine kreativsten Phasen. Oder wenn er auf dem Klo saß. Auf den Balkontisch hat er einen Aschenbecher gestellt, der nun schon so voll ist, dass die Zigarettenstummel auf allen Seiten herauspurzeln. Ab und zu, wenn die Herbstwinde über die Stadt wehen, tragen sie die herausgefallenen Stummel mit sich fort, in den Garten, auf den Vorplatz oder auf den Balkon des Nachbarn. Beschwert hat sich dieser allerdings noch nie. Oder diese? August weiß gar nicht, wer einen Stockwerk tiefer wohnt. Doch manchmal, nachts, kann er nicht schlafen, weil er zuhören muss, wie diese unbekannten Nachbarn Sex haben. Schlimme Stunden.

Er setzt sich wieder an seinen Schreibtisch. Loslösen von Konventionen. Vielleicht einen Anfang aus dem Zufälligen heraus suchen. Einfach ein Buch aufschlagen und eine Stelle wählen. Aber welches Buch? Welche Stelle? Auch hier darf nichts vorausbestimmt sein. Er skizziert ein System, das seine gesamten Bücher – auch die Sachbücher – in immer kleinere Gruppen von höchstens sechs Einheiten teilt, damit er am Ende nur noch verschiedene Male zu würfeln braucht, bis er an das Buch kommt, in dem er, durch Aufteilung der Seitenzahlen in wieder sechs Einheiten, schließlich zu der Textstelle oder zu dem Wort kommt, die den Anfang der Geschichte bilden sollen.

An diesem System arbeitet er zwei Stunden, braucht etwa fünfzehn Seiten weißes Papier auf, geht dreimal auf die Toilette und raucht sechs Zigaretten. Der alte Türke verlässt mit einer großen Tasche und unter einem zu großen Schirm gebückt das Haus. Sonst ist niemand auf der Straße. Trams fahren vorbei. Im obersten Stock des gegenüberliegenden Hauses brennt Licht, und er sieht ein junges Paar in der Küche hantieren. Manchmal stehen beide am Fenster, rauchen und scheinen sich über ihn, der auf dem gegenüberliegenden Balkon raucht, zu amüsieren. Dann raucht er die Zigarette jeweils so schnell runter, dass ihm anschließend übel ist.

Eigentlich wollte Peter heute noch vorbeikommen. August braucht bald wieder einen Job; Erspartes hat er kaum. Peter kennt einen Haufen Leute, der hat sicher eine Idee oder kann ihn selbst irgendwo unterbringen. Natürlich könnte August zum Arbeitsamt gehen. Aber er scheut sich vor dieser Bürokratie, vor der Flut von Formularen, und die nötigen Steuerbelege und Arbeitsbestätigungen würde er in seiner Unordnung ohnehin nicht finden. Wahrscheinlich hat er alles schon fortgeschmissen. Am Ende würde er noch an der Unterführung am Hauptbahnhof oder am Bellevue stehen und Arbeitslosenzeitungen verkaufen. »Arbetsloseziitig nöd vergesse!« Dann doch lieber bei Peter arbeiten, und wenn es im Leichenschauhaus ist. Was er früher nie gemacht hätte, sieht er heute als Inspiration für sein Werk.

August würfelt sich einen Romananfang:

1 – Nachschlagewerke und die ersten Buchstaben der Belletristik.

2 – Wörterbücher und einige Romane.

4 – Immer noch Wörterbücher oder drei literarische Werke.

1 – Wörterbücher (Scheiße).

1 – Duden, die deutsche Rechtschreibung.

1 (schon wieder) – Einleitung

2 – Regeln

2 – Getrennt- und Zusammenschreibung

4 – ›*Regel 37: Verbindungen mit einem Verb als zweitem Bestandteil, bei denen die Reihenfolge der Bestandteile in allen gebeugten Formen unverändert bleibt (untrennbare Zusammensetzungen) werden zusammengeschrieben (§ 33): schlussfolgern, ich schlussfolgere, ich habe geschlussfolgert, frohlocken, ich frohlocke, ich habe frohlockt.*‹

Ein schlechter Start.

Er legt den Duden zur Seite und raucht eine Zigarette. Zwei Trams fahren vorbei, eins von links, eins von rechts. In der Wohnung gegenüber steht nur noch die Frau in der Küche. Es regnet auf seine Zigarette. Er bekommt nasse Füße, hat aber keine Ideen.

Es klingelt und Peter steht vor der Tür. Peter, der kleine schwarzhaarige Peter, der Leichenbestatter.

Sie sitzen am Tisch und plaudern über experimentelle Kunst. Ein Freund von Peter schrieb ein neues Musikstück; August erinnert sich noch, wie dieser bei einer Grillparty eine halbe Stunde lang von einem B-Moll-Akkord als Anfang eines geplanten Werkes geschwärmt hatte. Jetzt plane er eine wilde Inszenierung, mit Feuereffekten, riesigen Bühnenbildern, fratzenhaften Masken.

Peter produziert Videoexperimente, nur so zum Spaß, ohne die Absicht, sie zu veröffentlichen oder zu verkaufen. Er verbindet die Videokamera mit einem Fernseher, stellt sie auf Aufnahme, sodass sie das gefilmte Bild Sekundenbruchteile später wieder aufnimmt; Peter stellt das Licht ab und bewegt eine Taschenlampe hin und her, wodurch schöne geometrische Muster entstehen. August erzählt von seinen Plänen und Konstruktionen, schwärmt vom absolut zufälligen Literaturwerk. Peter ist begeistert. Wie immer.

Als Peter wieder geht, ist August in Hochform. Dieser unscheinbare kleine Leichenbestatter pumpte ihn mit Ideen voll. Beim genaueren Nachdenken zerplatzt aber eine nach der anderen wieder, es bleibt nur dieses tolle Gefühl, experimentelle Kunst zu machen, zu zelebrieren, darüber sprechen zu können, gefeiert zu werden. Zudem vergaß er, Peter nach dem Job zu fragen.

August stellt eine Büchse weiße Bohnen in die Mikrowelle und isst sie am Schreibtisch. Er muss es mit einem anderen Würfel versuchen.

Der erste Würfel verfehlt den Papierkorb, bleibt liegen, neben den Zettelchen, Verpackungen, Fahrkarten, die im Korb keinen Platz mehr gefunden haben.

Er versucht eine zweite Würfelrunde: *Was ist das? Bin ich in oder über der Erde? (sagte Albano erstaunt und flüchtete das irrende Auge auf das Angesicht eines lebendigen Menschen) – ich sah einen Toten.*

Keine Idee.

Dritter Versuch:

Das fremde Weib richtete ihn aber lächelnd auf und sagte ihm, dass sie ihn schon als ein kleines Mädchen gesehen und eine unsägliche Liebe zu ihm gefasst hatte, damals als er in der Malerschule des alten Leonardo da Vinci gewesen war.

Nach langem Überlegen und noch einem längeren Aufenthalt auf der Toilette: keine Idee.

Vierter Versuch:

Die westlichen Ausläufer der Valles Marineris beginnen auf dem Tharsis-Buckel, und dies ist sicher mehr als nur ein Zufall. Als diese Aufwölbung der Marskruste entstand, muss Magma aus dem Untergrund der Umgebung abgezogen worden sein, wodurch die Oberfläche aufbrach und weiträumige Faltungsprozesse sowie zahlreiche Marsbeben ausgelöst wurden.

Fünfter Versuch:

Die Mutter: Herein!

Der Unbekannte (betritt den Raum): Guten Abend. Wo ist meine Frau?

Die Mutter: Du bist es? Wo kommst du her?
Der Unbekannte: Ich glaube, aus der Hölle. Aber wo ist meine Frau?

Sechster Versuch:
Was der Mensch einmal in hartem Bemühen durch die Sprache sich fasslich machte, bleibt dann bequeme Redeweise als Wort und Satz im Munde der Nachfolgenden, die nicht mehr verstehen. Was Ausdruck der Tiefe war, wird Nutzbarkeit.

Siebter Versuch:
1917 Verkauf nach vorangegangener Volksabstimmung der dänisch-westindischen Besitzungen (Virgin Islands; deutsch: Jungferninseln) mit dem Flottenhafen St. Thomas an die USA.

Achter Versuch:
Salome (lächelnd): Du wirst das für mich tun, Narraboth. Du weißt, dass du das für mich tun wirst. Und morgen früh, wenn ich in meiner Sänfte an der Brücke vorbeikomme, wo man Götzenbilder kauft, werde ich unter den Musselinschleiern dir einen Blick zuwerfen, Narraboth …

Es bringt nichts. Der alte Türke kommt zurück. Es regnet etwas weniger. Gegenüber wird gegessen. August hustet.

Ziellos surft er eine Weile im Internet herum, schaut sich einige seiner Favorites an, sucht wahllos einige Destinationen im SBB-Fahrplan heraus, nach Venedig, nach Stockholm, nach Lissabon, guckt bei einigen Sexseiten rein, findet aber nichts nach seinem Geschmack, wird dennoch etwas deprimiert dabei, will schon online eine Pizza bestellen, als ihm einfällt, dass er schon gegessen hat.

Jean-Lucs Brief aus Toulouse fällt ihm ein. Er überfliegt ihn noch einmal, fühlt sich bei den Anspielungen auf dessen literarische Tätigkeit gleich unter Druck gesetzt und beschließt, nach einem Ereignis, über das Jean-Luc ihm berichtet, eine Kurzgeschichte zu schreiben: Jean-Luc sitzt in einem Café, vielleicht im St-Pierre oder im Père Léon, und schreibt vor sich hin, auf Bierdeckel. Er hat erfahren, dass sein Briefträger gestorben ist und denkt über diesen Menschen nach, den er kaum gekannt hatte. Das Ganze wird in eine Rahmengeschichte gebettet, aus Augusts Perspektive erzählt, eine Meditation auf zwei Ebenen sozusagen, geschmückt mit seinen Erinnerungen an Toulouse, das Ufer der Garonne, die Backsteinhäuser, la place du Capitol, die Cafés, den Markt, die Sonnenuntergänge, die Croissants und Chocolatines.

Nach nur einer halben Stunde ist das Werk fertig und wird ausgedruckt. Mit einem dicken schwarzen Stift streicht er das Ganze durch, zuerst Zeile für Zeile, dann kritzelt er wild über das ganze Blatt, sodass es wie die Kinderzeichnungen seiner kleinen Nichte aussieht, und bis man fast nichts mehr lesen kann. Scheiße.

Später nimmt er sich Jean-Lucs Gedichte vor, die er in regelmäßigen Abständen mit der Post erhält. Er schreibt ihm immer gleich zurück, er finde sie genial, er hätte sich über sie sehr gefreut, sie seien eine Bereicherung seiner Sammlung. Die Wahrheit ist: Die meisten hatte er gar nicht gelesen. Jean-Luc scheint Poesie von sich zu geben wie August Schweiß und Urin. Seine Schaffenskraft ist so riesig, dass er sogar, nachdem er den Brief schon zugeklebt hat, noch auf den Umschlag Gedichtchen und Zeichnungen kritzelt, wahrscheinlich noch am Briefkasten stehend.

Jean-Lucs Gedichte sind so natürlich, so überzeugend, so ungezwungen. Aber Jean-Luc lebt in einer anderen Welt, sein literarisches Schaffen hat eine ganz andere Ausgangslage. Augusts Welt ist viel komplizierter, viel schwieriger.

August kommt das Leben oft wie ein Spiel vor, eine Art Brettspiel. Er besitzt das Spielbrett und die Steine, aber die Regeln des Spiels kennt er nicht. Er schiebt die Steine ziellos hin und her, während die anderen die Regeln zu beherrschen scheinen und gezielt ihr Leben leben – Zug um Zug. Diesen Vergleich hat er sich einmal selber zurechtgelegt, auf einem dieser einsamen Spaziergänge, nachdem Franziska ihn verlassen hatte. Damals war er völlig zusammengebrochen, hatte fast alle Kontakte abgebrochen, lief nur noch allein umher, mit Vorliebe auf Friedhöfen, wo er auch Peter kennengelernt hatte. Vor fünf Jahren.

Draußen ist es dunkle Nacht geworden. Gegenüber brennt schon kein Licht mehr. Einige Jugendliche rauschen auf Skateboards die Straße herunter. Sein Aschenbecher ist zur Hälfte mit Regenwasser gefüllt, die obersten Stummel sind auf den Tisch geschwemmt worden.

Er hört noch etwas Musik, Radio, trinkt einige Gläser Whisky, bis ihm schön warm wird und der wilde Gedankenfluss einer dumpfen Traurigkeit Platz macht. Dann legt er sich aufs Bett, löscht das Licht und versucht zu schlafen. Aber die tückischen Musen lassen es nicht zu, dass er einfach so wegschlummert, als ob nichts wäre. Sie schleichen sich verstohlen in sein Schlafzimmer und hauchen ihm Ideen über Ideen ein.

Ein modernes Märchen, ein Schlossroman. *Schlossroman* wäre der Arbeitstitel. Ein Privatdetektiv in einer französischen Großstadt bekommt von einem reichen, alten Italiener den Auftrag, dessen verschwundene Tochter zu suchen. Ein klischeehafter Anfang zwar, aber warum auch nicht? Der Protagonist findet ihre Spur und gelangt zu einem Schloss am Meer. Dort trifft er auf eine lange Menschenschlange, darunter auch auf einige seiner Detektivkollegen. Sie scheinen sich in Trance zu befinden: Roboter, die ihn nicht erkennen. Der Protagonist geht hinein und wird versehentlich für einen schon lange erwarteten Forscher gehalten. (Wieso es zu dieser Verwechslung kommt, muss sich August noch überlegen. Aber das sind Details.) In diesem Schloss, das aus alten gotischen Teilen und modernster Glasarchitektur besteht und auf einem Felsen am Meeresufer gebaut ist, wohnt ein alter Mann, der mit verrückten Maschinen das perfekte Kunstwerk schaffen will. Der Detektiv ist bei allen Versuchen dabei, niemand findet heraus, wer er ist. Im Schloss leben auch lauter junge Mädchen. (August würde einen Plan des Schlosses zeichnen und seine Figuren darauf herumdirigieren.) Drei der Mädchen lernt der Held näher kennen, eine Blonde, eine Brünette und eine Schwarzhaarige. (Wieder ein Klischee, aber bewusst und gezielt eingesetzt. Perfekt!) Jede hat ihre eigenen Charaktereigenschaften, die Blonde ist still und jungfräulich, die Brünette dynamisch, lebensfroh (mit ihr würde er sich einmal an der Schlossmauer hoch über dem Meer unterhalten. Worüber? Später. Details.), die Schwarze geheimnisvoll, mystisch. Gewisse Teile des Schlosses darf Augusts Held nicht betreten und tut es natürlich doch. Lange Gänge, steile Treppen, Hallen, Korridore. In einem der Keller findet er einen Verrückten, dessen wirre Reden tiefe philosophische Weisheiten enthalten. (Augusts Weisheiten!) Zwischendurch mit dem Alten und einigen Mädchen eine Fahrt im Unterseeboot. Bizarre Unterwasserwelten. (Hier kommt der Gang in die eigene Psyche. Wow!) Am Ende, aufgrund irgendwelcher Verstrickungen, die August noch zu kreieren hat, muss sich der Held für eine der drei entscheiden, zu einer bestimmten Uhrzeit. Der Alte und die drei Mädchen warten im Turmzimmer, die Uhr schlägt, aber der Held hat sich aus dem Staub gemacht und geht einsam und nachdenklich die Uferstraße entlang, während unter ihm die Gischt gegen die Felsen schlägt. Oder vielleicht doch nicht? Ach was.

Irgendwann geht ihm auf, dass er nichts anderes gemacht hat, als Szenen aus Büchern, die er mal gelesen hatte, zusammengefügt, er kann fast jede einzelne der entsprechenden Quelle zuordnen. Darüber schläft er ein.

Am nächsten Tag beginnt er ein theoretisches Gerüst zum Handlungsaufbau eines Romans zu entwerfen. Das Telefon klingelt, und August ist überrascht, Evas Stimme zu hören. Katrin ist tot. Sie hat sich das Leben genommen, sich vor einen Zug geworfen. Tot. Er spricht lange mit Eva, über Katrin. Mit Eva hätte er schon lange gern mal wieder gesprochen, aber jetzt ist Katrin tot, und es ist sinnlos. Sein ganzer Schreibenthusiasmus entschwindet bei der Nachricht, seine Pläne und Gerüste weichen dem Bild der Toten, seine Ideen und Konstrukte dem Gedanken, nichts mehr für sie tun zu können, im entscheidenden Moment nicht da gewesen zu sein. Katrin tot! Über sie kann und will er nicht schreiben, und sonst gibt es nichts mehr, sein Schreiben ist sinnlos geworden. Unsinn. Tot.

Seine Welt wird kleiner und kleiner. Orte werden belebt durch Menschen, mit denen man zusammen lebt, etwas erlebt. Gehen die Menschen, werden auch die Orte leer. Es hat keinen Sinn mehr, hinzugehen. So ist es ihm auch mit St. Gallen ergangen. Orte, die er mit seinen Eltern besucht oder an denen er mit ihnen gelebt hatte, sind ihm heute fremd. Es sind Orte, wo man nicht hingeht, wenn man nicht mehr hingehört. Kehrt man doch zurück, ist man ein Fremder, und die Plätze sind kalt und unfreundlich geworden, die Menschen misstrauisch und feindlich, die Gefühle und Erinnerungen fortgewischt. Und jetzt ist auch Katrin nicht mehr. Tot. Überfahren, zerschmettert, begraben. Einfach tot.

Später ruft ihn Manuela, Romans Manuela an, um ihm das Gleiche zu berichten. Aber nicht so herzlich, so einfühlsam und tröstend wie Eva; nein, für sie ist Katrins letzte Tat etwas, was man nicht tut, fast eine Zumutung. Man besudelt die Gesellschaft nicht mit einem so hässlichen Selbstmord. Sie hat kein Verständnis. Katrins Tod ist für sie nur eine Sensation. August sagt nichts, er mag nicht. Zu viel Schmerz.

Er starrt vor sich hin. Dann weint er. Er fegt all seine Entwürfe wütend vom Tisch, legt Musik auf, besäuft sich, grölt »Come on baby, light my fire ...« mit und weiß gleichzeitig, dass es nicht recht ist – Katrin gegenüber. Säuft mehr, grölt mehr, heult und flennt mehr. Säuft die Sinnlosigkeit der Welt in sich hinein und kotzt, weint und grölt sie wieder raus.

IV.

Vielleicht bin ich verrückt.

Und weiß es nur nicht, weil niemand da ist, der es mir sagt.

Ich muss verrückt sein.

Ich lasse eine Zigarettenschachtel über Wochen am Eingang liegen und ärgere mich jedes Mal darüber. Ich habe kaum Freunde mehr. Die wenigen verbliebenen sind vielleicht gar keine Freunde, sondern – Therapeuten? Oder Menschen, die sich über meine Verrücktheit amüsieren, oder Schriftsteller, die über die Verrücktheit der Welt schreiben.

Wie kann man herausfinden, ob man verrückt ist?

Wer kann aus seiner Verrücktheit heraustreten, um sich von außen, aus der Sicht des Normalen, zu betrachten und zu erkennen, ob er verrückt ist oder nicht?

Immer beginnt es so, dass August feststellt, dass Leute ihn seltsam anschauen, dass manche über ihn lachen. Er ist anders als die anderen. Er muss verrückt sein.

Schon als Kind hatte er diesen Gedanken oft gehabt, jetzt erinnert er sich wieder. Er hatte sich oft vorgestellt, er sei nicht normal, und sein ganzes Umfeld ginge mit ihm um wie mit einem schwer Gestörten. Sagt man denn einem Verrückten, dass er verrückt ist?

Vor zwei Tagen geht August an der Schifflände spazieren, als ihm ein Mann mit einem schwarzen Halstuch entgegenkommt, vor ihm stehenbleibt, ihn erschrocken ansieht, sich hinkniet, ihn berührt, sich dann wieder erhebt und schnell weitergeht. Das Ganze dauert nur einige Sekunden, zu kurz für August, um zu reagieren, etwas zu sagen, zu fluchen. Er sieht dem Unbekannten gebannt nach, schüttelt den Kopf und geht dann auch weiter, nach seinem Portemonnaie tastend. Es ist noch in der Hosentasche. Ein Verrückter.

Er kann nicht mehr schreiben. Er sitzt nur noch stundenlang am Schreibtisch, hört Radio, entwickelt sein Handlungsgerüst und gibt sich Tagträumen hin.

Musik.

Radio Z – de Herzschlag vo Züri.

Aktuelle Verkehrsinformation.

Musik.

Ist das ein Wetter! Viele Leute denken, jetzt könnte man doch irgendwo hinreisen. Gibt es überhaupt noch Angebote? Radio Z bringt aktuelle Angebote.

Wenn er auf dem Balkon steht und die Trams vorbeifahren sieht, denkt er über seine Verrücktheit nach. Er weiß, dass er verrückt ist.

Aber wie kann er dann überhaupt verrückt sein, dieser Gedanke ist doch gerade der Beweis dafür, dass er es nicht ist. Damit beruhigt er sich nur für kurze Zeit, denn gleich darauf redet er sich ein, er könne ja nur das Gefühl haben, normal zu sein, und doch verrückt sein.

Es gibt keine Möglichkeit auszuschließen, dass er verrückt ist.

Er hasst solche Gedankenspiele. Wie das Folgende: Der Teufel kommt zum lieben Gott und verlangt von ihm, einen Stein zu schaffen, der so schwer ist, dass ihn Gott selber nicht mehr tragen kann.

Oder optische Täuschungen. Die können ihn zum Wahnsinn treiben.

Vielleicht ist ja die ganze Welt verrückt. Jeder kann machen, was er will. Wer nicht verrückt ist, ist nicht normal. Was kümmern ihn also die anderen? Was kümmert ihn, was sie denken und tun? Einen Scheiß.

Eva geht ihm nicht aus dem Kopf. Sie macht ihn verrückt. In Gedanken streicht er über ihr Haar, über ihre Wange, sie lächelt, er küsst sie, er hält sie fest, ganz fest, spürt ihren weichen Pullover unter seinen Fingern, ihren Atem. *Sein* Atem riecht schlecht.

Im Radio kommt ein Kurzbericht über eine Sekte aus den USA, die auch in Zürich Fuß zu fassen versucht. August hört mit halbem Ohr hin, während vor seinem geistigen Auge Bilder auftauchen: lange Gewänder, junge Frauen in Ekstase, Weihrauch. Eine Gruppierung, um die sich bisher zwar mehr Gerüchte als Tatsachen ranken, die sich aber für die Gesellschaft zu einer ernstzunehmenden Gefahr entwickeln könnte. Meditation, hoch über der Zivilisation, tibetische Tempel, Ruhe und Frieden. Schon lange wird von einigen Parteien ein energischeres Vorgehen gegen solche Gruppierungen verlangt. Ommmmmmmmm.

Lifestyle: Passt ihr Hund zu ihrer Haarfarbe. Zur neuen Hundemode. Hintergründe, Tipps.

August schaltet das Radio aus. Er raucht eine Zigarette, denkt an den Vorfall an der Schifflände zurück und stellt sich vor, er sei für einen großen Sektenguru gehalten worden. Vielleicht gleicht er ihm ja aufs Haar. Das wäre mal was anderes.

Wenn er, August, der große Leiter der Sekte wäre, das Zentrum der Erleuchtung … Wenn er all die Menschen ins neue Jahrtausend führen würde … Unter seinen Anhängern würde er Eva entdecken und sie gäbe sich ihm hin … Ein Leben bei wohlriechenden Ölen, Meditation und – Eva. Die Sektengeschichte geht ihm nicht aus dem Kopf.

Unter seinem Balkon auf der Straße stehen zwei Männer. August zündet sich eine Zigarette an und blickt unauffällig nach unten. Die beiden Männer blicken zu ihm hoch, sprechen angeregt miteinander. Wieder raucht er zu schnell. Ihm wird übel und schwindlig. Er muss sich kurz hinlegen.

Vielleicht ist er ja der einzige Normale und alle anderen sind verrückt. Er sieht die Dinge, wie sie sind, sieht die Verrücktheit der Welt. Ein schwerer Stand.

Das Handlungsmodell nimmt Formen an. August hat mindestens fünfundzwanzig Blätter vollgeschrieben. Jede Geschichte braucht eine Handlung, die Handlung ist ein Ereignis, das von A nach B verläuft, Richtungsänderungen und Kreuzungen schematisieren Begegnungen, Vorfälle, das Zusammenkommen verschiedener Handlungsstränge. Ist das Modell erst fertig, braucht er nur noch ein Motiv. Das kann er notfalls aus einem Motivlexikon oder aus den Nachrichten oder der Zeitung oder einem Buch oder aus eigenen Erlebnissen holen, dann läuft die Maschine wie geschmiert, Abweichungen ergeben sich, Nebenhandlungen entstehen wie von selbst. Und wenn die Handlung endlich steht, muss er nur noch den Text anfertigen, veröffentlichen, Lesungen abhalten, Lob ernten. Auch Eva würde das Buch lesen.

Wahrscheinlich ist mit dem Begriff ›verrückt‹ etwas verrückt. Denkt er an den Verrückten, der am Central die Leute anspringt, oder an den Nervösen, an die gackernde Frau im Tram, an Luzifer – so ist das eine ganz andere Art von Verrücktheit als die, die er bisweilen an sich zu erkennen meint.

Der Begriff ›verrückt‹ ist sinnlos, leer. Das ändert allerdings nichts an der Tatsache, dass ihn andere Leute seltsam ansehen.

Als er auf den Balkon tritt, stehen vier Leute unten auf der Straße, einer schaut kurz zu ihm hoch. August raucht bewusst langsam und entwickelt dabei eine neue Gedankenkette: Man kann verrückt sein oder nicht, den Leuten kommt es *darauf* nicht an, für sie gibt es andere Kriterien: Wie man aussieht, welche Kleider man trägt, zu welcher Gruppe man gehört, ob die Farbe des Hundes zur eigenen Haarfarbe passt.

August hat Lust, den überfüllten Aschenbecher auf die Köpfe der Leute zu leeren, die immer noch an der genau gleichen Stelle unter seinem Balkon stehen. Er geht wieder hinein.

Der erste Ordner ist voll. Was auf den ersten Seiten steht, daran erinnert er sich schon nicht mehr. Er produziert Seite für Seite, wie im Fieber. Wie in einer spirituellen Abgehobenheit. Wie es sich für einen Guru gehört. Ein Guru stellt eigene Normen auf. Ein Guru ist die Norm. Denn es gibt eine Norm! Die Masse glaubt, sie aufstellen zu können, zu entscheiden, ob er, August, verrückt sei oder nicht. Er ist also nicht verrückt, wenn er sich ihrer Norm anpasst, und verrückt, wenn nicht. Es liegt in seiner Hand, zu entscheiden, ob er verrückt sein will oder nicht. Aber was kümmert ihn die Norm der Masse? Soll er in ihren Augen doch verrückt sein. Er ist eine eigene Norm. Er, August. August Keller.

Ich könnte einfach so tun, wie wenn ich ihr Guru wäre. Sie würden mich feiern, ich würde ihnen geben, was sie wollen, und mir nehmen, was ich will.

Eva.

Eva hält mich nicht für verrückt. Sie versteht. Sie sieht den Unterschied zwischen mir und den Verrückten vom Central, Luzifer und all den andern.

Und *so* verrückt wie die ist August nicht. Er ist Schriftsteller und er arbeitet an einem System, das alles bisher Dagewesene übertreffen wird. Sein System wird gut, bald ist der zweite Ordner gefüllt. Skizzen, Zeichnungen – Zufall, aber systematisch gesteuert, Kunst aus dem Generator. Sein Inneres hat mit dem Werk nichts zu tun, niemand wird etwas über seine Gedanken und Gefühle wissen, niemand. Sein Werk entsteht unabhängig von ihm. Das macht ihn überlegen. Macht ihn zu einem Weisen. Schließlich sind diejenigen, die als ein bisschen verrückt gelten, die eigentlich Weisen. Sie beobachten das Geschehen von außen und erscheinen deswegen in den Augen der Gesellschaft als verrückt.

Eine solche Verrücktheit ist vielmehr eine Ehrung, und eines Schriftstellers und spirituellen Führers durchaus würdig.

Die vier stehen immer noch unten. Einer telefoniert. August steht wieder oben. Er raucht. Trams fahren vorbei. Es können nicht nur vier sein, es muss eine große Bewegung werden. Auserwählte auf der ganzen Welt. Ein Staat im Staat. Der Gottesstaat. Die Masse ist mir egal.

Um fünf Uhr nachmittags sitzt er in der Wanne.

Der Masse ist es scheißegal, ob er verrückt ist oder nicht. Seine Bücher sind nicht für die Masse.

Ich werde nie wissen, ob ich verrückt bin oder nicht.

Er liest einen Zeitungsartikel über die Sekte. Namen, Zahlen, verschwommene Bilder, wenig Inhalt.

Beim Pinkeln sagt er sich: »Wenn ich mich ernsthaft mit der Frage auseinandersetze, ob ich verrückt bin oder nicht, muss ich wohl doch verrückt sein.«

V.

Peters Wohnung ist der reinste Trödelladen. August sitzt in der Küche, Peter ist in der Diele am Telefon. Augusts Blick schweift über die Küchenwand. Einige pathetische Marien- und Heiligenbilder, ein verklärter Jesus mit einem Lämmchen auf der Schulter. Daneben Filmplakate: *Wonderland, The Enemy in My Bed, Wilde.*

Zwei Nacktbilder, die Reproduktion eines Gemäldes von Matisse, Postkarten, ein Poster mit verschiedenen Broten der JOWA Migros-

Bäckerei, haufenweise Zeitungsartikel, säuberlich ausgeschnitten und mit Klebestreifen an die Wand geklebt, unzählige Fotos von Peter: Peter an seinem ersten Schultag, Peter auf der Rutsche, Peter beim Autorennen, Peter vor seinem Bestattungsauto, Peter am Strand in Kreta.

August fragt sich, wer wohl alle die Bilder von Peter gemacht hat.

Peter kommt zurück.

»Nun?«

»Alles okay. Du kannst eine Zeit lang bei mir arbeiten. Willst du gleich morgen anfangen?«

August ist etwas unsicher. »Was müsste ich denn genau tun?«

»Du arbeitest im Sarglager und im Leichenschauhaus, also Särge buckeln und beim Präparieren helfen.«

August fühlt sich nicht wohl. »Aber beim Leichen präparieren, da bist du doch immer dabei, nicht wahr?«

Peter lacht. »Meinst du, ich lass dich einfach so an meine Toten ran? Schau mir ein paar Mal zu, danach kannst du die einfacheren Handgriffe selbst machen.«

August schluckt.

»Wenn du dich erst einmal mit den Toten angefreundet hast, wirst du dir keine andere Gesellschaft mehr wünschen. Es gibt keine angenehmeren Zeitgenossen als die Toten. Stell dir vor, du wärst Coiffeur und müsstest dir jeden Tag das idiotische Gewäsch der Kunden anhören. Die Toten quasseln dir nicht in die Arbeit rein, kritisieren nicht, lassen alles mit sich machen.«

»Du sprichst wohl noch mit ihnen?«

»Natürlich spreche ich mit ihnen, ich habe ja sonst niemanden. Sie widersprechen auch nie.« Er lacht. »Es gibt Leute, die sprechen mit Blumen oder mit Hamstern.«

Er zieht einen dicken, schwarzumrandeten Katalog hervor und reicht ihn August.

»Du kannst dir ja schon mal die Kollektion anschauen.« Peter blättert. »Hier, das musst du sehen. Das neuste Sargmodell, aus Italien, mit eingebauter Taschenlampe, Sprechfunk und Sauerstoffversorgung. Kaum zu bezahlen!«

August macht große Augen. »Wozu soll das gut sein? Wollen die oben noch zuhören, wie der andere verwest?«, fragt er ein wenig verunsichert.

»Aus Angst vor dem Scheintod. Alle fürchten sich vor dem Scheintod.«

»Scheintod? Das gibt's doch heute nicht mehr. Ich meine, mit den medizinischen Möglichkeiten. Das ist doch lächerlich.«

Peter zuckt mit den Schultern. »Ich könnte dir Geschichten erzählen. Weißt du, wie häufig man einen Sarg wieder öffnen musste, weil die Verwandten Zweifel an der Todesursache hatten? Und da fand man häufig Kratzspuren am Sargdeckel, ja ganze abgerissene Fingernägel im Holz des Deckels.«

August schüttelt angewidert den Kopf.

»Oder in England, da sollte ein Mann nach seinem Tod zu seiner Frau, die zwei Jahre früher das Zeitliche gesegnet hatte, in die Gruft gelegt werden. Weißt du, was man gefunden hat, als man die Gruft geöffnet hat?«

August kann es sich vorstellen.

»Das Skelett der Frau, beim Eingang. Sie hatte es geschafft, den Sarg aufzubrechen und hatte sich im Leichenhemd bis zum Ausgang geschleppt, wo sie verdurstet war. Ich könnte dir noch unzählige Geschichten …«

»Schon gut, lass nur.« Nach einer Pause: »Bei dir ist wohl noch nie einer aufgewacht, oder? Denk mal, was würdest du tun, wenn sich plötzlich ein Toter in seinem Sarg aufrichtet und dich verstört anschaut?«

Peter lacht. »Ich würde eine feierliche Miene aufsetzen: Willkommen im Himmel, ich bin der heilige Petrus. Entschuldigen Sie die Unordnung, es herrscht halt viel Betrieb um diese Zeit.«

August schüttelt erneut den Kopf, Peter lacht.

August ist von nun an Assistent des Leichenbestatters. Schon im Sarglager ist ihm unheimlich zumute, im Leichenschauhaus hält er sich immer schön im Hintergrund, damit er möglichst die Leichen nicht sehen muss, er hilft Peter, indem er ihm – wie eine Operationsschwester – das nötige Werkzeug reicht: Kämme, Nadel und Faden, Make-up.

Er hasst den Job. Er kann Peter nicht verstehen, der trotz des andauernd anwesenden Todes um ihn herum so lebensfroh bleibt, der pfeifend seine Leichen präpariert, über sie witzelt. August hat nachts Alpträume. Er wird von Toten verfolgt oder ist selbst tot, befindet sich in dunklen Schlossräumen und spürt, dass etwas im Zimmer ist, kann aber nicht raus und kein Licht machen. Oft wacht er schweißgebadet auf.

Peter versteht ihn nicht. »Ein Toter ist ein Toter, was hast du nur für Probleme damit? Du frisst jeden Tag tote Tiere, gehäutet und zerschnitten. *Das* ist vielleicht widerlich, nicht die Toten hier.«

Peter quetscht August über Eva aus, bis ihm dieser von seinen heimlichen Wünschen erzählt. Peter gibt ihm ein paar Tipps, wann er sie anrufen soll, wann er bei ihr vorbeischauen soll, was er ihr sagen und kaufen soll.

Über seinen Job spricht August mit niemandem. Fragt man ihn, antwortet er ausweichend: »Temporärstellen, Bürojobs – bis das Buch fertig ist. Man muss ja von irgendetwas leben.« Und dann kann er von seinem Projekt berichten, von seinem Roman, von dem er noch keine Seite geschrieben hat. Während er hier arbeitet, kann er allerdings nicht schreiben. Dafür arbeitet er an seinen Modellen. Das erste Handlungsmodell ist fertig. Er probiert es nie aus. Er macht sich ans zweite, verknüpft es mit einem Zufallsgenerator. Daran kann er ganze Nächte lang tüfteln. Vor allem Eva sagt er nichts.

Peter meint, August dürfte am zweiten Arbeitstag, nachdem er sich an die Toten ein wenig gewöhnt hatte, nun doch langsam etwas munterer werden. Eine alte Witwe kommt ins Geschäft, an der Leine einen leuchtend roten Pekinesen; August findet das Bild zu komisch. Als die Alte ihnen den Rücken zuwendet, um im Sargkatalog zu blättern, schubst August Peter in die Seite und kichert leise. Aber Peter wirft ihm nur einen zurechtweisenden Blick zu.

»Du darfst niemals über die Trauernden spotten, nie!«, erklärt ihm dieser später. »Das ist das oberste Gesetz des Leichenbestatter, jeder Leichenbestatter kennt es.«

»Aber du witzelst ja auch über die Toten, wie …?«

»Ja, die Toten, das sind fröhliche Gesellen, die sind für jeden Spaß zu haben, aber die Hinterbliebenen wollen diese Feierlichkeit. Dafür bezahlen sie dich. Sieh mal, eine Leiche könnte viel einfacher und billiger entsorgt werden. Wozu der ganze Zirkus mit teuren Särgen, Präparieren, Grabsteinen? Mit dem ganzen Firlefanz kaufen sie sich Trost, Ablenkung und Mitgefühl, manche auch ein gutes Gewissen. Amüsiere dich mit den Toten, traure mit den Trauernden. Du, August, machst es genau verkehrt.«

»August, du solltest Eva mal einladen. Weißt du was, ich gebe ein Fest bei mir. Mit einigen alten Bekannten. Ich kaufe Bier, etwas zu futtern, und du bringst sie mit. Ich wette, nachher gehst du nicht allein nach Hause.«

August weiß nicht so recht. Wenn sie erfährt, dass er Leichenbestatter ist …

Peter verdreht die Augen. »Das ist ein guter, ehrbarer Beruf. Du wirst dich doch dafür nicht etwa schämen?«

»Nein, natürlich nicht. Aber sie ist sicher sensibel, vielleicht erträgt sie den Gedanken nicht, oder hat ganz falsche Vorstellungen. Angst …«

»Du kannst sie ja mal zum Präparieren mitnehmen.«

August schluckt.

»War nur Spaß.« Peter lacht. »Aber gut, du lädst sie ein, und wir sind eine … sagen wir mal: eine Speditionsfirma. Du arbeitest bei mir im Büro.«

August ahnt Schlimmes.

»Mach dir keine Sorgen, wir schaukeln das schon. August, die Nacht der Nächte …!« Für Peter ist die Sache gebongt.

Am dritten Tag arbeiten Peter und August im Leichenschauhaus. Peter muss kurz zurück ins Büro. August soll sich in der Zeit draußen etwas die Beine vertreten – und von Eva träumen. Sie haben eben bei einer alten Frau die Aufbahrung abgeschlossen. Während August noch den Arbeitskoffer einräumt, schließt ihn Peter versehentlich mit der Leiche der alten Frau ein und fährt weg.

Als die Tür zufällt und der Schlüssel im Schloss von außen gedreht wird, erstarrt August zu einer Säule, kann kaum noch Luft holen. Als er sich wieder fasst, ist Peter schon weg. Zuerst ruft August laut nach ihm, dann verstummt er plötzlich und schaut ängstlich zur Leiche. Eine ältere Frau, die Hände friedlich über dem Leichenhemd gefaltet, die Augen geschlossen. August wagt es kaum zu atmen. Er setzt sich hin, um die Tote nicht mehr sehen zu müssen. Doch dann muss er wieder aufstehen, um sicher zu gehen, dass sie sich nicht etwa bewegt hat. Er hat Angst. Er überlegt sich, dass das Licht ausgehen könnte. Wie in seinen Alpträumen.

Die Frau bewegt sich nicht. Sie sieht aus, als schliefe sie. August befürchtet, sie zu wecken, durch ein unbedachtes Geräusch, durch zu lautes Atmen, durch sein Rufen. Ihre Finger sehen aus, als ob sie jeden Augenblick zucken könnten. August schwitzt. Er weiß, dass die Frau tot ist, aber er glaubt es nicht. Sämtliche Horrorfilme, die ihm in der Kindheit nie viel ausgemacht hatten, kommen ihm in diesem Augenblick hoch, wie wenn sie all die Jahre nur auf diesen Moment gewartet hätten. Die Bilder von Toten, die wieder zum Leben erwachen, sich mit bestialischem Lachen aus ihren Särgen erheben, mit eisiger Hand den nächstbesten Lebenden packen und dann weiter mordend durch die Welt ziehen. Er hatte nie verstanden, warum die Toten in den Filmen immer zu Bestien werden, wenn sie wieder erwachen, viel wahrscheinlicher wäre es ja, wenn sie nur langsam zu sich kämen und sich mies fühlen würden, kraftlos liegen blieben oder sich zuerst einmal übergeben würden. Aber das Bild der Bestie, die sich mit glasigen Augen im Sarg erhebt, überdeckt jeden vernünftigen Gedanken. August presst sich in die Ecke und lässt den Blick nicht von der Toten. Er schwitzt, sucht nach seinen Zigaretten, hat Angst, eine anzuzünden – Scheiße, er hat sie draußen vergessen. Er bewegt sich nicht, atmet kaum mehr.

Sein Blick schweift über die Bänder auf den Blumenkränzen, die Peter säuberlich an der weißen Wand aufgereiht hat. Dabei wird er langsam ruhiger, die schrecklichen Bilder verschwinden. *Unserer geschätzten Vereinskollegin. Der lieben Großmutter. Ruhe sanft.* Sie muss eine liebenswerte Großmama gewesen sein, redet er sich ein, die beim Kaffeekränzchen mit Gleichaltrigen über ihre Wehwehchen klagte, ihre Enkelkinder verwöhnte, und wie jeder Mensch Angst vor dem Tod hatte, Angst vor dem letzten Moment, dem Ersticken, den Krämpfen, dem Sich-aufbäumen-müssen und nicht mehr können. Vielleicht ist sie ja auch sanft entschlafen, einfach weggeschlummert, ohne etwas davon zu merken.

Sie hat es hinter sich. Sie muss keine Todesfurcht mehr haben. Sie muss sich nicht mehr unter der Last des Daseins beugen. Und darum beneidet August sie. *Er* muss noch Angst haben, Angst vor dem letzten Moment, dem Unvorstellbaren. Er hat sich oft vorgestellt, wie es wäre, erwürgt zu werden, oder zu ertrinken, oder so schwer verletzt zu sein, dass das Blut langsam aus ihm flösse, er langsam erkalte. Oder einen Herztod zu sterben, von einem stechenden Schmerz durchdrungen zu werden, der nicht zu ertragen ist, atmen zu wollen und es nicht mehr zu können, im Aufbäumen zu erlöschen.

Die alte Frau ist einen Schritt weiter. Wie Katrin. Auch sie hat den großen Schritt schon gemacht. Sie hat den letzten Moment überwunden, als der Zug herandonnerte, in Sekundenschnelle größer wurde und sie zerschmetterte. Und nach dem Todesmoment trat Frieden ein.

August beneidet Katrin, und er beneidet die alte Frau, die so still daliegt und friedlich zu schlummern scheint.

Während er, August, lebt. Er gehört nicht hierher. Nicht in die Welt der alten Dame, in Katrins Welt. Die Welt des Friedens. Ein Eindringling in diesem Ort der Stille. Er hat hier nichts zu suchen, unter denen, die den Schritt gemacht haben. Die diese Todesfurcht und den schrecklichen Todesmoment hinter sich haben.

Ein Geräusch, wahrscheinlich von draußen, und August gerät wieder in Panik. Die hässlichen Bilder der Untoten steigen wieder vor seinem geistigen Auge auf, er weiß, dass das Licht ausgehen wird, er spürt Leben, hier, wo nur Tod ist, überall; er schaut nach oben, nach unten, auf alle Seiten, auf die leeren Wände, und alles scheint sich zu bewegen. Er darf nicht rufen, nicht rütteln, nicht atmen. Schließlich wirft er sich doch an die Tür, rüttelt an ihr, bettelt stimmlos, spannt alle Muskeln an, zittert. Rüttelt wieder an der Türklinke. Schaut erschrocken zurück. Rührt sich nicht. Rüttelt wieder. Das Licht würde ausgehen, er weiß es, das Licht würde ausgehen. Sicher.

Nach fünfzig Minuten kommt Peter zurück. Er hört das Poltern an der Tür der Aufbahrungskammer. »August, bist du 's?«

»Peter!« Der Erlöser! »Peter, hol mich verdammt noch mal raus hier!« Die letzten Sekunden, während Peter gemächlich nach dem richtigen Schlüssel sucht, gerät August noch einmal in Panik. Als Peter die Tür öffnet, kann August kaum noch gehen, stürzt sich zuerst auf seine Zigaretten.

»Nicht hier drin, weißt du doch!«

Er stürzt aus dem Leichenhaus und saugt die Zigarette in sich hinein, wie wenn daran sein Leben hinge. Peter folgt ihm. Der Vorfall ist ihm peinlich, aber auch nicht mehr, als wenn er ihn im Büro oder anderswo eingeschlossen hätte.

»Ich wusste nicht, dass du ein so starker Raucher bist.«

August bekommt einen Hustenanfall. Als er wieder einigermaßen bei Atem ist, ringt er Peter das Versprechen ab, nur noch im Sarglager arbeiten zu dürfen.

Peter gibt ihm für den Rest des Tages frei, damit er sich erholen kann. Wovon August sich erholen muss, scheint Peter allerdings nicht ganz klar zu sein. Er schüttelt nur den Kopf, als August davon taumelt.

»Melde dich doch bei deiner Eva, die soll sich um dich kümmern«, ruft er ihm nach.

Als Antwort bekommt er nur einen vernichtenden Blick.

»Mein ’s ja nur gut.« Peter zuckt mit den Schultern und geht wieder rein.

VI.

Sie sitzen in Peters Küche: Peter, August, Eva, Hans und Angela – die Letzten zwei gute Bekannte von Peter. Hans kommt aus der Nervenklinik und nimmt starke Medikamente. Er hat seinen Speichel- und Nasenausfluss schlecht unter Kontrolle. Wenn er etwas sagt, klingt es undeutlich, wie von weit her.

August hat sich wieder erholt. Nach dem Vorfall im Leichenschauhaus ist er nach Hause gefahren, hat sich ein Bad gegönnt und anschließend bis tief in die Nacht an seinem Schreibmodell gearbeitet.

Peter streicht Augusts Qualitäten heraus, wo er nur kann. Sein Vorhaben ist nur zu auffällig. Eva lächelt etwas verlegen, Angela spricht von Meditation, vom Astralkörper und von Seelenwanderung. August hat es schon längst aufgegeben, Peter zu bremsen, macht gute Miene zum bösen Spiel und sagt wenig. Dieser esoterische Scheiß! Eva scheint sich hingegen brennend für Angelas Ausführungen zu interessieren. Sie sprechen miteinander. Sie spüren einander.

Im Großen und Ganzen geht der Abend aber gut über die Bühne. Bis Hans, als ob er plötzlich seine geistigen Fähigkeiten wieder erlangt hätte, mit klarer Stimme Peter fragt, ob er wieder mal eine Junge, Hübsche unter den Fingern gehabt habe. Eva klinkt sich aus dem Meditationskurs aus und hört Peters Psychofreund zu.

Keiner sagt was. August schaut verzweifelt zu Peter.

Hans bohrt: »Hä, hä? Sag schon!«

Angela sieht Evas verwunderten Gesichtsausdruck und will, um Peter nicht in einem schlechten Licht erscheinen zu lassen, die Situation klären: »Nicht was du denkst, Eva. Peter ist Leichenbestatter.«

Totenstille.

Eva wird bleich, steht auf, packt ihren Rucksack, schaut niemanden an und geht. August stürzt ihr nach.

Ob er wirklich als Leichenbestatter arbeite, will sie wissen.

Nun, ja, leider. Er habe halt einen Job gebraucht, und …

Warum er ihr nichts gesagt habe.

Er habe sie halt nicht erschrecken wollen, mit diesem Job, er selbst habe ja seine größten Probleme damit.

Aber wie sie damit umgingen, sich lustig machten, das sei so widerlich, so makaber.

Sie will ihn nicht anklagen, will auch keine Entschuldigungen hören. Sie will ihn einfach nicht mehr sehen.

»Na, hast du es wieder eingerenkt?« Gelächter.

Die Runde verstummt, als man Augusts steinernes Gesicht sieht.

»Ich werde nicht mehr bei dir arbeiten. Nie mehr.«

August geht zu Fuß nach Hause. Es ist kalt, Schnee weht ihm ins Gesicht. Er geht schnell, will so schnell gehen, dass er dem Schmerz und der Einsamkeit entfliehen kann. So allein war er noch nie. Ganz allein in dieser riesigen Stadt, wo hinter jedem Fenster Menschen wohnen. Allein.

Wer jetzt kein Haus hat, hat halt keins. Wer jetzt allein ist, wird es immer bleiben, wen kümmert 's? Es ist die alte Verschwörung gegen den Einsamen, die ihn zur Unsichtbarkeit verdammt vor den Augen der Seligen, wenn er allein durch die Alleen wandert und die Blätter fallen. Ein Bann.

***

August bewegt sich nicht mehr. Er liegt nackt auf dem Bett. Er schreibt nicht, denkt nicht. Er liebt nicht, er liegt nur. Seine Projekte liegen zusammen mit seinen Kleidern am Boden, nachlässig hingeworfen, wie die fast fünfzig beschriebenen und bekritzelten Blätter im Wohnzimmer. In der Küche fault der Kehricht vor sich hin. Staub bedeckt den Boden.

August liegt.

Irgendwann rafft er sich auf, setzt sich an den Schreibtisch und arbeitet weiter. Grundmodelle, Abweichungen des Handlungsmusters, die Personen numerisch nach verschiedenen Funktionen geordnet, die Knotenpunkte der Handlung im Zufallsgenerator – wie der technisch realisiert werden soll, muss er später klären. Er sieht sich bei Lesungen, im Scheinwerferlicht, Eva – warum Eva? Es gibt unzählige andere Frauen, die sich um ihn reißen werden. Jede Nacht eine andere. Nein, er würde überlegen, abwägen. Das ist nicht, was er will. Er will eine dauerhafte Beziehung. Aber auch keine wie die von Roman und Manuela, um Himmels willen! Warum muss alles so kompliziert sein?

Nicht wie Roman und Manuela. Wie August. Der Schriftsteller und Philosoph. Und Sektenguru.

Unter seinem Balkon stehen sieben Leute und schauen von Zeit zu Zeit zu ihm hoch. Einer telefoniert ununterbrochen. August raucht genüsslich seine Zigarette fertig, sieht über die Menschen hinweg, zu den Alpen über der Wolkenwand. Nimmt eine zweite. Der alte Türke kommt nach Hause, er raucht ebenfalls. Und hustet. Der Aschenbecher ist voll. August schmeißt den Stummel auf den Tisch. Weltlichkeiten.

Ja, ich bin es.

Mir ist alle Gewalt gegeben – im Himmel und auf Erden.

Darum gehet hin und machet alle Völker zu Jüngern.

Und lehret sie halten, was ich euch vorschreibe.

Und seht, ich bin bei euch alle Tage, bis an das Ende der Welt.

Dann bricht er wieder über seiner Arbeit zusammen. Kann sich nicht konzentrieren. Die Verbindung der Handlungsknoten mit den numerischen Nebenfiguren geht nicht auf. Scheiße. Er sitzt eine Weile unbeweglich da und sinkt wieder in seine Einsamkeit zurück.

Sie sind ein ganzes Volk. Du siehst sie erst, wenn du selbst dazugehörst: Die alten Männer, die tagelang in Bahnhofsgaststätten sitzen und in ihr Bier starren, sich zwischendurch die Lungen heraushusten von einem Leben im Rauch. Den alten Mann, der bei größter Kälte den halben Tag lang um den Escher-Wyss-Platz kreist, nur um ab und zu mit der Kioskfrau ein Wort zu wechseln, die ihn bedient, aber ihn eigentlich gar nicht sieht und hört.

Sie sind ein ganzes Volk, das sich unsichtbar durch die Straßen der Gottesstadt drängt, ohne Ziel, ohne Halt, den Schnee im Gesicht.

Als er zehn Minuten später auf den Balkon tritt, stehen zwölf Jünger draußen. Einen Moment erschrickt er, ist wie gelähmt. Verdammt, ich bin es ja nicht. Was glauben die denn?

Panik.

August ruft die Polizei an. Als er den Vorfall schildert, kommt er sich selbst dumm vor: Zwölf Leute stehen unter meinem Balkon und starren zu mir rauf. Am Anfang waren es nur zwei, dann sieben, jetzt schon zwölf. Was sie machen? Nun, nichts, sie stehen einfach da. Warum die Polizei eingreifen soll? Ein Vorfall? Eine kriminelle Tat?

Nein, aber es ist doch offensichtlich, dass etwas passieren wird. Was? Na, irgendetwas. Wahrscheinlich hat es mit dieser neuen Sekte zu tun. Woher ich …? Mein Name? Keller, August Keller. Äh, Journalist. Zurzeit freischaffend, ja … Ja, ich bin …habe vor drei Jahren schon mal einen Vorfall gemeldet … Ja, ich bin der mit der muslimischen Verschwörung … Damals? Gut, damals war nichts, aber es hätte sehr gut zu Aggressionen kommen können … Was heißt, Sie können nichts tun? Provokative Artikel? Was kümmern Sie sich um meinen Job? Was verstehen *Sie* von Journalismus?

Er hängt auf. Warum sollten sie ihm auch etwas antun? Sie feiern ihn, sie freuen sich, weil sie auf ihn gewartet haben.

Ich bin es, ich bin die Verheißung und das Leben.

Ich, August.

Er schließt die Balkontür und setzt sich an den Tisch. Aber die Blicke der Versammlung unter dem Balkon dringen durch die geschlossene Tür, um die Ecken herum zu ihm. Er wird beobachtet. Aber er ist trotzdem noch allein. So allein.

Du kannst es nicht lange verheimlichen, du kannst dich verstellen, deine Lippen zu einem Lächeln zwingen und dich konzentrieren, um beim Small Talk den Faden nicht zu verlieren. Du kannst es, eine Zeit lang. Irgendwann verrätst du dich, dann ist es vorbei, dann wirst du aus dem Paradies vertrieben.

»Wo bist du, Adam?«, die höhnende Stimme des Herrn.

Spott über deine Unsichtbarkeit.

Du schämst dich, bedeckst dich, versteckst dich. Wozu? Niemand sieht dich, niemand hört dich, du bist schon nicht mehr. Er hat dich aus seinem Angesicht verbannt, die Strafe für deine Vermessenheit, einsam zu sein und dich dabei ertappen zu lassen.

Die Verknotung der Nebenhandlung mit den Figuren geht so nicht. August macht einen neuen Versuch. Nur nicht aufgeben. Er ist schon weit gekommen. Auf dem Bisherigen aufbauen. Bald würde es entstehen. Das Neue Testament. Das Allerneuste.

Er muss auf den Balkon hinaustreten und sich der Anhängerschaft zeigen. Nur seinetwegen sind sie hierher gepilgert, sie brauchen ihn.

In der Zwischenzeit sind es fünfzehn geworden. August stellt einen zweiten Aschenbecher zwischen die Stummel auf dem Tisch. Er ist oben, sie sind unten. Sie brauchen ihn, er braucht sie. Aber er kann nicht zu ihnen. Er ist eingeschlossen in seinem Bunker, und die Kanäle zur Außenwelt – Telefon, E-Mail – sind gekappt. Sogar zum Briefkasten kann er nicht mehr. Aber wozu auch? Niemand kümmert sich um ihn. Niemand will mit ihm sprechen. Eva sowieso nicht. Er ist der begehrteste und gleichzeitig einsamste Mensch in dieser großen Stadt.

Unsichtbar gehst du durch die Straßen und wirst mit Füßen getreten, dein Leben lang verhöhnt und verspottet durch den Anblick derer, die dich nicht erkennen.

Du kannst heulen, weinen, schreien.

Kannst du's nicht hinausschreien, kannst du's hinausschreiben und so den Straßenschmutz deiner Stiefel auf den Schwellen der Glücksstadt abtreten, die Unbefleckte bekleckern, besudeln.

Er wartet auf Eingebung. Legt sich in die Badewanne und döst, verfolgt von den unsichtbaren Blicken seiner Jüngerschaft. Der große August braucht seine Ruhe. Der große August braucht Liebe. Der große August lebt in einer großen Stadt, aber der große August ist noch immer unsichtbar.

Sichtbar wirst du vielleicht, wenn du wegziehst, bereust, ein neues Leben beginnst, dich besser verstellst, das Lächeln besser trainierst und im Small Talk den Faden nicht verlierst. Vielleicht, aber wie lange?

Oder wenn du verrückt wirst. Dann bist du für sie eine kurze Unterhaltung, eine Abwechslung – beim ersten Mal. Wenn man bereits den Idioten kennt, der regelmäßig im 9er mit Luzifer spricht, wenn man ihn schon ein- oder zweimal gehört hat, achtet man darauf, in welchen Tramwagen er einsteigt, und steigt dann selbst in den anderen ein, genauso wie man es bei den südamerikanischen Musikern macht.

VII.

August ist in den Wald hinaufgegangen. Er blickt auf die Stadt, auf die unzähligen Lichter dort unten. Es ist kühl, der Wind weht, aber er friert nicht. Von der ihn umgebenden Natur gehen friedliche Töne aus, wie von fernen Abendglocken. Sein Blick schweift vom ewig blinkenden Uetliberg übers Triemli zum See, ans rechte Seeufer, zum Dolder, zurück zum Zentrum, auf die andere Seite, der Limmat entlang. Ein unendliches Meer, das gegen den Aargau langsam aus seinem Blick verschwindet. Welche flimmernde Welt! Er sieht den Mond hinter einem dünnen Wolkenschleier. Dort drüben müssen sich doch die Nebel unserer Tage einmal in Gestirne zerteilen, wie die Nebel der Milchstraße in Sonnen zerfallen. Während er nach unten schaut, wird ihm warm. Zwischen Himmel und Erde streckt die frohe vergängliche Welt ihre kurzen Flügel aus und lebt vor dem unendlichen Gott. Er sieht all die Lichter, hinter denen Menschen leben. Menschen wie er. Wie August.

Laurenz liest seiner Frau die neuste Geschichte vor.

Köpke streitet sich mit seiner Frau.

Augusts Nachbarn haben Sex.

Peter sitzt vor dem Fernseher und sieht sich einen Science-Fiction-Klassiker an.

Der Polizist trinkt mit Freunden ein Bier und erzählt Witze.

Die alte Frau schimpft über die Jugendlichen, während ihr Mann döst.

Hans wird in der Nervenklinik mit Medikamenten vollgepumpt.

Die Kioskfrau putzt zu Hause den Teppich.

Angela sitzt barfuß am Boden und meditiert.

Der Türke geht aus dem Haus.

Der Papst hört Radio Vatikan.

Jean-Luc sitzt in im Père Léon und philosophiert.

Auf Katrins Grab dreht sich ein buntes Windrad.

Ein alter Mann spricht mit der Kioskfrau.

Deborah träumt von der neuen Welt und ist glücklich.

Manuela färbt ihren Hamster blond.

Die elegante Geschäftsfrau betrinkt sich.

Guscht führt seine Buchhaltung nach.

Roman spielt am Computer.

Im literarischen Café sprechen sie über ihre Gefühle.

Der Junkie mit seinem Hund setzt sich in einem düsteren Winkel einen Schuss.

Tina lullt jemanden mit ihren Geschichten ein.

Die Schwarzhaarige spricht mit ihrer Familie am Telefon und schluchzt.

Der Schriftsteller schleicht betrübt durchs Niederdorf.

Eva telefoniert mit einer Freundin und lacht.

Die Mutter sitzt im Wohnzimmer und sorgt sich um August.
Die Studentin küsst ihren neuen Freund.
Die alte Witwe schaut sich verstaubte Fotoalben an.

Es ist, als scheiden sich Tag und Nacht – als würde er gerade geschaffen oder gerade vernichtet – das Theater des Lebens und die Zuschauer fliehen zurück, seine Rolle ist vorbei, er steht weit im Finstern allein, aber er trägt noch die Theaterkleidung, und er sieht sich darin an und fragt sich: Was bist du jetzt, August? Es gibt außer ihm nichts Großes oder Festes mehr – alles wird eine unendliche, nächtliche Wolke, in der es zuweilen schimmert, die sich aber immer tiefer und tropfenschwer senkt – und nur hoch über der Wolke gibt es einen Glanz, und der ist Gott, und tief unter ihm ist ein lichter Punkt, und der ist das Menschen-Ich.

Gott. Wo August nicht mehr weiterkommt, ist Gott. Der muss wohl alles das steuern und lenken. August versteht nichts. Aber er vertraut ihm. Und liebt. Seine Seele weint vor Freude, dass sie wieder Gott anbeten kann – und die Freude und das Weinen und der Glaube an ihn sind das Gebet. Er ist glücklich. Glücklich über der Stadt. Glücklich über die Menschen, die so menschlich sind. Wie er.

Er steht auf seinem Berg, und die Qualen des Erdenlebens liegen und schießen wie andere Vipern nur in den Klüften und Tiefen, und keine kann sich mit ihren Zähnen aufbäumen bis an seinen Berg. Er vergisst die Zeit, vergisst seinen Roman, die Frage, ob er verrückt ist. Alles wird unwichtig. Er vergisst, wo er ist. Er ist nur noch Liebe. Liebe und Schmerz. Die Liebe schmerzt. Weil sie so groß ist. Weil er nichts mit ihr machen kann. Aber der Schmerz tut gut, so gut. Ihm ist warm.

Er ist zu glücklich, um es auszudrücken. Steht nur da. Auch er ein Mensch, nur ein Mensch. Tränen treten ihm in die Augen.

Plötzlich schreckt er auf. Wie aus einem Traum. Ertappt sich mit verheulten Augen und versteht nicht, was mit ihm passiert ist. Er wischt die Tränen weg. Schaut sich verschämt um. Gibt sich innerlich eine Ohrfeige. ›Sentimentaler Idiot!‹ Schüttelt den Kopf. Das mir, mir August!

Er dreht sich um und geht zurück. Die Liebe zur Menschheit klingt noch nach, er weiß nicht, was in den letzten Minuten in ihm vorgegangen ist. Er will sie von sich schütteln, weil sie ihm unheimlich ist, weil sie nicht zu ihm passt. Er, August, der düster durch die Welt geht und alle Esoteriker wegen ihres Gefasels vom Einssein mit dem Universum verspottet. Das geht einfach nicht.

August geht schnell, als könne der Gegenwind den Rest dieser Liebe von ihm abstreifen, kommt erschöpft nach Hause. Eine Zigarettenpackung liegt beim Eingang, er raucht zuerst eine Zigarette und staunt immer noch über sich selber, über diesen unbekannten August.

Er lenkt sich ab. Hantiert in der Küche zwischen den vielen leeren Verpackungen, schält mit einem Messer eine Kiwi. Dabei schneidet er sich in den Finger. »Verdammte Scheiße!« Wieder der Alte. Er ist beruhigt.

Später sieht er fern. Bis sich der letzte Rest dieses unheimlichen sentimentalen Augusts verflüchtigt hat. *Running Man*, genau was er braucht, anspruchsloses Actionkino. Nach dem Film zappt er etwas umher, lacht über den Papst, der bei seinem Österreichbesuch von seinen Gegnern mit schwarzen Ballons empfangen wird, bis er auf eine Musikdokumentation mit Charlie Parker-Aufnahmen kommt. Nach einer halben Stunde Bebop stellt er ab und geht ins Bett.

Sein Anflug von Menschenliebe ist schon fast ganz verschwunden. Der nächste Tag steht schon wieder wie ein graues Mahnmal vor ihm. Beruhigend.

VIII.

In dieser Nacht muss er um halb vier aufstehen und auf die Toilette gehen. Danach hat er einen erstaunlichen Traum.

Er ist im Zürcher Botanischen Garten, es ist Nacht, und er wird von Kartoffelschälern verfolgt. Zuerst sind es nur einige wenige, und auch wenn sie Mannsgröße haben, schenkt er ihnen keine sonderliche Beachtung. Aber dann sind sie ihm zu nahe gekommen, und er hat die Flucht ergriffen. Seither flieht er durch die schwarze Pflanzenwelt, und die Kartoffelschäler verfolgen ihn, werden immer mehr. Bereits sind sie ihm zweimal um den Weiher, hinauf zum geschlossenen Institutsgebäude, durch den Trockengarten, über die Alpenwiese, an den Tropenhäusern vorbei und wieder zum Weiher gefolgt. August sieht nicht, wohin er noch fliehen soll, also geht er die dritte Runde an, die Kartoffelschäler klappernd hinterher, es sind bereits um die vierzig. Beim Institutsgebäude kommt ihm eine Idee. Statt in den Trockengarten zu laufen, biegt er bei der Alpenwiese ab und hetzt hinauf zur Eichenkanzel. Oben angekommen, sieht er sich um. Zuerst glaubt er, sie abgehängt zu haben, und setzt sich auf die Holzbank. Dann springt er wieder auf, denn er hört ihr Klappern, jetzt auch von der anderen Seite. Sie haben sich aufgeteilt und kommen von beiden Seiten langsam zu ihm herauf. Er hat sich selber in die Falle gesetzt. Irgendetwas muss er tun, aber was? Vielleicht würde er aufwachen, wenn sie ihn ergriffen, aber darauf will er nun auch wieder nicht warten. Vielleicht kann er ja aufwachen, wenn er sich fest konzentriert. Also spannt er seinen Willen an, so fest er kann, und versucht aufzuwachen.

Tatsächlich geschieht etwas. Zwar wacht er nicht auf, aber er bemerkt mit Verwunderung, dass sich der Boden verändert. Er wird unmerklich flacher, und die schwarzen Eichen, die Feuerstelle und die Holzbänke verschwinden. Er steht auf einer Ebene, auf der sich kontinuierlich weiße und schwarze Quadrate abzuzeichnen beginnen, und er ist nicht mehr allein, aber es sind auch nicht mehr die bedrohlichen Kartoffelschäler.

Ach so! Er steht auf einem Schachbrett. Im ersten Augenblick erschreckt er, als er bemerkt, dass er nur ein Bauer ist, er hat als Spieler die Bauern immer gern geopfert, um eine Linie freizumachen, um die Offiziere nach vorne zu bringen. Was soll 's, ist ja nur ein Bauer.

Bauerninitiativen, Landwirtschaftssubventionen und all das Zeug waren ihm keinen Gedanken wert, geschweige denn eine Unterschrift. Die Bauern schätzte er als Kulisse seiner Bergwanderungen im Appenzell oder in den Glarner Alpen, das war alles. Und nun ist er selber einer.

Der Kampf muss schon eine Weile gedauert haben, es sind nur noch etwa zehn Figuren auf dem Feld. August ist schwarz von oben bis unten, die Schwarzen haben schon keine Dame mehr, nur noch ein Läufer steht unschlüssig auf der sechsten Linie schräg vor ihm. Zug um Zug wird geschlagen, gnadenlos. Aus seiner Perspektive erkennt August die Logik des Spiels nicht, man schlägt und zieht schnell. Dann hört er den Bauern hinter sich schreien: »Schlag, verdammt noch mal, schlag den weißen Läufer!« Tatsächlich steht schräg vor ihm ein weißer Läufer. Er weiß nicht, was er tun soll, er will dem Weißen nicht zu nahe kommen. »Schlag endlich!«, ruft es von überall her. Er springt auf das Feld und schließt die Augen. Aber nichts geschieht, er findet sich allein auf dem weißen Feld wieder. Er sieht den Turm neben sich vorbeiziehen. Wieder schreien sie: »Lauf, lauf!« Er hat alles in der Hand, noch zwei Züge, dann ist er am andern Ende und kann verwandelt werden. Ein Zug, siebte Reihe, keine Gefahr, letzter Zug …

Da erklingt eine sanfte Musik, und vor sich sieht er die vier Tafeln mit seinen Umwandlungsmöglichkeiten. Turm, Läufer, Springer, Dame. Die Mannschaften schweigen. Er überlegt sich: Der Turm ist ihm fremd, dem Springer mit seinem Witz würde er nicht gerecht werden. »Dame, Dame!«, schreit es jetzt hinter ihm. Er, eine Dame? Nichts ist ihm unheimlicher, fremder, als eine Dame. Nie hat er Frauen annähernd verstanden, außer Franziska vielleicht, aber auch da hatte er sich das wahrscheinlich nur selber vorgemacht. »Dame, Dame, Dame, Dame …!« Er verzweifelt an der schwierigen Entscheidung, schließlich schüttelte er energisch den Kopf und zeigte mit dem Finger auf den Läufer.

Er befindet sich in einer düsteren Kulissenstadt, grauer Staub liegt am Boden, es gibt keine Hauseingänge, nur dunkle Winkel, eine lange Straße, und er steht in der Mitte, von oben Licht eines Scheinwerfers, auf ihn gerichtet. Wie eine Maus im Schlangenkäfig dreht er sich unschlüssig und ängstlich im Kreis. Er erschrickt und sieht in einem der dunklen Winkel einen gelben Kartoffelschäler. Der steht nur da und grinst, dann macht er eine Kopfbewegung nach hinten – so gut das ein Kartoffelschäler eben kann –, und August sieht, dass alle Schachfiguren wieder zu Kartoffelschälern geworden sind und langsam, in Reih und Glied, die Straße entlang kommen. Er seufzt, hat begriffen, er ist der *Running Man*. Für ihn gibt es nur eins, fortzulaufen, so schnell er kann. Und das tut er auch. Er schaut nicht zurück, er rennt, das metallische Scheppern seiner Verfolger hinter sich. Er rennt durch eine lange Straße, der Scheinwerferkegel folgt ihm. Während er läuft und nach Atem ringt, muss er voller Hass an die Zuschauer denken, die sich Popcorn essend und Bier trinkend köstlich über ihn amüsieren. Er läuft schnell und wundert sich gleichzeitig darüber, denn jedes Kind weiß, dass man im Traum Bleigewichte an den Füßen hat. Jetzt kommt er an eine Kreuzung, rechts geht die Straße weiter, links führt ein staubiger Tunnel in die Kulissen hinein. Er ist eine Sekunde unschlüssig, da bemerkt er, wie auch von rechts eine große Gruppe Kartoffelschäler näherkommt. Er flüchtet sich in den Tunnel. Jetzt ist er allein, aber das will nichts heißen. Er ist der *Running Man*, er muss laufen, das wird von ihm erwartet, und davon hängt sein Leben ab – oder auch nicht, es ist auch egal, laufen ist das Beste, und er ist der *Running Man*. Er macht seine Sache gut. Er wählt einen etwas schmaleren Seitentunnel, der nach links abzweigt, und rennt weiter. Der Boden wird feucht, aber was kümmert ihn das? Das kalte Plätschern seiner Schritte hallt durch die lange Röhre. Jetzt führen rechts zwei Stufen in eine schmalere Röhre. Da rennt er weiter, er kann immer noch gut stehen und hört immer noch nichts von seinen Verfolgern. Bei der nächsten Abzweigung geht er wieder nach rechts, die Röhre ist noch etwas enger und er muss den Kopf einziehen. Langsam erkennt er das System, er muss nur immer die kleinere, schmalere Röhre wählen. In der nächsten, die nach links abzweigt, muss er auf den Knien rutschen, aber er, der *Running Man*, kommt gut voran. Zwei Röhren weiter kriecht er auf dem Bauch. In der nächsten kann er kaum die Ellbogen bewegen, so schmal ist sie geworden. Die Röhre führt nach oben, immer weiter nach oben, und er kriecht und kriecht – bis es nicht mehr weitergeht.

Die Röhre verengt sich am Ende zu einem schmalen Schlitz, und dahinter sieht er ein warmes Licht. Er ist am Ende. Die ganze Zeit ist er gerannt wie ein *Running Man* zu rennen hat, aber jetzt ist er fertig, am Ende. Es hat keinen Sinn zurückzugehen, eine andere Röhre zu suchen. Er liegt nur da und schnauft und schwitzt. Zwar hört er noch nichts von den Schälern, aber sie würden kommen, er würde sie machen lassen, sich nicht einmal wehren. Er will sich nicht vorstellen, was sie mit ihm anstellten, Schmerz ist ein leeres Wort, hier im Traum. Hier gibt es nur eine schmerzlose Zerstörung. Er hält die Hand in den Schlitz, um wenigstens einen Teil von sich draußen zu haben, wenigstens die Finger im warmen Licht zu baden.

Da packt eine sanfte, trockene Hand seine Finger und zieht ihn durch den Schlitz, wie wenn er aus Pudding wäre. Er steht im Licht, und überall ist nur Licht in gelblichblauen Abstufungen, seltsamerweise auch unter seinen Füßen, er scheint auf nichts zu stehen. Vor ihm steht ein alter Mann, es ist Papst Johannes Paul II., lächelt, ganz ohne zu zittern. Wie spricht man den Papst an? Zu dumm.

»Störe dich nicht an meiner Erscheinung. Du hast mich im Leben geliebt, hast den schmalen, dornigen Weg gewählt, und dafür wirst du jetzt belohnt.«

August ist erstaunt. Er den Papst geliebt? Der Mann vor ihm sieht zwar wirklich liebenswert, sanft und väterlich aus, zerbrechlich fast, aber über den Papst hat er immer nur gespottet. Wie soll er ihn geliebt haben? Eine Verwechslung vielleicht? Als er aufschaut, hat Johannes Paul sich allerdings völlig verändert, da steht Charlie Parker, nur die weiße Mitra des Kirchenvaters trägt er noch auf seinen dunklen, kurzen Haaren. Sonst ist er in einen gestreiften Anzug der Dreißigerjahre gekleidet. Mit der väterlichen Stimme des Papstes sagt er: »Öffne dein Ohr und nimm deine Belohnung entgegen. Es ist, was du dir am sehnlichsten gewünscht hast.«

»Das Wort?«, fragt August vorsichtig. Charlie nickt und greift zu seinem Saxophon, von dem der Lack überall abblättert, feuchtet das Plättchen an und beginnt zu spielen, nur einen Ton. Währenddessen verwandelt er sich wieder in den Papst, nur dass dieser jetzt Saxophon spielt und über seinem weißen Kleid Charlies gestreifte Krawatte trägt. Dann ist er wieder Charlie, aber er trägt den Rock des Papstes, dann wieder Johannes Paul, in Charlies Anzug, und wieder Charlie, ruhig und gebückt, die Hände segnend ausgestreckt, und wieder Johannes, dessen ganzer Körper im Jazzrhythmus wippt und swingt, immer schneller verwandeln sich die zwei Figuren, vermischen sich ineinander, bis sie nur noch eine sind, eine Figur, die immer durchsichtiger, leuchtender wird und schließlich ganz im bläulich-gelben Himmel verschwindet.

August ist allein und hat den Ton in der Hand. Es ist das Wort, das erste Wort, an das sich alle andern reihen würden. Er hält es in der Hand und ist allmächtig.

Da erwacht er.

Leichtfüßig springt er aus dem Bett, schwebt fast an seinen Schreibtisch.

Der Computer ist wie von selbst eingeschaltet, das Programm gestartet, und es gibt nur noch ihn und den Computer, nur noch Eins.

Seine Finger gleiten über die Tastatur, ohne dass er auf den Bildschirm schaut, er schreibt und schreibt, und schafft eine Welt. Das ganze Universum dreht sich um diese Finger, die wie von selbst über die Tastatur gleiten, Akkorde, Verzierungen, Läufe, Kontrapunkte schaffen, endlose Kadenzen, bei denen das All stillsteht, ganze Symphonien, das Werk, das alle anderen umfasst, er spielt das Universum und spielt und spielt. Er schreibt keine einzelnen Wörter, keine einzelnen Sätze, er schreibt alles, und jedes Wort sitzt, jedes Wort muss genau so sein, er schreibt Kapitel für Kapitel, die richtige Formatierung entsteht von selbst, und er spielt und spielt und erschafft eine neue, bessere Welt. Und spielt, und ist Eins, ist Gott, ist die Welt. Spielt und spielt. Alles ist da, alles, bis zum kleinsten Buchstaben, alles fügt sich ineinander wie eine Schöpfung, und er spielt und spielt und schafft eine Welt, spielt und spielt.

Beim nächtlichen Sturm über der Schweiz sind elf Menschen getötet worden. In Zürich wurde ein Mann getötet, als ein Baum auf sein Auto stürzte. In Bassersdorf…

August sitzt auf seinem Bett, müde und abgekämpft, sein Kopf brummt, er hievt sich zum Lichtschalter und sieht sich um. Eben ist er doch noch in einem wirren Traum gewesen, noch vor Sekunden. Aber er kann sich an nichts erinnern, da ist nur noch ein Gefühl, ein Hochgefühl, eine bloße Erinnerung, ein Nachklang daran, der rasch verfliegt, als er unter der Dusche steht und einem weiteren grauen Tag entgegensieht.

IX.

August hat den vierten Ordner mit Skizzen und Plänen gefüllt. Er mag nicht mehr. Für den fünften hat er keine Ideen mehr. Er steht auf dem Balkon, aber da sind keine Menschen. Wo sind sie hin? Sie brauchen ihn doch! Sie können nicht einfach fortgehen. Was ist er ohne sie? Du großes Gestirn! Was wäre dein Glück, wenn du nicht die hättest, welchen du leuchtest! Er muss sie suchen. Er muss zu ihnen gehen, sich offenbaren.

Er geht spazieren. Spaziert über den Friedhof. Es sind nur wenig Menschen unterwegs. Wie damals. Wie vor fünf Jahren. Überall liegen abgebrochene Zweige am Boden.

Er geht zum Wald rauf, lässt sich vom kalten Wind anblasen und schaut auf die neblige Stadt, den grauen See, die schneebedeckte Albiskette, den Uetliberg, auf dem die Antenne blinkt. An. Aus. An. Aus. An. Aus.

Er sitzt auf einer Bank. Ein junges Mädchen setzt sich zu ihm. Er schaut sie an, sie ist höchstens zwanzig, hat die schwarzen Haare hinten zusammengebunden und blickt wehmütig ins Leere. Sie ist hübsch, und er stellt sich ihren Körper vor.

Dann starrt er wieder auf die Stadt. Das Mädchen sieht ihn eine Weile von der Seite an, er bemerkt es, wendet aber den Kopf nicht zu ihr hin.

»Schaust du dir auch die Wolken an?«

August nickt.

»Sie sehen unheimlich aus. So düster. So bedrohlich. Als kündigten sie schon das Ende an. Ich habe oft Angst davor, du nicht?«

»Das Ende?«

»Alles wird dahingehen, alles zerstört werden. Es wird schrecklich sein. Und so bald schon.«

»Es wird kein Ende sein«, sagt August feierlich und sieht sie ruhig an. »Es wird eine neue Welt sein.«

Sie schaut ihn erstaunt an. »Was sagst du, wie weißt du …?«

»Ich weiß es. Eine neue Welt wird kommen. Alles wird besser sein, nicht wie hier. Die Menschen werden nicht mehr sprechen, aber sie werden sich verstehen. Es wird nur noch Liebe sein. Überall nur Liebe.«

Sie schaut in die Weite. »Ich glaube auch daran. Irgendwie. Wir müssen glauben, nicht wahr?«

Schweigen.

»Du bist ein besonderer Mensch. Wie heißt du?«

August überlegt eine Weile und sagt dann zögernd: »August.«

»Ich heiße Deborah.«

August schweigt.

»Du strahlst viel Energie aus. Ich kann sie aufnehmen«, fährt sie nach einer Weile fort.

»Das ist, weil du dich dafür geöffnet hast. Nur wer bereit ist, wer sich öffnet, wird die neue Welt sehen, wird am Ende der Tage ins Licht eingehen.«

Sie schweigen. Nach einer Weile fragt August: »Siehst du sie schon?«

Deborah schließt die Augen, lächelt. »Ja, ich sehe sie. Sie ist wunderbar.«

August blickt geradeaus ins neblige Zürich und genießt die angenehme Spannung. Er will mit Deborah schlafen. Sie sieht ihn lächelnd an. »Bist du es, August, auf den wir gewartet haben?«

August nickt. »Ja, ich bin es.«

Sie sitzen lange Zeit auf diesem Hochposten über der rauschenden Stadt. August erzählt ihr von der neuen Zeit, von der ewigen Liebe, kleidet alles in geheimnisvolle, mystische Sätze, und Deborah ist glücklich. Sie glaubt ihm jedes Wort, und irgendwie glaubt er es auch. Nebelschwaden ziehen über den See. August möchte Deborah berühren, sie küssen. Sie ist so hübsch, so glücklich, so naiv, so dämlich.

Irgendwann versiegt Augusts Monolog und macht einem friedlichen Schweigen Platz.

Nach langer Zeit steht Deborah auf und packt ihre Tasche.

»Wir werden uns sehen«, meint sie geheimnisvoll. Fast hätte ihr August eine Visitenkarte gegeben. Aber er ist nicht mehr *der* August. Nicht mehr der August mit seinen Plänen, seinen Skizzenordnern. Dieser erbärmliche August würde in der grauen Welt zurückbleiben. Er ist der *große* August.

»Wir werden uns sehen.«

August sitzt allein auf der Bank und träumt. War da überhaupt jemand bei ihm, oder hat er nur geträumt? Er denkt an die neue Welt, an die ewige Liebe, mit Deborah, an eine Welt, in der man nicht mehr spricht und sich immer versteht. Er zündet sich eine Zigarette an und geht nachdenklich weiter. Er fühlt sich frei.

Er ist wieder zu Hause. Seine Schwester hat ihm eine Nachricht hinterlassen: *August, was treibst du nur die ganze Zeit? Entweder du bist nicht zu Hause oder es ist besetzt. Ruf doch mal an!*

Unter seinem Balkon stehen zwanzig Menschen, Deborah ist allerdings nicht darunter. Ein junger Mann führt einen giftgrünen Pudel spazieren. Der Pudel pinkelt an die Ecke. August ist von der anderen Seite ins Haus gekommen, sie haben ihn nicht gesehen. Er raucht und sonnt sich im Ruhm. Es tut gut, eine neue Welt verkünden zu können. Eine Welt, in der sich die Menschen verstehen und sich alle lieben, es tut verdammt gut. Und es ist so einfach. Lächerlich einfach.

Er ruft Janik an und sagt das Treffen ab. Janik drängt ihm einen anderen Termin auf. August hängt auf und seufzt.

Er schreibt wieder. Der fünfte Ordner schwillt an. Apokalyptisches aus dem Zufallsgenerator. Handlungsstränge, die aus dieser muffigen alten Welt in die leuchtende Neue führen, Handlungsknoten, welche die Auserwählten von den Verdammten trennen. Am Anfang ist das Wort, und das Wort ist bei ihm, August, und August ist das Wort.

Am Abend ist die Versammlung vor seinem Haus verschwunden, nur der Türke geht mit seiner dicken Frau aus dem Haus. August ist enttäuscht. Er kritzelt sich seine Enttäuschung auf den letzten Blättern des fünften Ordners weg. Morgen will er wieder ausziehen, um zu schreiben. Um die letzten Eindrücke dieser Welt für sein System zu gewinnen.

***

Er schläft lange.

Als er um elf aufsteht und auf dem Balkon seine erste Zigarette anzündet, stehen acht Männer und Frauen unten auf der Straße. Der Himmel ist bedeckt, die beiden Aschenbecher mit Wasser gefüllt. Nur im Zweiten schwimmen die Stummel obenauf, der Erste ist zu voll.

Am Nachmittag kommt die Sonne heraus. August macht sich auf den Weg. Vor dem Haus ist niemand.

Vom Bellevue geht er zum Grand Café. Beim Hechtplatz stehen sich ein Mann und eine Frau auf einem kleinen Podest gegenüber und spucken einander an. Ganz regelmäßig. Sie, er, sie, er, sie, er. Kunst.

X.

Im Grand Café setzt er sich auf die Polsterbank an der Wand, packt sein Notizheft aus und sieht sich um. Um diese Zeit ist es fast leer. An einem Tisch beim Fenster sitzt ein älterer Mann allein vor einem Bier. Solche hat er schon oft beobachtet. Sie setzen sich schwerfällig hin, bestellen ihr Bier, grübeln eine halbe Stunde über ihr verpatztes Leben, bezahlen dann und leben es weiter, Tag für Tag. Um die Ecke, hinter der Theke, müssen noch einige Leute sitzen, er kann sie nicht sehen, hört nur Gesprächsfetzen und ab und zu Gelächter.

Jetzt geht die Tür wieder auf, und ein junges Paar kommt ins Lokal, sportlich, gutaussehend, glücklich, frisch und sauber. Sie setzen sich auch auf die andere Seite.

Wieder geht die Tür auf, diesmal betritt ein Mann das Café – eingemummt in einen schwarzen Mantel, mit einem schwarzen Schal um den Hals. Er sieht sich suchend um, vielleicht auch nur abwesend, als könnte er sich nicht entscheiden, an welchen Tisch er sich setzen wollte und ob überhaupt. Schließlich geht er auf August zu und setzt sich zu ihm auf die Polsterbank, an den Nebentisch, wickelt sich umständlich aus dem Mantel und dem Schal und legt alles sorgfältig neben sich. August hat sich wieder seinem Notizheft zugewandt.

»Schreiben Sie Literatur oder nur so für sich?«

August erschrickt. »Nun …« Literatur oder für sich, was soll das heißen? Er hat sich diese Frage noch nie gestellt.

»Eigentlich ist das ja eine dumme Frage«, fährt der andere fort und lächelt, »als ob es zwei verschiedene Dinge wären.«

»Ja«, sagt August. Etwas Besseres kommt ihm nicht in den Sinn. In der Pause, die entsteht, rührt er in seinem Kaffee und überlegt, warum ihn der andere irritiert. Nicht nur, weil er ihn angesprochen hat, es gibt haufenweise solche Typen, die jede Gelegenheit wahrnehmen, einen anzuquatschen, nein, auch von der äußeren Erscheinung her. Ist es die zu hohe Stirn, das vorstehende Kinn mit dem kurzrasierten Bart, die Brille, die nicht zum Gesicht passen will? Solche Gesprächspausen machen ihn wahnsinnig. Irgendwann muss er etwas sagen, irgendetwas, meistens ist es etwas Dummes. »Schreiben Sie auch?«

Der andere sieht irgendwie erlöst aus, wie wenn auch er sich in der Stille das Hirn zermartert hätte, um einen neuen Gesprächsanfang zu finden. »Oh, ja. Ich schreibe. Das ist fast mein zweites Leben geworden.«

»Ah ja.« Was sein erstes Leben ist, interessiert August nicht. »Was schreiben Sie denn?«

»Zurzeit arbeite ich an einem Roman. Ich habe schon verschiedene Projekte gemacht, Kurzgeschichten, auch ein Kinderbuch. Jetzt soll mein erster Roman entstehen.«

Also schon wieder einer! August wird zu einem großen Ohr, während sich gleichzeitig seine Eingeweide zusammenziehen. Er fragt den anderen nach dem Inhalt.

Dieser überlegt eine Weile. »Es sind verschiedene Themen vermischt, aber in der Hauptsache geht es um einen Mann, der schreiben will und dabei das Gefühl bekommt, verrückt zu sein, verstehen Sie, die ganze Zwickmühle von Selbstzweifeln, Selbstkritik, Schreibblockade.«

August ist zu fasziniert, um viel zu sagen. »Ah, ja.«

Wenn der andere jetzt nur nicht aufhört.

»Ja, das ist als Thema natürlich sehr im Trend, sehen Sie, Postmoderne, Metafiktion und all das Zeug.« Der Fremde lächelt. »Der Held meiner Geschichte ist eigentlich ein Idiot. Er macht sich selber kaputt, dabei könnte er mit seinem Job ein angenehmes Leben führen, sich eine seiner Kolleginnen schnappen, mit ihr zusammenleben, aber nein, er muss sich selber kaputtmachen. Auf der anderen Seite macht ihn das auch so menschlich, so liebenswürdig.« Er rührt im Kaffee und lächelt vor sich hin. »Ein begabter Sprachkünstler, sehen Sie, arbeitet für eine Zeitung, hat Erfolg. Aber es ist ihm nicht genug. Er will Literatur schreiben, obwohl er gar nicht weiß, was Literatur ist. Und scheitert, ja nicht nur das, er verliert förmlich den Verstand darüber … Die meisten, die Literatur schreiben wollen, wissen nicht, was sie tun. Sie haben ein völlig falsches Bild davon. Haben Sie sich je Klarheit darüber verschafft, was Literatur ist?«

»Ich habe mir natürlich so meine Gedanken gemacht … aber – eigentlich nicht.«

»Sehen Sie? Literatur hat nichts mit Schreibkunst zu tun, das ist passé. Wenn Sie heute Literatur schaffen wollen, können Sie irgendetwas schreiben, es muss nur nach Literatur *aussehen*. Der Leser will ein Buch in der Hand haben, mit dem er sich in ein Café setzen und intellektuell erscheinen kann. Als Autor gebe ich ihm nur das, nur dieses Gefühl, sonst nichts.«

August wartet, bis der andere weiterfährt: »Ich gebe dem Leser nichts, er muss sich seine Literatur schon selber machen. Das könnte er natürlich genauso gut mit jeder Tageszeitung, einem Werbeplakat oder einer Radiosendung tun, oder auch nur, indem er seine Augen öffnet und sich mal umsieht. Der Literat ist *er*, nicht der Autor. Wir spielen ihm nur was vor.«

»Aber irgendwie müssen Sie sich ja doch Gedanken über den Inhalt machen. Ich meine, wenn ich schreiben will, kommt nichts raus, weil ich einfach keinen Anfang finde, weil ich irgendwann merke, dass alles gleich viel wert ist, als Anfang gebraucht zu werden. Alles, was ich schreibe, ist im Moment gut, dann verwerfe ich es wieder.«

»Vielleicht liegt es daran, dass Sie etwas Eigenes schreiben wollen.«

»Ja …«

Der andere lacht leise. »Vergessen Sie es! Es gibt nichts Neues mehr zu schreiben. Das ist auch völlig unwichtig. Richten Sie sich nach dem Geschmack des Lesers, geben Sie ihm das, was er braucht, um sich seine Literatur machen zu können. Sie müssen davon wegkommen, etwas Eigenes schreiben zu wollen.«

»Sie meinen …«

»Sehen Sie, ich schreibe jetzt diesen Roman. Ich habe keine Seite erfunden. Alles ist irgendwo hergenommen. Geklaut können Sie vielleicht sagen – eine Frage der Wortwahl. Betrachten Sie die Welt als großen Schrottplatz, von dem Sie sich beliebig bedienen können, um irgendeine hirnverbrannte Skulptur zu basteln, die als Kunst verstanden wird. Es liegt so viel Literatur herum, nehmen Sie sich doch, was Sie brauchen. *Metafiktion* ist im Moment das große Schlagwort. Also schreibe ich Metafiktion. Nichts Einfacheres als das: Zuerst mal eine Hauptfigur, die schreibt oder schreiben will. Dann fügen Sie noch einige andere Figuren ein, die ebenfalls schreiben, einige nichtssagende Gespräche über Literatur, vermischt mit etwas Aktualität, zum Beispiel zum Millenium-Theater, und schon haben Sie einen Roman. Und ich verspreche Ihnen, dass er ankommt, wenn sie das Ganze etwas nett formulieren.«

»Aber der Markt ist doch so groß, es muss doch etwas Besonderes sein, um überhaupt gekauft zu werden.«

»Darauf kommt es nicht an. Nicht auf den Inhalt. Als Autor müssen Sie dem Leser eine Literaturszene vorgaukeln – auch wenn es sie gar nicht gibt.«

»Wie meinen Sie das: wenn es sie gar nicht gibt? Es *gibt* doch Literatur!«

»Natürlich, weil sich der Leser oder Käufer eine solche macht. Ich liefere ihm nur den Stoff dazu. Er könnte sich den aber, wie gesagt, auch aus der Tageszeitung oder irgendwoher holen.«

»Sie meinen also, Sie könnten *irgendwas* schreiben ...«

»Glauben Sie wirklich, ein Schriftsteller sei ein Mensch, der eine klarere Sicht auf die Welt hat? Wachen Sie auf! Das Einzige, was einen Autoren von einem anderen Menschen unterscheidet, ist, dass er seinen Schreibkram irgendwann unter die Leute wirft und sagt: ›Ich bin Autor und das ist Literatur.‹ Und wenn sich der Leser beim Lesen seine eigenen Gedanken macht, die er sich, abgesehen davon, jeden Tag ohnehin macht, hat er das Gefühl, der Autor habe ihm etwas Tiefgründiges gesagt. Dabei habe ich ihm nichts gesagt, absolut nichts.«

August überlegt eine Weile. »Wenn Sie aber Metafiktion schreiben, wie Sie sagen, sagen Sie dem Leser solche Sachen, wie Sie sie eben mir gesagt haben? Ich meine, dass alles nur Täuschung ist und so ...«

»Natürlich nicht, wer würde denn einen solchen Roman noch kaufen?« Er denkt eine Weile nach und nippt an seinem Kaffee. »Wahrscheinlich würde es gar nichts ausmachen, solche Offenheit könnte im Gegenteil noch mehr ankommen, keiner würde es mir glauben, keiner würde seine Traumwelt deswegen aufgeben, es wäre zu hart, plötzlich dazustehen und sich bewusst zu werden, dass man die Literatur selber macht. Wie viel einfacher ist es doch, in irgendeiner Buchhandlung Literatur zu *kaufen*. Sie bringen mich da auf eine gute Idee. Man müsste mal versuchen, all das in einen Roman zu packen. Das wäre interessant. Ich bin überzeugt, das würde was geben.« Er lacht leise vor sich hin.

August wartet gespannt, während der andere den Blick durch das Lokal schweifen lässt. »Jeder schreibt. Absolut jeder, nicht immer auf

Papier, nicht unbedingt Wörter. Das ist ganz egal, es ist immer das gleiche. Alle wollen sich irgendwie ausdrücken, sich beweisen, dass Sie in der Welt einen Platz haben, ob sie nun malen oder singen oder sich öffentlich bespucken. Sie haben vielleicht das Gefühl, Sie seien irgendwie berufen oder besonders begabt, hätten eine andere Sicht auf die Dinge. Das ist alles Unsinn! Ich habe Sie am Anfang unseres Gesprächs gefragt, ob Sie Literatur schreiben oder nur für sich. Sie haben meine Frage nicht verstanden. Verstehen Sie sie jetzt?« Er sieht ihn fragend an.

August ist von der Frage überrascht. Sein Blick schweifte ins Leere. Auch eine Antwort.

Der andere scheint von seinem Vortrag erschöpft zu sein, nichts mehr zu sagen zu haben. Er beginnt plötzlich, sich den Schal um den Hals zu wickeln, winkt der Bedienung. »Ich habe Sie sicher ermüdet. Entschuldigen Sie mich. Ich hoffe, ich war Ihnen nicht lästig.«

Natürlich war er ihm lästig gewesen. Es gibt für August nichts Anstrengenderes, als bei einem solchen Monolog mühsam Aufmerksamkeit zu markieren: »Ja! Ja!«, »Mhm«, verständnisvolles Kopfnicken und Lächeln, Augenkontakt zu kontrollieren.

»Überhaupt nicht. Ganz im Gegenteil: Es war sehr interessant. Sie haben mich sehr weitergebracht.« Was für ein dummer Satz!

Der andere nickt nur. »Also dann – auf Wiedersehen. War mir ein Vergnügen.«

»Ja … ebenfalls … auf Wiedersehen … und schönen Tag noch.«

Aber der andere ist schon an der Tür und in der Nacht verschwunden.

Während des Gesprächs hat August seine letzten vier Zigaretten geraucht. Er steht auf und geht zum Automaten im Untergeschoss. Sein Kopf brummt.

XI.

Vor dem Café wartet Deborah. Sie wartet auf ihn. Steht da, in ihren verwaschenen Jeans und wendet sich an ihn, wie wenn er nur fünf Minuten fortgewesen wäre. Sie ist ganz aufgeregt.

»August! Hör, August, ich hab es allen gesagt, allen verkündet, dass du da bist. Es sind viele, sehr viele, August.«

August schweigt traurig.

»August, du musst zu ihnen sprechen. Sie warten auf dich. Ich habe es ihnen versprochen. Du darfst sie nicht enttäuschen.«

August starrt eine Weile ins Leere. Schluckt. »Deborah, es ist nicht wahr.«

Deborah sieht ihn ängstlich an.

»Was meinst du damit – nicht wahr?«

»Es ist nicht wahr. Alles, was ich dir erzählt habe. Ich bin kein Gesandter, von nirgendwoher, kein Guru. Es gibt keine neue Welt.«

Sie wird bleich und starrt ihn verzweifelt an.

»Es gibt keine Welt, in der die Menschen sich verstehen, keine Welt, in der nur noch Liebe ist. Keinen Weltuntergang und keine Auserwählten, keine Erlösten. Wenn die Welt untergeht, krepieren wir alle. Es ist alles erstunken und erlogen.«

»Aber der Weltuntergang? Es sind nur noch wenige Wochen.«

»Es wird keinen Weltuntergang geben. Warum auch? Weil in einigen Wochen die Kalender auf 2000 springen? Warum sollte die Welt genau *dann* untergehen? Weißt du, wie oft man den Weltuntergang schon angekündigt hat?«

»Aber die 2000 Jahre sind erfüllt.«

»Mach dir doch nichts vor. ›Die 2000 Jahre sind erfüllt.‹ Das ist Unsinn. Zuerst einmal sind die 2000 Jahre erst nächstes Jahr erfüllt …«

Sie sieht ihn fragend an.

Er will sie nicht belehren. Nein, er will keinen belehren. Es hat keinen Sinn. Aber es ist nötig, er muss sein eigenes Konstrukt zerstören. Bevor es mehr Schaden anrichtet.

»Nach Christi Geburt zählte man das Jahr eins, die Zahl null gab es in der Antike noch nicht. 2000 Jahre sind also erst am Ende des Jahres 2000 um.«

Deborah hat Tränen in den Augen. Sie sagt nichts.

»Wenn es nach Christi Geburt ginge, wären die 2000 Jahre ohnehin schon um, weil man sich bei der Berechnung des Kalenders nämlich um mehrere Jahre geirrt hat.«

Er wird immer energischer.

»Zudem würde die Welt sowieso nicht an Silvester untergehen, sondern an Weihnachten, aber wann Jesus wirklich geboren worden ist, weiß ohnehin niemand. Vielleicht war es ja im Juli oder irgendwann.«

Deborah schluchzt. Aber es muss raus.

»Und warum nach 2000 Jahren? Die Zahlen hat der Mensch erfunden, und dass wir im Zehnersystem rechnen, ist ein reiner Zufall. Wenn wir im Neuner- oder irgendeinem anderen System rechnen würden, hätten wir dieses Jahr überhaupt keine runde Zahl. Der Milleniumswechsel ist ein Konsumspektakel und nichts mehr. Weil die Zahl so schön rund ist, kriegst du in der Migros siebenfache Cumuluspunkte, in anderen Geschäften Milleniums-Champagner, der dreimal so teuer ist wie gewöhnlicher, Milleniums-Bier, Milleniums-Bons bei McDonalds, und irgendwo kriegst du sicher auch Milleniums-Klopapier.« Er atmet tief durch, zittert. Langsam beruhigt er sich wieder und sieht sie mit traurigen Augen an. »Deborah, es ist alles erlogen. Ich habe dich belogen. Alle belügen wir uns. Es gibt keine neue Welt. Keine bessere als diese. Damit müssen wir leben. Ich bin kein Führer. Kein Guru. Kein Schriftsteller. Kaum ein Mensch. Vielleicht existiere ich gar nicht, bin nur eine Figur aus einem Roman, den irgendjemand zum Zeitvertreib über mich geschrieben hat.«

Aber Deborah ist schon weg. Sie rennt weg, und er hört ihr lautes Schluchzen.

Scheiße. Dass es soweit kommen musste! August, du bist ein Arschloch. Er zündet sich eine Zigarette an. Scheiße.

Langsam geht er in Richtung Central. Es ist dunkel, ein kühler Wind bläst ihm ins Gesicht. Ach, du lieber Augustin, alles ist hin.

Er sieht die Lederbekleidung in einem Schaufenster, Schuhe und Stiefel in einem anderen, kratzende Lamapullover, geschlossene Schaufenster, Konzertplakate, eine Gruppe Jugendlicher, die eine fremde Sprache sprechen, eine Betrunkene, die vor sich hin lallt, zwei modische junge Frauen, die miteinander diskutieren und rauchen. Die eine, die blonde, führt einen ebenso blonden Dackel an der Leine. Jemand will ihm einen Flyer aufdrängen, ein Junkie mit einem schmutzigen Hund bettelt, die Bierflasche neben sich, ein dunkelhäutiger Mann sitzt zusammengesunken auf einer Decke und spielt auf einer kleinen Holzflöte orientalische Weisen.

Auf der anderen Straßenseite glaubt er einen Augenblick Eva zu sehen. Vielleicht ist es auch jemand anderes.

Am Central steht nicht einmal der Nervöse, auch der Springer nicht. Aber August hätte auch ihnen nicht zusehen mögen.

Er geht rüber zum Bankomat, schiebt sein Kärtchen rein, gibt den Code ein. *Zurzeit kein Bezug möglich.* Scheiße.

Er schiebt sein anderes Kärtchen rein und gibt den Code ein. *Zurzeit kein Bezug möglich.* Scheiße.

Er hat nicht mehr viel Geld. Er geht zum Kiosk und kauft sich einige Päckchen Zigaretten. Notvorrat.

August braucht Geld. Seine Konten sind leer. Dafür ist sein Briefkasten voller Rechnungen und Mahnungen. Er kann nicht bezahlen. Also schmeißt er alles aufs Altpapier.

Er zermartert sich das Gehirn. Irgendwie muss aus dem Schreiben, aus dieser speziellen Art von Arbeit, doch Profit zu machen sein. Aber dieses Problem liegt so fern, dass er sich mit seinen Gedanken kaum zu ihm durchkämpfen kann. Er will sich etwas zu Essen machen, aber er hat nichts mehr. Nur noch leere Verpackungen auf dem Tisch, schmutziges Geschirr in der Spüle. Der Kehrichtkübel ist auch schon so voll, dass der Deckel sich nicht mehr schließen lässt. Von Deborah bleibt nur ein dumpfer Schmerz. Die Geldnot lenkt ihn ein wenig ab.

Er träumt von seinem Bestseller. Vom Erfolg. Vom Honorar. Nur kann er nicht so lange warten. Er braucht das Geld jetzt. Vorschuss vom Verlag? Ein reicher Förderer? Kulturförderungs-Stipendien? Er drückt die Zigarette auf dem Tisch aus und lässt sie rauchend liegen. Gegenüber brennt Licht, aber niemand ist in der Küche.

***

Zwei Tage darauf steht er mit etwa zehn anderen Bewerbern im Vorraum einer Marketingfirma. Eine freundliche, elegante Dame führt sie in ein Konferenzzimmer, jeder kriegt ein Fläschchen Mineralwasser, dann begrüßt die Dame die Bewerber und erklärt, worum es geht. Eine Marktstudie, hat August in der Annonce gelesen.

Die Firma plant, an gewissen Standorten, wo sich zurzeit schon Kioske oder Cafés befinden, mit ihren Produkten aufzufahren. Dazu braucht es eine Analyse des Kundenkreises, der verkauften Produkte, Anzahl, Altersgruppen, usw. Das Ganze gilt offiziell als Studie von der Uni, man will ja noch nichts verraten. Die besagten Verkaufsorte werden informiert, jeder Bewerber erhält einen Einsatzplan, einen Stapel Formulare und Antwortbriefumschläge, mit denen jeden Abend die ausgefüllten Formulare an die Firma zurückgeschickt werden müssen. Das Ganze dauert zehn Tage, die Bezahlung erfolgt am Schluss unbürokratisch bar auf die Hand. Fragen? Keine? Dann viel Spaß und an die Arbeit.

XII.

Am ersten Tag hat August den Kiosk beim Escher-Wyss Platz zu überwachen, von morgens um fünf bis mittags um zwölf Uhr. Um zehn vor fünf kommt er fröstelnd und müde auf den Platz, setzt sich auf die Bank neben dem Kiosk. Der Kiosk ist geschlossen.

Keine Menschenseele auf dem Platz. Einige abgestellte Tramwagen. Nur das Rauschen der Stadt, die Autos auf der Hardbrücke, von fern Kirchenglocken. August hat ein Buch mitgenommen, aber es ist zu dunkel zum Lesen, nach wenigen Minuten schmerzen ihn die Augen. Einmal geht ein Mann an den Trams vorbei, ein Schatten nur, dann ist es wieder ruhig. August friert und raucht.

Viertel nach fünf. Drei Betrunkene kommen vom Cinemax her, grölen, eine Flasche klirrt, Gelächter. Sie sehen August nicht. Sie gehen vorbei.

Halb sechs. Die Trams werden in Betrieb genommen. August friert und langweilt sich. Er darf nicht zu viel rauchen, sonst geht ihm sein Vorrat aus. Ach, was soll 's!

Ein Tram fährt quietschend los. Die Haltestellenbeleuchtung geht an. Einige Menschen bewegen sich langsam über den Platz, verschwinden in den Fahrstühlen, die sie nach oben, auf die Hardbrücke bringen, oder sie verschwinden in ihrem Schatten. Sie wirken fremd und bedrohlich.

Kurz vor sechs kommt die Kioskfrau, verschwindet im Kioskhäuschen, der Rollladen fährt mit einem hässlichen Quietschen hoch, die Zeitschriftenständer werden rausgerollt. Ein Lieferwagen bringt Waren.

Der erste Käufer ist ein Geschäftsmann. Er kauft eine Zeitung und Zigaretten. August macht einen Strich im Feld, wo sich Zigaretten und Geschäftsleute kreuzen. Er kauft sich ein Mars. Die Kioskfrau sieht von Zeit zu Zeit ärgerlich zu ihm rüber. Von der Marktstudie der Uni weiß sie wohl nichts. Ein älterer Mann in einem schäbigen Mantel quatscht mit der Kioskfrau. Sie scheint ihn zu kennen. August versteht nicht, was er sagt. Schließlich kauft auch der Alte Zigaretten. Der zweite Strich: *Zigaretten* und … *Senioren*? Wahrscheinlich. Der Alte schlurft weg. Auf der Brücke muss ein Bus angehalten haben, aus den Fahrstühlen und die Treppen runter kommen mehrere Menschen, alle eingepackt in warme Mäntel, viele mit Mützen auf dem Kopf. Alle scheinen nur Zeitungen und Zigaretten zu wollen. August macht fleißig Striche. Fast nur Geschäftsleute oder Leute, die er für Geschäftsleute hält. Wer sonst ist um diese Zeit schon unterwegs? Wer eine Aktentasche bei sich hat und gehetzt wirkt, wird als Geschäftsmann vermerkt. Was mit Geschäftsfrauen? Für die gibt es keine Rubrik.

Wieder eine Gruppe Betrunkener, auch für sie gibt es keine Rubrik. Sie kaufen auch nichts. Diesmal sind sie ruhiger, vielleicht sind es ja dieselben wie zuvor, aber in der Zwischenzeit haben die Geschäftsleute mit ihren Aktentaschen die Kontrolle auf dem Platz übernommen. Zeitung, Zigaretten, Zeitung.

Der Alte kommt zurück, plaudert unverständlich mit der Kioskfrau. Die hört ihm zu und quasselt auch vor sich hin, während sie Waren einräumt, Zeitschriften auslegt und Bonbons sortiert. Jeder scheint nur für sich selber zu reden. August raucht eine weitere Zigarette. Wenn er keine mehr hat, gibt 's eine Katastrophe.

Ab halb acht erscheinen Schüler in kleinen Gruppen, Mädchen kichern, die Jungs sind laut, lachen dümmlich. Die Kleineren springen rum, schubsen einander, balgen sich. Jetzt werden vor allem Süßigkeiten verkauft, Schokolade, Kaugummi ... Es sind zu viele, August hat schon einige verpasst. Zudem sieht er von seiner Bank aus nicht recht, was der einzelne kauft, die Gruppe versperrt ihm die Sicht. Die Striche werden willkürlicher.

Ihm ist verdammt kalt. Der Hintern tut ihm schon weh. Er hat Durst, aber er darf nicht zuviel Geld ausgeben. Irgendwann kauft er sich dann doch ein Mineralwasser.

Die Kioskfrau sieht ihn fragend und leicht gereizt an. Ein Kerl, der den ganzen Morgen neben ihrem Kiosk sitzt, hinüberstarrt und Striche macht, ist ihr verdächtig.

August erklärt ihr, was er macht. Ob sie nicht informiert worden sei? Natürlich nicht.

Er setzt sich wieder hin. Er weiß schon nicht mehr wie sitzen. Am Mittag würde er einen quadratischen Hintern haben.

Um neun wird es etwas ruhiger. Nur noch vereinzelte Geschäftsleute und Schüler kommen vorbei, einige Hundebesitzer, zum Teil mit irrefarbigen Hunden. Der Alte hat wieder etwas gekauft. Oder nur die Kioskfrau angequatscht, August hat es nicht gesehen. Einen Strich gibt es trotzdem. Immer häufiger muss er aufstehen, sich die Beine vertreten. Er wird ungeduldig. Noch drei Stunden. Den Rest des Morgens bleibt der Menschenfluss etwa konstant. Nach neun Uhr gibt es mehr Striche bei Frauen und Kindern. Das Formular ist völlig unbrauchbar. Kommt ein Elternpaar mit Kindern, gibt es einen Strich für den

Geschäftsmann – denn der Vater wird ja wohl irgendwo arbeiten, wie sollte er sonst seiner Familie Sachen vom Kiosk kaufen können? –, einen Strich für die Mutter als Frau und einen für das Kind, egal ob es noch ein Säugling ist oder schon ganze Eiscremes verspeisen kann. Geht das Kind in die Schule, muss der Strich in die Rubrik Schüler, als ob es in dieser Lebensphase kein Kind mehr wäre. Und ältere Leute sind nicht mehr länger Männer und Frauen, sondern nur noch Senioren, geschlechtslos. August hat eine Heidenmühe, die Striche in die richtige Spalte zu setzen. Wozu gehören Teenager, die nicht mehr in die Schule gehen, Lehrlinge zum Beispiel? Zu den Geschäftsleuten wohl kaum, zu den Schülern auch nicht mehr.

Um elf kommt der Alte noch einmal vorbei. August kann nicht mehr sitzen. Er spaziert in großen Kreisen um den Kiosk herum, zum Leidwesen der Kioskfrau. Er fühlt sich als Eindringling, als Parasit. Er wäre lieber woanders. Irgendwo, wo es warm ist, wo man bequem sitzen oder liegen kann. In der Badewanne.

Die Zigaretten gehen zur Neige. Wenigstens hat er zuhause noch zwei Pack. Er rechnet aus, in welchen Zeitabständen er eine rauchen darf, damit er bis um zwölf durchkommt. Halb zwölf. Wieder eine Zunahme der Geschäftsleute.

Er schaut dem Strom zu und scheint selber unsichtbar zu sein. Er hält sich nicht an seine Rationierung, sucht im Portemonnaie etwas Kleingeld zusammen und kauft sich Zigaretten. Noch fünfzehn Minuten.

Der Menschenstrom geht an ihm vorbei, am Kiosk vorbei, August macht wahllos Striche, mal hier, mal dort. Die ganze Welt scheint an ihm vorbeizugehen. Alles ist in Bewegung, nur er nicht. Er friert.

Um fünf vor zwölf kommt seine Ablösung. Er gibt der Studentin einen kurzen Lagebericht, dann geht er nach Hause. Sein Hintern schmerzt. Er löst kein Ticket und setzt sich im vorderen Teil des Busses rechts ans Fenster, damit er rechtzeitig sieht, falls ein Kontrolleur an der Haltestelle zusteigen sollte. Er wird nicht kontrolliert.

Am nächsten Tag beginnt er um zehn Uhr in einem Café im Shoppingcenter Spreitenbach und hat bis drei Uhr nachmittags den Markt zu studieren. Dieser Standort ist schon heikler, weil er zweimal mit dem Bus und einmal mit der S-Bahn schwarzfahren muss. Besonders in der S-Bahn ist er nervös. Als ein Fahrgast etwas laut wird, glaubt er schon, den Kontrolleur zu hören, und erstarrt. Fehlalarm. Er schlüpft wieder durch.

Der Standort ist denkbar ungünstig. Das Café liegt auf der oberen Etage, gegen die Halle hin geöffnet, und draußen gibt es keine Möglichkeit, sich irgendwo hinzusetzen. Höchstens auf einen rosa Plastikelefanten, der sich bei Einwurf eines Frankens hin- und herbewegt. Aber da will er nun doch nicht sitzen. Er stellt sich ans Geländer und blickt auf die Masse, die unten hin und her strömt, Einkaufswagen von links nach rechts und von rechts nach links schiebt. Er ist noch fünf Minuten zu früh.

Ans Geländer gelehnt beginnt er seine Studie. Es ist ganz unmöglich, seriös die gewünschten Daten zu erheben. Viel zu viele Leute gehen vorbei. Er sollte gleichzeitig das Innere des Cafés und den Platz davor überwachen. Das Café ist halbleer, aber davor strömt ein ununterbrochener Fluss von Kauffreudigen vorbei.

Zudem erweist sich das Formular hier als noch viel ungeeigneter. Er macht seine Striche wahllos und gibt sich seinen Tagträumen hin. Manchmal stellt er mit Schrecken fest, dass er einige Minuten lang keine Striche mehr gemacht hat.

Er wollte als Schreiber die Welt beobachten und sie, ohne seine eigenen Gefühle freizustellen, aufs Papier bringen. Jetzt ist er am Ziel. Zum ersten Mal am Ziel. Er lacht bitter über sich selber. Aber es stimmt schon. Er hat erreicht, was er immer wollte. Nur hat er es sich nicht so vorgestellt. Aber das ist eine andere Sache.

Schon nach zwanzig Minuten kann er nicht mehr stehen. Er schaut verstohlen, was eine Schokolade kostet, und sucht sein letztes Kleingeld zusammen. Bleiben nachher noch drei Franken zwanzig. Erstaunlich, wie viel Kleingeld man so mit sich herumträgt. Er setzt sich ins Café. Er rechnet aus, nach wieviel Minuten er einen kleinen Schluck nehmen darf, damit die Schokolade bis um drei Uhr reicht. Nach einer Stunde ist die Tasse leer.

Das Café scheint ein Treffpunkt für Leute zu sein, die im Leben nichts anderes zu tun haben als hierher zu kommen. Vor allem Leute im Pensionsalter sitzen stundenlang zusammen am Tisch, bestellen Kaffee und nochmal Kaffee, schaufeln Kuchen in sich rein, lachen und schwatzen. Frauen mit Kindern machen die zweite Gruppe aus. Die Kinder scheinen den Müttern meistens lästig zu sein, die Mütter den Kindern ebenso. Scheltworte, Quengeln, Drohungen, Weinen, Stampfen. Den Strom draußen nimmt August gar nicht mehr wahr, macht nur ab und zu eine Serie Striche.

August überlegt sich, wie *er* wohl einmal sein würde. Er kann sich in keiner der vorgegebenen Rubriken vorstellen. Kein Geschäftsmann, kein Senior. Am wenigsten kann er sich als einen Teil der vielen Paare vorstellen, die vorbeischlendern, sich die Hand geben, lachen, oder auch diskutieren, über die Einkäufe uneinig sind, Pläne machen.

Franziska kennt ihn nicht mehr.

Manuela ist eine unmögliche Person.

Tina ist verrückt.

Eva will ihn nicht mehr sehen.

Deborah hat er kaputt gemacht.

Katrin ist tot.

Er ist der Punkt, um den sich das ganze Universum dreht, unbeweglich, ohne Ausdehnung und unsichtbar. Und ohne Geld. Gut, dass Liebe nicht käuflich ist. Aber wer kein Geld hat, ist dennoch aus dem Spiel.

Um vier kommt er nach Hause, zusammen mit dem Türken. Auch auf dem Rückweg ist er den Kontrollen entgangen. Am nächsten Tag hat er frei.

Vor dem Haus stehen sechs Leute. Es sind keine Einheimischen. Er geht an ihnen vorbei, sie sehen ihn, aber sie beachten ihn nicht. Warum sie dastehen? Vielleicht wird ja im leeren Haus vis-à-vis ein Ausländertreff eingerichtet, vielleicht sind sie auch rein zufällig da, egal. Jedenfalls stehen sie kaum wegen ihm da.

Er hat eine Karte von Tina gekriegt, liest sie flüchtig durch – Floskeln. Er legt sie zur leeren Zigarettenpackung. Die gibt ihm ein Gefühl der Stabilität, der Konstanz. Seine Mutter hat angerufen: »August, bitte melde dich doch mal. Wir machen uns schon Sorgen um dich. Was ist denn los mit dir?« Die Meldung irritiert ihn kurz. Später würde er anrufen und sie beruhigen, er habe halt viel zu tun gehabt, ja, ein neuer Job, Büroarbeit. Später.

Der zweite Anruf von Janik: »Verdammt, August, wo bist du? Ich warte schon seit einer halben Stunde im Regen!« Scheiße. Vergessen. In der Küche stinkt es, vom Kehricht und vom schmutzigen Geschirr, von den vielen leeren Verpackungen auf dem Tisch. Er raucht eine Zigarette. Auf der Straße lacht einer. Über ihn? Wohl kaum.

XIII.

»Warte – luege – lose – laufe.«

Er wartet nicht, sieht die bunte Menge vor sich, hört ihre Rufe, ihr Rauschen – und geht.

Das menschliche Auge hat einen Wahrnehmungswinkel von etwa 160° Grad, wobei nur in einem schmalen Kanal von etwa 30° Grad eine wirklich deutliche Wahrnehmung erfolgt. Dass das Ohr zwar alle Geräusche wahrnimmt, aber irgendwo im Hirn filtert und gewissen Geräuschen den Zugang konsequent versperrt, ist bekannt. Wenn aber ein Signal die Netzhaut erreicht, kann man es auf dem Weg über den Sehnerv zum Gehirn kaum mehr stoppen. Dass August das schnell lauter werdende Geräusch nicht wahrgenommen hat, ist also gut möglich. Erstaunlicher ist hingegen, dass er nichts gesehen hat. Ein Trambahnfahrzeug, Bauart Tram 2000 III Be 4/6, mit Drehstromantrieb, blauweiß bemalt, mit einer großen, farbigen Liniennummer über der Führerkabine, rauscht also unbemerkt in seinen Sichtbereich, muss seine Netzhaut aufs Äußerste reizen, fährt aber unbemerkt über Millionen von Lichtsinneszellen – und fährt ihn tot.

Es geschieht blitzschnell.

Sich den Vorgang vorzustellen, ist eine leichte Rechenaufgabe. Ein Tram hat ein Dienstgewicht von 25,8 t, eine maximale Zuladung von 11,1 t, und fährt mit einer Geschwindigkeit von maximal 60 km/h. Ein Mensch, in diesem Fall August, hat ein Gewicht von 69,5 kg und bewegt sich schräg in die Fahrtrichtung des Trams. Sagen wir, der Einfachheit halber, er bewegt sich im Verhältnis zum Tram nicht. Es braucht keinen Taschenrechner, um zu sehen, dass August zerquetscht wird wie eine Mücke an der Wand.

Er ist sofort tot, und wenn nicht, hat er nicht mehr viel von seinen letzten Sekunden oder Minuten. Stilvolle Abschiedsworte an die Welt, wie sie einem großen Philosophen und Verfasser gebühren, Liebesbeteuerung an – ja, an wen schon? Es sind höchstens noch einige Seufzer, ein Röcheln und Ringen nach Atem, und wer weiß, ob ihm das überhaupt noch bewusst ist. Der Krankenwagen, der wenige Minuten später eintrifft, kümmerte ihn nicht mehr. Man hätte ebenso gut eine Straßenreinigungsequipe hinschicken können.

Jetzt hat er sein Publikum! Stadtmenschen sind wie Aasgeier. Ihr Instinkt sagt ihnen auf mehrere hundert Meter, wenn es irgendwo Aas zu sehen gibt. Jetzt ist August nicht mehr unsichtbar. Auch im Tram sind die Menschen aus ihrer Starrheit aufgeschreckt. Man schaut raus, sieht nichts, man hat nur den Schlag gespürt, das plötzliche Bremsen, einige sind ihrem Gegenüber auf den Schoß gefallen und entschuldigen sich. Man beginnt zu spekulieren. »Da ist sicher einer vor das Tram gelaufen. Wissen Sie, die Jungen, die laufen einfach auf die Straße, da muss ja mal was passieren.«

Information der Zürilinie. Kollision in der Rämistraße. Die Strecke Bellevue Kunsthaus ist für den Trambetrieb in Richtung Bellevue gesperrt. Die betroffenen Linien werden wie folgt umgeleitet, die Linien 2 und 8 werden am Bellevue vorzeitig gewendet, die Linien 9 und 5 verkehren über Römerhof.

Mann vom Tram getötet (msp)

Ein dreißigjähriger Fußgänger ist am Mittwoch von einem Tram erfasst worden und hat sich dabei tödliche Verletzungen zugezogen. Der Mann hatte kurz vor zehn Uhr beim Bellevue die Rämistraße überquert, als sich vom Kunsthaus her ein Tram der Linie 8 näherte. Die 45-jährige Wagenführerin konnte die Kollision nicht mehr verhindern, der Fußgänger erlag noch an der Unfallstelle seinen Verletzungen.

Aber August ist ja verrückt. Wie, wenn er sich das alles nur in seiner verdrehten Fantasie vorgestellt hat, das Tram, den Schock, die Menge, das Chaos, den Tod? Wenn kein Tram da gewesen wäre, und er einfach träumend über die Rämistraße gegangen wäre? Er wäre wohl übers Bellevue spaziert, hätte seine Schritte etwas verlangsamt, um den Geigern zuzuhören, hätte die Alkis gesehen, den Duft des Pizzastands gerochen, wäre geschickt den Bettlern ausgewichen und würde jetzt vielleicht am See sitzen? Vielleicht ist er auch am Opernhaus vorbeigegangen und hat sich eine Karte für eine Vorstellung gekauft, als Inspiration für sein Werk.

Vielleicht denkt er gerade darüber nach, eine Figur sterben zu lassen, sie vor ein Tram zu werfen, um einen schon zu langen Roman schwungvoll zu beenden. Ein Autor ist schließlich ein kleiner Gott, es liegt in seiner Hand, seine Figuren zu töten, wenn es ihm gerade gelegen kommt, oder er kann sie sogar wieder hervorholen, die Szene streichen. Nur, wozu? Ein Buch ist nie fertig. Auch wenn die letzte Zeile geschrieben ist.

Wahrscheinlich sitzt er nun am See, lässt die Füße über dem Wasser baumeln und hat wieder große Pläne, nimmt den siebten oder achten Ordner in Angriff oder überlegt sich, ob er den Schlossroman doch schreiben soll. Sein Blick schweift über die Albiskette und den leicht bewölkten Himmel, seine Gedanken über das große Geheimnis seines Lebens. Ist er glücklich?

Was weiß ich.

(Anmerkung: Die Erzählung verwendet Textbausteine aus Jean Paul, Sämtliche Werke, Wien 2000.)

Übungsstunde in norwegischer Konversation

Winter 2006

Im Scheinwerferlicht tauchten flüchtige Bilder von Schneeflächen und gefrorenen Weihern auf, von Tannen, bis zur Selbstaufgabe ineinander verschmolzen; amorphe Schneewälder bis an einen schwarz-blauen Horizont irgendwo im kalten Nichts – eine sanfte Verweigerung jeder Struktur, die seinen Geist irritierte, je länger er hinsah. Er lachte. Hatte er doch über sechzig Jahre alt werden müssen, um einen solchen Winter zu sehen! Und diese Dunkelheit! Schon am frühen Nachmittag, bei seiner Ankunft, hatte er nur noch einen dünnen Streifen Dämmerlicht sehen können. Als er über das vereiste Flugfeld zum Terminal gegangen war, hatte er sich gefühlt wie ein Raumfahrer auf einem unwirtlichen fernen Planeten. Kein Gott schien je befohlen zu haben, es werde Licht.

Weiter vorne im abgedunkelten Bus redete eine ältere Frau auf einen kleinen Hund ein, den sie umklammerte, als fürchtete sie, Traumwesen aus der Winternacht könnten ihn ihr entreißen. Herr Foldal verstand nicht, was sie sagte, so sehr er sich auch anstrengte; sie redete zu leise und zu schnell, vielleicht sprach sie auch Dialekt. Vier Semester Klubschule reichten für solche Situationen nicht aus, man musste noch langsam und deutlich mit ihm reden, wollte man verstanden werden, musste einiges wiederholen und genügend Geduld aufbringen, bis er seine Antwort beisammen hatte. Immerhin hatte er sich am Flughafen gut durchgeschlagen, hatte sich den Weg zum Busterminal erklären lassen, eine Fahrkarte erstanden und dem Fahrer verständlich gemacht, wo er ihn absetzen solle: beim Hof, den sein Urgroßonkel um 1900 herum für immer verlassen hatte, vielleicht aus einer bloßen Laune heraus, vielmehr wohl aus Überdruss an Dunkelheit und Schnee.

Nur selten kam ihnen ein Fahrzeug entgegen, ab und zu sah man die Umrisse eines Holzhauses, manchmal eine Straße, die rechtwinklig wegführte, ebenso endlos durch den Wald wie diejenige, auf welcher der Überlandbus mit seinen wenigen Passagieren durch den Norden von Norwegen fuhr.

***

Eine einzelne Straßenlaterne strahlte sinnlos in die beißend kalte Nacht, während vom Bus bald nur noch zwei kleiner werdende rote Lichter zu sehen waren. Herr Foldal brauchte einige Augenblicke, bis er am Ende einer schmalen Straße einige gelbliche Lichter erkannte. Beim Näherkommen sah er eine Gruppe von Häusern, die linkerhand des Sträßchens um einen Platz herum angeordnet waren. Nur in einem zweistöckigen Holzhaus brannte Licht, die anderen Gebäude wurden vom Licht des Haupthauses schwach angeleuchtet.

Eine junge Frau mit zusammengebundenen Haaren öffnete ihm die Tür. Herr Foldal hatte sich schon im Bus den richtigen Begrüßungssatz zurecht gelegt (Lektion 1C: Nützliche Wendungen), doch noch bevor er ihn anbringen konnte, dirigierte die junge Frau ihn in eine Diele, in der Mäntel und Jacken hingen, plauderte leise, etwas gehetzt, nahm ihm dabei seine Jacke ab und gab ihm ein Paar Filzpantoffeln, die er gegen seine gefütterten Winterstiefel eintauschten sollte. Es irritierte ihn, dass er von dem, was die Gute sagte, kein Wort verstand, nicht ein einziges! Sie hingegen schien seine unsicheren Versuche, mit ihr zu kommunizieren, gar nicht zur Kenntnis zu nehmen, schwatzte munter vor sich hin und drängte ihn schließlich in einen größeren Raum, der nach Holz und Kaminfeuer roch.

Es war ein geräumiges, hell getäfertes Wohnzimmer mit einem altmodischen Esstisch und einer Sitzgruppe. Zwei ältere Damen wärmten sich am Kaminfeuer und blickten nun zur Tür. Die eine, die ein langes schwarzes Kleid trug, erhob sich aus ihrem Sessel, als sie den Gast bemerkte, und kam ihm langsam und steif entgegen. »Gunhild Borkman«, sagte sie feierlich, nickte und schaute ihn fragend an.

»Hei! Ich heiße Jan Foldal Ich freue mich sehr« (Lektion 1C: Nützliche Wendungen). Dabei lachte er etwas verlegen.

Frau Borkman erkundigte sich nach seiner Reise, und er war stolz, dass er sie verstand und, wenn auch etwas langsam und umständlich, einige passende Sätze antworten konnte (Lektion 2A: Am Flughafen): »Es ist eine ziemlich lang Reise, ja.«

Sie nickte.

»Vom Flughafen hatte ich direkten Bus.« (Lektion 3B: Hilfsverben sein und haben).

Sie schaute ihn fragend an und nickte dann etwas verhalten.

»Der Flughafen ist sehr modern« (Lektion 2A: Am Flughafen).

Sie nickte erneut und wies mit dünnen Fingern zur Sitzgruppe.

»Es ist sehr dunkel um diese Zeit im Jahre« (Lektion 9C: Landeskunde: Das Wetter in Norwegen), merkte er noch an, und nun schenkte ihm Frau Borkman doch noch ein gezwungenes Lächeln, das ihr langes Gesicht für einen Augenblick horizontal brach.

»Jaja«, lachte Herr Foldal, noch immer etwas verlegen, und strich sich die weißen Haare aus dem Gesicht. »Jetzt bin ich hier, mit meine Familie« (Lektion 6A: Atles Großvater hat Geburtstag).

»Wir haben unerwartet Besuch bekommen«, erklärte Frau Borkman fast entschuldigend, indem sie sich zu der sitzenden Frau wandte, »meine Schwester aus Bergen.«

»Elle Rentheim«, stellte diese sich sogleich selber vor und hielt ihm die Hand hin. Sie glich Frau Borkman, hatte aber weißes Haar, wie Foldal selber, eine etwas rundere Physiognomie und auffallend wache Augen.

»Ich freue mich. Jan Foldal.«

»Gunhild hat mir erzählt, du seist ein Verwandter von uns. Ist das wahr?« Herr Foldal nickte lachend. Frau Rentheim war ihm auf Anhieb sympathischer als Frau Borkman, die völlig humorlos und steif wie ein Ausrufezeichen wirkte. »Du kommst aus der Schweiz?«

»Jaja.«

Dann fragte sie ihn über seine Heimat und seine Reise aus; sie sei selber mal in Zürich und in Zermatt gewesen, früher (Lektion 3A: Kari und Ahmed studieren in Bergen). Herr Foldal war stolz, dass die Konversation so gut lief. Nur ab und zu verstand er ein Wort oder eine Frage nicht, aber Frau Rentheim schien ihm sofort anzusehen, wenn er nicht nachkam, und wiederholte von sich aus die letzten Worte, etwas langsamer, etwas einfacher. Frau Borkman war in der Zwischenzeit aufgestanden und kurz aus der Stube gegangen. Jetzt kam sie mit der jungen Frau zurück, die ein Tablett trug.

»Du hast sicher noch nichts gegessen.«

Das war aber nett! Zwar hatte er im Flugzeug ausgiebig gegessen, aber gegen eine zweite Mahlzeit war nichts einzuwenden, zudem wäre es auch unhöflich, abzulehnen, jetzt, wo es schon angerichtet war. Also setzte er sich an den Esstisch, während die beiden Damen wieder beim

Kamin Platz nahmen. Jemand hatte ihm Braten mit Kartoffelstock und Gemüse zubereitet, wohl die junge Frau, deren Namen er noch gar nicht erfahren hatte. »Das Essen sieht sehr lecker aus! Vielen Dank!« (Lektion 4A: Essen und Trinken), sagte er zu Frau Borkman, während er das Besteck in einem 90°-Winkel an einer fiktiven Linie parallel zur Tischkante ausrichtete, auf der auch der untere Tellerrand tangential zu liegen kam.

Die Damen nickten ihm aufmunternd zu. »Iss nur in Ruhe und lass dich nicht stören«, sagte Frau Borkmann, »während meine Schwester und ich noch …« – wahrscheinlich hatte es geheißen *einige Dinge besprechen*. Das war ihm nur recht, so konnte er sich für den weiteren Verlauf des Abends stärken und sich dabei noch etwas in die Sprache seiner Verwandten einhören.

Sobald die beiden Frauen miteinander redeten, hatte Herr Foldal allerdings wieder große Mühe, etwas zu verstehen, und hatte er erst einmal den Faden verloren, war es unmöglich, wieder einzusteigen. Frau Borkman schien sich über etwas zu beklagen. »…ein schreckliches Leben«, stellte Frau Rentheim einmal fest. Sonst sagte sie wenig, hörte vor allem ihrer Schwester zu, stellte besorgt Zwischenfragen, schüttelte bisweilen den Kopf. »Vom Morgen früh bis tief in die Nacht«, glaubte er Frau Borkman zu verstehen (Lektion 10B: Zeitangaben). Und dann war da ein ihm unbekanntes Wort, das mehrmals fiel: *lytt;* er musste in seinem Wörterbuch nachschlagen, aber das war in der Reisetasche im Flur, und es wäre unhöflich gewesen, während des Essens aufzustehen. Doch dann, als die beiden wiederholt nach oben an die Decke schauten und Frau Borkman noch mit dem Finger nach oben zeigte, glaubte er zu verstehen: Es musste sich um ein Tier handeln, das auf dem Dachboden hin und her ging, denn genau das hatte Frau Borkman gesagt: »Hin und her – hin und her …« (Lektion 8B: Nebensätze mit dass / Ortsangaben), vielleicht ein Marder oder Mäuse. Er schmunzelte. Anhand von Frau Borkmans Miene hatte er etwas weniger Harmloses erwartet! Ob sie immer ein solches Gesicht machte?

Ella Rentheim. Andeutungsweise habe ich wohl so etwas gehört.

Frau Borkman. Kann ich mir vorstellen. Die Leute reden sicher alles Mögliche über uns hier draußen.

Ella Rentheim. Nein, ich meinte Andeutungen, die Erhart mir gegenüber gemacht hat – in seinen Briefen. Er schrieb, dass sein Vater meist für sich allein sei – da oben. Und du allein für dich, hier unten.

Frau Borkman. Ja, Ella, so haben wir es gehalten. Von dem Tage an, da man ihn freiließ und nach Hause schickte, hierher zu mir. Die ganzen langen acht Jahre hindurch.

Ella Rentheim. Aber ich hatte es nie so ganz geglaubt – hatte es einfach nicht für möglich gehalten!

Frau Borkman *(nickt bestätigend)*. Doch, so ist es. Und es kann auch niemals anders werden.

Ella Rentheim *(ihre Schwester ansehend)*. Das muss aber doch ein schreckliches Leben für dich sein, Gunhild.

Frau Borkman. Mehr als schrecklich, das kannst du mir glauben – kaum noch länger auszuhalten!

Ella Rentheim. Oh, wie gut kann ich das verstehen.

Frau Borkman. Immerzu seine Schritte da oben hören zu müssen – vom Morgen früh bis tief in die Nacht hinein. Und so hellhörig, wie das hier unten ist!

Ella Rentheim. Ja, es ist wirklich hellhörig hier unten.

Frau Borkman. Oft kommt es mir vor, als hätte ich da oben im Saal einen kranken Wolf, der in seinem Käfig herumläuft. Genau über meinem Kopf. *(Lauscht und flüstert.)* Hör dir das an – hör doch nur! Hin und her – hin und her – geht der Wolf.

Ella Rentheim *(behutsam)*. Könnte es denn nicht anders werden, Gunhild?

Frau Borkman *(abweisend)*. Er hat nie auch nur einen Schritt dazu getan.

Ella Rentheim. Könntest denn nicht du den ersten Schritt tun?

Frau Borkman *(heftig)*. Ich! Nach all dem, was er mir angetan hat? Nein, besten Dank! Dann mag lieber der Wolf weiter da oben herumlaufen.

Ella Rentheim. Hier wird es mir zu warm. Du musst mir schon erlauben, abzulegen.

Frau Borkman. Ja, ich hatte dich doch gleich gefragt.

(Ella Rentheim legt ihre Strickjacke auf einen Stuhl.)

Von seinen eigenen Gedanken abgelenkt hatte Herr Foldal schon wieder einige Sätze verpasst, und das Gespräch schien sich bereits um etwas anderes zu drehen. Es war schon verflixt, dass er solche Mühe hatte, einer gewöhnlichen Konversation zu folgen! Er hätte mit seinem Besuch wirklich noch etwas warten sollen! Vier Semester, was hatte er sich nur dabei gedacht? Zugegeben, unter einander redeten Einheimische immer schneller, das taten sie auch in der Schweiz. Seufzend wandte er sich wieder seinem Teller zu, löffelte sorgfältig die Reste aus, worauf das junge Fräulein leise hinzutrat, um abzutragen. Wenn die beiden Damen so angeregt diskutierten, konnte er es ja nochmals mit der unscheinbaren jungen Frau versuchen. »Bist du auch verwandte mit mir?« (Lektion 6A: Atles Großvater hat Geburtstag).

Sie sah ihn fragend an.

»Verwandte, du und ich« (Lektion 2B: Personal- und Demonstrativpronomen), wiederholte er und zeigte mit dem Finger auf sich und sie.

»Nein.« Sie lachte schüchtern, errötete und begann dann mit leiser, nervöser Stimme etwas zu erzählen, was er – verflixt und zugenäht – nicht verstand. Da wurde sie aber schon von Frau Borkman zurechtgewiesen, schwieg verschämt und ging raus. Wie unangenehm! Diese Frau Borkman schien ja wirklich nicht die Einfachste zu sein! Na schön, war die junge Frau – Lene hatte Frau Borkman sie genannt – eben nicht mit ihm verwandt, wohl eher ein Dienstmädchen, das der Familie im Haushalt zur Hand ging. Die Arme, bei dieser Herrin war das sicher kein Spaß. Aber hübsch war es, das schlanke Mädchen, das sich durch den Raum bewegte wie ein Geist.

Ella Rentheim. Begegnest du ihm denn auch niemals außerhalb des Hauses?

Frau Borkman *(lacht bitter).* Meinst du vielleicht, auf einer Gesellschaft?

Ella Rentheim. Nein, ich meine, wenn er nach draußen geht, an die frische Luft. Auf einem der Wege da drin im Wald, oder ...

Frau Borkman. Der Bankdirektor geht nie aus dem Haus.

Ella Rentheim. Auch nicht in der Dunkelheit?

Frau Borkman. Niemals.

Ella Rentheim *(bewegt).* Also nicht einmal dazu kann er sich überwinden?

Frau Borkman. Nein, kann er wohl nicht. Seinen Wettermantel und seinen Filzhut hat er draußen im Wandschrank hängen – da in der Diele, weißt du.

Ella Rentheim *(vor sich hin).* – in dem Schrank, in dem wir spielten, als wir klein waren –

Frau Borkman *(nickt).* Ja. Und manchmal – spät am Abend – da höre ich, wie er herunterkommt – um Hut und Mantel zu holen und nach draußen zu gehen. Doch dann, meist so auf halber Treppe – da bleibt er plötzlich stehen. *(zu Lene, heftig)* Jetzt lass den Herrn in Ruhe, Herrgott! *(wieder zu Ella Rentheim.)* Und dann steigt er die Treppe wieder hinauf – und geht zurück in den Saal.

ELLA RENTHEIM *(mit leiser Stimme).* Kommt denn niemals einer seiner alten Freunde und besucht ihn da oben?

FRAU BORKMAN. Er hat keine alten Freunde.

ELLA RENTHEIM. Aber er hatte doch so viele – früher einmal.

FRAU BORKMAN. Hm – dafür hat er ja so gut gesorgt, die alle loszuwerden! *(schweigt)*

Nebst den dreien mussten aber noch Borkman Vater und Sohn da sein – gut, der Sohn war Student und vielleicht nicht zu Hause. Aber der Vater? – Während das Gespräch der beiden Damen in eine Pause trat, räusperte Foldal sich und fragte vorsichtig nach Herrn Borkman: »Ich würde gerne wissen, ähm, wo Herr Borkman … ob Herrn Borkman ich auch sehe … sehen kann« (Lektion 9B: Indirekte Fragesätze ohne Fragepronomen).

Frau Borkman blickte verwundert zu ihrer Schwester, doch diese zuckte nur die Schultern, als verstehe sie ebenso wenig. Also fasste sich die strenge Dame und sagte schön langsam, wie zu einem Kind, Foldal würde Borkman wahrscheinlich nicht zu sehen bekommen. »Er ist oben.« Dabei zeigte sie zur Decke und machte ein saures Gesicht. Frau Rentheim fügte etwas hinzu, das wie »immer« klang. Aber da hatte er sich wohl verhört, das machte ja keinen Sinn.

»Ähm – was heißt oben?« (Lektion 8B: Nebensätze mit dass / Ortsangaben). Die Frage war dumm, er hatte natürlich nach dem Grund fragen wollen.

»Nun ja, im Saal oben«, erklärte Frau Borkman und wies erneut zur Decke, und tatsächlich glaubte Herr Foldal Geräusche zu hören, Schritte und leise Stimmen. »Ist er nicht wohl?« (Lektion 8A: Tore ist krank).

Sie schüttelte nur den Kopf, und Herr Foldal begriff, dass es nicht angebracht war, weiterzubohren, da das Thema den beiden offensichtlich unangenehm war. Egal, das würde sich im Verlauf des Abends schon klären. »Aha, ja«, schloss er gequält lächelnd das Thema. Während er überlegte, ob er sich zu ihnen aufs Sofa setzen solle – dass er am Tisch und die beiden Damen beim Kamin saßen, kam ihm etwas unpassend vor –, schwebte bereits Lene wieder heran und stellte ihm ein Glas hin. »Oh, ein Schnaps. Vielen Dank!« (Lektion 4A: Essen und Trinken), sagte er.

»Dann lebt er also oben«, sagte Frau Rentheim jetzt zu ihrer Schwester, und Herr Foldal horchte auf – Redeten sie immer noch von diesem Tier? Oder von Vater Borkman? »Ja, es scheint ihm nichts auszumachen.« Wohl doch eher Borkman. Aber wie wäre das zu verstehen? Der alte Herr lebte ja wohl kaum das ganze Jahr über allein im oberen Stock, das wäre völlig absurd. – Vielleicht arbeitete er ja; dass er aber nicht wenigstens für einige Minuten runtergekommen war, um seinen Verwandten zu begrüßen, zeugte von keinem großen Anstand. Oder er war doch krank, und er, Foldal, hatte die Frage falsch gestellt, ein falsches Adjektiv verwendet? Aber *syk* bedeutete doch krank, oder doch nicht? Es ärgerte ihn, dass er nicht hinter den Sinn des Gesprächs kam, aber es lief einfach zu schnell ab. Jetzt redete man – so viel hatte er aufgeschnappt – über Banken, und das Wort *låv* wurde mehrmals geäußert, aber hieß das nicht *Scheune* (Lektion 7A: Kari besucht Sven auf dem Bauernhof)? Herrgott! Warum war ihm das alles nur entfallen? Und das zweisprachige Wörterbuch lag draußen in der Tasche, unerreichbar.

Ella Rentheim *(ohne darauf einzugehen).* Dann sieht er also keine Menschenseele – lebt da oben ganz für sich allein.

Frau Borkman. Ja, muss er wohl. Das heißt, wie ich gehört habe, soll gelegentlich irgend so ein alter Kopist oder Aushilfsschreiber zu ihm kommen.

Ella Rentheim. So? Ich glaube, ich kenne ihn. Ich weiß, die beiden waren Jugendfreunde.

Frau Borkman. Ja, das waren sie wohl, glaube ich. Ich kenne ihn übrigens gar nicht. Denn er hat nie in unseren Kreisen verkehrt – damals, als wir noch gesellschaftlichen Verkehr hatten.

Ella Rentheim. Aber jetzt – jetzt kommt er also zu Borkman?

Frau Borkman. Ja, es scheint ihm nichts auszumachen. Das heißt, er kommt natürlich nur in der Dunkelheit.

Ella Rentheim. Das war auch einer von denen, die Geld einbüßten – damals, als es mit der Bank das schlimmste Ende nahm.

Frau Borkman *(wegwerfend).* Ja, mir ist so, als ob er damals auch ein bisschen was verloren hätte. Doch das war gewiss eine lächerliche Kleinigkeit.

Ella Rentheim *(mit Nachdruck).* Es war alles, was er besaß.

Frau Borkman *(lächelnd)*. Aber, ich bitte dich – das kann doch bei Gott nicht viel gewesen sein. Überhaupt nicht der Rede wert.

Ella Rentheim. Es war auch nicht die Rede davon – er jedenfalls hat es nicht erwähnt – damals vor Gericht.

Der Schnaps tat seine Wirkung, wahrscheinlich noch verstärkt durch die angenehme Wärme des Raumes. Herr Foldal spürte, wie eine wohlige Schwere von ihm Besitz ergriff. Das Gespräch der beiden Frauen war zu einem plätschernden Bächlein ohne Inhalt geworden. Aus dem Kamin strömte eine warme Schläfrigkeit, wie sie auch aus den Holzwänden kroch und von den Kerzen aufstieg, die auf den Fensterbrettern brannten. Er ließ den müden Blick durch den Raum gleiten, der ihm seit seiner Ankunft kleiner und enger geworden zu sein schien. Eine Schiebetür führte in einen Wintergarten, der im Dunkeln lag. Nur das schwache Weiß der verschneiten Hänge war durch die Fenster zu erkennen. Sein Geist begann, den Raum in gleich große Quadrate aufzuteilen: 3 Quadrate in der Länge, 2 in der Breite, das ergab je 6 Quadrate für Boden und Decke – nein, in der Länge hatte er zu flüchtig geschätzt, so ging das natürlich nicht! Wenn er die Seiten halbierte und 7 für die Länge nahm, kam er den realen Verhältnissen näher. Dann brauchte er 4 für die Breite, entsprechend 28 für Decke und Boden – er erschrak, als er merkte, dass man mit ihm redete. Ob er noch etwas wünsche, wiederholte Frau Borkman, und, als er höflich ablehnte, ob er sich nicht zu ihnen setzen wolle.

Etwas benommen erhob er sich und setzte sich dankend zu den beiden Damen, die in der Zwischenzeit über jemand anderen redeten. »Erhart ist mein Sohn«, erklärte ihm Frau Borkman. »Mein Neffe«, ergänzte Frau Rentheim. Sie schienen entschlossen, ihm alle Voraussetzungen zu schaffen, um dem folgenden Gespräch folgen zu können. Tatsächlich bereitete ihm das Thema Familie wenig Mühe, die Lektion 6A (Altes Großvater hat Geburtstag) hatte er noch gut im Kopf. Nach einer Weile kamen sie auf eine Frau Wilton zu reden, die Erhart in Briefen erwähnt habe. »Sie soll von ihrem Mann geschieden sein«, sagte Frau Rentheim. Ja, ja, das Wort *geschieden* war ihm geläufig, ein schwaches Verb (Lektion 6B). Und sie studiere irgendwas. Oder war jetzt doch wieder von Erhart die Rede? *Der* war doch Student, soweit sich Herr Foldal an den Brief erinnern konnte, den ihm Frau Borkman auf seine erste Kontaktauftnahme hin geschrieben hatte. Wahrscheinlich studierten beide, hatten sich an der Uni kennen gelernt. Klassisch.

Ella Rentheim. Erhart hat sie mehrfach in seinen Briefen erwähnt. Wohnt sie jetzt hier draußen?

Frau Borkman. Ja, sie hat eine Villa hier gemietet. Und seit einiger Zeit wohnt sie nicht mehr in der Stadt, sondern hier draußen.

Ella Rentheim *(ein wenig zögernd).* Wie es heißt, soll sie von ihrem Mann geschieden sein.

Frau Borkman. Der Mann ist schon vor mehreren Jahren gestorben.

Ella Rentheim. Ja, aber sie wurden geschieden – das heißt, er ließ sich scheiden.

[…]

Frau Borkman. Ja – sie ist so ungewöhnlich verständnisvoll. Und so erstaunlich klar in ihrem Urteil.

Ella Rentheim. Meinst du, in Bezug auf Menschen?

Frau Borkman. Ja, das besonders. Und Erhart, den hat sie nun geradezu studiert. Den kennt sie so richtig bis auf den Grund seiner Seele. Und deshalb vergöttert sie ihn auch – begreiflicherweise.

Ella Rentheim *(lachend).* Dann kennt sie deinen Sohn möglicherweise noch besser als dich?

»Aha«, schaltete sich Herr Foldal wieder ein und grinste spitzbübisch, »Erhart hat also eine Freundin!« (Lektion 7A: Kari schreibt einen Brief).

Doch die beiden Damen teilten seine Heiterkeit nicht. »Nun ja«, antwortete Frau Borkman etwas zögerlich, »das ist wohl so.«

Also schwieg Herr Foldal und schaute zu Boden. Den weiteren Worten entnahm er, dass diese Freundin aus der Stadt hierher, ganz in die Nähe, gezogen sei. Aber jetzt nahm das Gespräch eine Wendung, die ihn verwirrte. Erneut hatte er den Faden verloren, verstand nur einzelne Teilsätze, merkte aber, dass Frau Borkman aufgebracht war, lauter redete; aber auch die sonst so ruhige Frau Rentheim hatte sich in ihrem Sessel aufgerichtet und klang verärgert. »Aber, ich bitte dich! …« – »Deine Frage … Ella!« – »Ja, Gunhild, meine Frage … Bedeutung.« – »Dann sag es! … Raus!« – »Ein Recht … Erhart … nicht wahr?« – »So viel Geld ausgegeben.« – »Oh, nein, Gunhild …« – »Trotz allem … in meinem Alter.« – »Ja ja, mag sein.« Es konnte um alles gehen, Studiengelder für Erhart, eine Erbschaft, ein Geschenk, Schulden – es war hoffnungslos! Das Ganze machte keinen Sinn, er verstand zu wenig, konnte nur aus der Mimik und dem Tonfall Rückschlüsse ziehen: Frau Borkmans Stimme klang zuerst aggressiv, dann klagend, einen Augenblick auch höhnisch, und jetzt rief sie plötzlich laut: »Du?« So ging es weiter, und Herrn Foldal war es äußerst unangenehm, mitten in einem Streitgespräch zu sitzen, von dem er nichts verstand.

Frau Borkman. Ja, Erhart hat sie sehr oft drin in der Stadt getroffen. Bevor sie hier herauszog.

Ella Rentheim *(unüberlegt).* Und da ist sie trotzdem aus der Stadt weggezogen?

Frau Borkman *(stutzt und sieht ihre Schwester scharf an).* Trotzdem? Wie meinst du das!

Ella Rentheim *(ausweichend).* Aber, ich bitte dich – wie ich das meine?

Frau Borkman. Deine Frage klang so sonderbar. Als ob sie irgendetwas ganz Bestimmtes zu bedeuten hätte, Ella!

Ella Rentheim *(sieht ihr fest in die Augen).* Ja, Gunhild, so war es auch – meine Frage hatte wirklich eine ganz bestimmte Bedeutung.

Frau Borkman. Dann sprich es doch aus! Heraus damit!

Ella Rentheim. Zunächst möchte ich dir nur das eine sagen: mir scheint, dass auch ich so etwas wie ein Recht auf Erhart habe – oder findest du das vielleicht nicht?

Frau Borkman *(dem Blick ihrer Schwester ausweichend).* Aber gewiss doch. Wo du so viel Geld für ihn ausgegeben hast.

Ella Rentheim. O nein, Gunhild, nicht deshalb. Sondern weil ich ihn lieb habe.

Frau Borkman *(lächelt höhnisch).* Du – meinen Sohn? Kannst du das? Trotz allem?

Ella Rentheim. Ja, das kann ich. Trotz allem. Ich habe Erhart wirklich lieb. Ich liebe ihn so sehr, wie ich überhaupt einen Menschen zu lieben vermag – in meinem Alter.

Frau Borkman. Jaja, mag sein; aber …

In seiner Verzweiflung wagte Herr Foldal einen letzten Versuch, das Gespräch auf angenehmere Bahnen zu lenken und fragte, als die beiden einen Augenblick schwiegen und vor sich ins Leere starrten: »Wo studiert Erhart? Studiert er in Oslo, in Bergen oder in Trondheim?« (Lektion 3A: Kari und Ahmed studieren in Bergen / 5B: Einfache Fragesätze)

Aber die beiden Damen blickten weiter vor sich ins Leere, ohne ihm eine Antwort zu geben, und nahmen schließlich das Gespräch wieder auf, als ob er überhaupt nichts gesagt hätte, als ob er eines dieser antiken Möbelstücke wäre. Resigniert begann etwas in ihm den Tisch, das Sofa und die Sessel mit dem Blick zu vermessen, im Kopf auseinanderzufalten wie ein Origami-Werk, in gleich große Quadrate zu teilen und dann mit dem schweren Teppich in Bezug zu setzen. Wie viele Male konnte man die Quadrate, aus denen sich der Sessel zusammensetzte, auf dem Teppich abbilden? Wie viele Quadrate blieben übrig, wenn man alle Quadrate der beiden Sessel auf diejenigen des Sofas übertrug? In welchem Größenverhältnis standen diese Quadrate zu jenen, die er zuvor für den Raum bemessen hatte? Mit wie vielen Quadraten ließe sich der ganze Raum vermessen?

Frau Borkman. Doch das glaubt Erhart jetzt nicht mehr – überhaupt nicht mehr.

Ella Rentheim. Und was glaubt er jetzt? Was hast du ihm eingeredet?

Frau Borkman. Er glaubt, wie es ja auch der Wahrheit entspricht, dass du dich unserer schämst – uns verachtest. Oder tust du das etwa nicht? Hast du dich nicht einmal mit dem Gedanken getragen, ihn mir ganz und gar wegzunehmen? Denk einmal nach, Ella – du erinnerst dich gewiss.

Ella Rentheim *(abweisend).* Das war in der Zeit des schlimmsten Skandals – damals, als der Prozess lief. Mit solchen Gedanken trage ich mich nicht mehr.

Frau Borkman. Das würde dir jetzt auch nichts mehr nützen. Gottlob – denn was wäre sonst mit seiner Mission! O nein, Ella, besten Dank! Jetzt braucht Erhart mich und nicht mehr dich. Und deshalb ist er auch für dich so gut wie tot! Und du für ihn!

Ella Rentheim *(kalt und entschlossen).* Das werden wir ja sehen. Denn jetzt bleibe ich hier.

Frau Borkman *(ihre Schwester anstarrend).* Hier? Hier auf dem Hof?

Ella Rentheim. Ja, hier.

Frau Borkman. Hier – bei uns? Willst du die ganze Nacht über hier bleiben?

Ella Rentheim. Ich bleibe jetzt hier bis ans Ende meiner Tage, wenn es so sein soll.

Während seiner Rechenaufgaben war Foldal eingenickt und schreckte nun auf, als die beiden Damen plötzlich wieder laut wurden; es ging immer noch um den Sohn, aber Herrn Foldal fehlte jeder Zusammenhang. Er hörte immer nur *Erhart, Erhart*. Was für eine unmögliche Situation! Und dann, irgendwann, verstand er wieder ganz deutlich, dass Frau Rentheim sagte, sie bleibe hier auf dem Hof. »Ich bleibe hier bis ans Ende meiner Tage, wenn es so sein soll«, sagte sie langsam und deutlich. – Das war die Gelegenheit für einen allerletzten verzweifelten Versuch, sich einzuschalten, denn ihre Schwester schwieg. Jetzt oder nie! »Das ist schön, dass Sie weitere Zeit bleiben wollen« (Lektion 8B: Nebensätze mit dass / Ortsangaben). Frau Rentheim lächelte etwas gezwungen, wie zu einem Kind, das unwissentlich etwas schrecklich Dummes gesagt hatte. Jetzt nur dranbleiben, sprach er sich Mut zu. »Das ist ein sehr schöner Bauernhof. Es liegt mitten in einem schönen Landschaft … zwischen … Wiesen und hohen …« (Lektion 7A: Kari besucht Sven auf dem Bauernhof) – wie peinlich, jetzt hatte er sich völlig in den auswendig gelernten Schulbuchtexten verloren! »Ich meine«, versuchte er sich zu retten, »ich bin heute gekommen und ähm –«

Frau Borkman machte eine saure Miene, natürlich. Konnte man dieser Dame denn nichts recht machen? Am besten würde er die zänkischen Schwestern allein lassen und sich schlafen legen, morgen bei der ersten Gelegenheit wieder abreisen, den Bus zurück in die Stadt nehmen, um von da Richtung Nordkap weiterzureisen, wie er es geplant hatte. Aber den Hausherrn, der oben arbeitete oder krank lag oder weiß Gott was machte, den hatte er ja noch immer nicht gesehen, da war es doch unhöflich, einfach beleidigt ins Bett zu gehen – etwas kindisch auch. Andererseits war es auch unhöflich, einen Gast, einen Verwandten aus dem Ausland, der sich die Mühe gemacht hatte, die Sprache seiner entfernten Vorfahren zu lernen und hierher ans verschneite Ende der Welt zu reisen, einfach sitzen zu lassen und überhaupt nicht ins Gespräch mit einzubeziehen –

Auf einmal klopfte es, und noch bevor Frau Borkman aufstehen konnte, wirbelte eine junge Frau im Wintermantel in die Stube und begrüßte, während sie sich elegant aus dem Mantel schälte, die beiden Damen und den weißhaarigen Gast: »Fanny Wilton, hallo! Du musst der Besuch aus der Schweiz sein!« Sie hatte ein hübsches Lächeln.

Hinter ihr her stürmte ein junger Mann mit kurzen Haaren, in einen dicken Winterpullover gepackt, und blickte erstaunt auf Herrn Foldal und Frau Rentheim. »Was, Tante Ella ist da?«, rief er. »Tante, Tante! Ist das möglich!« So viel ehrliches Gefühl, dachte Herr Foldal – aber Frau Borkman war natürlich gleich wieder betupft: »Begrüßt du nicht zuerst deine Mutter?«

Wirklich eine außerordentlich schwierige Person, da war jede erdenkliche Vorsicht und äußerste Höflichkeit geboten, wollte man nicht dauernd ins Fettnäpfchen treten. Und das alles in einer fremden Sprache, was für eine aussichtslose Aufgabe! – Der junge Mann hatte den Kopf bereits wieder in den Vorraum gesteckt, wo noch jemand zu sein schien. »Gehen Sie nur schon nach oben«, sagt er zu jemandem, und gleich darauf hörte man Schritte auf der Treppe; es war wohl Lene.

Die jungen Leute brachten gute Laune mit, plauderten unverkrampft und hatten den Anstand, auch den Besucher dieses und jenes zu fragen und ihm von sich zu erzählen. Die nächste halbe Stunde entschädigte Herrn Foldal für alle Strapazen des bisherigen Aufenthalts. Man sprach von der Familie und versuchte, die genaue Verwandtschaftsbeziehung herauszubekommen (Lektion 6A: Atles Großvater hat Geburtstag), diskutierte über unterschiedliche Esskulturen (Lektion 4A: Essen und Trinken), sprach von der Landwirtschaft (Lektion 7A: Kari besucht Sven auf dem Bauernhof), der gesunden Landluft (Lektion 8A: Tore ist krank) und der Mitternachtssonne (Lektion 9C (Landeskunde): Das Wetter in Norwegen). Sowohl der junge Mann als auch seine Freundin bemühten sich, langsam zu reden, hörten ihm aufmerksam zu, wiederholten, was er nicht verstanden hatte – kurz, man amüsierte sich gut. Erhart sprach sogar einige Brocken Deutsch. Er studierte Soziologie und Literatur, und zur Freude des Gastes hatte er auch schon von Frisch und Dürrenmatt gehört. Die junge Frau Wilton hatte sich unterdessen zur alten Borkman umgedreht und sprach, wie Herrn Foldal aus einigen aufgeschnappten Brocken schließen konnte, über ein Fest in einem nahegelegenen Haus. Es wäre ihm nie in den Sinn gekommen, dass hier draußen in dieser Eiswüste auch Feste gefeiert wurden. Aber natürlich war sein erster Eindruck von dieser Welt etwas einseitig gewesen, er war immerhin in einem westlichen Sozialstaat, nicht auf einem Eisplaneten am Rande einer entfernten Galaxie! Trotz der Kälte und Dunkelheit schien, zumindest bei den jungen Leuten, einiges los zu sein. Oder erst recht wegen dieser Widerlichkeiten.

Frau Wilton. Ach, was – in diesem Haus, da wird man rasch bekannt! Vergnügte, muntere, gastfreie Leute – und eine Masse junger Damen!

Frau Borkman *(mit Nachdruck).* Kenne ich meinen Sohn recht, so dürfte das kaum der geeignete Umgang für ihn sein, Frau Wilton.

Frau Wilton. Mein Gott, liebe Frau Borkman, er ist ja doch auch jung.

Frau Borkman. Ja, das ist er, glücklicherweise. Es wäre auch schlimm für uns, wenn er nicht jung wäre.

Erhart. Ja, ja, ja, Mutter – es ist doch ganz selbstverständlich, dass ich heute Abend nicht zu diesen Hinkels gehe. Ich bleibe natürlich bei dir und Tante Ella.

Frau Borkman. Ich wusste es, mein lieber Erhart.

Ella Rentheim. Nein, Erhart – um meinetwillen sollst du dich ganz gewiss nicht davon abhalten lassen.

Ah ja, jetzt verstand Herr Foldal: Die jungen Leute wollten nochmals weg, an das Fest. »Man muss die Feste feiern, wo sie fallen!« (Lektion 6A: Altes Großvater hat Geburtstag), meinte er, und die beiden Studenten sahen einander an und lachten herzlich, während Frau Borkman natürlich wieder ihr saures Gesicht aufsetzte. Der junge Mann entschied sich dann doch, die Party nicht zu besuchen, nachdem ihm seine charmante Freundin versichert hatte, sie habe nichts dagegen und könne auch allein hingehen. »Jetzt bleib mal brav daheim bei der Mama, beim Onkel« – dabei lächelte sie schelmisch zu Foldal – »und der Tante, Herr Student!« Damit verabschiedete sie sich von allen und wirbelte, wie sie gekommen war, aus der Stube.

Mit der Unterstützung des jungen Borkman, der dem Gast die wichtigsten Äußerungen seiner Mutter und Tante wiederholte und erklärte, verstand Herr Foldal nun viel mehr als zuvor. Allerdings verlor er nun durch die Randbemerkungen des Studenten immer wieder entscheidende Passagen des Gesprächs zwischen den zwei Schwestern.

Frau Borkman *(auf dem Kanapee sitzend, mit kalter Stimme).* Bist du krank, Ella?

Ella Rentheim *(sieht ihre Schwester scharf an).* Das dürftest du doch wohl wissen, dass ich krank bin.

Frau Borkman. Nun ja, so ein wenig kränklich, das warst du ja schon seit vielen Jahren –

Erhart. In der Zeit, als ich noch bei dir war, da habe ich so oft zu dir gesagt, du solltest mit einem Arzt reden.

Ella Rentheim. Ach, weißt du, da in der Gegend, wo ich wohne, da ist keiner, zu dem ich wirkliches Vertrauen habe. Und außerdem fühlte ich mich damals auch noch nicht so schlecht.

Erhart. Ist es denn jetzt schlimmer mit dir geworden, Tante?

Ella Rentheim. Ach ja, mein Junge, ein wenig schlimmer ist es schon geworden.

Erhart. Aber es ist doch wohl nichts Ernstliches, wie?

Ella Rentheim. Ach, weißt du, das ist nun ganz, wie man es nimmt.

Immerhin verstand Herr Foldal, dass es um Gesundheit ging, und zögerte nicht, einige passende Sätze anzubringen: »Man muss auf seinen Gesundheit achten!«; »Sport und Bewegung ist die beste Medizin«; »Im Urlaub leide ich oft an Verdauungsstörung« (Lektion 8A: Tore ist krank). Der Junge lachte über Foldals Äußerungen, nur Frau Rentheim machte eine etwas leidende Miene. Wahrscheinlich war auch sie schon etwas müde – er selber ja auch! Eine Konversation in einer Fremdsprache war schließlich auch äußerst anstrengend, man unterschätzte das gern!

Aber bevor er sich zurückzog, wollte er den jungen Mann, zu dem er mehr Vertrauen gefasst hatte als zu den zwei Schwestern, doch noch nach Vater Borkman fragen – das ungelöste Rätsel ließ ihm keine Ruhe. »Mein Vater? Er ist oben. Er kommt nicht runter«, erklärte Erhart mit der größten Selbstverständlichkeit. Diesmal war Herr Foldal sicher, dass er Erhart richtig verstanden hatte (Lektion 8B: Nebensätze mit dass / Ortsangaben), aber er begriff immer noch nicht richtig. Also fragte er nochmals vorsichtig nach.

»Nein, er ist seit Längerem nicht mehr runtergekommen.« Dabei zuckte der junge Mann mit den Schultern, als könne man da nun mal nichts machen. Also doch! Seltsam war das ja schon. Und ganz zufrieden war Herr Foldal mit der Antwort noch immer nicht. Aber das Gespräch ging schon weiter, man redete über die Zukunft, und Erhart freute sich, dass Frau Rentheim hier auf dem Hof wohnen würde. Sie sagte, sie habe schon ein Zimmer im Haus bezogen. »Du wohnst auch im Haus?«, fragte sie Foldal. »Oder haben sie dich im Gästehaus untergebracht?«

Dieser blickte etwas ratlos in die Runde. Seit seiner Ankunft hatte er die Stube schließlich noch nicht wieder verlassen.

»Aber natürlich«, schaltete sich Erhart ein, »Lene hat deine Tasche schon rübergebracht.« Aha, war sie also doch das Dienstmädchen.

»Das Zimmer müsste genügend aufgeheizt sein, das Bett ist frisch bezogen. Du wirst hoffentlich gut schlafen«, sagte Frau Borkman nüchtern, und für Herrn Foldal klang es ganz wie eine Aufforderung, die

Gesellschaft bald zu verlassen. Sie schien sich überhaupt nicht über seinen Besuch zu freuen! Oder hatte es etwas mit dem Besuch der Schwester zu tun? Der schien ihr ja sehr ungelegen zu kommen. – Aber er war wirklich müde und sehnte sich nach einem warmen Bett.

»Komm doch nochmals rüber, wenn du eingerichtet bist«, meinte Erhart, als Herr Foldal aufstand und ankündigte, die Gesellschaft zu verlassen. Auf Erharts Angebot fand er keinen passenden Satz und starrte etwas dumm zum Wintergarten hinüber.

»Nur auf ein Gläschen, damit du besser schläfst«, insistierte Erhart. Seine Mutter sah ihn vorwurfsvoll an, aber Frau Rentheim lächelte fröhlich. »Und morgen«, fuhr der Student fort, »können wir uns ja ausführlicher unterhalten, weißt du, über alles Mögliche. Vom einen Ende bis zum anderen. Du, Tante Ella, Mutter und ich.« Herr Foldal nickte lächelnd, verabschiedete und bedankte sich umständlich (Lektion 1C: Nützliche Wendungen) und verließ die Stube mit steifen Beinen.

***

Lene führte Herrn Foldal hastig durch einen langen Flur zu seinem Zimmer, an einer geschwungenen Treppe vorbei, die in den oberen Stock führte. Er bedankte sich, während er die Tür hinter sich zuzog, wartete zuerst einige Augenblicke, bis sich ihre Schritte entfernt hatten, suchte dann im Dunkeln seine Zigaretten aus der Jackentasche, öffnete das Fenster und stützte sich auf die kalte Bank. Das Licht einiger Fenster projizierte leicht verzerrte Trapezmuster auf die gewölbte Schneedecke, die er der Ordnung halber gern straff gezogen hätte. Weit hinten deutete das gedämpfte Licht der Straßenlaterne die Überlandstraße an, auf der er vor einigen Stunden angekommen war. Die Zufahrtsstraße, die von dort im rechten Winkel zum Haus und daran vorbei weiter führte, war nur ein schemenhafter Strich im Schnee. Er atmete tief ein und aus. Der Tabak und die frische Luft ließen ihn etwas zur Ruhe kommen. Von irgendwo her hörte er Klaviermusik, etwas unregelmäßig gespielt.

Was sollte er von dieser ersten Begegnung halten? Jetzt war er also hier, von wo ein Teil seiner Vorfahren vor hundert Jahren weggezogen war – in einer fremden Familie, mit fremden Gesprächen, in einer fremden Geschichte, in der er keine Rolle spielte. Was hatte er erwartet?

Jetzt hörte er die Haustür aufgehen und konnte nach einer Weile aus seinem dunklen Versteck heraus beobachten, wie der Junge, Erhart, das Haus verließ, zuerst in Richtung Überlandstraße ging und dann links abbog, auf einen Weg, den Foldal bei seiner Ankunft nicht bemerkt hatte. Ging er doch auf das Fest?

Von allen Verwandten hatte ihm Erhart am besten gefallen, resümierte er, während er die Zigarette in den Schnee warf und das Fenster schloss. Er war am meisten auf ihn eingegangen, hatte ihm überhaupt ein gewisses Interesse entgegengebracht, sich mit ihm beschäftigt – der junge Student, der er auch einmal gewesen war. Aber dieser Vater Borkman, der in seinem Saal saß und nie runterkam? Herr Foldal hatte seine Tasche geöffnet und legte die Kleider für den nächsten Tag säuberlich auf den Stuhl, ordnete die Busfahrkarte, die deutsche Ibsen-Ausgabe, die er sich für die Reise gekauft hatte, sein Necessaire und den Reisewecker parallel nebeneinander auf der Holzkommode an. Was verband ihn mit diesen völlig fremden Menschen, außer der Tatsache, dass er mit ihnen verwandt war? Und was bedeutete das überhaupt, verwandt zu sein? Er hatte nie Kinder gehabt, aber gute Freunde, und die standen ihm weiß Gott näher als diese Leute. Was suchte er bei diesen Fremden, die gar nicht gewillt schienen, ihn als Verwandten anzunehmen? Wollte er überhaupt angenommen werden? War das sein Ziel? Die Gedanken verwirrten ihn, er war überfordert von dieser neuen Welt, von den Begegnungen, von der Klaviermusik aus dem oberen Stock, von dem kühlen Raum mit den altmodischen Möbeln. Er hatte kaum Gelegenheit gehabt, sich mit seinen Verwandten auszutauschen, obwohl er eigentlich ein offener, kommunikativer Mensch war – immerhin hatte er den Weg hierher auf sich genommen. Es war die Sprache! Es war diese verdammte Sprache! Sie machte ihn zu einem Kind, das nicht mitreden konnte, wenn die Großen sprachen. Wer sich mit ihm abgab, wie Erhart, musste sich selber auf das Niveau eines Kindes begeben, mit ihm über einfache Dinge reden, die keine Relevanz hatten. Man konnte das Kind natürlich auch links liegen lassen und hoffen, dass es einschlafe, so wie es die beiden Schwestern mit ihm getan hatten – sie hatten aus Höflichkeit seinem Besuch zugestimmt, aber es war deutlich geworden, dass er ihnen eine Last war –

Er hatte Lust, sich eine Weile ins Alkovenbett zu legen, das mehr einer an der Wand angebrachten Truhe als einer Schlafstätte glich. Mit Mühe kletterte er über die Seitenwand und ließ sich mit den Füßen auf die Matratze hinunter, legte sich umständlich hin, versank, wurde zu einem Kleinkind in der Wiege, hörte Geräusche, die er nicht einordnen konnte, und sah nur noch einen Ausschnitt der bemalten Holzdecke, sechs Längsbalken. Er begann auszurechnen, wie viele gleich breite Bretter es bräuchte, um das Rechteck in seinem Blickfeld rechtwinklig dazu aufzufüllen, gab es aber wieder auf und horchte in die Welt außerhalb seines Betts. Die Klaviermusik hatte aufgehört, jetzt hörte er Geräusche auf der Treppe, jemand kam nach unten, darauf fiel die Haustür zu.

Er überlegte, ob er noch etwas lesen sollte, entschied sich aber doch dagegen. Mit Ibsens Dramen konnte er, das hatte er schnell gemerkt, nicht warm werden, die Figuren waren ihm zu pathetisch, künstlich aufgebläht, die Familienbeziehungen und Auflösungen wirkten konstruiert, die Probleme der Menschen an den Haaren herbeigezogen und übertrieben. Außerdem lag das Buch auf der Kommode, hinter der Bettwand.

Er schloss die Augen und war ein Baby im warmen Mutterleib, für das die Geräusche draußen noch keine Welt darstellten, die Schritte im Haus, die Stimmen, die jetzt aus dem oberen Stock drangen, laute, heftige Männer- und Frauenstimmen, sie waren ihm egal, hatten keine Bedeutung, keinen Sinn, es waren Geräusche des Mutterleibes, das Pulsieren des Mutterherzens.

Jetzt ging wieder jemand die Treppe hoch, er öffnete die Augen und seufzte. Würde das die ganze Nacht so weitergehen? Natürlich, wenn man so allein wohnte, störte man ja niemanden. Wieder Männer- und Frauenstimmen aus dem oberen Stock. Der Fußboden knarrte unter den Schritten, da wurde gestritten, geklagt, wurden Vorwürfe gemacht, die er nicht verstehen konnte. Er schüttelte den Kopf. Das reichte! Er schüttelte die Müdigkeit von sich, bis er wieder klar sah. Lieber stand er auf, rauchte draußen noch eine Zigarette und setzte sich dann in das Wohnzimmer, bis es im Haus ruhiger war. Es war unglaublich!

Nur war das Aufstehen aus dem tiefen Alkovenbett schwieriger, als er gedacht hatte. Wie er ein Bein über die Holzwand gezwungen hatte, blieb er mit der Gurtschlaufe irgendwo hängen, stieß sich aber verkrampft weiter ab, was ihm einen stechenden Schmerz in der Leistengegend bescherte. Er stöhnte leise, musste einen Moment innehalten, tief durchatmen, holte dann erneut Anlauf und schaffte es, mit einem Ruck den Schwerpunkt seines Körpers genau über die Bettwand zu zwingen. Einen Augenblick hing er unbeweglich, bis ihn die Schwerkraft auf die Außenseite zog, wo er unsanft auf dem Boden zu stehen kam. Inzwischen waren die Stimmen wieder leiser geworden, dafür hörte er, wie jemand die Treppe herunter kam und in die Stube ging.

Er zog sich den Pullover über, nahm seine Zigaretten, löschte das Licht und horchte kurz an der Tür. Als der Flur ausgestorben schien, drückte er geräuschlos die Türklinke und setzte vorsichtig einen Fuß über die Schwelle.

Stille erfüllte das Haus, doch da – Herr Foldal zuckte zusammen – ging im oberen Stock eine Tür auf und Stimmen wurden hörbar, diejenigen von Frau Rentheim und von einem Mann. Herr Foldals Herz schlug schneller, er rührte sich nicht. Jetzt kamen sie die Treppe herunter. – Das musste Borkman sein. Was hatte ihm der Student erzählt, er bleibe oben und komme nie runter?! Da ging er ja, ein grauer Kopf, ein hagerer Rücken – das Dunkel des Flurs verbarg Herrn Foldal vor den Blicken der Herunterkommenden; er verharrte in seinem Versteck, voller Furcht, er könnte entdeckt werden. Aber jetzt war es zu spät, er konnte nichts mehr tun, nicht aus dem dunklen Flur vortreten, nicht unbemerkt in sein Zimmer gehen, beides wäre verdächtig gewesen. Verdächtig? Dabei hatte er nur eine Begegnung auf dem Flur vermeiden wollen, weil es ihm angesichts seiner sprachlichen Defizite sinnvoller schien, später, wenn man in der Stube saß, sich mit überlegten Worten einzuführen. Jetzt hatte Frau Rentheim die Wohnzimmertür geöffnet, die beiden gingen rein. Lene, die offensichtlich hinter der Türe gestanden hatte, schrie leise auf. Was für eine schreckhafte Person! Ah, Frau Borkman war auch da, flüsterte ihr etwas zu, worauf das Dienstmädchen in die Diele trat und ihren Mantel anzog. Herr Foldal hielt den Atem an, aber auch das Mädchen bemerkte den Beobachter nicht. Als sie das Haus verlassen hatte, huschte er zurück ins Zimmer, lehnte die Türe wieder an und eilte, noch immer mit klopfendem Herzen, zum Fenster, wo er die junge Frau zügigen Schrittes durch den Schnee Richtung Straße gehen und dann, wie kurz zuvor Erhart, links abbiegen sah.

Darauf schlich er sich erneut zur Tür, trat auf leisen Sohlen in den dunklen Flur und lauschte dem Gespräch in der Stube. Eine Fuge von Stimmen, die mal verzweifelt, mal anklagend, mal hämisch, mal traurig klang. Redete man in dieser Familie nie wie normale Leute miteinander? Es entsprach so gar nicht dem Bild, das er sich von den Nordländern gemacht hatte, eher dem, was er in Ibsens Theaterstücken gelesen und so künstlich, so sinn- und strukturlos gefunden hatte. Er trat mutig einige Schritte näher und verstand nun einzelne Wortfetzen: »Ich bin John Gabriel Borkman!«, sagte dieser einmal bewegt – als ob ihn seine Familie nicht kennen würde! Und etwas später äußerte Vater

Borkman etwas von acht Jahren, von einem Advokaten. Dann sprach er von einem Auge, das etwas tue – es machte für Herrn Foldal keinen Sinn, er schlich sich leise zurück in die Sicherheit seines Zimmers, stellte sich ans Fenster und blickte auf die Straße, die ferne Laterne, die verschneiten Wälder, den schwarzen Himmel. Alles wirkte unberührt und rein. Er ließ sich von den geschwungenen Formen der weißen Hügel einwiegen, es konnten fünf Minuten oder eine halbe Stunde gewesen sein, ließ sich einlullen und locken, bis er dem Ziehen der Winternacht und dem Drängen in seinem Innern nicht mehr widerstehen mochte, erneut vorsichtig die Türe aufstieß und mit leisen Schritten in die Diele ging, wo seine Stiefel standen. Er hielt den Atem an, jetzt gab es kein Zurück mehr, keine Möglichkeit, schnell die Zimmertür zuzuziehen und so zu tun, als ob nichts wäre. Wenn jetzt jemand die Stubentür öffnete, einfach so, aus einer Laune heraus, dann hatten sie ihn. Sein Herz raste und sein Brustkorb verengte sich, während er auf der Schuhbank saß, langsam und geräuschlos in seine Stiefel schlüpfte und sie mit zitternden Fingern zuschnürte.

»Die Macht!«, rief Borkman in der Stube aus, »die Macht, ja! … für viele, viele Menschen!«

Das Blut raste in Herrn Foldals Kopf.

Jetzt rief Frau Rentheim: »Gunhild, Gunhild! Wie kannst du nur!«

Frau Borkman. Das letzte Mal, da wir uns gegenüberstanden – das war vor Gericht. Als ich vorgeladen wurde, um als Zeuge eine Erklärung abzugeben.

Borkmann *(nähertretend)*. Und heute Abend bin ich es, der eine Erklärung abgeben möchte.

Frau Borkman *(ihn ansehend)*. Du?

Borkman. Nicht über das, was ich getan habe. Denn das ist ja allgemein bekannt.

Frau Borkman. Ja, du hast recht – das weiß alle Welt.

Borkman. Doch die Welt weiß nicht, weshalb ich es getan habe – es tun musste! Die Menschen begreifen nicht, dass ich gar nicht anders handeln konnte, weil ich nun einmal der war, der ich bin – weil ich John Gabriel Borkman war – und nicht irgendein anderer. Und das ist es, worüber ich dir eine Erklärung abgeben möchte.

Frau Borkman *(schüttelt den Kopf)*. Nützt nichts. Beweggründe sind keine Entschuldigung. Und Einbildungen genauso wenig.

[…]

Frau Borkman. Du hast eben nie irgendetwas anderes geliebt als dich selbst – das ist es.

Borkman *(stolz).* Ich habe die Macht geliebt –

Frau Borkman. Die Macht, ja!

Borkman. Die Möglichkeit, Wohlstand und Glück zu schaffen weit um mich her – für viele, viele Menschen!

Frau Borkman *(hebt die Hand).* Fang du nicht an, noch einmal vom Leben zu träumen! Bleib liegen, wo du liegst, und rühr dich nicht!

Ella Rentheim *(entrüstet und entsetzt).* Gunhild, Gunhild! Wie kannst du nur!

Herr Foldal war bereits aufgestanden, hatte vorsichtig die Tür geöffnet und trat hinaus. Es war, also ob ihn das warme, pulsierende Haus aus sich heraus in die eisig-frische Abendluft presste.

***

Er atmete tief ein und stapfte einige Schritte auf den Platz hinaus, als er drei Gestalten in seine Richtung kommen sah. Kurz vor dem Haus blieben sie einen Augenblick stehen, danach gingen zwei in gerader Linie auf die Eingangstür zu, während die dritte in einem steilen Winkel abzweigte und nun auf Herrn Foldal zukam. Nach einigen Sekunden erkannte er den jungen Erhart und atmete auf. Der Student sagte lachend etwas, das sich wohl darauf bezog, dass Foldal allein draußen herumspazierte. »Ich rauche eine Zigarette. Ich mag Zigaretten sehr« (Lektion 8A: Tore ist krank), antwortete der und lachte ebenfalls. Die zwei anderen Gestalten waren unterdessen beim Haus angekommen, die eine verschwand in der Tür, während die andere auf den jungen Borkman zu warten schien. Erhart bat Herrn Foldal um eine Zigarette. »Dein Vater ist in den Stube gegangen« (Lektion 4B: Perfekt und Präteritum), sagte der, während er dem Studenten die Packung hinstreckte, dieser schüttelte aber nur den Kopf und klaubte sich eine Zigarette heraus. »Das kann nicht sein, meinst du wirklich meinen Vater?« Dabei zündete er mit Mühe seine Zigarette an. Foldal nickte, aber Erhart schien ihm nicht zu glauben – vielleicht hatte er etwas falsch formuliert? – und wechselte höflich das Thema. Er versprach Herrn Foldal, man würde ihm morgen, wenn es etwas heller sei, die Gebäude, Landwirtschaftsmaschinen und das dazugehörige Land zeigen. Es gehöre viel Land zum Hof, das sich hinten bis zum Fluss ziehe – er wies mit der Hand in Richtung des gegenüberliegenden Hauses – und hinauf in die Wälder – er zeigte auf die entgegengesetzte Seite zu den Hügeln, die Herr Foldal von seinem Fenster sehen konnte. Irgendwo seien auch noch alte Familienfotos. Foldal war zufrieden mit dem Gesprächsverlauf und zündete sich eine weitere Zigarette an. Erhart wies auf die Person, die vor dem Haus wartete, und forderte Herrn Foldal auf, mit hinein zu kommen, aber der wollte noch in Ruhe fertig rauchen, er würde dann nachkommen.

Der Rauch der Zigarette zog in beruhigend wirren Mustern in den Nachthimmel. Hinter den erleuchteten Fenstern sah Herr Foldal wie in einem Schattentheater die Umrisse von Menschen, er konnte drei oder vier ausmachen, und hörte Stimmen, die bisweilen lauter wurden, manchmal auch ganz verstummten. Er fühlte sich wohl hier draußen und konnte sich gar nicht überwinden, wieder ins Haus zu gehen, wenn er an die schläfrige Wärme der Stube, das einengende Holzkorsett des Täfers dachte.

Er ging einige Schritte ums Haus, wobei er fast bis über die Stiefel im Schnee einsank. Sauberer, glitzernder Schnee von einer Reinheit, dass es ihn Überwindung kostete, mit den schweren Stiefeln Furchen darin zu ziehen. Dem Wohnhaus gegenüber stand so etwas wie ein Betriebsgebäude mit großen Toren, in dem wohl die landwirtschaftlichen Gerätschaften, Traktore und Maschinen gelagert waren. Die anderen zwei Hofseiten wurden durch ein kleines Wohnhaus, vielleicht früher ein Bedienstetenhaus, und einen Getreidespeicher auf vier steinernen Sockeln besetzt. Er hatte Lust, in gerader Linie quer über den quadratischen Hofplatz zu gehen, nur um eine Spur diagonal darüber zu ziehen, dann dem dunklen Betriebsgebäude entlang in die andere Ecke zu gehen und rechtwinklig zur ersten Spur eine zweite kreuzförmig darüber zu legen. Danach hätte er mit vier weiteren Spuren jedes Viertel nochmals halbieren können und so weiter. Schließlich ging er aber nur in einem unregelmäßigen Bogen über den Platz und brach in einer leichten Wellenlinie zwischen dem Betriebsgebäude und dem Mägdehaus hindurch aus dem Quadrat des Hofplatzes aus. Sofort wurde der Schnee tiefer, reichte ihm schon bis über die Knie. Er spürte, wie sich die Kälte seine Beine hocharbeitete, während er weiterging. Jeder Schritt war eine Anstrengung, und bald schon musste er sich schwer atmend eingestehen, dass er nicht weit kommen würde. Aber wo wollte er überhaupt hin? Eigentlich ja nur bis zur Verlängerung der Zufahrtsstraße, die höchstens dreißig Meter entfernt liegen musste, wenn er sie genau rechtwinklig schneiden wollte – ohne die Straße zu sehen, konnte er allerdings auch das Lot nicht fällen. Doch er ging weiter. Bei jedem Schritt drückte der Schnee wie ein bleiernes Gewicht auf seine Stiefel. Die kalte Luft verursachte einen stechenden Schmerz in seiner Lunge, was ihm Angst machte. Noch zwanzig Meter. Schnee bis an die Hüfte, nach jedem Schritt ängstliches Warten, bis sich der Atem beruhigt hatte, nur sich nicht überanstrengen! Noch zehn Meter. Der Schnee kam ihm fast schon bis über den Bauch, sodass er glaubte besser voranzukommen, wenn er sich flach auf die Schneedecke legte und sich nach vorne zog. So kroch und schob er sich langsam, Meter für Meter, durch das kalte Element. Dann, auf einmal, griff seine Hand ins Leere und nach einer Schrecksekunde kullerte er durch die Schneewand auf die vereiste Straße und gerade vor das Auto, das in diesem Augenblick Richtung Hauptstraße fuhr. Die Straße war glatt und das Auto fuhr kaum mehr als Schritttempo, dennoch wurde er vom Kotflügel erfasst und kräftig an den Straßenrand gestoßen. Erst nach einigen Sekunden spürte er wieder seinen Atem, seinen rasenden Herzschlag und einen dumpfen Schmerz im rechten Bein. »Wie absurd, hier angefahren zu werden, hier!«, dachte er nur, während vor seinem Auge wilde Formen tanzten, kreisten und sich erst nach einiger Zeit gruppierten, setzten und zu drei Streifen von Silber, Weiß und Schwarz wurden: die vereiste Straße, darüber die Schneewand, zuoberst der schwarze Himmel.

Die Insassen hatten ihn wohl nicht gesehen, ihn vielleicht für eine Schneeverwehung gehalten – oder hatten der Tatsache, einen Mann angefahren zu haben, keine Beachtung geschenkt. Der Wagen war bereits in die Hauptstraße eingebogen, das Motorengeräusch verschwand in der Dunkelheit.

Als er hinkend den Hofplatz erreichte, standen Frau Rentheim und der Mann, den er vorhin im Haus gesehen hatte, draußen und sahen ihn erschrocken an. »Ja, mein Gott, was ist denn mit dir passiert?«, fragte der Mann, den er für Borkman hielt. Offensichtlich war er über den Besuch im Bilde. Immerhin das! Doch Herr Foldal hielt es für angebracht, sich zuerst vorzustellen. »Jan Foldal. Und du bist John Gabriel?« Der andere nickte etwas verwirrt und zeigte erneut auf Herrn Foldals Bein: »Was hat du mit deinem Bein gemacht? Du hinkst ja!«

»Ja, ich bin übergefahren worden.« (Lektion 9A: Kari und Tore reisen nach Tromsø / 4B: Perfekt und Präteritum)

»Überfahren?«

»Ja, von einem Auto.«

Borkman war erstaunt.

»Ja, von einem Auto«, wiederholte Foldal, »ich bin aus dem Schnee gekommen (Lektion 7B: Unregelmäßige Verbformen) und das Auto …« Er schlug die Handflächen zusammen.

»Sie haben dich einfach überfahren?«, fragte jetzt auch Frau Rentheim besorgt.

»Ja, aber es ist nicht … es ist nichts.«

»Weißt du, wer im Auto war?«, fragte Borkman weiter.

Herr Foldal verneinte. »Ich habe nichts gesehen. Das Auto hat nicht angehalten« (Lektion 4B: Perfekt und Präteritum). Im Stehen tat ihm das Bein immer stärker weh, sodass er alle paar Sekunden das Gewicht zu verlagern begann, um den Schmerz erträglich zu halten. Frau Rentheim wies Borkman an, mit ihm ins Haus zu gehen, doch der wehrte ab. »Er ist überfahren worden!«, insistierte die alte Dame. Herr Foldal war nicht sicher, ob er Borkman richtig verstand – hatte er jetzt wirklich gesagt, wir alle würden mal überfahren? Dann müsse man eben wieder aufstehen? Das wäre ja ziemlich dreist! Aber vermutlich hatte er ihn missverstanden.

»Du sagtest … ähm … wer war in der Auto?« (Lektion 5B: Einfache Fragesätze), fragte er, weniger aus Interesse als um überhaupt etwas zu sagen.

Borkman lachte etwas verlegen: »Das muss mein Sohn gewesen sein, Erhart. Mit Fanny Wilton.«

Herr Foldal war verwundert, denn von Erhart hätte er etwas mehr Rücksicht erwartet. Vielleicht hatte der Junge wirklich nicht erkannt, dass er einen Menschen angefahren hatte. Auf einer einsamen Nebenstraße im ländlichen Nordnorwegen – bei diesem Gedanken konnte er sich ein Kichern nicht verkneifen.

»Und du, Jan, du lachst«, erstaunte sich Borkman.

Lene kam in diesem Augenblick aus dem Haus, mit einem großen Schlüsselbund, und sagte etwas in ihrem unverständlichen Dialekt – wahrscheinlich forderte sie Borkman auf, nach drinnen zu kommen, schließlich war es außerordentlich kalt, und auch Herr Foldal fühlte sich unwohl und wäre froh gewesen, sich endlich in die Wärme begeben zu können. »Du bist doch ein freier Mann«, oder so etwas Ähnliches sagte nun auch Frau Rentheim zu Borkman, doch der erwiderte nur, hier draußen sei es gut, das Dach würde einstürzen – nein, das musste er wieder missverstanden haben; Borkman wirkte zwar etwas verwirrt, aber doch nicht ganz verrückt.

Lene. Entschuldigen Sie – aber die gnädige Frau hat gesagt, ich soll abschließen.

Borkmann *(leise zu Ella).* Hör doch nur – jetzt wollen sie mich wieder einschließen!

Ella Rentheim *(zu Lene).* Dem Herrn Bankdirektor ist nicht so ganz wohl. Er will erst noch ein wenig frische Luft schnappen.

Lene. Ja, aber die Gnädige hat mir doch gesagt …

Ella Rentheim. Ich werde selbst abschließen. Lassen Sie den Schlüssel nur stecken.

Lene. Ja, du liebe Güte, freilich. Ganz, wie Sie wollen. *(Geht wieder ins Haus.)*

Borkman *(indem er losgeht).* Jetzt bin ich über die Mauer, Ella! Und jetzt kriegen sie mich nie mehr zu fassen!

Ella Rentheim. Aber du bist doch auch da drin ein freier Mann, John! Kannst gehen und kommen, ganz wie du selbst es willst.

Borkman *(leise, wie erschreckt).* Nie mehr in dieses Haus – niemals wieder unter Dach und Fach! Hier draußen in der Nacht, hier ist es gut! Ginge ich jetzt wieder da oben hinauf in den Saal – das Dach würde über mich hineinstürzen – die Wände würden mich zusammendrücken – mich plattdrücken wie eine Fliege.

Herr Foldal stand etwas unschlüssig da und hoffte immer noch, man würde endlich reingehen. Aber Borkman und Frau Rentheim schienen keine Anstalten zu machen, sondern bewegten sich, ins Gespräch vertieft, in die entgegengesetzte Richtung; zuerst gingen sie zur Zufahrtsstraße, dann bogen sie aber gleich an der Hausecke nach rechts in einen Weg ein, den er ebenfalls nicht bemerkt hatte, obwohl er offensichtlich unter dem Fenster seines Zimmers vorbei führte, wahrscheinlich zu den Hügeln hinauf. Er schaute ihnen ungläubig nach, wie sie um die Hausecke verschwanden, dann ging er etwas verärgert zurück zum Eingang, wischte sich den Schnee von den Stiefeln und tauchte dann in die Wärme des Hauses ein. Doch während er noch mit klammen Fingern an seinen Schürsenkeln arbeitete, stürmten Frau Borkman und Lene aus dem Wohnzimmer, ergriffen ihre Mäntel, sagten ihm schnell etwas, was er nicht verstand, und verschwanden ebenfalls durch die Haustür. Er atmete tief ein, zählte 1 - - 2 - - 3 - - 4 - - 5 - - 6 - - 7 - - 8 - - 9 - - 10

- - und atmete wieder aus. Sollten sie doch tun, was sie nicht lassen konnten! Er würde sich in der Küche noch einen Schnaps genehmigen, oder auch zwei oder drei – es war ja niemand mehr im Haus –, sich dann in die Versenkung seines tiefen Alkovenbettes legen und dem ganzen Theater hier den Rücken kehren. Eines war ihm klar geworden: Seine Verwandten waren damals, vor hundert Jahren, nicht vor der Kälte, nicht vor dem Schnee, nicht vor der Dunkelheit, nicht vor der Langeweile geflüchtet, nein! Sie waren vor ihrer Familie geflüchtet, so weit weg wie möglich, nicht bloß in die nächste Stadt oder nach Südnorwegen oder Schweden. Nein, gleich über das Meer nach Dänemark, und nicht einmal das war ihnen weit genug gewesen. Sie waren weiter und weiter gezogen, und wenn ihre Mittel gereicht hätten, wären sie nicht nur bis in die Schweiz gereist, sondern wohl bis ins südlichste Afrika geflohen!

Durch das Stubenfenster blickte er auf die verschneiten Hänge unterhalb der bewaldeten Hügelkuppen. Waren die kleinen Punkte dort oben Menschen? Waren es vielleicht sogar Borkman und die anderen? Es war ihm egal. Vielleicht zeigte ihm Borkman morgen wenigstens noch den Hof, aber danach hatte er genug von seinen Vorfahren. Um halb vier würde er vorne bei der Straßenlaterne in den Bus steigen, auf der schnurgeraden Überlandstraße zurück in die Stadt fahren und von dort geradlinig zum Nordkap. Die erste Menschengruppe hatte unterdessen, wenn man einfachheitshalber den Hang als schräge Ebene betrachtete, drei Fünftel des Wegs zum Wald zurückgelegt, nach einer Weile vier Sechstel (also zwei Drittel), dann bereits fünf Siebtel, schließlich sechs Achtel (das waren drei Viertel), sieben Neuntel – danach war es nur noch schwer auszumachen, wann es acht Zehntel (also vier Fünftel), neun Elftel, zehn Zwölftel (also fünf Sechstel), elf Dreizehntel (und so weiter) waren. Und er fragte sich, wie sie überhaupt je am verschneiten Waldrand ankommen könnten.

(Zitate frei nach Henrik Ibsen: John Gabriel Borkman. Schauspiel in vier Akten (1896). Aus dem Norwegischen von Hans Egon Gerlach, mit einem Nachwort von Gerhard Reuter, Stuttgart (Reclam) 1962.)

Der Heiland aus dem Glasturm

St. Gallen, 2014

1.

»Nein, es ist nicht der Erfolgsdruck!« Er schüttelt energisch den Kopf. »Niemand fordert, dass der Fall aufgeklärt wird. Ich stehe unter überhaupt keinem Druck. Das ist schon lange nicht mehr so.«

Weber telefoniert schon seit zwanzig Minuten, dreht langsame Runden in seinem Büro, bleibt einen Augenblick vor den Umzugskartons stehen, die sich neben der Tür stapeln, setzt sich dann auf seinen Schreibtisch und blickt vorsichtig auf die Häuser, Brücken und den Güterbahnhof mit seinen Kränen und dem runden Lokomotivschuppen hinunter.

»Mein Gott, Sie kennen doch das Problem! So häufig, wie ich es Ihnen schon …« Er hält einen Augenblick inne. »Ja, ich kenne die Regeln«, fährt er mit betont gelangweilter Stimme fort. »Also, wenn Sie es wünschen: Es begann irgendwann vor sechs Jahren, genau kann ich das nicht sagen, es kam schleichend.« Und dann erzählt er einmal mehr die ganze Geschichte, wie er es gemerkt hatte, wie es dann immer stärker geworden war, wie er Wege gefunden hatte, solchen Situationen aus dem Weg zu gehen. Unten sieht er den Intercity von Zürich einfahren, unter der Leonhardbrücke hindurch, winzig wie eine Spielzeugeisenbahn. Er geht nie näher als einen Meter an die Glasscheibe heran, um nicht von der panischen Angst ergriffen zu werden, trotz der Scheibe achtzig Meter in die Tiefe zu stürzen.

»Doch, es wird stärker, permanent, aber ohne dass ich erkennen könnte, was es verstärkt oder beschleunigt.« Er seufzt und fährt mit der Hand über ein gerahmtes Bild, das auf seinem Schreibtisch liegt. Eine alte Karte der Schweiz von fünfzehnhundertirgendwas, die er vor Jahren in einem Trödelladen erstanden hatte. *Verzeichnung der loblichen Eydgnoschafft und irer Zuegewandten / sampt den Alpgebirg und nächsten anstoessen.* Ihn hatte fasziniert, dass sie von Norden nach Süden gezeichnet ist, mit dem Bodensee unten links und dem Genfersee in der rechten oberen Ecke. Wenn er sein neues Büro auf die andere Seite hinaus hätte, würde sich ihm etwa die gleiche Perspektive bieten. Stattdessen sieht er durch die Panoramascheibe gegen Norden, in den Thurgau und auf den Bodensee. Die Hügelzüge, die er weiter hinten erkennen kann, sind auf der alten Karte zu Gunsten eines großen Winkels und der Angabe einer *Schweizer meilen* ausgespart. Manchmal fixiert er den Stich minutenlang aus wenigen Zentimetern Entfernung und stellt sich vor, in einer Raumkapsel über der Erde zu schweben, über die Hügelketten, den mäandernden Flüssen entlang, von einer roten Burganlage – so sind die Ortschaften symbolisiert – zur anderen. Ein touristischer Raumflug nach der Pensionierung, das wäre das Größte – aber nicht mit dem Gehalt eines Bundesbeamten!

»Nun gut, der Fall, beziehungsweise die Wiederaufnahme des Falls, hat wohl schon etwas damit zu tun«, räumt er ein.

Er hatte darauf bestanden, das Bild über seinem Schreibtisch, und nicht wie vorgesehen an einer der ebenfalls gläsernen Seitenwände anzubringen; was angesichts der leicht gewölbten gläsernen Außenfront eine besondere Aufhängevorrichtung erforderte, die noch nicht geliefert wurde.

»Es ist vielmehr …« Er zögert. »Es ist vielmehr die Angst, wenn die Medien oder irgendwelche Kaderleute aus den Bundesämtern …« Er legt das Bild aus der Hand und verdreht die Augen, wie wenn ihn der andere sehen könnte.

»Ihr Psychologen mit euren Ich-Botschaften! Also: Ich habe Angst davor, mich der Situation stellen zu müssen, der ich jahrelang – mit viel Aufwand – erfolgreich aus dem Weg gegangen bin.« Von den benachbarten Büros und vom Flur aus kann man seine Mimik beobachten, durch die Glaswände, dort, wo sie nicht durch Regale, Garderoben oder Flipcharts verstellt sind.

»Wenn die Sache eine internationale Dimension annimmt, und das könnte angesichts der neuen Fakten durchaus sein, dann weiß ich nicht mehr, wie ich mich verstecken kann, verstehen Sie?«

Er setzt sich auf den Stuhl, legt den Kopf in den Nacken und beobachtet, wie auf der Glasdecke über ihm Menschen hin und her gehen. Kollegen, die keine Höhenangst kennen und protestiert hatten, als Weber auf der ganzen Fläche seines Büros einen Teppich legen ließ und ihnen dadurch die Sicht auf sechzehn tiefere Stockwerke genommen hatte. Über ihnen türmen sich weitere Glasböden auf: Füße, Böden von Abfalleimern, Tisch- und Regalunterseiten, bis in einen Himmel über dem fünfundzwanzigsten Stock, den man trotz all der Transparenz nie erkennen kann.

»Vergessen Sie es, das ist ausgeschlossen, und Sie wissen das so gut wie ich!«, fährt er auf. »Ich mach mich doch nicht zum Affen, ein paar Wochen vor der Pensionierung! Bin ich erst einmal raus hier, hat sich das Problem ja von selbst erledigt. Nein, jetzt heißt es weitermachen, strategisch planen, die Kontrolle behalten. Punkt. Aus. Amen.«

Das Bild der Leute, die über seinem Kopf hin und her gehen, hatte ihn von Anfang an an Wenzingers Deckengemälde in der Klosterkirche erinnert, das er, als Schwarz-Weiß-Replik, ebenfalls auf seinem Arbeitstisch liegen hat – ebenfalls in Ermangelung einer Aufhängevorrichtung. Darauf sieht man von unten die Heiligen und Seligen, wie sie mit großen Füßen und kleinen Köpfen auf übereinander angeordneten Wolkenringen sitzen, perspektivisch so gut gemalt, dass man der Illusion erliegt, freie Sicht ins Himmelreich zu haben. Weber ist aber nicht etwa einer dieser Neureligiösen, ihn fasziniert bloß das Bild der schwebenden Gestalten, das genauso gut aus einem psychedelischen Science-Fiction-Film stammen könnte.

»Kommen Sie mir nicht mit Versagensangst! Ich habe Ihnen doch schon gesagt, ich stehe unter keinem Erfolgsdruck. Kein Mensch verlangt von mir, dass ich den Fall aufkläre, im Gegenteil.«

Die Beamten über seinem Schreibtisch wirken weniger feierlich als die alten Männer auf der Replik, vielleicht wegen der Anzüge und der glatt rasierten Gesichter, atmungsaktiver Gummisohlen anstelle nackter Füße.

»Warum? Nun, weil so etwas mit immensen Kosten verbunden ist. Die wenigen Erfolge medienwirksam zu verkaufen, offene Fälle totzuschweigen, das ist die Devise bei der Bundespolizei. Was glauben Sie denn, warum bereits mehr Beamte im Medienbereich tätig sind als bei der Fahndung?«

Jetzt muss er doch lächeln. »Gut, da haben Sie auch wieder recht, wer liest das schon. Aber dennoch …«

Ein jüngerer Mann versucht sich durch die Glastür hindurch bemerkbar zu machen. »Hören Sie, ich muss Schluss machen, Guhl steht vor der Tür und will was von mir. Nächste Woche, gleiche Zeit?«

Er legt auf und winkt seinen Assistenten herein.

Guhl trägt eines dieser modisch bunten Hemden mit unsinnig langem, spitzem Kragen. Unter dem Arm hält er einen Stapel Akten, den er Weber auf den Schreibtisch legt.

»Alles bereit für die Sitzung?«, fragt dieser. Guhl nickt und grinst – Weber weiß nicht, weshalb – und will wissen, was mit der Neuen sei.

Weber kratzt sich seinen grauen Krauskopf. Die Neue? Ja, richtig, da war doch diese Praktikantin.

»Guhl, tun Sie mir einen Gefallen und kümmern Sie sich um sie, ja? Geben Sie ihr irgendwelchen Papierkram zum Sortieren, ganz egal was. Ich habe wirklich keine Zeit.«

»Aber Chef, der Zuberbühler hat doch gesagt …«

Auch das noch! Natürlich, es handelt sich ja nicht um irgendeine Praktikantin, sondern um die Nichte vom Chef. Ambitionierte junge Frau, eine der ersten Abgängerinnen des neuen Studiengangs für Sozialadministration. Und das ausgerechnet jetzt! »Okay, ich überleg mir was.« Guhl steht noch unschlüssig da. »Noch was?«, fragt Weber ungeduldig.

»Soll ich sie also zu der Sitzung …?«

»Dann bringen Sie sie halt mit!«

Das kommt nicht gut, denkt er, während er beobachtet, wie Guhl aus dem Büro, in den Glasflur und in ein anderes transparentes Büro geht. Er weiß nicht, warum er ein schlechtes Gefühl hat. Nicht etwa, weil es die Nichte von Zuberbühler ist; vor dem hat er in den letzten Monaten vor seiner Pensionierung nichts mehr zu befürchten. Vielleicht ist es der Gedanke, vor dieser neuen Garde junger, kurzhaariger, sportlich-dynamischer Ermittler, mit ihren großen Idealen und ihren Abschlüssen in Sozialadministration, bestehen zu müssen – vor dieser neuen »Hitlerjugend«, wie er sie insgeheim nennt.

Manchmal, wenn er außerhalb seines Büros über den Glasboden geht und aus Unachtsamkeit nach unten blickt, glaubt er, wie durch dünnes Eis durchbrechen zu müssen. Der Künstler, der das Deckengemälde in der Klosterkirche gemalt hat – vielleicht war es auch ein späterer, der dem ersten einen Streich spielen wollte, wer weiß – hatte die Füße einer einzelnen Gestalt nicht gemalt, sondern aus Gips gestaltet, sodass sie als einzige Körperteile aus dem Bild herausragen. Oder durchgebrochen sind. Vielleicht wollte er damit ja auch zeigen, wie fragil solche Strukturen sind, denkt Weber. Die Wolkengebilde im Jenseits ebenso wie die Türme der Behörden hier unten.

Eine halbe Stunde später, im modernen Sitzungszimmer in der Gebäudemitte. Webers Team besteht aus zwölf Mitarbeitern, teils aus dem kantonalen Polizeikorps, teils aus ehemaligen Berufssoldaten und -offizieren der Armee. Sie sitzen wie die Apostel beim Abendmahl am langen Konferenztisch, mit Pappbechern und Akten statt mit Renaissancegeschirr. Er weiß, dass ihn die Mitarbeiter hinter seinem Rücken den »Heiland« nennen; es hat ihn nie interessiert, weshalb, und er hat sich auch nie daran gestört.

Heiland und Abendmahl hin oder her, Weber setzt sich nie in die Mitte, sondern vorne auf die Seite. Plötzlich bemerkt er die junge Frau mit den kurzgeschnittenen, leuchtend roten Haaren, die angestrengt in den Unterlagen blättert und nichts zu finden scheint, was mit dem Lagebericht in Verbindung steht, den Dini eben präsentiert. Weiß Gott, was ihr Guhl da zusammengestellt hat! Dini kann sich wieder nicht kurz fassen, jeder hier kennt den Fall doch zur Genüge – außer eben Bettina Lanz, welche die Unterlagen jetzt zur Seite gelegt hat und sich Notizen macht. Dini zeigt nochmals die Bilder der sechs Personen, die letzten Herbst beim Besuch des Festungsmuseums in St. Margrethen spurlos verschwanden und trotz breit angelegter Suchaktionen im Inneren der Festung und in der weiteren Umgebung bis zum heutigen Tag nicht aufgefunden werden konnten. Es ist der Fall, den Weber zuvor am Telefon besprochen hat. Die Sache hatte damals wochenlang für Schlagzeilen gesorgt, weil niemand eine Erklärung für das Verschwinden fand. Einerseits schien es naheliegend, dass es mit der Führung durch das alte Festungswerk in Zusammenhang stehen musste, andererseits waren alle zugänglichen Stollen minutiös untersucht worden, ohne auch nur eine Spur der Vermissten zu finden. Weber und sein Team waren massiv unter Beschuss geraten. Vielleicht hat ja doch diese Geschichte meinem Problem Vorschub geleistet, überlegt er sich jetzt.

Immer wieder konnte man von der »Todesfestung«, dem »Horrorstollen« lesen. Nach einigen Wochen, in denen der unbegreifliche Vorfall von allen möglichen Seiten beleuchtet und ausgeschlachtet worden war, nahmen die Zeitungen die Untersuchungsbehörde ins Visier: »Was taugt unsere Bundespolizei wirklich?«, fragte ein nationales Blatt.

Fachleute wurden in Fernsehsendungen eingeladen und kritisierten die »resignative Haltung der Behörde« in diesem spektakulären Fall.

In einer Zürcher Gratiszeitung hieß es: »Will die BUSIPO den Festungsfall nicht aufklären? Wer steht auf der Bremse?«

Ein »Chaos in der BUSIPO« konstatierte das *Forum,* und der

Bischof stellte in seiner Kolumne im *Kirchenboten* die philosophische Frage nach dem Verlorensein, Bezug nehmend auf das Gleichnis vom Verlorenen Sohn: »Verloren scheinen nicht nur die sechs Opfer von St. Margrethen, verloren scheinen vor allem die Beamten der Bundessicherheitspolizei«, hieß es darin.

Der Höhepunkt war Anfang Dezember mit der Schlagzeile eines nationalen Blattes erreicht: »Advent, Advent, die SIPO pennt!« Danach ging das Medieninteresse etwas zurück und die Ermittlungsbehörden beeilten sich, den Fall zur aktiven Verdrängung der internen Medienabteilung zu übergeben.

»Fassen Sie sich kurz, Dini«, unterbricht Weber den Vortrag, der schon über zehn Minuten dauert, und wendet sich an das Plenum, »wir kennen die Fakten. Die Details können Sie ja den Akten entnehmen.«

Bettina Lanz schaut irritiert auf und beginnt dann erneut im Papierstapel vor ihr zu blättern. »Sie haben das wahrscheinlich noch nicht«, erklärt ihr Weber und zeigt auf seinen Assistenten, »Guhl wird es Ihnen nachher geben.«

Die Rothaarige nickt und hebt die Hand, wie in der Schule. Einige grinsen und tuscheln. Dini schaut fragend zu Weber, der schließlich nickt. Jeder im Raum weiß, dass Zwischenfragen tabu sind.

»Was den Verbleib der Vermissten angeht, mit welchen Varianten arbeiten Sie da?«

Dini scheint die Frage nicht richtig verstanden zu haben und führt aus, welche Probleme bei der Beschaffung der Pläne der stillgelegten Festungsanlage aufgetaucht waren: inkompetente Archivleitung, Verlust von Beständen durch fehlerhaftes Katalogisieren. Schließlich nach wochenlangen Recherchen in den Archiven des neuen Bundesamts für die Armeeauflösung die resignierte Feststellung, dass eigentlich niemand das Ausmaß der ganzen Festung und ihrer Verbindungen zu anderen Festungssystemen der Ostschweiz kenne.

»Es war schlicht unmöglich, alle Pläne zusammenzubringen, um ein vollständiges Bild der Anlage zu bekommen«, schaltet sich Guhl ein. »Früher war das wohl eine sinnvolle Maßnahme im Rahmen der Geheimhaltung, doch jetzt … Das ganze Chaos bei der Armeeauflösung … Da ist nichts zu machen. Und daher hat man die Variante eines Verbleibs innerhalb der Anlage zwar nicht aufgegeben, aber dennoch nicht weiter bearbeitet.«

Während dieser Ausführungen hat Weber die endlosen, feuchten Stollen vor seinem geistigen Auge, in denen er selbst einen Teil seiner

Rekrutenschule verbracht hatte. Morgenappell bei der Verladerampe im Berg, wo sonst Lastwagen mit Munitionskisten vorfuhren. Dann in zwei Minuten die hundertdreiundachtzig Treppenstufen hoch zur oberen Abdeckung, wo man dann, atemlos und verschwitzt, in der ungewohnten Helligkeit zuerst einmal gar nichts sehen konnte. Die Leitern, die in den Lüftungsschächten des Wachlokals in unbekannte Tiefen führten. Den Rekruten waren diese Wege natürlich verboten, aber einige Mutige waren doch hinuntergeklettert und kamen mit unglaublichen Geschichten zurück: Ganze Spitäler sollten dort unten sein, große Garagen mit Reihen von Lastwagen. Beim Bier während des Ausgangs nahm die Anlage immer abenteuerlichere Ausmaße an. Es sollte Verbindungen zu allen anderen Festungswerken der Schweiz geben – immerhin waren einige Unteroffiziere im vorigen Winter, als die Schöllenenstraße gesperrt war, mit einer unterirdischen Seilbahn von Göschenen direkt in die Teufelswand bei Andermatt befördert worden – bis zu Anlagen, die Kampfjets aus dem Berg direkt in den Luftraum katapultieren konnten. Ein anderes Bild, das sich ihm plötzlich, nach vielen Jahren, wieder aufdrängte, war das der Mumien; so nannte man es, wenn man an einem Kleiderbügel alle möglichen Tenues – Kämpfer, Arbeitsanzug, Winterausrüstung – übereinander aufhängte und zum Schluss, der Feuchtigkeit wegen, mit dem Regenschutz umhüllte. Lange Reihen von feuchten, grauen Mumien an den halbdunklen Stollenwänden.

»Heißt das«, fragt Bettina Lanz an Guhl gewandt, »dass Sie diese Variante nicht mehr bearbeiten, obwohl Sie sie für wahrscheinlich halten, ich meine, dass sich die Vermissten …« – sie sucht nach den richtigen Worten – »tatsächlich in der Festung verlaufen haben könnten und nie mehr aufgetaucht sind?«

Weber weiß, wie absurd das klingt, nicht weniger absurd als in Mani Matters Ballade *vo däm, so vom Amt isch ufbotte gsi und nie me umecho isch.* Sechs Personen verschwinden in einer Alpenfestung und werden nie mehr gesehen. Absurd.

Guhl versucht, ihr den Sachverhalt nochmals zu erklären, und blickt verzweifelt zu seinem Vorgesetzten. Doch Weber denkt nicht daran, ihm zu helfen.

»Sehen Sie«, fährt der Assistent fort, »die Möglichkeit ist anfänglich natürlich intensiv untersucht worden. Die Anlage ist riesig, Sie können sich das nicht vorstellen. Aber wegen der Sparmaßnahmen hat man alle Zugänge, die vom Museumsbereich, das heißt dem für Personal und

Besucher zugänglichen Trakt, irgendwo hinführen, versiegelt. Für das, was dahinter liegt, gibt es, wie gesagt, keine vollständigen Pläne. Aber man hat auch keine Möglichkeit gefunden, wie die Gruppe den versiegelten Bereich hätte verlassen können.«

»Aber dann kann es doch nicht sein, dass kein Einziger der Vermissten, nachdem sie das Museum verließen, von irgendjemandem gesehen worden ist?«

Jetzt reicht es Weber.

»Lesen Sie die Akte!«, unterbricht er die junge Frau grob. »Weitermachen!«

»Neue Faktenlage«, ruft Guhl und winkt einen anderen Ermittler nach vorne. »Hurter!« Einige Mitarbeiter sind während des Gesprächs nach draußen gegangen, um am Automaten ihre Kaffeebecher aufzufüllen. Es entsteht kurz Unruhe, während sich der stämmige Hurter vorne aufstellt und seine Präsentation ordnet.

»Vorgestern früh hat uns die österreichische Heerespolizei über den Fund einer männlichen Leiche informiert, die aufgrund von mitgeführten Ausweispapieren eindeutig als einer der Vermissten von St. Margrethen identifiziert werden konnte. Der zweiundzwanzigjährige Student Fabian Keller, bis zu seinem Verschwinden wohnhaft in Zürich.«

Auf der Leinwand erscheint ein Foto, auf dem ein junger Mann dem Fotografen fröhlich mit einem Bierglas zuprostet.

»Fundort ist ein seit mehreren Jahren nicht mehr gewarteter Verbindungsstollen, der von der Anlage Tufers« – jetzt sieht man einen Kartenausschnitt des St. Galler Rheintals, auf dem der Fundort rot eingekreist ist – »in das stillgelegte Werk Valduna führt.« Das nächste Bild zeigt ein Kleiderbündel.

»Aufgrund des starken Verwesungszustandes ist es den österreichischen Gerichtsmedizinern nicht möglich gewesen, Genaueres über die Todesursache zu sagen. Zumindest ist Fremdeinfluss weitgehend auszuschließen. Die Kollegen vermuten, der Junge habe sich aus Abenteuerlust Zugang zur stillgelegten Anlage verschafft und habe den Ausgang nicht mehr gefunden. Sie erinnern sich an Berichte in entsprechenden Internetforen.«

Weber winkt ungeduldig und zeigt auf die Uhr.

»Den genauen Bericht der österreichischen Behörden«, schließt Hurter ab, »haben Sie am Anfang der Sitzung bekommen.«

Alle blättern in den Unterlagen, nur die rothaarige Praktikantin schüttelt den Kopf und wirft Guhl einen Blick zu, der so viel bedeutet wie: ›Da steht nichts, aber auch gar nichts drin.‹ Der Assistent winkt ab, deutet auf seine Uhr, um auf später zu verweisen, und kündet das nächste Traktandum an: »Aufträge.«

»Im Moment sehe ich drei Aufgabenfelder.« Weber hat sich von seinem Platz erhoben und wartet, bis er die Aufmerksamkeit des Teams hat. »Medien. Ich will zum jetzigen Zeitpunkt nur eine knappe, nichtssagende Mitteilung, keine Medienkonferenz oder Ähnliches. Jacob und Flüeler, Sie setzen sich mit der Medienabteilung in Verbindung. Alles, was rausgeht, kommt zuerst zu mir.«

Zwei der Ermittler nicken und notieren sich die Anweisungen.

»Fernandez, Sie kümmern sich um die Überführung, den Kontakt mit den Hinterbliebenen, Care Team, Sie wissen schon. Nehmen Sie noch« – er blickt in die Runde – »Blatter dazu.« Er blättert in seinen Notizen. »Sie, Guhl, übernehmen den Bericht für die Dienststelle. Warten Sie noch auf allfällige Ergänzungen aus Österreich.« Er wartet eine Weile, bis alle ihre Notizen gemacht haben. »Fragen?«

Jacob, ein älterer, kahlrasierter Mann mit Hornbrille und dickem Pullover, hebt die Hand und fragt, ob man nicht der Frage nachgehen müsste, wie der Junge von St. Margrethen nach Tufers gelangt sei. Diesen wichtigen Aspekt hat Weber nicht etwa vergessen, er hat ihn bewusst unerwähnt gelassen, schließlich soll der Fall keine internationalen Ausmaße annehmen. Dafür muss er sorgen; das ist seine persönliche, geheime Mission. Er kratzt sich am Kopf.

»Na schön, Jacob, Sie können das ja zusammen mit Flüeler noch übernehmen, viel Neues wird dabei nicht rauskommen, und für das, was hinter der Grenze liegt, beziehen Sie sich auf die Berichte, die uns zugestellt werden, klar?«

Jetzt meldet sich die Praktikantin zu Wort. Sie hat vor Nervosität einige rote Flecken im Gesicht bekommen.

»Müsste man der Frage nach dem Weg nicht mehr Gewicht beimessen? Ich meine, ich will nicht kritisieren, nur …« Guhl fordert sie mit einer Handbewegung auf, weiterzumachen. »Ich denke, es wäre interessant, wenigstens die Merkmale des Toten, Kleidung, mitgeführte Gegenstände und so weiter, mit der Vermisstenanzeige zu vergleichen. Es könnte einen Anhaltspunkt darüber geben, ob …« – sie sucht in den Unterlagen – »ob Fabian Keller das Festungssystem überhaupt verlassen hat oder nicht.«

Weber verdreht die Augen. »Glauben Sie etwa«, fährt er sie an, »er habe sich aus unserer Armeefestung einen Tunnel bis nach Österreich gegraben?«

Einige Ermittler lachen etwas verhalten, die junge Frau wird ganz bleich, und nun merkt auch Weber, dass er etwas zu heftig reagiert hat, und ergänzt in ruhigerem Ton: »Wir gehen davon aus – und das werden Sie im Profil finden, das Sie von Guhl bekommen –, dass Keller mit Gruppierungen sympathisiert hat, die sich für Festungen interessieren, Zugänge zu verschlossenen Werken suchen und ihre Erlebnisse im Internet austauschen. Lassen Sie sich von Guhl alles geben, auch die Links, und … ja, beschäftigen Sie sich doch vorerst einmal damit; solange sind Sie in keinem Team eingebunden. Arbeiten Sie sich ein.« Guhl lächelt der verschüchterten Praktikantin aufmunternd zu.

Einige sind schon während der letzten Sätze aufgestanden. Jetzt packen sie ihre Papiere und Pappbecher zusammen und treffen leise Abmachungen für die weitere Arbeit oder für das Feierabendbier. Schon seit einer Viertelstunde brennt die automatische Beleuchtung.

Hinter den benachbarten Büros erkennt man einen bewölkten Himmel, so düster wie Wenzingers Vision des Himmelreichs. Die letzten Heiligen, die Apostel und der Heiland selbst verlassen ihre Wolken und fahren mit den Fahrstühlen unter die Erde, in die Tiefgarage.

2.

Kaum waren die ersten Pläne für das Ostschweizer Kompetenzzentrum der BUSIPO beim St. Galler Güterbahnhof an die Öffentlichkeit gelangt, machte eine Boulevardzeitung auf die Ähnlichkeit mit den japanisch inspirierten Papierlampen aufmerksam, die man für weniger als zehn Franken bei IKEA kaufen kann, und mittlerweile hat sich die Bezeichnung Papierlampe bei der Bevölkerung wie auch den Beamten selber durchgesetzt. Die drei leicht variierten Türme in Bellinzona, Luzern und Lausanne, vom gleichen Zürcher Architekturbüro entworfen, bekamen ähnliche Namen: Lichterturm, Tour d'étoiles, Laterna magica und Ähnliches. Denn wenn die Dämmerung hereinbricht und sich die automatische Beleuchtung einschaltet, erscheint der über dreißig Stockwerke hohe, vollständig aus Glas gebaute Turm tatsächlich wie sein papierenes Gegenstück, außer dass der Glasturm nicht so gleichmäßig Licht ausstrahlt wie eine Lampe, sondern sich wegen der

Raumbeleuchtungen in einem ständigen, langsamen Flackern befindet, das ihm in verschneiten Winternächten etwas zudringlich Weihnächtliches verleiht. Im Innern des Milliardenbaus führen zwei gegenläufige Laufbänder wie eine DNA-Spirale nach oben, werden allerdings wegen ihrer Gemächlichkeit – vom Foyer im Erdgeschoss bis zur Cafeteria im zweiunddreißigsten Stock braucht man ganze fünfunddreißig Minuten und vierzig Sekunden – nur für kurze Verbindungen gebraucht, schnellere Verschiebungen in der Vertikalen besorgen sechzehn Hochgeschwindigkeitsfahrstühle, in vier säulenartigen Schächten angeordnet. Sie bringen den Besucher in gerade mal fünfundzwanzig Sekunden in die schwindelnde Höhe, von wo sich der Blick in den Alpstein, über den Bodensee und an schönen Tagen bis weit in den Schwarzwald hinein öffnet.

***

Pausengespräch zuoberst im Glasturm. Guhl und die rothaarige Praktikantin reden über ihr Lieblingsthema: den Minigipfel, der in einigen Wochen auf Schloss Wartensee, hoch über dem Bodensee stattfindet. Ihr Lieblingsthema, weil sie hier auf einen reichen Vorrat aus Angelesenem, Angehörtem, Angeschautem und Angedachten zugreifen kann: Empörung über die linken Medien mit ihrem Lamento über Polizeiwillkür, Verschleudern von Steuergeldern, Bullenstaat; Ideen für den besten aller möglichen Polizeieinsätze: präventive Informationspolitik, Subsidiaritätsprinzip und Rules of Engagement; Analysen der »Gegenseite«; seit Längerem eben nicht mehr nur die »Chaoten« aller Lager, sondern vermehrt ein bunter Zug von Familien, kirchlichen Jugendgruppen und Seniorenvereinen, was den Schwarzen Block etwa zu einer Folkloregruppe werden lässt, was der natürlich zu verhindern sucht, auch wenn die neuen Freizeitdemonstranten ebenso »gegen die Vertreter und Vertreterinnen des kapitalistischen und sexistischen Systems« parodieren, nur mit etwas anderen Worten: »Alle Christen sind Geschwister« oder »Annehmen statt ausgrenzen«. Es sprudelt so schnell aus ihr heraus, dass sie kaum mit Reden nachkommt und vor Eifer rote Flecken an Hals und Wangen bekommt. Sein Lieblingsthema, weil er sich zurücklehnen und – als Kriegsveteran sozusagen – von seinem eigenen Einsatz mit der Armee am G8-Gipfel in Evian 2001 erzählen kann, dem letzten und zugleich seit dem 2. Weltkrieg größten Armeeeinsatz der Schweiz. Er noch junger Leutnant. Dass die Hauptaufgabe darin bestand, Fahrzeuge einzuweisen und Verpflegung und Transportmöglichkeiten zu organisieren, während die wirklich heiklen Aufgaben vom Grenzschutz oder von den deutschen Polizisten übernommen wurden (die dann aber auch nichts machten), muss die Praktikantin ja nicht wissen.

Als sie auf Weber zu reden kommen, ist es vorbei mit dem fröhlichen Eifer. Nach etwas mehr als einer Woche bei der BUSIPO hat Bettina auf die Frage, wie es laufe, nur eine Antwort: Eine müde Handbewegung, die alles sagen muss.

»Du darfst das nicht persönlich nehmen«, sagt er väterlich, »so ist der Heiland nun mal. Zu uns ist er auch nicht besser.«

Aber Bettina schüttelt den Kopf. Dass er sie unfreundlich und herablassend behandelt, sie kaum je grüßt, ihr unsinnige Aufträge gibt und am Ende keinen Blick auf das Resultat stundenlanger Sortier- oder Kopierarbeit wirft – das alles wäre ja schon Grund genug zur Klage. Aber dass sie erst beiläufig vom zweiten Leichenfund erfahren hat, als das ganze Team schon bei der Arbeit war, das ist nun doch zu viel! Sie schaut sich im Raum um, aber weder Weber noch einer der Apostel sind in der Pause. »Weber spottet über alles, was wir im Studium gelernt haben, Ermittlungssystematik, Variantenfindung, Problemlösungsmatrizen, alles.«

Guhl schaut ihr verständnisvoll über seine Cola hinweg in die Augen, nickt nur.

»Er gibt mir überhaupt keine Chance, mich einzubringen.« Und das stimmt natürlich. Da findet man bei der genaueren Untersuchung der Anlage Tufers im Vorarlberg, eine Etage tiefer als Fabian Keller, eine zweite Leiche, in ähnlich unappetitlichem Zustand, und Weber weigert sich, Bettinas Überlegungen und Analysen ernst zu nehmen, dass man nämlich die Kleidung und die mitgeführten Gegenstände untersuchen und mit den Angaben der Vermisstenmeldungen vergleichen soll – Routinevorgehen, von dem Weber noch nie gehört zu haben scheint. Stattdessen belächelt er ihre These weiterhin als blanken Unsinn, obwohl es gar keine These war, obwohl sie nie behauptet hat, die Vermissten hätten die Festung gar nicht verlassen – dass sie nicht in eine Schweizer Festung rein und auf der österreichischen Seite wieder raus konnten, ist ihr ja auch klar –, aber schließlich wisse ja niemand – da sind sich alle einig – wie weit das Netz von Gängen und Stollen führe.

»Aber er hört mir gar nicht zu. Macht die Standardverfahren lächerlich, die jeder seriöse Ermittler durchspielen muss.« Sie schüttelt resigniert den Kopf. »Ich kann so nicht arbeiten.«

Guhl möchte wieder auf den Fall zu reden kommen. »Was glaubst du denn?«

»Was ich glaube? Es geht nicht darum, was ich glaube.« Sie ist ziemlich aufgebracht, zwingt sich aber ganz ruhig zu bleiben. »Ich habe keine These, nur eine weitere Möglichkeit, die man nicht aus den Augen lassen sollte. Vergleicht man die Vermisstenakten mit den neuen Leichenfunden, lässt sich nichts feststellen, was dazu- oder weggekommen wäre.«

Er schaut sie fragend an und wischt sich die Haare aus der Stirn.

»Kein Kassenzettel, keine Fahrkarte, nichts, was ein aktuelleres Datum trägt als der Tag, an dem sie in der Festung verschwunden sind. Niemand schmeißt gültige Fahrkarten weg und behält die alten. Und … und die Kleidungsstücke der beiden Leichen sind genau die gleichen wie beim Besuch in der Festung.«

»Du hast selbstständig weitergeforscht?« Er pfeift durch die Zähne.

Sie nickt schuldbewusst. Natürlich hatte ihr Weber das verboten. Und ja keine Einzelgänge, wir sind ein Team, hatte er ihr eingeschärft. Dabei war er ja der Letzte, der im Team arbeitete. Er arbeitete mit niemandem zusammen, niemand wusste genau, was er eigentlich machte, aber es fragte auch niemand danach.

»Weber …« Guhl überlegt eine Weile. »Was soll ich sagen? Weber ist einfach so. Einmal, da hat er am Morgen versehentlich den Mantel seiner Frau angezogen, einen violetten Damenmantel. Da kommt er so ins Büro, und natürlich weist ihn niemand darauf hin, man weiß ja, wie er reagieren kann. Aber ihm, ihm ist es nicht einmal peinlich, oder vielleicht doch, auf jeden Fall denkt er nicht daran, ohne Mantel zum Mittagessen zu gehen, er stellt sich sogar absichtlich vor die anderen und genießt es, dass keiner etwas sagt. So ist eben unser Heiland.«

»Warum nennt ihr ihn eigentlich so?«

»Keine Ahnung, irgendwer hat mal damit angefangen.« Er überlegt eine Weile.

»Vielleicht, weil er so in seinen eigenen Sphären arbeitet, und wir als seine Jünger nur ab und zu mal … ach, ich weiß es nicht.«

Lustiger Heiland! Aber Heiland hin oder her, eine so schlampige, unprofessionelle Arbeit hat sie noch nie gesehen, und gerade bei der BUSIPO hat sie anderes erwartet.

»Warum bist du denn gerade zu uns gekommen?«, fragt Guhl, um das Thema zu wechseln. Sie erzählt von ihrem ersten Praktikum beim *Kirchenboten,* wo sie ihren Freund– mittlerweile Exfreund – getroffen hat.

»Beim *Kirchenboten?«,* fragt Guhl schnell, um seine Freude zu verbergen. »Wer arbeitet schon beim *Kirchenboten?«*

Aber sie sieht ihn ernst an. »Der *Kirchenbote«,* belehrt sie ihn, »ist im Augenblick die am schnellsten wachsende überregionale Zeitung. Die haben unglaubliche Mittel zur Verfügung und eine mega Infrastruktur.«

Aber Guhl interessiert sich mehr für den Exfreund. Ob sie mit ihm noch Kontakt habe, will er noch wissen und ist nicht ganz zufrieden mit der Antwort, dass sie ihn heute Abend noch treffe, dass es aber definitiv aus sei und … Jetzt wechselt sie das Thema. »Ich wollte zuerst in die Kirchenverwaltung, ins Kloster …«

Guhl prustet los. »Du als Nonne? Na, das kann ich mir ja gar nicht vorstellen.« Er kann sich kaum halten und bekommt vor Lachen einige Schweißperlen auf die Stirn. Die Vorstellung, wie die sportliche Assistentin, in ein langes, schwarzes Nonnengewand gehüllt, die kurzen roten Haare unter dem strengen Schleier versteckt, ernsthaft durch den kahlen Kreuzgang wandelt, wobei jeder Schritt an den nackten Wänden widerhallt, schüttelt ihn vor Lachen.

»Natürlich nicht als Nonne, Blödmann!«

Guhl lacht immer noch.

»Die Kirche«, fährt sie fort, »bietet äußerst interessante und gut bezahlte Stellen in der Administration an, das hat nichts mit stiller Andacht und Nonnenrobe zu tun – willkommen im 21. Jahrhundert!«

»Aber jetzt bist du trotzdem bei uns gelandet«, grinst er. Sie nickt und zuckt die Schultern. Ihr Onkel hatte ihr den Job verschafft, Webers Boss. Sie lehnt sich zu Guhl über den Tisch.

»Ich verstehe nicht«, flüstert sie, »warum der den Weber noch nicht entlassen hat.«

Er lacht nur. »Weber ist schon gut, saugut sogar. Aber nicht immer der Einfachste.«

»Ja, muss wohl so sein.« Jetzt lacht sie auch. Ein schrulliger, schlecht gelaunter, schroffer und desorganisierter Heiland ist nicht weniger ein Heiland.

***

Der kleine Park vor der Tonhalle, später am gleichen Abend. Eine Jugendgruppe hat auf der einen Seite der bunt blühenden Blumenbeete unter Anleitung ihres Coaches, eines muskulösen Typs von der Art Bademeister, Feldwebel oder Fitnesstrainer, einen Stand aufgebaut und versucht jetzt Passanten ins Gespräch zu verwickeln. Alle Jungs tragen schwarze T-Shirts mit der Aufschrift »Gott liebt alle«, derselben Aufschrift, die auch auf einem großen Transparent die Vorderseite des Standes bedeckt. Auf der anderen Seite der Blumenpracht eine Seniorenvereinigung, ihr Slogan lautet: »Christen gegen Ungleichheit«. Die Alten sitzen die meiste Zeit, wenn sie nicht gerade einem Fußgänger einen Flyer in die Hand drücken, auf weißen Campingstühlen mit Armlehnen, trinken Kaffee aus Thermoskannen, müssen ihre Kräfte einteilen. Passanten kommen und gehen, Familien mit Kinderwagen oder größeren Kindern, die noch an der Hand der Eltern hängen oder bereits gelangweilt hinterhertrotten, junge Paare, einige Geschäftsleute. Alles in allem ist es ruhig; abgesehen von einem älteren Mann, der ungepflegt und offensichtlich betrunken am Boden hockt, neben sich einige Weinflaschen, und die ganze Zeit in unregelmäßigen Abständen Beschimpfungen in Richtung des Platzes ruft; Walti, vormals Straßenkehrer in den besseren Quartieren am Rosenberg, nach lebenslangem Konsum von *Appenzeller Alpenbitter* vollkommen verblödet.

Etwas abseits, auf einer Parkbank, sitzen zwei junge Leute, er in sportlicher Lederjacke und Jeans, mit längeren blonden Haaren, etwas rötlichem Gesicht, markantem Kiefer und Brille, sie sportlich gekleidet, etwas nervös in ihren Bewegungen. Das Licht der Abendsonne verfängt sich in ihren kurzen, roten Haaren.

»Kannst du deine Sachen abholen?«, fragt er schüchtern. »Oder – ich kann sie dir auch mal vorbeibringen.«

»Ich hol sie ab, klar.«

»Sauhunde, alle zusammen! Dreckige Sauhunde seid ihr, ist doch wahr!«, ruft der Betrunkene.

Das Gespräch auf der Parkbank bricht immer wieder ab, wie der Motor eines Schrottautos. Dann blickt er zum Seniorenstand, sie auf ihre Schuhspitzen.

»Und wie läufts an der neuen Stelle?«, fragt er.

Sie zögert und lacht etwas verlegen. »Na ja.«

»Nicht so toll?«

»He, ihr senilen Penner!« Offensichtlich hat der Betrunkene es auf die Seniorengruppe abgesehen. »Hallo, ihr da, ihr senilen Penner!« Er winkt mit der Flasche. »Alzis! Ha, ha, ha – Aaaal-ziiiis!«

»Na, es geht schon.«

Er blickt wieder zum Seniorenstand, wo man langsam unruhig wird, da die Tiraden nicht abreißen.

»Parkinsonisten! Zittergreise! Bettpisser!«

Dann stimmt der Trunkenbold ein scheußliches Gelächter an, das in einen Hustenanfall mündet.

»Weißt du«, fährt sie nach einer Weile fort, »mein neuer Chef ist recht unangenehm.«

»Ach ja?«

»Lässt mich nichts machen, kritisiert mich nur.«

»Scheiße.«

Walti, der sich einigermaßen erholt hat, legt wieder los: »Hört ihr mich nicht, oder schafft ihr es nicht mehr hier rüber, ihr Schweine im Rollstuhl? Wisst ihr, was ihr seid? Machen wir ein Rollstuhlrennen? Ihr Säue!«

Sie nickt. »Das ist so was von unprofessionell, das kannst du dir nicht vorstellen.«

Er macht ein überraschtes Gesucht. »Und die anderen Mitarbeiter?«

»Die sind schon okay, die meisten etwas öde. Der Assistent vom Chef, der ist ziemlich in Ordnung.«

Die Jungs an ihrem Stand sind unterdessen auf den Konflikt aufmerksam geworden, der sich anbahnt, und stacheln den Betrunkenen noch an. »Geh doch rüber! Lass dir das nicht gefallen!«

Dieser winkt fröhlich mit der Flasche zur unerwarteten Unterstützung, er wendet sich zum Gehen, bleibt dann aber doch unentschlossen stehen.

»Hast du jemanden kennengelernt?», fragt Jürg und lächelt etwas verlegen.

Sie lacht verlegen. »Nein.«

»Und dieser Assistent?« Er wird rot.

Sie schüttelt energisch den Kopf: »Nein, nie im Leben, nein, das wäre überhaupt nicht mein Typ. Ein ziemlicher Schleimer.« Sie schaut über den Platz.

Der Straßenwischer ist mühevoll aufgestanden, die Weinflasche noch in der Hand. »Jetzt komme ich, ihr Windelkacker! Macht euch nur schön in die Windeln, buuuuh!«, schreit er in Richtung des Seniorenstandes. Allerdings ist er damit beschäftigt, das Gleichgewicht zu halten, und scheint sein Vorhaben wieder zu vergessen. »Ihr Pimmellutscher, oder – nein – ihr Möchte-gern-Pimmellutscher!«

Die Alten diskutieren unterdessen aufgeregt, was zu tun sei.

»Und du?«

Er winkt traurig ab und schaut über den Platz.

»Die Arbeit?«

Er seufzt. »Jetzt wo sie immer größer werden, haben sie mir den Bericht über den Minigipfel weggenommen und einem Profi gegeben.«

»Scheiße.«

Einer der Senioren, ein Mann mit krummem Rücken und weißen Haaren, die sich im Wind aufstellen wie die Antennen auf einem Kommandopanzer, ist jetzt, auf einen Stock gestützt, zum Betrunkenen hingegangen und hat sich vor ihm aufgestellt. Es ist Turi Helg, den man als Stadtkomponisten kennt, wenngleich sich kaum jemand seine wirren, atonalen, mit verzerrten Stadtgeräuschen vermischten Kompositionen, »Polystromoront 21« und andere, anzuhören wagt. Helg steht jetzt vor dem Betrunkenen und beginnt auf ihn einzureden, während der andere alle paar Sekunden kurze Salven von Schimpfwörtern abfeuert.

»Inkontinente Wixer! Viagra-Fetischisten! Spitexkacker!«

Als ihm die Begriffe ausgehen, beginnt er wieder von vorne, als ob der Alte herübergekommen wäre, um ihn abzufragen, der Chormeister mit seinem Vorsänger.

»Woran arbeitet ihr eigentlich zurzeit?«, fragt Jürg.

»Es geht um die Geschichte mit den Vermissten im Festungsmuseum, du erinnerst dich sicher, war eine Riesensache letzten Herbst.«

»Ja, natürlich. Ist etwas Neues rausgekommen?«

»Ja, schon, aber so wie das bei uns läuft, wird die Sache im Sand verlaufen.«

»Und du, hast du keinen Zugang zu den Daten?«

»Natürlich, nur kann ich nicht viel machen in diesem Team.« Sie beginnt ihm von ihrer ersten Woche bei der BUSIPO zu erzählen und kommt dabei langsam in Fahrt, schaltet alle paar Sekunden einen Gang höher, berichtet von der ersten Leiche und von der zweiten, bis sie sich verhaspelt und schlucken muss. Dann Vollbremsung – Schreck.

Er ist ganz gebannt und hat ihr Bremsmanöver nicht registriert.

»Wenn du was rauskriegen könntest, was die vor der Öffentlichkeit verheimlichen wollen – das wäre eine Riesensache!«

»Nein«, unterbricht sie ihn energisch, »stell dir vor! Ich muss mich an die Geheimhaltung …«

»Wenn es erstmals raus ist, haben die genug damit zu tun, ihren Arsch zu retten.«

Sie schüttelt energisch den Kopf. »Vergiss es, ich habe dir schon zuviel erzählt. Gewohnheit. Scheiße!«

»Aber stell dir vor, diese Schlagzeilen! Das wäre doch sensationell für uns beide. Du findest deinen Job Scheiße, bei mir in der Zeitung läuft es auch nicht so. Mensch, ich habe schon den Job beim Minigipfel nicht bekommen …«

Die roten Flecken auf ihrem Hals zeugen von ihrer Aufregung. »Nein, das musst du sofort wieder vergessen. Ich hätte dir gar nichts sagen dürfen.« Sie schaut ihn lange an. »Du behältst es doch für dich, nicht wahr? Du weißt gar nicht, was ich für Ärger kriege, wenn etwas rauskommt.«

Er sagt nichts.

»Versprich mir, dass du das wieder vergisst!« Jetzt breiten sich die roten Flecken über ihr ganzes Gesicht.

»Stell dir vor, der Medienwirbel. Wir beide …«

»Jürg, wir beide, das ist vorbei …«

Sie blicken zu den beiden Streithähnen. Mit seinem Stock, den er – déformation professionelle – wie einen Dirigentenstab hält, schubst Helg den Betrunkenen an, ein piano nur, doch der alte Straßenwischer taumelt einen Augenblick, und sobald er sich wieder gefangen hat, holt er mit der Flasche aus. Helg weicht aus, überraschend wendig, seine weißen Antennen wehen in der Luft, er ist aber nicht schnell genug, immerhin zerbricht die Flasche auf der Schulter und nicht auf dem musikalischen Kopf. Klirren von Scherben, der Wein auf dem weißen Hemd – es sieht aus wie nach einem Terroranschlag. Zuerst steht der Komponist einen Augenblick einfach sprachlos und zitternd da – man kennt ihn so von den Schlussakkorden seiner Konzerte, wenn er jeweils überrascht scheint, dass der Klangbrei nun plötzlich doch ein Ende gefunden hat. Blickt Hilfe suchend umher, hebt dann seinen Taktstock und beginnt seinerseits auf den Pöbler einzuschlagen, der eine Art primitiven Tanz aufführt, um den Hieben auszuweichen und gleichzeitig, vom hinkenden Dirigenten verfolgt, sich langsam über den Platz zu Bettina und Jürg hinbewegt.

»Aber wir könnten ja doch ab und zu mal ein Bier trinken gehen, als Freunde.« Einer für die Liste der dämlichsten Sätze!

Sie nickt.

Inzwischen sind drei der anderen Senioren aufgestanden und bewegen sich lento hinter den Kämpfenden her, eine Frau auf eine Gehhilfe gestützt, die bei jedem Schritt laut auf dem Asphalt den Takt schlägt. Als sie endlich aufgeholt haben, sind sie ratlos, zudem am Ende ihrer Kräfte, bleiben schließlich einige Meter von den beiden Kämpfern stehen, die sich so eng umschlungen halten, dass sie weder einander in dieser Stellung weiter schlagen noch, abgesehen von einer langsamen Drehbewegung, die Stellung ändern können. Generalpause. Langsam kippen sie auf eine Seite, scheinen in der Luft zu hängen, dann fallen beide um, direkt vor Bettinas und Jürgs Füße; eine zweite Flasche, offensichtlich aus dem Taschenvorrat des Betrunkenen, zerspringt dumpf klirrend. Die jungen Leute ziehen reflexartig ihre Füße zurück, um sich nicht schmutzig zu machen.

»Lass uns gehen«, meint sie und steht vorsichtig auf. Sie klettern und hüpfen über die Weinpfützen, die verschmierten und aufgekratzten Beine und Arme.

»Widerlich«, sagt sie. »Nirgendwo hat man mehr seine Ruhe.«

Er stimmt ihr zu.

»Dass die Stadtpolizei da nichts macht.«

»Siehst du, bei denen läuft es auch nicht besser.«

Während sie zum Marktplatz gehen, hat sich eine schaulustige Menge im Halbkreis um die beiden Künstler aufgestellt. Die kirchliche Jugendgruppe feuert die beiden Kämpfer an, johlt und klatscht in die Hände. Gott liebt alle.

Konditionalsatz (real und irreal): Nennt die Bedingung, von der der Sachverhalt des übergeordneten Satzes abhängt; einleitende Konjunktion *wenn,* auch: *falls, sofern, vorausgesetzt dass.*

In der Programmiersprache if else; Syntax: if (Bedingung) {Anweisung}; Beispiel: »Wenn ich das Team einweihe, dann fragen sie mich, warum ich ein so wichtiges Ermittlungsfakt für mich behalten habe, und darauf habe ich nun mal keine Antwort.« Weber sitzt am Gartentisch und trinkt Bier aus der Dose.

»Aber auch Wenn du das Team Nicht einweihst, werden sie Verdacht schöpfen, ich meine, Wenn du hinter ihrem Rücken Ermittlungen anstellst oder ihnen Ergebnisse vorenthältst, so was merkt man doch. Und Dann hast du dein Team erst recht nicht mehr hinter dir.« Martha Weber, eine drahtige Frau Mitte fünfzig, schneidet die Hecken, die den Garten des Einfamilienhauses in der Guggeien einfassen. Zwei Wochen sind seit dem Fund der zweiten Leiche vergangen, für Weber zwei anstrengende Wochen voller Geheimnisse, versteckter Ermittlungen, diplomatischen Ausweichens.

»Ja, vielleicht, aber Wenn ich nichts sage, besteht wenigstens eine Chance, dass die Sache gar nie auf den Tisch kommt und ich in Pension gehen kann, ohne dass jemand von meinem Problem erfährt.«

»Aber Wenn es doch irgendwie herauskommt, Dann stehst du noch schlechter da, je länger du geschwiegen hast.«

»Wenn ich aber das Team einweihe, Dann muss ich auch dem Chef Meldung machen, dann wird das Ganze öffentlich und ich stehe im Rampenlicht – ich darf gar nicht daran danken, was dann passieren könnte!«

Es ist eine verzwickte Situation, eine Gleichung mit so vielen Unbekannten, dass ihm schwindlig wird. Da schicken die Österreicher ein Beweisstück zu, das offensichtlich untergegangen war; eine Art Tagebuch, das man beim vermissten Fabian Keller – der ersten Leiche aus der Anlage Tufers – gefunden und aus irgendeinem Grund zuerst einmal übersehen hat. Ob der kleine Beamte, der das Heft in einen Umschlag gesteckt und nach St. Gallen gesandt hat, das Versäumnis seinem Vorgesetzten eingestanden oder über die Sache geschwiegen hat, das traute sich Weber nicht nachzufragen. Im Tagebuch steht die ganze Geschichte, von A bis Z, von der Schöpfung bis zum Jüngsten Tag, das heißt: vom Besuch im Festungsmuseum St. Margrethen bis zum Erschöpfungstod im Stollen von Tufers. Auf dreiundzwanzig Seiten graue Eindrücke einer hoffnungslosen Wanderung durch unendliche Gänge, Tunnels, Lagerhallen und Schächte; die Geschichte einer zusammengewürfelten Gruppe, die langsam durchzudrehen beginnt, die langsam krank wird, die mit jedem Eintrag dem Tod im Dunkeln etwas näher kommt.

Rein ermittlungstechnisch könnte der Fall abgeschlossen werden, die Presse würde sich in Lobeshymnen über die Bundesbeamten überbieten. Wenn das denn das Ziel der ganzen Übung wäre. Für Weber jedenfalls ist es das nicht, der Fall darf nicht abgeschlossen werden. Nicht so. Nicht mit dieser Geschichte. Was Fabian Keller zwischen dem 25. und dem 27. September des letzten Jahres in sein Tagebuch gekritzelt hat, ist eine Geschichte, die keiner hören möchte. Die Bundespolizei, die Regierungen der beiden Grenzländer, die Schweizer Armee beziehungsweise das, was von ihr beim jetzigen Stand der Auflösung noch übrig ist – alle würden sich die Ohren zuhalten, um sie nicht hören zu müssen. Für Weber selbst würde sie das Ende bedeuten!

Er verbiss sich in das Heft, studierte die Notizen bis spätabends, blätterte sie vor und zurück, verglich Einträge, schrieb Daten und Zeitangaben heraus – und immer wieder raufte er sich verzweifelt sein graues Kraushaar. Diese Geschichte durfte es nicht geben! Es ist, als ob der vermisste Junge nicht nur Tagebuch geführt, sondern vielmehr das Todesurteil für einen alternden Ermittler der Bundespolizei abgefasst und in den Stein der Festung gemeißelt hätte. In einen Stein, der so groß ist, dass Weber mit der Trägheit seiner sechzig Jahre über ihn nicht würde steigen können, ohne hängen zu bleiben und dabei sinnlos mit den Armen zu rudern und dann flach auf den Boden zu klatschen, vor die Füße seines grinsenden Teams, des schadenfrohen Assistenten und des rothaarigen Kobolds, dieser neunmalklugen Praktikantin. Nein, die Geschichte darf so nicht weitergeschrieben werden, das steht fest.

»Glaubst du nicht, du könntest dein Problem überspielen, Wenn es denn zu einer internationalen Sache werden sollte?«, fragt seine Frau, während sie einen Armvoll Blattwerk in den Grüncontainer wirft.

Weber schüttelt den Kopf und stellt die Dose auf den Plastiktisch. »Nein, jetzt nicht mehr. Es ist viel weiterfortgeschritten als vor einem Jahr; ich kann es nicht mehr überspielen, die einzige Lösung ist, solche Situationen zu vermeiden.«

»Aber es muss doch nicht jedes Mal so schlimm enden. Bei Zuberbühler zum Beispiel tat es das doch auch nicht.«

»Ja, das stimmt.« Weber denkt eine Weile nach und schaut ihr zu, wie sie wieder mit der Heckenschere zu werken beginnt. »Bei Zuberbühler ist es etwas anderes. Natürlich ist er mein Vorgesetzter, aber ich sehe ihn nicht als solchen an, verstehst du? Ich empfinde ihn nicht als jemanden, der mir überlegen ist.« Weber nimmt einen neuen Zug aus der Dose.

»Meinst du nicht, Wenn es bei Zuberbühler funktioniert, Dann müsste es bei irgendwelchen ausländischen Beamten, die du ja gar nicht richtig kennst, auch gehen?«

Nein, seine Angstzustände unterwerfen sich nicht der Logik seiner Frau. Entscheidend dafür, ob er jemandem ruhig gegenübertreten und seine Sache vertreten kann, wie man es von einem Ermittler in seiner Position erwartet, oder ob seine Knie zu zittern beginnen, sein Hals austrocknet, seine Stimme brüchig wird, sein ganzer Körper zittert, er nicht mehr fähig ist einen vernünftigen Satz zu beginnen, geschweige denn abzuschließen – ist sein Kopf. Nichts anderes. Irgendein automatisierter Teil seines Hirns, der innert Sekundenbruchteilen, ohne den bewussten Verstand zu Rate zu ziehen, einen Schalter umstellt und ihn zu einem hilflosen Häufchen Elend macht, zu einem tanzenden Affen auf der Schaubühne.

»Aber denk mal«, wendet seine Frau ein, »Wenn das in zwei Wochen herauskäme, Wenn die Medien alle mit dem Minigipfel auf Schloss Wartensee beschäftigt sind, Dann haben die doch keine Zeit für das.«

Doch, dafür schon! Und Wenn nicht die Medien, Dann alle möglichen Behörden. Wenn der Festungsfall öffentlich wird, Wenn das Tagebuch publik wird, Dann wird er Vertreter des Militärs, von Bundesämtern, der österreichischen Militärverwaltung und der Regierung treffen müssen, und das im Beisein von Journalisten, die seinen Affentanz gierig mit ihren Mikrofonen und Kameras für die Nachwelt registrieren. Der Heiland ist der Heiland, und wenn du dir vom Heiland auch ein Bild machen kannst, dann doch nicht das eines tanzenden Affen! Dann lieber in ein Raumschiff und weg aus dieser Galaxie, aber eben – die Kosten.

Oder die Bundesbehörden würden einen sofortigen Nachrichtenstopp anordnen, aber das würde an den Besprechungen und Treffen nichts ändern. Der Affe würde dennoch tanzen müssen.

Auf der anderen Seite verfügt er durch die Lektüre des Tagebuchs über Informationen, die er nicht für sich behalten darf! Da hocken in Gais – so viel hat er bei seinen geheimen Recherchen herausgefunden – zwei Männer in Untersuchungshaft, weil man ihnen vorwirft, einen unlieben Kollegen beseitigt zu haben, einen ehemaligen Instruktor der Schweizer Armee mit Namen Hasler, der jeweils am Wochenende mit den zwei Gleichgesinnten in einem stillgelegten Minenwerferbunker Krieg spielte. Eine verrückte Geschichte. Alles sprach natürlich gegen sie: Fragwürdige Gestalten, Waffennarren, die in einem Minenwerferbunker Krieg spielen, das war schon suspekt genug. Und dann Haslers Verschwinden, mitten in einer solchen »Übung«. Die beiden hatten sich über ihn geärgert, das hatten sie zugegeben, weil er alles zu streng, zu genau, zu militärisch nahm – alter Instruktor eben –, ließen ihn im Bunker, um ein Bier trinken zu gehen, wie sie behaupteten. Und seither ist Hasler spurlos verschwunden, die Staatsanwaltschaft hat gegen die beiden eine Untersuchung eingeleitet. Und jetzt hält Weber dieses Tagebuch in der Hand, wahrscheinlich den einzigen Beweis für die Unschuld der beiden. Hasler, ein notorischer Trinker, ist nicht von seinen Kollegen um die Ecke gebracht worden. Er ist aus eigenem Antrieb gegangen, um mehr als eine Ecke, durch einen Schacht in der hinteren Feuerleitstelle, ist in ein System von Gängen und Stollen gekommen, so viele Treppen rauf- und runtergegangen, bis er keinen Ausgang mehr fand und irgendwann auf die unterdessen bereits als vermisst gemeldete Besuchergruppe gestoßen war, die ebenso verzweifelt nach einem Ausgang suchte. Weber sieht vor sich eine verzweifelte, übermüdete, gereizte Gruppe, die im Halbdunkeln auf den Betrunkenen stößt. Am Anfang noch ein »Hallo«, die Sicherheit, dass man jetzt herausfinden würde, doch dann die Resignation, Hasler weiß nichts, hat im Suff nichts registriert, erinnert sich nicht mehr an den Weg. Und schließlich geht die Gruppe, um einen Todeskandidaten reicher, dumpf weiter, durch weitere Gänge und Stollen, sinnlos hin und her unterhalb der Welt der Lebenden, in eine anderen, parallelen Dimension, einer Parallel-Ostschweiz ohne Sonne, durch eine Ecke des Parallel-Appenzells, durchqueren ein Parallel-Rheintal …

Wenn Weber als wahrscheinlich einziger Leser des Tagebuchs die Information über Hasler für sich behält, Dann bleiben die beiden Kollegen unschuldig in Haft, werden vielleicht sogar verurteilt.

»Kannst du das Tagebuch nicht einfach vernichten?«, fragt seine Frau beiläufig, etwas lauter, weil sie jetzt im hinteren Teil des Gartens die Sträucher schneidet.

»Nein.« Weber reibt sich Stirn und Augen. »Keine Ahnung, wer alles von dem Tagebuch weiß und wer es gelesen hat.«

Ob er das nicht herausfinden könne? Schwierig. »Guhl hat es mir auf den Tisch gelegt, da war der Umschlag schon offen. Gut möglich, dass er es nur kurz aufgerissen und gar nicht angeschaut hat, aber ich kann ihn nicht danach fragen.«

»Aber du würdest es doch merken, Wenn er etwas wüsste. Hat er dich nie darauf angesprochen, irgendeine Bemerkung gemacht?«

Das ist es ja! Er hat nichts gesagt. Gar nichts. Natürlich könnte es sein, dass er wirklich nichts weiß, aber die Art, wie er in letzter Zeit nichts sagt, ist auffällig. Ihm, seinem Chef gegenüber, sagt der Assistent kein Sterbenswort, dafür stecken er und die Neue ständig die Köpfe zusammen und wechseln das Thema, sobald er hinzutritt. Das ist schon auffällig! Aber Guhl würde es nicht weitererzählen, auf jeden Fall nicht alles, nichts, was seinen eigenen Erfolg schmälern würde. Guhl ist ein Schleimer und hat nichts anderes im Kopf als Webers Stuhl, das ist ihm schon lange klar. Auf der anderen Seite ist er auch wirklich gut und nimmt ihm jede Menge mühsamer Arbeit ab, vor allem die ganze Medienarbeit und die öffentlichen Auftritte.

»Guhl könnte es wissen. Ich bin mir sogar ziemlich sicher, dass er es weiß.«

»Und das Mädchen, diese Bettina?«, fragt Frau Weber vom Blumenbeet her, wo sie die Stauden für eine weitere Blütezeit zurechtstutzt.

»Ich glaube nicht. Wenn sie es auch weiß, wissen es bereits zu viele, dann ist es zu spät. Aber ich glaube nicht, dass sie etwas weiß. Sie würde anders reagieren.« Schon deshalb darf das Tagebuch nicht hinaus, nicht einmal ins Team. Die Hitlerjugend darf nicht recht behalten. Er hat Bettina Lanz' Theorien mehrmals ins Lächerliche gezogen, hart und schonungslos, zu hart natürlich. Die Praktikantin ist kein Ermittlungsgenie, sie sieht nicht, was nicht auf der Hand liegt, arbeitetet nur nach Vorgaben, die man ihr im Studium eingetrichtert hat, aber sie hat als Erste im Team den Mut gehabt, ihm zu widersprechen. Und langsam fragt sich die Schaltstelle in seinem Hirn zögerlich, ob sie den Hebel beim Kontakt mit der Rothaarigen nicht doch auf Rot stellen soll. Eine Maria Magdalena, die dem Heiland den Platz am Kopf der Tafel streitig macht.

Weber klopft mit der leeren Dose auf den Tisch, einen unregelmäßigen Offbeat zur Heckenschere.

»Ich merke, dass ich bei der Praktikantin langsam ein Problem bekomme, verstehst du? Im Moment kann ich es noch unter Kontrolle halten, indem ich sie ständig abkanzle und … «

Seine Frau hat die Schere sinken lassen, während Weber nach den richtigen Worten sucht. »…und wie den letzten Dreck behandle.« Jetzt ist es raus. Er schüttelt traurig den Kopf.

»Armes Mädchen«, meint Frau Weber. »Was sagt denn dein psychologischer Berater?«

Weber lacht gezwungen. »Der sagt immer das Gleiche: Ich solle mich dem Problem stellen, meine Abwehrhaltung schaffe einen Teufelskreis, den ich endlich durchbrechen solle. Er mag ja recht haben, aber ich kann ihn nicht durchbrechen, ohne mich zum Affen zu machen. Was mache ich, wenn ich mich dem Problem stelle und es taucht trotz all den psychologischen Statistiken dennoch auf und ich verwandle mich im Beisein der Presse zu einem brabbelnden Gelee, wenn ich einem Armeefunktionär oder einem Minister die Hand schütteln soll?«

Frau Weber nickt und denkt nach, während sie kritisch erste Blüten untersucht. »Ich würde es dem Guhl sagen«, entgegnet sie dann bestimmt.

Weber schaut überrascht auf. »Guhl?«

»Ja. Wenn du ihn einweihst, egal ob er es schon weiß oder nicht, Dann hast du ihn auf deiner Seite und er wird dir helfen, die Sache so zu erledigen, dass dir nichts passiert.«

»Ja schon, aber wenn er ja weiß, dass ich vom Tagebuch weiß, und ich muss zu ihm kriechen und ihn um Hilfe bitten …«

»Du brauchst ihn ja nicht auf den Knien zu bitten, Herrgott!« Wenn Weber ihre Lösungen nicht sehen will, regt sie sich immer auf. »Wenn er weiß, dass du weißt, dass er es weiß, dann bist du ihm doch eine Nasenlänge voraus.«

»Außer, er wüsste das auch schon.«

Seine Frau runzelt die Stirn, als ob sich dahinter das Karussell des Wissens des Wissens des Wissens nicht mehr bremsen ließe. Weber ist von seinem Gartenstuhl aufgestanden und hat auch eine Heckenschere in die Hand genommen. »Du magst recht haben«, gibt er zu und stellt sich vor die Hecke, »aber wir müssen unseren Garten bestellen.« Nur noch das Klappern ihrer Scheren ist im Vorstadtgarten zu hören.

***

Der Heiland blickt abends im siebzehnten Stock der Papierlampe aus müden Augen seinen Lieblingsjünger, den Judas an, dem er sich, bevor der ihn verraten konnte, selber verraten hat. Und der liest nur. Er sitzt aufrecht auf dem Besucherstuhl und liest, mit großen Augen, die ausgedruckten Seiten, die ihm Weber über den Schreibtisch gereicht hat – eine Woche nachdem ihm seine Frau die Idee in den Kopf gesetzt hatte. Weber müsste sich eigentlich zu Tode ärgern darüber, dass er Guhl ins Büro bat und ihm die ganze Sache mit dem Tagebuch erzählte, ohne sich vorher zu vergewissern, ob er wirklich etwas wusste. Um sich keine Blöße zu geben, gesteht der Assistent nicht, keine Ahnung von irgendetwas zu haben. Er nickt nur unbestimmt. Aber Weber ärgert sich nicht zu Tode, sondern beginnt zu erzählen: die Geschichte, die es nicht geben dürfte. Er ärgert sich nicht darüber, dass er sich selbst ein Bein gestellt hat, dass er sich in Guhls Gewalt gebracht hat. Nein, während er aus müden, verquollenen Augen den jungen Mann beobachtet, dessen Blicke gebannt an den Zeilen haften, wie die des lesenden Klosterschülers, empfindet er vielmehr Erleichterung.

Er überfliegt nochmal den Text, den er unterdessen schon fast auswendig kennt, um Guhl bei seiner Lektüre nicht zu stören:

25. September 18:00 Uhr

Jetzt sind wir schon seit 14:00 Uhr hier unten. Unser Guide hat uns bereits vor einigen Stunden widerwillig gestanden, dass er keine Ahnung mehr habe, wo wir seien, definitiv außerhalb der Besucherräume, mehr wisse er nicht. Er hatte, nachdem er die Metalltür nicht mehr öffnen konnte, vorgeschlagen, uns über einen Seitenkomplex zurück zum Eingang zu führen. Es ist mir unerklärlich, wie so etwas passieren kann! Nun, mir ist es recht und C. sowieso. Da hat der Lange letzten Endes ganz gut daran getan, eine falsche Abzweigung zu nehmen, auch wenn er jetzt mit seiner Nörgelei allen auf den Geist geht. Was wir hier zu sehen bekommen, ist allerdings unglaublich: Die Anlage ist riesig! Lange Stollen, direkt in den Berg gehauen, Treppen, Treppen, Treppen; Verladeplätze so groß, dass Lastwagen auf ihnen wenden können, und plötzlich scheint man wieder ein Gebäude zu betreten, kommt an Wachräumen mit altmodischen Holzmöbeln vorbei, in den Fluren überall die metallenen Gewehrhalterungen, dann wieder Gänge, Stollen, Treppenhäuser, verschlossene Türen, die wohl zu Materialmagazinen oder Munitionslagern führen, und Wegweiser mit Signaturen, mit denen der Guide aber offensichtlich nichts anfangen kann – es ist schon peinlich. Ich glaube, C. versteht mehr von der Anlage als der Alte, er wird nicht müde, mir dies und das zu erklären und Anekdoten aus seiner Rekrutenschule zu erzählen. Na ja, für mich wäre das nichts gewesen, aber so eine Anlage mal von innen zu sehen, ist schon nicht schlecht. Was der gewöhnliche Rundgang zeigt – im Wesentlichen einige Geschützstände, die unterirdisch miteinander und mit einem tiefer gelegenen Munitionsdepot verbunden sind, dazu noch Aufenthaltsräume und Führungsanlagen – muss gerade mal ein winziger Bruchteil der Anlage sein! Wir gehen und gehen, bleiben nur manchmal stehen, wenn der Führer ein Telefon entdeckt. Bisher hat er keine Verbindung herstellen können. Kein Wunder, wird er immer nervöser. Was für ein inkompetenter Idiot! Ich frage mich, wie lange das noch dauern soll und wo wir herauskommen. C. meint, die Ausgänge könnten sehr weit voneinander entfernt liegen – ich habe definitiv keine Lust, dieser Wanderung noch eine weitere anzuhängen.

Der erste Eintrag. Guhl presst die Lippen zusammen. Er liest langsam, zu langsam für Weber. Der überfliegt den zweiten Abschnitt und sieht ihn vor sich, den großen sterilen Speisesaal mit grünen Kunststofftischen und patriotischen Bildern an der Wand, wo die Vermissten nach etwas Essbarem suchen – um halb acht, zehn Stunden später; den Stollen, in dem Lastwagen fahren können, den Schlafsaal, eine Art Bettenturm: zwei mal zwanzig Betten, und das auf vier Ebenen, mit Holzleitern – ein Schlafsaal für hundertsechzig Männer! Das war um halb eins, als die Gruppe beschließt, die erste Nacht in der Festung zu verbringen.

»Ich begreife nicht, wie das möglich ist«, sagt Guhl ohne aufzublicken, »wie sind sie da reingekommen?«

Weber stellt sich die Frage schon lange.

»Die Festungswerke sind von außen versiegelt worden; offensichtlich müssen sie durch eine Verbindungstür vom Museum zu den aufgegebenen Teilen der Anlage gelangt sein – aus Versehen. Und die muss sich irgendwie hinter ihnen geschlossen und sich verklemmt haben – ich weiß es nicht.« Er überlegt eine Weile.

»Das Fatale ist, dass sie innerhalb des Festungssystems zwar immer weitergekommen sind, aber keine Möglichkeit gefunden haben, nach draußen zu kommen. Drei Tage oder noch mehr!«

Guhl liest weiter.

»Sie können es später lesen«, unterbricht ihn Weber, »ich erzähl Ihnen den Rest. Die sechs Personen sind Ihnen ja bekannt, aber dieser Fabian Keller hat sie während der Tage in der Anlage minutiös beobachtet und die Veränderungen aufgezeigt, die sie durchgemacht haben. Nehmen wir zum Beispiel den T., wie Keller ihn bezeichnet. Am zweiten Tag um sieben schreibt er: *Rede lange mit T. über seine Begeisterung für Bunker und Festungen, während wir weitergehen; ich wusste gar nicht, dass es so viele davon gibt, die öffentlich zugänglich sind. C. hat den T. auf einer Internetsite, www.untergrund.de, kennengelernt, wo sich die Freaks austauschen. Der ganz große Kick: sich Zugang zu stillgelegten und geschlossenen Anlagen verschaffen. Mein erster Eindruck von T. bestätigt sich zunehmend: sammelt Waffen, glaubt an die Weltverschwörung und sympathisiert mit der rechten Szene; C. scheint das Blind Date auch schon zu bereuen und lässt ihn links liegen.*«

Er blättert einige Seiten weiter. Am Anfang spielt sich dieser T. noch als Spezialist für alles, was mit Militär zu tun hat, auf, dann erfährt man einige Seiten lang nichts mehr. Oder Simon Bärtschi, den Keller nur als »den Langen« bezeichnet, mit seiner Freundin Bea – Beatrice Harder. Sie weint nur noch und er dreht langsam durch, ist anfangs einfach eklig – Keller bezeichnet ihn mal als Arschloch –, wird mit der

Zeit sogar gewalttätig. Hier – mein Gott, setzen Sie sich doch hierher mit Ihrem Stuhl.«

Guhl gehorcht und schiebt den Besucherstuhl zu Weber hinter den Schreibtisch. In den meisten Büros neben, über und unter den beiden Lesenden ist bereits das Licht ausgegangen.

»Hier, sehen Sie! 18:20 des zweiten Tages: *Der Lange ist voll durchgeknallt und hat angefangen, auf K. einzuschlagen. Ho., T. und C. haben die beiden getrennt, die andern haben nur geglotzt. K. hat sich nicht einmal gewehrt, jetzt hat er sich schluchzend in ein dunkles Zimmer verkrochen; Simon hat in einem Wachraum das Inventar zusammengeschlagen. Jetzt hat er sich wieder stumm neben Bea gesetzt, doch die reagiert nicht auf ihn. Ho. wirkt sehr beunruhigt und C. kaut an seinen Fingernägeln, hört auch nicht auf, als er sieht, dass ich ihn ansehe. Scheiße! Das kann doch nicht sein!*

Unvorstellbar, nicht wahr? Hocken die da unten in der Festung und machen sich gegenseitig fertig!«

Guhl nickt stumm. Sie lesen weiter.

Ich habe mich in einem Waschraum ausgekotzt, mir ist schwindlig, ein schmerzhafter Husten hat sich in meiner Brust festgesetzt. K. hockt neben dem Klo am Boden.

Ich will nur raus, alle wollen nur noch raus aus diesem Loch, aus diesem verdammten Stinkloch. L. ist ruhig geworden.

Nein, es bringt doch verdammt noch mal nichts, wenn wir bei diesem beschissenen Telefon bleiben und warten.

»Was hat es mit dem Telefon auf sich?«, fragt Guhl.

»Das Telefon, ja.« Weber denkt einen Augenblick nach und beginnt dann zu erklären: »Sehen Sie, diese Festungswerke sind ja alle telefonisch vernetzt, aber die meisten Leitungen sind nicht mehr in Betrieb. Ein Problem bei der Versiegelung war, dass man in den Festungen Telefonzentralen und Leitungsknoten hatte, die für die gesamte Armeekommunikation lebenswichtig waren. Weil es zu aufwändig gewesen wäre, alles umzuleiten, lässt man sie bestehen und wartet sie ab und zu.«

»Dann haben die Vermissten also ein Telefon gefunden?«, fragt Guhl ungeduldig.

»Ja, sie haben jedes Gerät, dem sie begegnet sind, ausprobiert. Erfolglos. Und dann, plötzlich, haben sie Verbindung! Warten Sie!« Er blättert zurück und sucht mit dem Finger die Stelle.

»Hier, um 17:08.« Er hat das ganze Heft säuberlich auf dem Computer abgeschrieben und jeden Eintrag mit Datum und Zeit versehen, soweit es möglich war. »Also hier: *Wir haben in einer Art Funkraum ein Telefon gefunden und Hilfe angefordert! Ho.* (das ist der Deutsche, ein überlegter Typ, der langsam die Führung der Gruppe übernommen hat) *Ho. hat Karl* (das ist der Museumsführer) *an den Apparat gedrängt, der ist ganz stramm gestanden und hat in zittrigem militärischem Ton die Situation geschildert; jetzt warten wir auf den Rückruf. C. meint, die könnten uns mit Hilfe von Netzplänen lokalisieren. Hasler lacht nur und meint, das würde nie klappen, aber niemand kümmert sich um ihn.*«

Guhl schaut auf. »Wer …?«

»Lesen Sie fertig«, drängt ihn Weber.

»*K. sagt, am anderen Ende sei eine Truppe vom Gotthard gewesen, aber das kann unmöglich sein, nach der Auflösung; und die Bundespolizei hat im Gotthard doch auch nichts verloren, da sind doch nur noch geschlossene Werke. Vielleicht hat er ja was falsch verstanden, nervös wie er war am Telefon. Was soll's, auch wenn die Telefonnetze so verlegt sind, dass man einen Anschluss auf dem Gotthard anwählt, wenn man in der Ostschweiz den Hörer abnimmt, der Hilferuf ist draußen, und nächstens wird man uns holen. Ich bin gespannt, was sie in der Zwischenzeit oben unternommen haben, immerhin sind wir seit über 24 Stunden vermisst!*«

»Und das Telefon hat nicht geklingelt, obwohl sie den ganzen Tag gewartet haben«, schließt Weber ab, als handle es sich um das Ende eines Kindermärchens.

»Wer ist dieser Hasler?«, fragt Guhl nochmal.

»Ach, ja, Hasler. Eine verrückte Geschichte.« Weber grinst vor sich hin. »Der Adjutant Hasler aus Gais.«

Guhl macht ein fragendes Gesicht.

»Aber kommen Sie, Guhl, setzen wir uns doch auf die Couch! Die Geschichte wird noch eine Weile dauern.« Damit beginnt er die Ordner und Aktenstapel, die die gesamte Sitzfläche belegen, auf den Boden zu stapeln. »Kommen Sie schon.«

Die beiden Männer setzen sich schwerfällig wie ein altes Paar aufs Sofa, zwischen sich Fabian Kellers Tagebuch.

»Um – warten Sie …« Weber sucht den Eintrag. »Um 14:20, immer noch am zweiten Tag, trifft die Gruppe auf einen Mann.«

Gespannt blickt er auf Guhls überraschtes Gesicht. »Lesen Sie hier: *Ein alter, betrunkener Mann in einer Militäruniform.*« Er deutet mit dem Finger auf die Stelle, und Guhl nimmt die Seite in die Hand.

Während Guhl die nächsten Einträge liest, fällt Webers Blick auf seinen Stich der Schweiz, der Kopf steht. Noch immer wartet er auf die

Aufhängevorrichtung. Er stellt sich vor, die Flüsse, die der Künstler als breite, graue Würmer gezeichnet hatte, wären Stollen, die von einer Festung zur nächsten führten, sich verzweigten und wieder zusammenkämen, sodass man auf unterschiedlichsten Wegen durch die ganze Schweiz wandern könnte und irgendwann an einen See oder in eine Höhle gelangen würde, ohne aber je die grauen Schlangenlinien verlassen zu können. Das wäre faszinierend, denkt er.

Guhl lässt die Blätter sinken. »Weiß man, wer dieser Hasler ist?«

Weber nickt. »Hasler ist etwa zum gleichen Zeitpunkt als vermisst gemeldet worden. Der pensionierte Instruktor hatte zusammen mit einigen Freunden einen Minenwerferbunker gemietet, einen dieser Monoblocks, wo sie am Wochenende jeweils eine Art Manöver gespielt und dann in der nahe gelegenen Beiz etwas getrunken haben. Da es an diesem Tag einen größeren Streit gegeben haben soll, hat man die zwei verdächtigt, Hasler umgebracht zu haben. Obwohl seine Leiche nie gefunden wurde. Sie sitzen in Untersuchungshaft.«

»Und was ist wirklich passiert?«

Weber zeigt mit dem Finger auf einen anderen Eintrag von 15:25 Uhr, kurz nachdem Hasler zur Gruppe gestoßen ist. *Hasler ist wieder wach.*

»Er war so besoffen, dass sie über eine Stunde warten mussten, bis er überhaupt etwas halbwegs Vernünftiges sagen konnte«, erklärt Weber, und liest weiter: *»Seine Geschichte ist allerdings ziemlich verworren. Er behauptet, von einem Minenwerferbunker aus versehentlich in diese Anlage gelangt zu sein. Den Bunker habe er mit einigen Freunden gekauft, und nun habe er sich in einem Seitenstollen, in dem er sich einen kleinen Weinkeller eingerichtet habe, selber ausgeschlossen. Schließlich habe er zum ersten Mal festgestellt, dass der Gang noch weiterführe und da sei er nun. Wie lange er in der Anlage umhergeirrt sei, wisse er nicht. Wenn er nur den Rückweg wiederfinde!*

Sobald sich Hasler aufraffen kann, wollen wir weitergehen.«

»Der hat einen Bunker gemietet?«

Weber nickt. »Das hat es schon vor der Armeeauflösung gegeben. Die alten Bunker hat ja keiner mehr gebraucht. Einige haben sich Weinkeller eingerichtet, Kunstateliers, Partyräume, Liebesnester, andere haben halt darin Krieg gespielt.« Er zuckt die Schultern.

»Und das war in Gais?« Guhl denkt angestrengt nach. »Aber das würde ja heißen, dass es zwischen dem Bunker in Gais und dem Festungsmuseum in St. Margrethen eine Verbindung gibt.«

Weber nickt wieder, diesmal überlegen, als habe er das schon immer gewusst. »Ich hab es nachgerechnet. Fabian Keller muss insgesamt rund neunzig Kilometer zurückgelegt haben, aber haben Sie da unten mal eine Vorstellung von Distanz! Sehen Sie hier.« Er blättert wieder nach vorne.

»*Wir versuchen, systematisch vorzugehen, möglichst immer in eine Richtung und nach oben; meist bleibt uns aber keine Wahl, viele Türen sind verschlossen und nicht überall gibt es Licht. Vielleicht bewegen wir uns ja auf einem kleinen Raum, gehen auf unterschiedlichen Ebenen den gleichen Weg hin und zurück. Die Anlage kann doch nicht so weitläufig sein!* Irrtum, mein Lieber! Und hier, nachdem er Haslers Geschichte gehört hat, schreibt er: *Haslers Bunker soll in Gais stehen, im Appenzellischen. Das macht keinen Sinn, wir können höchstens fünfzehn km weit gekommen sein …* So viel zum Schätzen von Distanzen.«

»Aber Hasler hat den Rückweg nicht mehr gefunden«, ergänzt Guhl die Geschichte.

»Richtig, der muss total verladen gewesen sein, als er in die Festung gelangt ist. In der Folge ist Hasler der notorische Schwarzseher, der immer nur lacht und den anderen prophezeit, sie würden alle sterben, den Langen provoziert, wo er nur kann. Bis ihn sein Husten so sehr belastet, dass er kaum mehr reden kann. Am Abend schreibt Keller bereits: *Hasler atmet mühsam, sein Gesicht ist bläulich angelaufen, er flucht und wimmert nur noch leise.* Das, nachdem er Keller noch seine Lebensgeschichte erzählt hat. Typische Instruktorenlaufbahn mit Scheidung und Alkohol.«

Guhl ist sprachlos.

»Hasler war übrigens nicht der Einzige, der gesundheitliche Probleme bekommen hat«, fährt Weber fort. »Auch unser Fabian Keller hat schon bald zu husten begonnen. Stellen Sie sich vor, da unten wird doch nicht geheizt, und dann diese Feuchtigkeit.« Er erinnert sich wieder an die Mumien, die an den Stollenwänden hängen. »Hier: *Mein Husten wird immer schlimmer; ich muss mich regelmäßig übergeben, obwohl ich nichts mehr im Magen habe; meine Hände zittern. Hasler scheint Herzprobleme zu haben, auch er hustet ganz schlimm, wird dabei ganz rot im Gesicht.* Und vorher schon, am Abend des zweiten Tages, um 18:20 Uhr: *Ich habe mich in einem Waschraum ausgekotzt, mir ist schwindlig, ein schmerzhafter Husten hat sich in meiner Brust festgesetzt. K. hockt neben dem Klo am Boden. Ich will nur raus, alle wollen nur noch raus aus diesem Loch, aus diesem verdammten Stinkloch.* Jetzt dreht er langsam durch«, bemerkt Weber genüsslich. »Hier haben Sie noch eine schöne Beschreibung der Lage um 10:45 Uhr am dritten Tag: *Wir gehen langsam, müssen häufig warten. Mir ist schwindlig, manchmal glaube ich zu träumen. L. schlägt kraftlos gegen die Wand. Wir folgen Ho. blind, eigentlich ergibt es keinen Sinn, wir entfernen uns immer weiter.*«

»Es ist schon unheimlich, wie Keller das beschreibt«, bemerkt Guhl, »man hat fast das Gefühl, dabei zu sein.«

»Ja, der Junge hat was draufgehabt«, meint Weber anerkennend. »Aber jetzt kommt das Größte, passen Sie auf.« Dabei steht er auf und holt eine Flasche Kirsch und zwei Gläser aus der Schreibtischschublade. »Sie nehmen doch auch einen, oder?« Er schenkt ein, ohne Guhls Antwort abzuwarten, und drückt ihm das Glas in die Hand. »In der Nacht vom zweiten auf den dritten Tag geschieht etwas Seltsames.«

Guhl sitzt gebannt da wie ein Kind beim Märchenonkel.

»Während die anderen schlafen, schleicht sich C. in den Lüftungsgängen herum. Waren Sie mal in einer Festung, Guhl?«

Guhl verneint. »Außer letzten Herbst.«

»Natürlich. Also, so eine Festung ist folgendermaßen gebaut: Weil sich der Fels bewegt, stellt man eine Art Häuser in die herausgesprengten Höhlen, sodass sich zwischen der Hauswand und dem Fels ein Zwischenraum befindet. Darin spaziert C. nun nachts herum, und plötzlich hört er Stimmen. Er hört zu und erkennt, dass es sich um Soldaten handelt, nur ist er hinter der Wand und kann sich nicht bemerkbar machen. Und einen Lüftungsdeckel oder etwas Ähnliches kann er nicht finden. Er geht zurück, alarmiert die anderen, und was tun die?«

Guhl schaut ihn mit großen Augen an.

»Sie glauben ihm nicht!« Weber klatscht in die Hände, leert das Glas und füllt es nach. »Sie glauben, er sei durchgeknallt. Da, sehen Sie: *Irgendwann um vier Uhr habe ich im Halbschlaf mitgekriegt, wie C. ganz aufgeregt herumgerufen hat, er habe Soldaten entdeckt. Am Morgen hat er weiter insistiert, er habe Stimmen gehört, Männerstimmen, Soldatenstimmen, die durch die Hohlräume übertragen würden, er habe sie die ganze Nacht zu lokalisieren versucht. Wie gern würden wir ihm glauben, aber es ist so unsinnig; es gibt keine Soldaten mehr in den Alpenfestungen. Schrecklich, wie C. unversehens gekippt ist, plötzlich Stimmen hören will. Bea hat ihn angeschrien, er solle ruhig sein, sie wolle nichts hören, Hasler hat gelacht und gehustet, nur Ho. hat ihm geduldig zugehört und mitleidig den Kopf geschüttelt.*

Eindeutig Männerstimmen, wiederholte C., Soldaten, ein Stabsrapport sei es gewesen, er kenne sich da schon aus. Präsentationen von gegnerischen Möglichkeiten, Umweltanalysen, Anträge will er gehört haben, einen Brigadestab, ein Festungsirgendetwas Nummer neun. C. ist mir unheimlich, er regt sich furchtbar auf, dass wir ihm nicht glauben! Aber die Armee existiert nicht mehr, das weiß er doch auch. Schließlich kommt es zum Streit, er und Ho. schreien einander an, T. kommt dazu, die andern glotzen nur und warten, bis es vorbei ist. Schrecklich! Ich weiß nicht, wie ich mit C. umgehen soll, wenn er wieder zurückkommt. Ist das nicht großartig? Sie hätten gerettet werden können, aber sie glauben ihm nicht. Und daraufhin dreht C. völlig durch. Bis sie am Morgen …«

»Aber Moment mal«, unterbricht ihn Guhl, »was war das denn jetzt mit diesen Stimmen?«

Weber lächelt geheimnisvoll. »Es war eine Truppe, ich hab es nachgeforscht.«

Er lässt Guhl einen Augenblick warten, bevor er weitererzählt: »Da hat ein Bataillonskommandeur seinen Stab aufgeboten, obwohl die Truppen bereits aufgelöst waren und auch der Stab selbst nur noch auf dem Papier existierte!«

»Und sie haben das nicht gemerkt?«

»Bei dem Chaos mit den Dienstbüchlein! Nein, da hat keiner mehr den Überblick gehabt. Und Sie wissen, wie viele Kommandanten sich mehr als schwer getan haben mit der Armeeauflösung. Da denkt sich einer, solange es keiner merkt, leistet mein Stab Dienst!«

Guhl schüttelt ungläubig den Kopf. »Das ist nicht zu glauben. Und Sie wissen, wer das ist?«

Weber nickt und grinst. Ja, darin war er gut. Er hatte sofort herausgefunden, wer da trotz Auflösung Dienst gemacht hat. Zuerst hatte er es selbst kaum geglaubt, aber eigentlich war es kein Wunder; die letzten Jahre vor der Armeeauflösung mussten auch andere Stäbe das Gefühl gehabt haben, ein Kopf ohne Körper zu sein, ins Leere zu planen, für Papiertruppen, die die Befehle nie ausführen würden. Vielleicht noch für einen der teuren taktischen Simulatoren in Luzern – wie viele Tage hatte er selbst in diesen öden, tödlich langweiligen Stabskursen verbracht!

Unterdessen ist die Deckenbeleuchtung ausgegangen, weil der Bewegungsmelder seit einigen Minuten keine Bewegungen im Raum registriert hat. Nur die Leselampe über dem Sofa beleuchtet die beiden Lesenden.

»Also,«, drängt Guhl weiter, »der C. hat die Truppe gehört, die andern glauben ihm nicht – und dann? Was ist am nächsten Morgen?«

»Am nächsten Morgen, um 9:15 Uhr, kommen sie in den Raum, wo der Rapport stattgefunden hat, und bemerken, dass sie dem armen C. Unrecht getan haben. Hier.« Er zeigt auf die Textstelle. *»Scheiße, C. hatte recht. Ich weiß nicht, wie das möglich ist, aber er hatte recht. Wir sind im Raum, wo der Rapport stattgefunden hat. Leer. C. wühlt in den Abfallsäcken und hält uns wütend Papiere vors Gesicht: unverständliche Zeichnungen, Pfeildiagramme. Packpapiere mit schematisierten Karten hängen noch an den Wänden, der Raum kann erst vor Kurzem verlassen worden sein. ›Geb Inf Br 9‹ heißt die Einheit, eine Gebirgsinfanteriebrigade, belehrt uns C. Niemand weiß, wie reagieren. Scheiße! Wir sind solche Idioten, hätten wir ihm doch nur geglaubt!*

Wir haben die Nacht verloren, weil wir ihm nicht geglaubt haben. Und jetzt sind sie weg. Wir durchsuchen weiter die Abfallsäcke, finden Einsatzbefehle, Nachrichtenbefehle, Fahrbefehle, Analysen, Papier über Papier.

Aber wir haben wieder Hoffnung! Irgendwo hier muss ein Ausgang sein, ganz klar. Ein solcher Stab verschwindet nicht einfach im Berg, die müssen irgendwo da draußen ihre Wagen geparkt haben, ganz bestimmt.«

»Aber Fehlanzeige!«, meint Guhl lakonisch.

Weber zeigt seinem Assistenten noch einige Stellen, die er mit Leuchtstift markiert hat.

Wir kommen nicht mehr raus. Es ist Nacht. Immer.

Nach jedem Eintrag nicken die beiden tiefsinnig.

Manchmal gehen wir etwas weiter, ich habe das Gefühl, in meinem eigenen Grab zu wandeln, wir reden kaum, was auch? Ich glaube, C. ist es auch unangenehm.

Sie haben schon einige Gläser geleert. Weber hat seine Krawatte gelockert und die obersten Knöpfe seines Hemdes geöffnet. Jetzt streckt er seinem Assistenten das Glas hin. »Camillus«, sagt er im Kommandoton.

»Riet.«

»Riet?«

»Riet, ja. Bündner Vorname – glaube ich.«

Dann stoßen sie an und lesen weiter. Gegen Ende sind die Einträge schwer lesbar. Einiges konnte Weber überhaupt nicht mehr lesen. Er hat diese Sätze in eckige Klammern gesetzt.

[-] Linie unangenehm, so tot gefunden zu werden, dass Leute an mir herum[-]. Es ist mir peinlich [-] nicht die Angst vor dem Tod, er kommt nicht.

»Sagenhaft, der Junge«, meint Guhl anerkennend.

Niemand [-]... [-] sicher hier unten. Komisch ... ich sterbe ... aber es kann mir nichts zustoßen; so sicher wie hier war [-].

»Die reinste Poesie«, pflichtet Weber bei. »Wenn man nicht wüsste ...«

Ich schaffe [-] nicht [-]...[-] absurd.

Damit schließt das Tagebuch. Als Weber etwas unsicher aufsteht, geht die Deckenbeleuchtung wieder an.

»Und jetzt, was machen wir, Riet? Behalten wir es für uns, zeigen wir es dem Team, machen wir es publik?«

Sie wägen die Vor- und Nachteile ab, und Weber ist sich nicht sicher, ob es nur dem Einfluss des Alkohols zu verdanken ist, dass er Guhls Überlegungen klug und überlegt findet. Bisher hat er es sich nie eingestehen wollen, schließlich ist er der Chef. Aber jetzt?

»Riet, du musst dich langsam darauf vorbereiten, meine ... meine Nachfolge anzutreten.«

Guhl bleibt stumm.

»Du machst doch das Ganze Zeugs mit den Medien, nicht wahr?«

Sie haben sich entschieden, die Informationen aus dem ersten Teil des Tagebuchs anlässlich einer Pressekonferenz bekannt zu machen. Der Moment ist günstig, der Minigipfel ist erst am Anlaufen, die Sache mit den unschuldig in Haft sitzenden Kriegskameraden und mit dem Kommandanten, der seine Truppe aufgeboten hatte, würde die Presse erstmal beschäftigen. Aber bald darauf würde der Gipfel starten und die Presse ablenken. Und dann kann man weitersehen.

Weber nimmt einen letzten Schluck und blickt in die dunklen Räume, die sich über ihm leicht drehen. Wahrscheinlich ist es eine gute Entscheidung gewesen.

3.

Regen prasselt an die Glaswand der Cafeteria, in der Guhl und Bettina Pause machen. Sie trinken beide Diät-Cola, der Assistent hat eine Packung Chips aufgerissen und verzehrt den Inhalt mit lautem Knuspern.

Er trägt heute eine bunte Krawatte und scheint überhaupt sehr aufgeräumt, ganz anders als die junge Praktikantin, deren Stimmung eher das Tiefdruckgebiet spiegelt, das vom Alpstein graue Wolkenmassen herandrängt. Seit der Medienkonferenz vor drei Tagen spielt das Wetter verrückt.

»Du darfst das nicht persönlich nehmen«, sagt Guhl. »So ist das nun mal. Wenn es um Medienarbeit geht, da braucht man Profis.«

Damit meint er natürlich sich und seinen Auftritt anlässlich der Pressekonferenz vom Vorabend, von dem er schon den ganzen Tag jedermann erzählt: Wie ihn sogar der Journalist einer britischen Zeitung um ein Interview gebeten hat, jeder im fünfundzwanzigstöckigen Papierturm hat es mindestens dreimal hören müssen. Eine endlose, unerträgliche Selbstbeweihräucherung.

»Ein Vertreter der Ermittlungsgruppe der BUSIPO«, so der *Bund,* »zeigt bei einer Pressekonferenz auf, dass die Aufklärung des Falls keineswegs blockiert worden sei, wie Kritiker behauptet hatten.«

»BUSIPO zeigt sich professionell.«

»Die verkannte Sicherheitspolizei überrascht mit Erfolgsmeldung im Festungsfall.«

»Ihr hättet mich wenigstens informieren können. Da arbeiten wir im gleichen Team und ihr habt Ergebnisse, die ihr für euch behaltet und dann plötzlich groß rausbringt.« Sie schüttelt traurig den Kopf. »Und das sage nicht nur ich.«

»Du hast mit deinem Onkel über die Sache geredet?« Guhl ist hellhörig geworden.

»Ja, natürlich. Er sieht ebenso wenig ein, warum ich keine Informationen bekomme.«

»Chefsache«, erklärt Guhl geheimnisvoll und als er Bettinas fragenden Blick sieht, ergänzt er etwas verärgert: »Das war eine so große Sache, dass man sie nur auf höherer Ebene behandeln konnte.«

»Und du bist wohl die höhere Ebene«, meint sie sarkastisch, doch Guhl lässt sich seine Laune nicht trüben.

»Chefsache, pah!«, fährt sie fort. »Als ob wir anderen nicht in der Lage wären, das einzuschätzen. Glaubst du, wir hätten das einfach so rumerzählt?«

Guhl lässt sich nicht aus der Laune bringen, grinst sie weiter an und stopft sich Chips in den Mund. »Und dein Ex – interessiert er sich nicht wahnsinnig für deine Arbeit?«, fragt er geheimnisvoll, mit halbvollem Mund.

Bettina winkt ab. »Na ja, er ist total frustriert, weil er beim Minigipfel keinen Auftrag bekommen hat, und löchert mich nun dauernd, dass ich mit ihm zusammenarbeiten und eine Riesengeschichte rausbringen soll und der ganze Quatsch.«

»Habt ihr noch Kontakt?«

»Nein, ich hab ihn ein paar Mal getroffen.« Sie schaut den Chefassistenten kritisch an. »Warum interessiert dich das eigentlich?«

Er winkt ab. »Nur so. Nur was die Nachrichtensperre angeht, wenn da etwas durchsickert, das könnte einige Leute recht verärgern.«

»Spinnst du? Meinst du, ich hab ihm was erzählt?« Sie ist vor Wut rot geworden, zwingt sich aber, ruhig zu bleiben. »Ich arbeite professionell.«

Guhl nickt und grinst.

»Außerdem geht mir der Jürg ganz schön auf den Geist mit seinem Getue; kann einfach nicht begreifen, dass es vorbei ist.« Sie blickt eine Weile müde ins Leere. »Du kannst dir nicht vorstellen, wie mich das stresst. Gerade jetzt, wo ich hier so …«, sie sucht nach Worten, »leer laufe.«

»Du läufst leer?«, fragt Guhl.

»Ich meine, dass es hier so unprofessionell abgeht, ich meine nicht dich, du weißt schon …«

Natürlich weiß er!

Dass es keine weitere Ermittlung gibt, dass der Fundort der Leiche nicht thematisiert worden ist, dass man zwar den Weg nachzeichnen könnte, es aber einfach nicht macht. Er hat sich während der Medienkonferenz alle erdenkliche Mühe gemacht, diese Punkte auszuklammern, unwichtig erscheinen zu lassen, hat damit alle gefährliche Klippen geschickt umschifft.

Eine Meisterleistung, das musste man ihm schon lassen!

»Warum gibt sich verdammt noch mal keiner die Mühe, den Fall zu Ende aufzuklären?«, bohrt die Praktikantin weiter. »Da gibt es neue Fakten, eine brennend heiße Spur, die alles zu erklären scheint. Und was macht man? Was macht ihr? Ihr sucht euch etwas raus, was sich bei der Medienkonferenz gut verkaufen lässt, und lasst uns andere nicht einmal einen Blick in das Tagebuch werfen.«

Guhl will etwas erwidern, doch sie unterbricht ihn: »Ja, ich weiß, Chefsache.« Sie spuckt die Worte förmlich aus. »Aber das ist einfach unprofessionell.«

»Sieh mal«, erklärt ihr Guhl genüsslich, »niemand von denen dort oben will den Fall fertig aufklären. Auch dein Onkel nicht. Wir wissen genug, weitere Ermittlungen zum jetzigen Zeitpunkt sind nicht lohnend …«

»Nicht lohnend«, äfft sie ihn nach.

»Es ist nun mal so, ob das in deinen hübschen Kopf hineingehen will oder nicht.«

Sie verdreht die Augen. Was für eine Farce!

Dann kommt er nochmal auf ihren Exfreund zu reden, will alles wissen, und sie, im Innern froh, dass sie die mühsame Last irgendwo deponieren kann, erzählt ihm von den ewigen Anrufen, dem SMS-Terror, von ihrer Verzweiflung – und er, im Innern froh über diese Entwicklung, meint entschieden, so könne das natürlich nicht weitergehen.

***

Weber betrachtet die vier Personen mit ihren reich beladenen Wagen, die sich, von stolzen Pferden gezogen, in alle vier Himmelsrichtung zu bewegen scheinen, wahrscheinlich ja dorthin, wohin es die goldene Schrift angibt: nach *Africa, Asia, Europa* und *America*. Was die zu groß geratenen, ebenfalls blau-grauen Kleinkinder mit den überdimensionierten Köpfen zwischen den Pferdegespannen sollen, darauf kann sich der Ermittler hingegen keinen Reim machen. Dass sie keine Arme haben, hat wohl mit der Anordnung zu tun. Oder sind es am Ende gar keine Kinder, sondern irgendwelche himmlischen Gestalten, wie die kleinen Engelchen mit den übergroßen Flügeln an den Ecken des Erkers? Er zuckt zusammen, als sich über den rätselhaften Gestalten ein Fenster öffnet und jemand aus der Kunstgalerie im ersten Stock auf den verwirrten Kunstliebhaber blickt. Guhl wartet schon ungeduldig in der halboffenen Glastür und wirkt weit steifer als die beiden Erkerfiguren, die links und rechts in theatralischen Gebärden die Fußgänger glauben machen, der Erker stürze im nächsten Augenblick auf die Straße. Guhls Augen sind bereits auf die Schätze gerichtet, die hinter der gläsernen Theke liegen: überzuckerte Berliner, Zitronentörtchen, Diplomats, Crèmeschnitten und andere Erzeugnisse der Konditorkunst.

Etwas später sitzen sie im vorderen Teil, wo auch außer Haus verkauft wird, haben die Köpfe wie bei einer Verschwörung gesenkt und blicken ab und zu verstohlen zur Theke mit den Köstlichkeiten. Dahinter ist auch eine feuerrote Kugel zu sehen. Auf den ersten Blick gleicht sie einem Stück exotischen Gebäcks, auf den zweiten Blick dem roten Hinterkopf einer Person, die in einem tiefer gelegenen Raum einem graumelierten Herrn im Anzug gegenüber sitzt.

»Kannst du …?«

Guhl winkt ab und lauscht angestrengt, doch die Gesprächsfetzen werden, wenn sie überhaupt bis in den oberen Raum gelangen, von der Türglocke und den Gesprächen anderer Gäste überdeckt. Natürlich ist es keine Beschattung im eigentlichen Sinne, aber ganz zufällig sind die beiden doch nicht hier und rühren vorsichtig in ihren Schokoladen, um nicht durch das Klimpern des Geschirrs noch mehr Störgeräusche zu schaffen.

Nach einer Weile schüttelt er den Kopf. »Tut mir leid, unmöglich.«

Weber atmet laut aus. »Streng dich an, Herrgott nochmal.«

Guhl strengt sich nochmal an, wird dabei ganz rot, muss dann aber erneut den Kopf schütteln.

Weber seufzt und winkt ab. »Schon gut. Was soll's? Sie wird ihm ja wohl nichts von der Sache erzählen.« Als Guhl nicht antwortet, hakt er nach: »Oder, Riet, sie wird doch nicht etwa …?«

Guhl sieht nachdenklich aus. Er sticht mit der Dessertgabel in eine dicke Cremeschnitte, sodass die Vanillefüllung auf beiden Seiten herausquillt.

»Ich weiß nicht, wie ich sie einschätzen soll. Eigentlich denke ich schon, dass sie es für sich behält, aber wenn der Zuberbühler sie fragt … Immerhin ist er ihr Onkel und hat ihr den Job verschafft.« Er versucht den Deckel aus Zuckerguss zu brechen, wobei noch mehr Füllung in den Teller läuft. »Und dein Vorgesetzter.«

Weber macht ein gequältes Gesicht und blickt vorsichtig durch die Glasscheibe der Theke. Zuberbühler und Bettina sind immer noch ins Gespräch vertieft. Weber wünscht sich, sein Ohr ausfahren zu können, an der Theke vorbei, durch den Personaldurchgang zu den zwei. Viel besser wäre es noch, wenn er wie der liebe Gott einfach hören würde, was er wollte, ohne sich überhaupt von seinem Wolkensitz in die Niederungen des Kaffee- und Patisserieproletariats begeben zu müssen.

»Ich will sie ja nicht schlecht machen, aber ich will auch kein unnötiges Risiko eingehen …«, meint Guhl.

»Na ja, das Risiko gehe höchstens ich ein«, unterbricht ihn Weber und sieht seine schlimmsten Albträume wahr werden.

»Natürlich.« Guhl überlegt eine Weile. »Aber da ist nicht nur Zuberbühler, sondern auch ihr Exfreund.«

»Ihr Exfreund?«, fragt Weber und schaut seinen Assistenten an. Hatte er doch etwas mit der Praktikantin?

Guhl bemerkt den kritischen Blick nicht, sticht energisch in sein Gebäck, das bei jedem Anlauf mehr zu einem Brei aus Crème, Teigstückchen und Glasurbrocken wird.

»Nun, sie vertraut mir, erzählt mir einiges.«

Weber runzelt die Stirn. »Aber jetzt wissen wir immer noch nicht, ob sie oder ob sie nicht …« Er schaut verzweifelt zur Decke. »Denkst du, dieser Exfreund ist eine Gefahr?«

Wer steckt mit wem unter einer Decke, Guhl und die Praktikantin, diese und ihr Exfreund, alle drei, gar keiner?

»Er arbeitet für den *Kirchenboten*«, fährt Guhl mit vollem Mund fort, »und wie sie erzählt, ist er total scharf auf die Geschichte.«

»Also hat sie ihm doch etwas erzählt?«

»Andeutungen – wenn man ihr glauben will.«

Weber verzieht das Gesicht und blickt über die Schulter zu den beiden Beschatteten.

»*Kirchenbote*. Das ist schlecht. Der *Kirchenbote* ist der Schlimmste. Hast du mitbekommen, wie der den Minigipfel und vor allem die Demos darum herum ausschlachten will? Ekelhaft!«

Guhl nickt mit vollem Mund.

Weber mustert seinen Assistenten, wie er Gabel für Gabel die Zerstörung auf seinem Teller beseitigt. Er weiß nicht, was er von ihm halten soll. In seinem Kopf beginnt sich das Rad der Möglichkeiten zu drehen: Wenn sie Zuberbühler erzählt hat, Dann … Wenn der weiß, dass … Wenn er mir vorwirft, dass ich es nicht … Wenn ich ihm aber vorhalte, dass es aus reiflicher Überlegung … Aber Wenn er nicht ganz auf den Kopf gefallen ist … Wenn Guhl allerdings …, Dann könnte sie ja kaum … Wenn sie allerdings doch … Dann wären wir wieder bei Zuberbühler … Wenn der weiß, dass … Wenn er mir vorwirft, dass ich nicht … Wenn ich ihm aber nicht vorhalte, dass … sondern im Gegenteil. »Wenns« jagen »Danns« nach, »Danns« und »Wenns« greifen nacheinander, wirbeln miteinander umher, verschmelzen zu einem wilden Tanz unter Webers Schädeldecke.

Dann steht Zuberbühler plötzlich vor ihrem Tisch und Weber verschluckt sich fast an seinem Kaffee.

»Ah, die Herren lassen sich in der Pause hier verwöhnen?«

Weber versucht sich den Schreck nicht anmerken zu lassen. Guhl hat den Mund voll und sagt schon deshalb nichts.

»Ich komme oft am Nachmittag für ein halbes Stündchen hierher, ist ja gleich um die Ecke.« Zuberbühlers Büro liegt im Verwaltungstrakt im Klosterbezirk. »Und da habe ich mir gesagt: Warum zeigst du nicht mal deiner Nichte dieses nette Café?« Während er über seine eigenen Worte lacht, tritt die rothaarige Praktikantin heran, grüßt höflich ihren Chef und nickt schelmisch Guhl zu. Weber registriert es, und Guhl registriert, dass Weber es registriert hat. Jetzt sitzen beziehungsweise stehen die vier Personen beieinander und finden keine Worte, lächeln in den Raum, peinlich berührt über die Gesprächspause.

»Ja, mein lieber Weber«, greift schließlich Zuberbühler den Dialog wieder auf, ob er nicht in den nächsten Tagen mal bei ihm vorbeischauen könne, es gebe da eine dringende, etwas unangenehme Sache zu bereden. Eine wichtige Sache, »die wir unter vier Augen bereden müssen«. Dazu lächelt er etwas gequält.

»Natürlich, ja«, antwortet Weber mechanisch, während sein Inneres innerhalb von Sekundenbruchteilen den gleichen Prozess durchmacht wie Guhls Crèmeschnitte während der letzten Viertelstunde. Das Wenn-Dann-Karussell beginnt sich von Neuem zu drehen, schneller und schneller, wie die Weltkugel am Äquator, so schnell, dass den vier allegorischen Figuren die Köstlichkeiten der vier Erdteile aus den Wagen purzeln und über die Schmiedgasse zu kullern drohen.

Aber Weber beherrscht sich. Das kann er. Noch. Einigermaßen.

***

Bisher ist alles gut gelaufen, denkt Weber, während er auf einem der beiden runden Laufbänder steht und langsam, steif wie eine Krippenfigur, in den siebzehnten Stock fährt. Einige einfache Beamte stehen weiter vorne auf dem Band und scherzen miteinander. Diese Typen, die vor wenigen Monaten noch in Kampfanzügen in den verrauchten Kasernenkantinen, in Ermangelung eines Feindes, die Zeit totschlugen und nun in den neuen Anzügen wie Konfirmanden aussehen, ganz anders als zwei höhere Funktionäre, die in wirklich eleganten Anzügen und mit Aktenmappen auf die Welt gekommen zu sein scheinen. Diese unterhalten sich am Glasgeländer des sechszehnten Stocks, zu dem Weber langsam heraufschoben wird. Bisher ist doch alles gut gegangen, und jetzt das! Das bevorstehende Gespräch mit seinem Vorgesetzten hat ihn diese Nacht nicht schlafen lassen. Er hat sich hin und her gewälzt und zum ersten Mal, seit er sich vor einigen Jahren eingestehen musste, dass diese Panikattacken nicht vorübergehen und schon gar nicht an Intensität einbüßen würden, hat er richtig Angst gehabt.

Angst, dass ihn so kurz vor dem Himmelstor noch ein sadistischer Teufel am Bein packt und ihn mit sich in die Hölle zieht. Man sieht ihm nichts an, er beherrscht sich – solange es noch geht. Sein Magen hat sich allerdings zusammengezogen, er atmet unregelmäßig und verspürt ein Stechen in der Herzgegend.

Und genau da (dem Leser ist sicher nicht entgangen, dass er zusammen mit Weber genau in der Mitte der Erzählung angekommen ist, am Höhepunkt im dritten Akt, von wo aus die Handlung langsam zur unausweichlichen Katastrophe geführt wird), genau da taucht dieser Teufel auf. Weber erkennt ihn sofort, wenn ihm auch sein Name nicht in den Sinn kommt. Aber noch bevor er sich bewusst wird, was passiert, erfasst ihn die Panik. Es fühlt sich an wie ein Schlag in die Magengegend. Er hört wieder die Kommandos, sein Puls hämmert, erreicht kritische Bereiche. Schneller!….. Los!….. Scheiße, wo ist mein Ding?….. Nein, eben noch war es ….. doch, Hauptsache irgendeines …. Los! Los! Los!…. Welches Schwein hat mir meines ….? Hetz ….. Poch ….. Poch ….. mit Gewalt, verdammt!….. Und weiter …..Vielleicht geht es ja ….. Noch eine Minute, ihr faulen Hunde!….. Die anderen sind schon ….. Bin ich der Letzte?…..Weber!….. Verdammt, Weber!….. Rekrut Weber!….. Komm schon, los ….. Die anderen sind schon oben ….. Ich bin der Letzte, Scheiße!….. Ich schaff es nicht ….. Vorwärts!….. Weber, Sie Pfeife!….. Poch ….. Poch ….. Laufband?….. Kasernentreppe ….. Appellplatz ….. Poch ….. Poch ….. Poch …..Wer sind die Leute ….. mein Zug ….. mit Anzügen ….. alle schauen mich an ….. Sie bringen mich um …. was halte ich da in der Hand?….. Rekrut Weber ….. Verdammt, wer ist denn dieser Ermittler, der einst Weber hieß ….. Rekrut Weber, nicht einen bestimmten Fall ….. nicht auf den Appellplatz ….. nicht in den siebzehnten Stock ….. Fliehen! Das ist es!….. Fort!….. über das Geländer ….. Poch …..Was ist das für ein Geländer?….. Scheiße, keine Kaserne ….. der Glasturm ….. eine Attacke ….. Totale Blockade, Puls rasend, Schwindel, Tunnelblick ….. was tun?….. warum?….. nur fort ….. Pochen in den Ohren ….. Poch …… Ich kann meinen Körper nicht kontrollieren ….. Los!….. Da, dieser Mann ….. Binder! Das ist es, Binder!….. egal …..Warum ist er hier?….. fort, nur fort!….. Dieses Gesicht ….. und er schaut, schaut mich an ….. Was tue ich hier? Ich muss weg!….. Der Körper will nicht ….. Oh nein!….. Guhl ….. die Rothaarige ….. fort ….. fort ….. fort ….. Poch ….. Deinen Willen, Weber ….. Herrgott noch mal!….. Mein Körper ist wie Gelee ….. gut so, das Geländer ….. jetzt ziehen, ich schaffe das …… den Köper nach vorne ziehen ….. Ein Aufprall ohne Schmerz ….. jetzt weiter, laufen ….. Los, komm ….. Scheiße, was mache ich hier?….. Nur nicht umdrehen, einfach fort ….. Schauen sie?….. egal ….. nur fort …. da, der Fahrstuhl. Nicht umdrehen, Weber! Der Fahrstuhl!…. Fahrstuhl gleich Flucht ….. gut ….. Knopf drücken ….. Schneller! Schneller!….. Endlich drin, dumpfer Aufprall gegen die Wände ….. egal ….. jetzt aber zu …. Los!….. Looooos!….. Knopf nach ganz unten, so weit runter wie möglich, in den hundertsten Stock des Untergeschosses, in den tausendsten oder zehntausendsten, nur runter. Runter, runter, runter. Runter gleich Rettung. Ja, in die Tiefgarage. Verdammt, was ist nur passiert? Das Bild von Binder, dem sadistischen Arschloch –, aber das war ja in meiner Rekrutenschule ….. verstehe nicht ….. Ja, eine Panikattacke, Scheisse, Scheisse, Scheisse!….. Tiefgarage ….. nur schnell in den Wagen ….. Tiefgarage gleich Auto gleich Rettung. Verdammt, die Panik, die er damals verspürte, beim Strammstehen bei der Inspektion – Panikmomente, die ihn bis zu diesem Tag immer wieder mal im Traum verfolgt haben, in diesen Träumen, wo man eine Aufgabe hat, irgendwohin muss, aber immer abgelenkt wird, Zeit verliert, falsch abzweigt, immer weiter wegkommt und immer größere Angst bekommt, dass man es nicht schafft. Weil der Auftrag alles ist. Und das Schlimmste: Guhl und die Kleine haben ihn gesehen. Das war es, der Affentanz. Weber vollführt den Affentanz. Vor allen. Vor Guhl und ihr. Vor allen. Er muss es totschweigen, wie damals den Mantel. Aber diesmal ist es mehr als ein violetter Damenmantel. Er muss fliehen. Möglichst weit weg, aus der Stadt, aus dem Land, vom Planeten weg, aus dieser Galaxie.

Um 11:20 Uhr verlässt Weber das Gebäude.

***

Guhl und Bettina schauen einander verwundert an.

»Hast du gesehen, was ich gesehen habe?«, fragt er.

»Was war mit ihm?« Sie schüttelt nur den Kopf.

»Sah aus wie ein Anfall. Meinst du, der hat einen Herzanfall oder so was gehabt?«

Guhl winkt ab. »Nein, dann wäre er zusammengebrochen. Sah eher aus wie eine Flucht.« Er überlegt eine Weile. »Wie wenn bei ihm eine Sicherung durchgebrannt wäre.«

Bettina nickt. »Ist ja allerhand! Sag mal, ist das nicht der …?« Sie deutet auf einen großgewachsenen Mann mit weißen Zähnen, der stehengeblieben ist und etwas ratlos dorthin zurückschaut, wo eben noch Weber friedlich auf dem Laufband gefahren kam, wie eine Figur aus einem Glockenspiel. »Das ist doch …« Sie überlegt krampfhaft.

»Binder, ja. Kennst du ihn?«

»Hatte mal einen Vortrag von ihm besucht. Cooler Typ, recht tough. Arbeitet jetzt beim Nachrichtendienst. Was der wohl hier macht?«

Aber das weiß Guhl auch nicht.

»Meinst du, das hat was mit Webers Verhalten zu tun?«

»Was mit Weber?«

»Mit eben. Mit dem Anfall.«

»Keine Ahnung.«

Mehr gibt es dazu nicht zu sagen. Sie wenden sich wieder ihren Kaffeetassen zu und schmieden weiter Pläne, wie sie das Problem mit Bettinas Exfreund lösen können, der immer lästiger wird.

»Sollte er sein Wissen ausnutzen wollen und dich erpressen, könnte das für die Untersuchung ein großes Problem sein«, meint Guhl ernst.

Bettina versucht krampfhaft, ihre Nervosität zu verbergen. »Aber er weiß doch nichts.«

Guhl presst die Lippen zusammen.

»Auch wenn er nicht die ganze Geschichte kennt, weiß er doch, dass es eine gibt, und dass sich die lohnt. Vielleicht weiß es schon die *Kirchenboten*-Redaktion.«

Er schweigt.

»Nein, das geht nicht. Wir müssen etwas tun.«

Die junge Frau schaut ihn erwartungsvoll an. Ja, warum kann er nicht etwas tun, er, der immer eine Antwort hat. Sie weiß genau, den Jürg muss sie ihrer Karriere opfern, egal ob diese hier oder in einer anderen Behörde weitergeht.

Guhl beruhigt sie, er werde schon etwas tun, er arbeite ja eng mit der Medienabteilung zusammen. Er weiß schon, wie man dem Jungen eine Lektion erteilt, darauf hat er genug lange gewartet. Halleluja!

4.

Weber rast aus der Stadt, aus dem beschaulichen Lichtermeer in die schwarze Nacht hinaus, wie wenn er seinen Traum vom Weltraumflug mit seinem Mazda erzwingen wollte. Triebwerke volle Kraft voraus! Über die Ausfallstraße in Richtung des Sees, dann aber, wie von einem starken Gravitationsfeld angezogen, in elliptischer Bahn in Richtung Autobahn, mit mehrfacher Lichtgeschwindigkeit an der Einfahrt vorbei und dann, wie beim spielerischen Umschiffen eines Meteoritenschwarms, auf der kurvenreichen Straße ins Hügelland hinauf, wo nur noch einzelne Außenposten der Zivilisation Lichtstrahlen ins Universum senden.

Der verrückte Doktor Shrink hat einfach nur gelacht am Telefon. »Ach, Weber, Sie sind ein lustiger Vogel! Ich hab's Ihnen ja immer gesagt.« Er hat sich kaum halten können. »Erzählen Sie mal aus Ihrer Sicht …«

Weber hatte gefragt, woher der Psychologe überhaupt von seinem Ausfall wisse, aber der hatte nur gemeint, dass alle von seinem Auftritt redeten. Soso, also alle reden von Webers Auftritt! Schöner Auftritt – wie ein Zirkusaffe hat er sich zum Gespött gemacht, wie in seinen schlimmsten Albträumen, und das noch im Beisein von Guhl und der rothaarigen Göre.

Sein Gefährt gewinnt an Höhe, überwindet eine kleine Schlucht, zwischen zwei Waldstücken sieht er wieder die Sterne. Ab und zu rauscht er an bereitgestellten Absperrungen vorbei, irgendwo schlafen geparkte Polizeifahrzeuge und einer dieser Container, wie sie die Spezialeinheiten für Überwachungsaufgaben einsetzen. Alles ist bereit für den Minigipfel auf der anderen Seite der Hügelkette.

Über Polizeifunk hört er, wie eine Streife über einen Überfall mit Körperverletzung rapportiert, zu der man wie immer zu spät kam und nur noch zusehen konnte, wie die Ambulanz den übel zugerichteten Kerl einpackt. Ein Jürg Ebneter, Journalist. »Ha!« Weber lacht laut auf, während er elegant einem zweistöckigen Postbus ausweicht, den er beim Überholen nicht gesehen hat. Jürg Ebneter! Der Exfreund der Rothaarigen, der Journalist! So ein Zufall – oder nein, das ist unmöglich – hat etwa Guhl seine Hand im Spiel? Er schüttelt den Kopf. Nein, das traut er ihm nun doch nicht zu – oder doch? Schlägt der einfach einen Kerl nieder, weil er das Mädchen für sich haben will! Er lacht bei der Vorstellung, wie Guhl den jungen Journalisten an die Wand drückt, mit Schlägen traktiert, zu Boden wirft, auf den Wehrlosen eintritt und beim Weggehen noch auf ihn herunterspuckt. Ach, wie schön und einfach ist im Grunde doch alles! Schabt man den Staub der Zivilisation, Religion und Philosophie weg, ist darunter immer nur ein Tier – das steht fest! Viel fester als die Gesetze, die Gott mühsam in Steintafeln hat hauen lassen und die sie zwar zu lesen gelernt haben, aber dennoch nicht befolgen. Wie viel überzeugender sind da die Gesetze der Natur: Einfache und gesunde Männchen wie Guhl verdrängen die schwächeren Rivalen, um sich mit den Weibchen zu paaren, während alte Exemplare wie er, Weber, ihrer Funktion beraubt, irgendwo warten, bis sie verenden. Was für ein Bild, denkt er, was ist nur in meinem Kopf los?

Aber Guhl, dieses ehrgeizige Arschloch, wird es kaum selbst gemacht haben. Guhl ist der Typ, der Leute engagiert, die ihm die Leichen liefern, über die er dann mit seinen Markenschuhen hinwegtritt. Der Glasturm der Justitia ist eben doch nur auf alten Kriegsanlagen gebaut, und wenn man da zu sehr bohrte, konnte es schon passieren, dass alles zum Einsturz käme – schon wieder ein poetischer Anflug, das war doch sonst gar nicht seine Art!

Wie dem auch sei, Guhl war genau der Richtige als Webers Nachfolger.

Und er selbst, Weber? Ist er besser? Er schlägt keine Leute zusammen. Warum eigentlich nicht? Wahrscheinlich nur, weil er dazu nicht die nötige Kraft hat; man kann Revierkämpfe auch anders gewinnen, bis jetzt hat es jedenfalls funktioniert. Der Heiland. Ha! Dass er nicht lachte. Wenn der Glasturm sich als Luftgebilde entpuppt, wird auch aus dem Heiland nur noch ein gefallener Engel. Er erschrickt: Schon zum dritten Mal so ein poetisches Bild. Was war nur mit ihm los?

Wie auch immer. Mit Guhl wäre es etwas anderes: Ein offener Kampf um Macht, um Paarung, blutige Tierwelt im Glasturm zivilisierter Rechtsprechung. Schon wieder, zum vierten Mal. Ach, was solls? Irgendwie gefällt es ihm, sich so poetisch zu fühlen. Er drückt aufs Gas.

Seine Kapsel entfernt sich immer weiter, wohin weiß er selber nicht. Noch steht er in Funkverbindung mit der Erde, auch wenn er das Gerät jetzt abgestellt hat. Nur eine Straße führt die Hügelflanken entlang, ab und zu durch einen kleineren Weiler, umgeben von sterilen Neubauten. Kleine, rot gemalte Burgen zwischen Ketten von Hügelchen – dann sieht er eine ganze Weile keine Lichter mehr. Die Straße wird enger, links und rechts stehen hohe Tannenwälder, dazwischen weite Felder und dann – der Krankenwagen.

Weber tritt mit voller Kraft auf die Bremse, wird gegen das Lenkrad gepresst und muss zusehen, wie der Wagen zwar abgebremst wird, aber weiterhin auf den stehenden Krankenwagen zuschlittert, ohne dass er viel tun kann. Um ein Haar hätte er den Krankenwagen erwischt, stattdessen streift die linke Seite des Autos einen Holzzaun, über den eine Horde Kängurus neugierig hervorlugt, ohne vor dem metallenen Ungetüm zu fliehen. Der Außenspiegel bricht ab, dann steht Webers Gefährt still, zwischen dem Zaun und dem Krankenwagen. Er kann die Tür auf der Fahrerseite nicht öffnen, sodass er über den Beifahrersitz klettern muss, um auszusteigen.

Kängurus? Tatsächlich. Neugierige Augen unter Kaninchenohren. Weiter hinten im Gehege sieht er einige Tiere auf den Hinterbeinen herumstehen, eines hoppelt quer über die Einzäunung. Er schüttelt den Kopf. Es ist schon traurig, was die Bauern angesichts der Agrarreformen unternehmen müssen, um überleben zu können. Kängurus in der Ostschweiz! Weber fragt sich, was der Bauer im Winter mit den Tieren macht. Ob sie dann im Schnee herumspringen?

Auf dem Hofplatz steht eine seltsame Menschenansammlung, die im Licht der beleuchteten Fensterreihen lange Schatten wirft. Junge Leute stehen in Gruppen beieinander und reden leise, zwei Sanitäter bringen eine Trage zum Krankenwagen, gefolgt von einer älteren, dicken Frau in einem geblümten Kleid.

»Was macht der Wagen da?«, fragt einer, wartet aber nicht auf Webers Antwort, sondern öffnet, sobald er sich vergewissert hat, dass der Krankenwagen nicht beschädigt und der Durchgang zurück zur Straße noch frei ist, die Hecktür. Auf der Trage, die die beiden jetzt hochheben, liegt ein alter Mann. Im grellen Neonlicht, das aus dem Inneren des Krankenwagens fällt, erkennt man feine, rote Äderchen, die seinem Gesicht einen violetten Ton verleihen. Über Mund und Nase hat man eine Sauerstoffmaske gezogen, und einer der Sanitäter hält eine Infusionsflasche in die Höhe.

»Wann kommt er wieder?«, fragt die Frau im Blumenrock aufgeregt. »Er kann doch jetzt nicht ausfallen, gerade jetzt, wo all die Saatarbeiten anstehen!«

Aber die Sanitäter zucken nur die Schultern, einer steigt zum Patienten, der andere schließt von außen die Tür. Mit dem Motor geht das Blaulicht an und taucht die Szene vor dem Bauernhaus in geisterhaft-mystische Farbtöne. Unheimliche Begegnung der dritten Art, denkt Weber. Dann fährt der Krankenwagen los und alles verschwindet wieder im Halbdunkel. Keiner der Jugendlichen spricht ein Wort. Es sind Mädchen und Jungen, zwischen zwölf und achtzehn, schätzt Weber, einige tragen T-Shirts der Christlichen Jugendgruppe. Auch diese Seite rüstet sich zum Minigipfel auf Schloss Wartensee.

»Was meinen Sie, soll ich die jungen Leute hereinbitten?«, fragt die alte Frau, an Weber gewandt. »Ich meine, jetzt, wo sie den Paul weggebracht haben.«

Der Ermittler steht eine Weile unschlüssig da, den Kragen seines Frühlingsmantels hat er hochgeschlagen. Nach einer Weile fragt er sie aus Verlegenheit nach einer Zigarette, ohne ihre Frage zu beantworten. Und als sie tatsächlich ein Päckchen aus der Tasche herausholt und es ihm entgegenstreckt, zündet er sich eine Parisienne an und beginnt zu husten.

»Der Junge kommt ja auch erst später, den habe ich eben erst angerufen«, fährt die Alte fort und sieht Weber fragend an. »Was denken Sie?«

»Hm?« Er hat ihr nicht zugehört.

»Ja, soll ich den jungen Leuten etwas Warmes zu Trinken machen? Sie haben es ja nicht in böser Absicht getan?«

Weber versteht nichts.

»Ja nun, haben sie halt hier um das Haus herum ihre Zelte aufgebaut, eigentlich stört es ja niemanden.«

Weber blickt zu seinem Wagen, der etwas schräg am Känguru-Gehege steht. Rückwärts würde er nicht rauskommen, mit etwas Glück vielleicht vorwärts, dann könnte er wenigstens weiter vorne wenden.

»Was sind das für Leute?«, fragt er aus purer Ratlosigkeit und zeigt auf die Jungen.

Die Alte winkt beschwichtigend ab. »Keine Schlechten. Junge Leute halt, die sich für etwas einsetzen.« Sie schaut ihn fragend an, wie er den Kragen hochgesteckt hat. »Sind Sie von der Polizei?«

Weber verneint, vielleicht etwas zu schnell. »Nein, warum?«

»Ja, das wird jetzt wohl eine Untersuchung geben, wegen der Schüsse.«

»Schüsse?«

»Mein Mann hat sich halt so aufgeregt, aber böse hat er es nicht gemeint, er wollte sicher niemandem etwas zu Leide tun, hat nur so in den Acker geschossen. Nur zum Schreck, wissen Sie.« Sie zeigt zu einem offenen Fenster hoch.

»Von da oben. Und dann sein Herz. Er darf sich doch nicht aufregen.«

»Ihr Mann hat von da oben auf die Leute geschossen?«

»Nicht auf die Leute, wo denken Sie hin!« Sie winkt beschwichtigend ab. »Mit seinem Karabiner, in den Acker. Finden Sie das schlimm?«

Weber zuckt die Schultern. »Macht das den Kängurus nichts?«, fragt er dann.

»Den Kängurus?«

»Ja, der Lärm.«

Sie senkt den Kopf. »Gut ist es sicher nicht, die Tiere sind sehr schreckhaft, wissen Sie.«

Mein Wagen hat sie jedenfalls nicht erschreckt, denkt Weber. Oder wenn doch, dann so sehr, dass sie wie gelähmt stehen geblieben sind.

Die jungen Leute stehen immer noch zusammen, einige sind nur im T-Shirt, ein Mädchen sogar barfuß. Alle haben den Blick zur Straße gewendet. Von dort holpert ein Polizeiauto heran. Es hält direkt hinter Webers Mazda; ein junger Streifenpolizist steigt aus und scheint nicht so recht zu wissen, an wen er sich wenden soll.

Dann entschließt er sich für die Frau im Blumenkleid.

»Frau Bärlinger?«

Sie nickt.

Er holt einen Notizblock hervor. Sie könne von Glück sagen, dass er so schnell dagewesen sei, wenn sie nicht ohnehin wegen des Gipfels in der Nähe gewesen wären … Weber bleibt im Hintergrund, während der junge Polizist ihr eine Frage nach der anderen stellt. Die jungen Leute sind etwas näher gekommen und hören gespannt zu, wie die alte Frau von der Besetzung des Hofs durch die Jugendgruppen berichtet, fast so als hätte sie die jungen Leute selbst dazu eingeladen, von ihrem Mann, der so etwas eben nicht versteht und sich furchtbar aufregt, und das trotz des schwachen Herzens.

»Was hätte er denn tun sollen?«, fragt sie den jungen Streifenpolizisten immer wieder, ohne eine Antwort zu bekommen. Erzählt dann weiter, wie ihr Mann dann irgendwann zum Dach rauf ist und seinen Karabiner geholt hat, dann beim Schuss zusammengebrochen ist. »Er darf sich halt nicht aufregen.«

Einige der Jungen halten sich fest und wärmen einander. Nur Weber steht etwas abseits mit der Zigarette, die bereits runtergeraucht ist. Warum rauche ich eigentlich?, fragt er sich erstaunt und wirft den Stummel auf den Hofplatz. Er hat vor Jahren schon damit aufgehört. »Kann ich vielleicht weiterfahren?«, fragt er den jungen Polizisten etwas unwirsch.

»Wer sind Sie? Ist das Ihr Wagen?«

Weber nickt gelangweilt.

»Sie können von hier nicht fort, bevor alles zu Protokoll gebracht ist.«

Aber das ist Weber nun doch zu dumm. Er weiß zwar nicht, wo er hin will, aber fort vom Bärlingerhof auf jeden Fall. Er greift in die Westentasche und sucht seinen Ausweis hervor. Der andere verstummt und scheint sich Fragen auszudenken, die er sich dann doch nicht zu stellen traut.

»Sie sind ja doch Polizist!«, ruft die Frau im Blumenkleid. Sie blickt zum jungen Beamten. »Der ist ja doch von der Polizei, aber als ich ihn vorher gefragt habe, hat er es abgestritten.«

Weber reagiert nicht, bewegt sich mechanisch zu seinem Wagen, klettert über den Beifahrersitz, unter den neugierigen Blicken der Kängurus, auf die Fahrerseite. Die armen Tiere, denkt Weber und fährt extra langsam an, muss dann aber doch kräftig aufs Gas drücken, um aus dem Graben wieder herauszukommen. Der Motor heult auf, Dreck spritzt auf, dann ist der Wagen wieder frei.

Hinter dem Haus könnte er wenden, entschließt sich aber dem Sträßchen zu folgen. Hierzulande führt jedes Sträßchen irgendwann zu einem größeren und dieses später zu einer richtigen Straße. Nach einer halben Stunde durch dichte Wälder blickt er auf die Lichter des Rheintals hinunter und überlegt, warum er diesen Ausblick kennt. Sein Mazda steht auf dem Parkplatz oberhalb des Festungsmuseums St. Margrethen.

Weber steigt aus und geht langsam über den dunklen Kiesplatz zum Geländer, von wo aus er auf die Millionen von Lichtern hinunterblickt, ein Spinnennetz, von dem nur die Eckpunkte sichtbar sind, auf denen auch jetzt, mitten in der Nacht, noch einzelne unermüdliche Wagen hin und her fahren, nur an den winzigen Lichtkegeln ihrer Scheinwerfer erkennbar. Und unter diesen Lichtchen liegt eine zweite solche Welt, allerdings verlassen. Mit ebenso vielen Stollen, Schächten und Gängen wie Straßen, Wegen und Brücken auf der Oberfläche. Ein Totenreich, in dem die Sonne niemals aufgeht, und in dem derjenige, der sich darin verirrt, zu einem Schatten wird, sich endlos weiterbewegt, unter einer Schicht von Erde und Fels, bis er ganz stirbt. Bleiche Knochen in einem Felsstollen, im Licht einer flackernden Glühbirne, und wenn ein anderer Schatten versehentlich an den gleichen Ort gelangt, stößt er mit den Füßen daran und das hohle Scheppern hallt eine Ewigkeit lang durch weitere Gänge, Stollen und Treppenschächte nach.

Weber will zuerst in seinem Mantel nach einer Zigarette suchen, aber da er gar nicht raucht, schlendert er zum Wagen zurück, eingehüllt in eine dicke Schicht von Gefühlen, mit denen er nichts anzufangen weiß. Hinter dem Lenkrad gibt er sich Traumbildern hin, sieht Kängurus durch ein filigranes Netz von Fels- und Betongängen hüpfen, darüber, im düsteren Himmel, die Seligen mit ihren dunklen, langen Gewändern auf ihren Wolken sitzen. Nur wenige scheinen entzückt über das heitere Treiben, die meisten legen die Stirn in Falten und kraulen ihre grauen Bärte.

***

Währenddessen sitzt Guhl in Webers Büro. Er hat die Füße auf den Tisch gelegt und seinen Telefonanschluss hierher umgeleitet. Sein Büro, seine Einsatzzentrale, sein Gefechtsstand!

Er ist Kapitän Marko Ramius, General Bethlehem. Natürlich müssen die dämlichen Bilder weg – religiöser Kitsch und verstaubte Antiquitäten. Wenn er erst einmal der Chef ist, hängen hier Einsatzkarten, Organigramme, auf denen sein Name zuoberst erscheint. Doch dann klingelt das Telefon und der General wird immer bleicher. Er weiß nicht, was er antworten soll, ob ihn die Beschimpfungen oder Bettinas Schluchzen mehr berühren, ob er verärgert, betreten, zerknirscht, überheblich antworten soll. Also schweigt er und beißt sich auf die Unterlippe. Er blickt von seinem Glasturm hinab, über die längliche Form der Stadt, die sich zwischen den beiden Hügelzügen als ein See von unzähligen Lichtern aus der Dunkelheit heraushebt, auf dem der Wind mit den Lichtern des Nachtverkehrs kleine Wellen erzeugt.

Was ihm eigentlich einfalle, ob er total bescheuert sei – sie sucht nach Worten – er könne den Jürg doch nicht einfach so verprügeln.

Guhl ist allein auf der Etage, nur in den obersten Stockwerken brennt noch Licht in einigen Büros. Und ganz unten im Erdgeschoss in der Empfangshalle. Soll er einfach auflegen? Er kann mit der Situation einfach nichts anfangen. Der große Kapitän hat die Situation nicht mehr im Griff.

Er tue ihr leid. Ja, eigentlich tue er ihr nur leid.

Und das schmerzt ihn fast mehr als die Beschimpfungen.

Mein Gott, was in seinem kranken Hirn vorgehen müsse, sie begreife es nicht, nein, das könne man wohl auch nicht begreifen.

Und irgendwann schluchzt sie nur noch ins Telefon, einige Kilometer entfernt von Guhls Hochsitz, und im siebzehnten Stock des Glasturms, im Gefechtsstand des großen Kapitäns und Generals schluchzt es aus dem Hörer, den er von einer Hand in die andere nimmt, ohne zu wissen, was er damit anfangen soll. Er hört wieder hin, weglegen will er das Ding nun doch nicht, und der Hörer schluchzt immer noch. Er könnte etwas hineinsagen, ein Signal entgegenschicken, aber er weiß nicht was.

Irgendwann wird die Verbindung getrennt, wahrscheinlich hat sie aufgelegt. Der Assistent und Anwärter auf Webers Posten steht auf, ihm ist schwindlig.

»Meuterei auf Roter Oktober, Kapitän Ramius abgesetzt.«

»General Bethlehem von den eigenen Leuten gestürzt.«

»Superman geschlagen. Wird er wieder fliegen?«

Oh ja, er wird.

***

Bei Sonnenaufgang erwacht Weber in seinem Auto, auf dem Kiesplatz oberhalb des Rheintals. Auf der Windschutzscheibe liegt Tau, Nebelschwaden kleben an den bewaldeten Hängen. Er fühlt sich wie früher, bei Armeeeinsätzen im Biwak, schlaftrunken, steifgefroren, alter Zigarettenrauch im Atem. Er fährt los und versucht dem Weg zu folgen, den er am Vorabend genommen hat, aber alles sieht gleich aus und er hätte sich hoffnungslos verirrt, für immer und ewig, wäre er je an eine Weggabelung gelangt; keinem Menschen begegnet er, während er durch endlose, immer gleiche Wälder fährt. Ab und zu fährt er an einer mit Stacheldraht abgesperrten Anlage, einem kleinen Armeedepot oder einem der vielen Eingänge in das Reich der Festungen, vielleicht aber auch nur an einem Wasserreservoir vorbei.

Irgendwann erreicht er einige Scheunen, verschlafene Bauernhöfe. In einem kleinen Gasthof nimmt er einen Kaffee. Es ist eines dieser Landbeizchen mit altmodischem Interieur aus gelb gebeiztem Holz, mit Fahnen der lokalen Schützenvereine und Musikgesellschaften an den Wänden, wo immer nur an einem Tisch Einheimische mit den Wirtsleuten im Gespräch sitzen und man zu jeder Zeit das Gefühl hat, der einzige Gast zu sein.

Auf der Weiterfahrt ruft er Guhl an.

Dieser scheint erleichtert, Webers Stimme zu hören. »Wir haben uns echt Sorgen gemacht, nach Ihrem Anfall …«, sagt er.

»Zusammenbruch!«, unterbricht ihn Weber schroff und muss husten. »Ich hatte einen Kreislaufkollaps, Herrgott noch mal!«

»Natürlich, Chef.« Guhl versteht schnell. »Und … wo …?« Offensichtlich weiß er nicht, wie er nach dem Stand der Dinge fragen soll.

»Ich bin in einer halben Stunde im Büro«, sagt Weber griesgrämig und legt auf. »In einer halben Stunde im Büro«, wiederholt er leise und kratzt sich den Bart.

Nach einigen Minuten erreicht er den Bärlingerhof – von der Rückseite her. Am Ende des Hofplatzes, in Richtung der Zufahrtsstraße, sieht er zuerst nur zwei Personen stehen, die im Licht der Morgensonne lange Schatten werfen. Der Mann flucht und gestikuliert, während die Frau vom Vorabend ihn aufzuhalten versucht. Aber die Jungen sind mit ihrer Beute, soviel sieht er jetzt, ohnehin schon oben an der Hauptstraße. Als die Bäuerin und der Mann – es muss der junge Bärlinger sein, den sie am Vorabend so sehnlich erwartet hatte – das Auto hören, halten sie inne und drehen sich um. Weber lässt den Motor aufheulen und blickt streng geradeaus, während er über den Platz rast. Die armen Kängurus, denkt er, kann aber keines der Tiere erblicken, die er mit seinem Manöver erneut zu Tode erschreckt haben muss.

Erst als er den Hof hinter sich lässt, drosselt er die Geschwindigkeit. Die Jungen schleppen den Güllewagen vom Bärlingerhof mühsam zur Hauptstraße hinauf. Als sie Weber sehen, johlen und winken sie. Er winkt zurück. Die Hauptstraße führt direkt zum Tagungszentrum auf Schloss Wartensee, und es ist offensichtlich, was die jungen Leute mit dem Güllewagen vorhaben. Er muss lachen, als er sich das Bild vorstellt. Auf der einen Seite die Polizeieinheiten in Vollmontur – Helme mit dunklem Visier, kugelsichere Westen, Kampfstiefel, Schilde und Schlagstöcke – auf der anderen Seite die Jungen mit ihrem Güllewagen, in Shorts, T-Shirts und Baseballmützen. Herrlich! Er öffnet das Fenster und winkt dem fröhlichen Saubannerzug nach, bis er ihn nicht mehr im Rückspiegel sehen kann.

5.

Weber blinzelt in die Frühlingssonne, die die klassizistische Fassade des Verwaltungstrakts auf dem Klosterhof in gleißendes Licht taucht. Er fühlt sich, als sei er nach einem nicht enden wollenden Flug durch das schwärzeste All unvermittelt auf einen freundlichen Planeten gestoßen, dort gelandet und könne wieder atmen, sich am Grün der Bäume laben, die klare Luft auf seinem Gesicht spüren und Vögel pfeifen hören. Die Jugendgruppe, noch immer in den bedruckten T-Shirts, räumt Stände und Festbänke ab, sammelt liegen gebliebene PET-Flaschen ein – junge Leute, die älter werden und sterben und neuen, jungen Platz machen, die wieder älter werden, sterben … Der Minigipfel ist vorbeigegangen, ohne dass Nennenswertes passiert wäre: Einiger Sachschaden, einige verletzte Polizisten, ein querschnittgelähmter Demonstrant – ein Stapel Zeitungsartikel, einige Bänder Radiosendungen und Fernsehreportagen, die bereits in den Archiven verstaut werden. Der nächste Gipfel wird in der kanadischen Wildnis abgehalten, wo man nicht einfach so schnell mal einen Güllewagen vom Nachbarhof holt und den Konferenzteilnehmern damit die Luft verpestet.

Aber die Präsidenten und Minister sind wieder geduscht, gebadet und parfümiert, und so ist auch Weber wieder reingewaschen, einen Helden hat ihn Zuberbühler sogar genannt. Einen Helden! Er muss lachen. Dabei ist er mit den schwärzesten Gedanken ins Büro seines Vorgesetzten getreten, wie wenn es um seine Hinrichtung gegangen wäre. Aber Zuberbühler war ganz aufgeräumt. Weber hatte keine Ahnung gehabt, wovon sein Chef redete, schwieg aber sicherheitshalber, setzte eine neutrale Miene auf. »Weber, Weber, ich habe mir einen Augenblick ja ernsthafte Sorgen gemacht.« Dann lachte Zuberbühler. »Bis ich gemerkt habe, was für ein cleveres Spiel Sie spielen. Haben Sie gewusst, dass die Österreicher vom Tagebuch Kenntnis hatten?« Weber verneinte. »Nun«, fuhr Zuberbühler fort, »das hätte ja auch nie raus dürfen, stellen Sie sich vor! Sie haben natürlich sofort realisiert, was Sie da in Händen hielten, nicht wahr?« Der Chef war offensichtlich in Plauderlaune. »Aber Weber, warum sind Sie nicht zu mir gekommen?« Weber stammelte etwas, er habe eben nicht vorschnell reagieren, die Sache zuerst prüfen wollen, und Zuberbühler schluckte es. Und da merkte Weber, dass irgendetwas nicht war, wie es sein sollte, sondern aus unerfindlichen Gründen – gut.

Natürlich sind Vorwürfe gekommen, dass er nicht direkt zum Chef gekommen sei, dass er die Medienkonferenz nicht mit ihm abgesprochen habe, aber die Vorwürfe kamen scherzhaft rüber; Zuberbühler akzeptierte, dass sein bester Mann eigene Wege geht.

»Stellen Sie sich vor, da werde ich zum Nachrichtendienst zitiert, über ein Tagebuch ausgefragt, von dem ich nichts weiß, und das alles ohne dass man mir verriete, worum es eigentlich geht. Und ich streite natürlich ab, dass meine Behörde von irgendetwas in der Art Kenntnis hat. So, und einige Tage darauf gehen Sie an die Medien mit ebendiesem Tagebuch! Wenn ich nicht so viel mit dem Minigipfel zu tun gehabt hätte, hätte ich natürlich sofort reagiert.«

Weber versuchte sich zu verteidigen und Guhl die Schuld zuzuschieben. Ob dieser den Gang an die Öffentlichkeit nicht mit Zuberbühler abgesprochen habe?, fragte er unschuldig. Wenn der Guhl schon Webers Nachfolge antreten wollte, konnte er die jetzt auch mit der Rolle des Schwarzen Peters abarbeiten. Für etwas hat man ja einen Assistenten.

Zuberbühler zuckte die Schultern. »Sehen Sie, da kommt mir so vieles auf den Tisch, auch bei mir geht mal was unter.« Und Weber nickte verständnisvoll.

Weber hüpft, springt, tollt durch die frühlinghafte Stadt, vorbei an Straßencafés, an bunten Auslagen, unterschreibt in einer Straße eine Petition für irgendetwas, in der nächsten eine Petition gegen dasselbe, kauft sich ein Eis, hört einem Straßenkünstler zu, winkt einer Kindergartenklasse zu. Die Kleinen ziehen Hand in Hand mit orangenfarbenen Bändeln durch die Stadt wie Zwerge zu ihrem Bergwerk. Webers Blicke folgen den schwungvollen Formen der Jugendstilvillen, er lacht über eine Frau, die fast, aber eben nur fast, von der Trogener-Bahn überfahren wird; er fühlt sich jung und leicht und, und, und …

Zuberbühler schlug doch tatsächlich vor, dass er, Weber, sich den letzten Monat bis zur offiziellen Pensionierung krankschreiben lässt; das sei besser für die Sache, auch angesichts der Medien.

»Ich weiß ja nicht, was Sie da gespielt haben, auf jeden Fall hat es Eindruck gemacht. Jedermann hat nur noch von Ihrem Zusammenbruch geredet.« Zuberbühler schaute ihn fragend an. »Vielleicht war es ja etwas zu theatralisch, aber Binder hat es geschluckt, auf jeden Fall hat einen Moment lang jedermann geglaubt, dass Sie nicht mehr richtig ticken und das hat dem Nachrichtendienst mächtig den Wind aus den Segeln genommen.«

Ja so, sein Zusammenbruch! Weber lächelte etwas gequält.

Und dann wollte Zuberbühler natürlich doch alles wissen. »Sagen Sie, Weber, Sie haben doch nicht alles publiziert, nicht wahr?«

Weber zögerte. Er hat längst die Kontrolle über das Gespräch verloren; Diplomatie ist noch nie seine Stärke gewesen.

»Kommen Sie, die Österreicher haben sich mit unserem Nachrichtendienst kurzgeschlossen, eine riesige Geheimniskrämerei, zwischen den Ministerien sind die Drähte heiß gelaufen, die Armeeführung hat geheime Sitzungen durchgeführt, mir hat man den Binder vom Nachrichtendienst auf den Hals gehetzt.« Zuberbühler holte tief Luft. »Stimmt es …?« Er zögerte eine Weile. »Mir wollte ja niemand etwas sagen, aber ich habe mir schon meine Gedanken gemacht.« Er rang nach Worten, aber Weber beeilte sich, ihm zu helfen: »Dass der Tunnel durchgehend ist, ja!«

Der Ausdruck in Zuberbühlers Gesicht amüsierte ihn. Guhl hatte genauso reagiert. Mit Unglauben. Aber was war daran so schwer zu verstehen, an der Tatsache, dass ein Tunnel unter der Landesgrenze durchführte?

»Durchgehend? Sie meinen …«

Genau wie Guhl.

»Ja«, erläuterte Weber ernst und langsam, »die Vermissten sind bei uns in St. Margrethen in die Festung rein, sind immer weiter und weiter gegangen, gelaufen und gelaufen, Tag und Nacht, sind dabei immer schwächer geworden, verzweifelt …« Zuberbühler wurde ungeduldig und Weber fuhr fort: »Bis sie plötzlich in einem österreichischen Festungswerk wieder aufgetaucht sind, mindestens zwei von ihnen, aber schon so entkräftet, dass sie dort gestorben sind. Die Systeme sind verbunden.«

Zuberbühler machte große Augen. »Sind Sie sicher?«

Weber nickte, es gab keine andere Erklärung. Zuerst baut man Festungswerke, Artillerieforts, Materialdepots, verbindet sie zu einem immer komplexeren System, doch jeder hält die Pläne seines Abschnitts streng geheim, so geheim, dass er sie irgendwann selbst nicht mehr findet, gräbt aber, den Atem des faschistischen, dann des kommunistischen Feindes im Nacken, weiter und weiter. Das System wächst, verästelt sich wie eine Schlingpflanze.

Beim Graben stößt man auf bestehende Gänge, deren Herkunft zu untersuchen man den Aufwand scheut. Und was das Schweizerische Bundesamt für Bauten der Armee kann, kann das Österreichische Heeres-Bau- und Vermessungsamt schon lange, kann aus den K.&K.- und den Naziwerken heraus weitergraben – und schließlich ist die Grenze, wenn man tief genug gräbt, ja auch nicht mehr als eine Linie auf der Landkarte.

Zuberbühler lockerte die Krawatte, legte die Stirn in Falten und überlegte lange. »Wissen Sie, wie ich auf die Idee gekommen bin?«, fragte er nach einer Weile. »Durch meine Nichte, durch Bettina! Sie ist auf die Idee gekommen, aber Sie mussten ihr das natürlich ausreden, das verstehe ich schon.« Weber schwieg.

»Darum ist sie zu mir gekommen und hat sich beschwert.« Der Chef winkte beschwichtigend ab. »Sie müssen verstehen, frisch von der Akademie, da muss natürlich alles streng nach Reglement gehen … Ich muss Ihnen ja nicht sagen, dass sie mit Ihrem Stil so ihre Mühe hatte.«

Weber fragte sich, warum er die Vergangenheitsform verwendete. Zuberbühler hatte gelacht. »Für sie hat das alles sehr unprofessionell ausgesehen, chaotisch, sie hat ja nicht tiefer reingesehen.« Weber senkte bedauernd den Kopf. »Ach, machen Sie sich keine Gedanken, sie hat schon etwas Neues. Ich hoffe, Sie verstehen, wenn ich mir erlaubt habe, sie einige Tage krankzuschreiben, bis sie ins Kloster geht.«

»Ins Kloster?«, fragte Weber erstaunt, aber Zuberbühler lachte nur und schüttelte den Kopf.

»Nicht so ins Kloster, nein, ich habe ihr eine Stelle in der Administration der Kirche vermitteln können, ich denke, das liegt ihr eher.«

Weber nickte. Noch ein Problem abgehakt.

Und schließlich entschuldigte sich Zuberbühler sogar bei Weber. »Ich wollte, dass meine Nichte bei Ihnen einige Informationen einholt. Ich dachte, na ja, sie sei ja an der Quelle, und ich musste doch wissen, was bei Ihnen …«

Hatte sie ihn also doch ausspioniert?

»Aber sie hat sich gewehrt, Sie wissen, diese Korrektheit der Akademieabgänger, und dann hat Ihr Assistent es ihr ausgeredet.«

Guhl hatte es ihr ausgeredet?

»Ein guter Mann. Ich habe mit Freude vernommen, dass Sie ihm langsam die Geschäfte übergeben – ein kluger Entscheid.« Und dann war er sogar auf die Sache mit dem verprügelten Journalisten zu sprechen gekommen: »Natürlich hat er überreagiert.«

Weber nickte entschieden.

»Aber unter diesen Umständen …« Zuberbühler machte eine abweisende Handbewegung, »können wir das ja intern belassen.«

Das hieß vergessen. Schade, Weber hätte Guhl eine Dienstaufsichtsbeschwerde gegönnt – trotz allem.

»Und was passiert jetzt?«, wollte Weber wissen. Zuberbühler versuchte, es in einem Wort zusammenzufassen: »Nichts!« Es passierte nichts, nicht einmal die üblichen Verdrängungsmechanismen kamen zum Zug, den Vorfall durfte es nicht geben und gab es somit nicht, also gab es auch nichts zu verdrängen und keine Fragen zu beantworten. So einfach war das.

Folglich ist Weber zwar ein Held – und er fühlt sich den ganzen Weg vom Klosterhof zum Glasturm tatsächlich wie Superman, gut, überlegen und unbesiegbar –, aber auch das darf niemand wissen, am besten er vergisst es auch gleich wieder und beginnt, sich auf seinen Ruhestand vorzubereiten.

Zum Schluss erzählte Zuberbühler noch lange vom Minigipfel, ließ sich über die zunehmende Verrohung der jugendlichen Chaoten aus, während Webers Gedanken schon draußen mit den Möwen durch den Frühlingshimmel kreisten.

»Eine Ladung Gülle genau vor das Tagungszentrum …« Zuberbühler schüttelte den Kopf, aber Weber hat zu seinem eigenen Erstaunen nur gelacht.

Er legt den Kopf in den Nacken und schaut nach oben, dorthin, wo die gläserne Fassade in den azurblauen Himmel übergeht. Er fragt sich ein letztes Mal, wer oder was seiner Sache eine so gute Wendung gegeben hat. Er denkt an die bärtigen Heiligen auf ihren grauen Wolken und lacht über den Unsinn. Was solls? Jemand schrieb die Geschichte so um, dass er nun ein Held ist,– wer, das kann ihm eigentlich egal sein. Dann betritt er die Eingangshalle mit den Sicherheitsschleusen und nimmt den Aufzug in den siebzehnten Stock. Die meisten Beamten sind schon im Feierabend.

Auf dem Pult liegt ein Säckchen: Kunststoffteile und eine Anleitung für die Aufhängevorrichtung. Nun kann er seine Bilder endlich aufhängen. Er schmeißt alles in den Abfalleimer und bleibt unschlüssig im Raum stehen. Es wird dunkel im Glasturm, Lichter gehen an und wieder aus. Langsam werden es weniger.

Auch im Halbdunkel erkennt er die blau eingefärbten Umrisse der Eidgenossenschaft, die Wolkengebilde und die schwarzen Mäntel der Heiligen. Irgendwann schaltet sich die automatische Beleuchtung aus. Weber steht so regungslos da, sodass der Bewegungsmelder nicht reagiert. Nur von weit oben und aus einigen Büros weiter links dringt etwas Licht in sein Büro. Später würde er die Bilder fortschmeißen, alle beide.

Einen Moment lang hat er das Gefühl, von der Dunkelheit eingeschlossen zu sein, wie zwischen Betonmauern, in einem Stollen, der zwar immer zu einem weiteren Lichtlein führt, aber nie ans Tageslicht;

im nächsten Augenblick glaubt er, im Himmel über der beleuchteten Stadt zu hängen wie die Heiligen im nächtlichen Dom.

Er fragt sich, ob sie nachts schlafen, im Flüsterton theologische Spitzfindigkeiten erörtern oder über die schlafenden Menschenkinder wachen. Aber nein, das tun sie bestimmt nicht, da ist er sich sicher: Viel eher hocken sie da oben, hecken boshafte Streiche aus und kichern dabei in ihre grauen Bärte.

Die Honiginsel

April 2004

1.

Gozo. Ich hatte nicht hierher kommen wollen. Ich hatte überhaupt nicht so lange leben wollen, um noch hierher kommen zu müssen, in dieses exklusive Hotel, zwischen blühenden Oleanderbüschen und mächtigen Palmen.

Ich verlasse den Raum fast nie, wozu auch? Meist liege ich halbnackt auf dem Bett und blicke zur Decke, oder ich setze mich an den schmutzig weißen Kunststofftisch auf dem winzigen Sitzplatz, von dem aus man den großen Hotelparkplatz nur durch dichtes Buschwerk erkennen kann. Mein Handgelenk ist zerkratzt und angeschwollen, an meinem linken Knöchel klafft eine Wunde, die sich zu entzünden droht, wenn ich weiter nichts unternehme. Aber wozu etwas unternehmen?

Manchmal hinke ich zum Pool, der zwei Bungalows weiter liegt, aber nur mitten in der Nacht, wenn die Liegestühle leer sind und im Mondlicht leuchten. Ich bleibe dann auch nicht lange, weil um diese Jahreszeit die mediterranen Nächte noch kühl sind. Weiter erlaube ich mir nicht zu gehen; ich bin so etwas wie ein Gefangener.

Aber ich lebe. Leben heißt zu diesem Zeitpunkt vor allem Schreiben. Schreiben hält mich am Leben, ich lebe, solange ich schreibe. Ich schreibe sogar, wenn ich auf dem Bett liege und zur Decke starre, wenn ich keinen Stift in der Hand halte, wenn ich allein und frierend, doch ungestört am Pool liege, immerzu schreibe ich. Höre ich auf zu schreiben, bin ich tot, sage ich mir. Wenn der letzte Satz geschrieben ist, sterbe ich. Aber es ist viel zu schwer, einen letzten Satz zu finden, und um ehrlich zu sein, ich suche auch gar nicht richtig danach. Vielleicht bin ich nur deswegen noch am Leben? Vielleicht ist das Leben ja auch nichts anderes als ein ewiges Ausweichen vor dem richtigen Ende? Vielleicht.

Ich bin nach Malta geflogen, um zu sterben. Jetzt, eine Woche später, bin ich auf Gozo, der Nachbarinsel, wo ich nie hatte ankommen wollen. Das Arrangement für vier Nächte, Bungalow mit Halbpension, hatte ich nur fiktiv gebucht. Ich wollte nicht hierherkommen. Die Buchung sollte mein Todesurteil sein; auf Malta sollte die Vollstreckung stattfinden. Das richtige Ende. Warum ich jetzt hier liege beziehungsweise sitze und meine Notizen der letzten Woche niederschreibe, ein rotes A5-Heft, nur knapp zur Hälfte vollgekritzelt.

Malta. Als wir zur Landung ansetzten, sah ich unter uns nichts als das Meer. Das Flugzeug musste sich schon eine ganze Weile im Sinkflug befunden haben; der Zipfel von Sizilien, den ich einige Minuten zuvor erblickt hatte, war schon einiges näher gewesen als der Küstenstreifen des italienischen Festlandes rund zwanzig Minuten zuvor. Plötzlich waren wir über Gozo. Beim Anblick der arabisch anmutenden Siedlungen – verschachtelte rechteckige Häuser mit Dachterrassen – stellte ich mir einen Augenblick vor, in ein kubistisches Gemälde einzutauchen, bis die Kuppel eines barocken Domes das Gesamtbild sprengte. Und alles ins Rot der untergehenden Sonne getaucht – unwirklich. *Ein bisschen Arabien für den islamophoben Westen?,* notierte ich am Abend im Hotelzimmer. Netter Empfang am Flughafen, Fahrt nach Sliema, vom Stress müde.

Auf der Fahrt zum Hotel sah ich wenig, ab und zu abgegraste Böschungen, große Werbeplakate am Straßenrand (Straßenbeleuchtung schien es außerhalb der Ortschaften keine zu geben), leere Kreuzungen, in gelbliches Licht getaucht, Häuserfassaden. Ich musste mich zusammen mit zwei jungen Touristen auf die Rückbank quetschen. Die beiden sprachen schlecht Englisch und waren offensichtlich ein Paar. Sie stellten Fragen, wie man sie in solchen Situationen immer stellt, um Konversation zu machen, um nett zu sein: Woher man komme, wo man untergebracht sei, ob man allein reise, wie lange man bleibe. Als sie wissen wollten, was mein Beruf sei, antwortete ich: »A doctor«. Das war gelogen, denn ich habe keinen Doktortitel, weder einen medizinischen noch einen akademischen. Ich weiß nicht, warum ich das sagte, aber ich sonnte mich in den anerkennenden Blicken meiner zwei Mitreisenden. Ich bin kein Doktor. Zwar war ich vor einigen Jahren noch mit einer Doktorarbeit beschäftigt, aus der aber nie etwas geworden ist. Eine Doktorarbeit in Germanistischer Mediävistik, die nie erschienen ist und nie erscheinen wird, zumindest nicht von mir, vielleicht von einem anderen, wer weiß.

Heute arbeite ich bei einer Lebensversicherung. Ich bin dreiunddreißig, gehöre zum mittleren Kader und verdiene gut. Warum ich den beiden nicht sagte, ich sei Versicherungsmanager, sondern Doktor, dafür sehe ich auch jetzt noch keinen Grund. Ich meine, Gründe hätte es ja geben können: Ich hätte zum Beispiel nicht wissen können, was Lebensversicherung auf Englisch heißt, oder ich hätte keine Lust haben können, im Urlaub über Lebensversicherungen zu reden, ich hätte vielleicht einfach die Fremden auf den Arm nehmen wollen, aus purem Übermut oder weiß ich nicht was. Aber das war es nicht. Ich hatte gar nicht überlegt. Es war allerdings auch nicht so, dass es mir versehentlich herausgerutscht wäre, ein Versprecher, eine Fehlschaltung im Hirn. Nein, ich hatte willentlich und in voller Überzeugung den beiden gesagt, ich sei ein doctor, weil ich in dem Moment auch überzeugt war, ich sei einer. Auch als ich während des Rests der nächtlichen Fahrt darüber nachdachte, was ich da gesagt hatte und warum, war ich zu meinem Erstaunen weder erschrocken noch bekümmert, nein, es schien mir das Normalste auf der Welt zu sein, zu behaupten, ich sei ein Doktor. Ich hatte das Recht, Doktor zu sein, auch wenn es eigentlich nicht stimmte. Es war ganz egal, dass es nicht stimmte. Ich sagte, ich sei Doktor, ergo war ich Doktor. So einfach war das. Nachdem mich der Chauffeur vor dem Hotel abgeliefert hatte, trat ich beschwingt, mit meinem kleinen Reisekoffer in der Hand, durch die Glastür.

Im Hotel unfreundlicher Empfang, fehlendes Infoblatt im Zimmer, relativ laut …

Die gute Stimmung verließ mich vollends, als ich das Zimmer betrat. Schon der unfreundliche Kerl an der Rezeption hatte Unmut in mir ausgelöst, dann der enge Fahrstuhl, und schließlich dieses Zimmer, das nicht mehr war als etwas Schmutz und Kälte, zwischen vier Wände gepackt. Während sich der Schmutz auf die Zimmerecken beschränkte, füllte die Kälte jeden Winkel. Der nackte Steinboden fühlte sich unter den bloßen Füßen wie eine Eisfläche an, ein hoher Wandspiegel verdoppelte die Kühle und Trostlosigkeit, die sich augenblicklich in meinem Gemüt festsetzte und mich in eine abgrundtiefe Traurigkeit stürzte. Mein Kommentar im Tagebuch: *Allein Zimmer beziehen, sehr traurig.*

Irgendwann warf ich alle Kleider von mir und stellte mich vor den großen Wandspiegel, betrachtete meinen hervorstehenden Bauch, kniete mich hin, stand wieder auf, setzte mich hin, stand wieder auf. Nackt vor dem Spiegel. Ein hässlicher, vernachlässigter Wohlstandskörper, bleich, aufgedunsen, krumm, schlecht proportioniert, dazu der rötliche, speckige Kopf mit Kurzhaarschnitt und Brille, der überhaupt nicht auf einen nackten Leib passen wollte.

Frierend kroch ich später unter das Laken, und ich weiß nicht mehr, ob ich noch ein wenig geheult oder nur geflucht hatte, während ich dumpf den Tag Revue passieren ließ und mir einige Notizen machte. Ich war viel zu früh am Zürcher Flughafen gewesen – fast drei Stunden lang. Dank der neuer Abfertigung hatte ich, fünf Minuten nachdem ich vom unterirdischen Bahnhof über die Rolltreppe in die Halle gelangt war, bereits meine Boarding Card in der Hand und musste die Zeit bis zum Abflug totschlagen. Ich setzte mich mit der NZZ in eines der Schnellimbissrestaurants, aß, trank und las, ohne Hunger, ohne Durst, ohne Interesse.

2.

Die erste Nacht schlief ich kaum, wälzte mich unruhig hin und her, irgendwo im weißblassen Nebel zwischen Wachen und Schlaf, zwischen der Tortur zwanghaft kreisender Gedanken und der süßen Sinnlosigkeit des Traums. Durch die schmuddeligen Vorhänge drang gedämpftes Licht und der Lärm der Straße, die ganze Nacht lärmten betrunkene Menschen und hupende Autos mit dem Rauschen der Brandung um die Wette. Irgendwann musste ich dann doch richtig eingeschlafen sein. Ich erwachte und blickte aus dem Fenster, es war stark bewölkt und die Wellen schlugen kräftig gegen die Mole, auf der gegenüberliegenden Seite der Hauptstraße, hinter dem leeren Pool. Einige Spaziergänger und Autos, viele Autos.

Nach dem Frühstück beschloss ich, der Müdigkeit und Niedergeschlagenheit zu trotzen, und stellte mich auf Tatendrang, auf Entdeckungslust ein, zwang mich, nichts anderes mehr zu wollen, als mit allen meinen Sinnen das Fremde aufsaugen.

Morgenspaziergang: Ich wollte quer über die Landzunge zur nächsten Bucht, um von dort auf der Uferpromenade zum Hotel zurückzuflanieren, wo ich um 10:00 Uhr den lokalen Reiseführer treffen sollte.

Ich war ein Tourist an seinem ersten Reisetag; das war ich, ein Tourist, nichts anderes. Aber warum nicht noch einmal Tourist sein, encore une fois, une dernière fois? Ich ging schnell und atmete in tiefen Zügen die salzige Luft.

Vorbei an einigen Hoteleingängen, dann bei einem mächtigen Gebäude (Wohnhaus oder öffentlich?) nach rechts über die Straße, in eine Querstraße. Steinhäuser, viele schmale Geschäftseingänge, noch geschlossen, schmales Trottoir, kaum Möglichkeit zwischen Hauswand und geparkten Autos einem entgegenkommenden Fußgänger auszuweichen. Aber niemand da, nur ein Japaner, der zielstrebig vor mir die Straße hochhetzt.

Beim Betrachten des Japaners (ich glaube, ich versuchte zu ergründen, warum ich beim Anblick japanischer Touristen immer Aggressionen verspüre) schweiften meine Gedanken zurück zu dem älteren Deutschen, mit dem ich im überfüllten Speisesaal das karge Frühstück eingenommen hatte. Ein Lob auf den braven Deutschen! Könnte man sich einen Urlaub ohne ihn vorstellen? Wo immer er hinkommt, verbreitet er die wohlige Wärme eines Mittelstandwohnzimmers. Und die exotischsten Plätze der Welt, der tiefste Dschungel oder die Schneehänge des Himalaya, verlieren – durch die bloße Anwesenheit dieses Menschen mit seinen Sandalen und seinem Fotoapparat – ihre Bedrohlichkeit, werden zur harmlosen Idylle, ähneln kitschigen Stickmotiven mit spielenden Jungfrauen und dümmlich dreinblickenden Schäfern, wie sie ältere Damen auf ihren Kissen mögen. In Gesellschaft eines solchen Deutschen hatte ich mein Frühstück eingenommen. Ein miserables Frühstück, die reinste Gefängniskost. Er hatte mir erzählt, er sei Ingenieur und habe seine gesparten Flugmeilen in einen Urlaub auf Malta investiert.

Ich hatte ihm darauf geantwortet, ich sei Lokführer, und während ich nun zwischen den gelbgrauen Häusern hochging, musste ich über diese Posse lachen, dass es mich schüttelte. Lokführer, ich! Es war zu schön, einfach genial! Lokführer bei den Schweizerischen Bundesbahnen. Vor allem auf der Gotthardstrecke, wo auch sonst? Ich konnte mich kaum halten.

Ich betrachtete, immer noch schmunzelnd über diesen Streich, die Häuser auf beiden Seiten der steilen Straße. Mehr oder weniger kunstvolle Holzerker verliehen den Gebäuden auf Malta einen orientalischen Zug, und beim ersten Anblick glaubte ich hinter den gelblich grauen Steinmauern Palmengärten, weite Teppichböden und sprudelnde Fontänen zwischen kunstvollen Mosaiken zu erahnen. Dachte man sich die Erker allerdings weg, war man in einer unspektakulären Mittelmeerstadt, wie man sie auf Mallorca, an der spanischen Riviera, in Süditalien und wohl ebenso in Marokko oder Israel fand.

Alles gleich, gelb-gräulicher Stein, alles wirkt vom Zerfall bedroht, jahrelang nicht mehr gewartet.

Ich konnte mich nicht entscheiden, es schön zu finden, obwohl das gewöhnlich im Urlaub die nächstliegende Reaktion ist. Dazu kam, dass ich an einer engen Kreuzung zweier Sträßchen, an einer Baustelle, die ersten Menschen sah und enttäuscht war, wie schlecht sie ins Bild passten. Ich hatte alte Weiber in schwarzen Röcken erwartet, doch hier standen moderne Menschen in Poloshirts, mit Turnschuhen, sportlich-elegant, und unterhielten sich lebhaft in ihrer märchenhaften Sprache.

Es ärgerte mich, dass ich mir nicht klar werden konnte, ob ich diesen Stadtteil nun als romantisch-schön oder nur verkommen-schmutzig einstufen sollte. Um diesem Dilemma zu entkommen, entschied ich mich für ein ›charmantes Eigentlich-Aber‹: Eigentlich sind die Häuser pittoresk, aber verkommen; die Läden eigentlich sauber und einladend, in den Schaufenstern stehen aber überall diese vergilbten Fotos der feilgebotenen Lebensmittel. Eigentlich fühlt man sich in einen der alten Filme versetzt, die irgendwo im Orient spielen, aber die Autos auf beiden Straßenseiten, Stoßstange an Stoßstange, die Abfallsäcke am Straßenrand ziehen einen in die banale Realität zurück. Eigentlich – aber. Eigentlich – aber. Und das ganz charmant. Eigentlich.

Man kann es natürlich auch umdrehen, dann geht es so: Eigentlich wirkt alles hässlich, verkommen, ungepflegt, und doch hat es den Charme des Vergangenen bewahrt. Und so weiter. Nur ist man dann wieder beim Grundproblem angelangt: Ist es eigentlich hässlich, aber doch irgendwie schön, oder eigentlich schön, aber doch irgendwie hässlich – eine verzwickte Angelegenheit. Very tricky.

Unterdessen war es halb zehn geworden. Ich hatte den höchsten Punkt erreicht und folgte nun einem Sträßchen dort hinunter, wo meiner Einschätzung nach die nächste Bucht liegen musste. Läden wurden geöffnet, Verkäufer putzten die Schaufensterscheiben, die Stadt schien zu erwachen. Als wollten die Einheimischen schnell noch das ›Aber‹ wegschrubben, bevor die Touristen in die Straßen strömten.

Die Bucht erinnerte mich an das venezianische Lido, wenn auch an ein Lido mit viel größerem Verkehrsaufkommen: Eine endlose Schlange von Autos und Bussen kurvte zwischen blumenumsäumten Parkplätzen, an den vielen Cafés vorbei, aus den Zufahrtssträßchen. Ein Rauschen und Hupen.

Mehr Touristen, Freizeitpark für britische Rentner und junge Paare.

Leuchtreklamen dominierten die hohen Fassaden: Burger King, Marks & Spencer. An kleinen Holzständen wurde für Schiffsausflüge geworben. Wann immer ich beim Vorbeigehen einen Blick auf die Prospekte warf, glaubte ich allerdings immer dieselben zwei, drei Touren zu erkennen. Eine Weile unterhielt ich mich mit einer jungen Frau, die mir ihr Ticket Office anpries und mich zu einem boat trip überreden wollte. Ich war guter Laune, genoss die kleine Plauderei und ging dann weiter, ohne etwas gekauft zu haben. Vorbei an weiteren Cafés, an einer ganzen Reihe von Erfrischungsständen und kleinen Geschäften, aus deren Kellereingängen der billige Ramsch nur so herauszuquellen schien: T-Shirts, Souvenirs, Reiseführer, Postkarten. Dazwischen wieder teure Sportgeschäfte und Kleiderboutiquen.

Ich wollte auf dem gleichen Weg zurück, musste bei einer Baustelle aber einen Umweg machen und verlor mich im Gewirr von schmutzigen Sträßchen. Überhaupt wird auf Malta viel gebaut. Krane ragen wie farbige Galgen in den Himmel, die Skelette werdender Gebäude prägen das Straßenbild, Hotels, die im Rohbau nur wenig anders aussehen als ihre fertig gestellten Nachbarn. Alles wirkt unfertig, und das Neue ist bereits alt; eine Ästhetik des Unfertigen und Verfallenden. Ich verlor mich in meinen Gedanken und in den verlassenen Gässchen von Sliema. Irgendwann gelangte ich wieder auf die Uferstraße und folgte der Fußgängerpromenade, vorbei an Hotels, Restaurants, Cafés und Geschäften. Hinter jeder Biegung erwartete ich mein Hotel, die Zeit drängte. Um zehn musste ich im Hotel sein, wo mich der lokale Reiseführer erwartete; nun war es bereits zehn vor zehn und das Hotel noch nicht in Sicht. Ich beschleunigte meine Schritte. Ich eilte. Ich atmete schneller. Schwitzte. Sah auf die Uhr. Hetzte verbissen an Telefonkabinen, Minigolfanlagen, Swimming Pools vorbei. Schon schlug es zehn. Sputete mich weiter, vorbei an einer Kirche, an Fischerbooten, Kiosken.

Ich war eine Viertelstunde zu spät, als ich schwitzend und keuchend in die Halle stürmte, wo der Reiseführer gemütlich in einem Sessel hing und meine Verspätung überhaupt nicht bemerkt zu haben schien. Es mag erstaunen, dass ich wegen einer Viertelstunde in eine solche Aufregung geriet. Nicht jeder würde das, ich weiß schon. Einige meiner Bekannten pflegen zu jedem Treffen mindestens zehn Minuten zu spät zu erscheinen, ich kann das nicht. Pünktlichkeit war ein eisernes Prinzip, das mir, stärker noch als während des Militärdienstes, im Elternhaus eingeprägt, ja eingebrannt worden war. Zu spät kommen war etwas Falsches und es war strafbar. Wenn ich merke, dass es knapp werden könnte, zieht sich mein Magen zusammen und ich beginne zu schwitzen. Wenn ich dann nicht unverzüglich losgehen, eilen, springen kann, wenn ich beispielsweise in einem Zug sitzen und die Ankunft abwarten muss, zerreißt es mich beinahe. Ich blicke alle paar Sekunden auf die Uhr, meine Finger zittern, mir dreht sich der Magen um, es wird mir schlecht. Ich habe es immer noch in mir, obwohl ich weiß, dass mich niemand bestraft und dass es schlimmere Vergehen gibt – es ist schon seltsam.

Netter Kerl, junger Holländer, nimmt sich eine Stunde Zeit für mich, erzählt mir, wie er im Urlaub auf Malta seine jetzige Freundin kennengelernt hat, eine Einheimische, von der er einige Brocken Maltesisch lernt. Er erzählt von deren Kind. Informiert mich dann nicht nur über alles, das sich anzuschauen oder zu besuchen lohnt, sondern auch über das, das nicht lohnenswert ist. Nehme es unkritisch an, er scheint in etwa meine Werte zu teilen – werde die Orte, die er mit ›british people seventy plus‹ charakterisiert, umgehen.

Die Geschichte des Holländers ging mir nicht mehr aus dem Kopf. Während ich im Zimmer meinen Rucksack für einen Nachmittagsausflug nach Valetta packte, mischten sich Sympathie und Neid in mir. Dieser junge Mensch hatte einfach die Gelegenheit gepackt und war hierher gezogen. Aussteigen, etwas anderes machen, etwas wagen. Ich habe so etwas nie gemacht. Ich träumte immer davon, einfach wegzugehen, ein neues Leben zu beginnen, in irgendeinem Sansibar. Möglichkeiten hätte es so viele gegeben, zu viele. Ich habe bloß den Schritt nie gewagt. Im Augenblick, wo ich den Fuß hob, sah ich den Weg nicht mehr und setzte den Fuß wieder ab. Doch jetzt war es vorbei. Endgültig. Ich hatte es nicht gemacht, tant pis. Jetzt war ich diese Sorge los. Nie mehr diese Sehnsucht und den Schmerz, sie nicht stillen zu können. Dieser Gedanke tat mir gut, ich war wieder zufrieden. Und jetzt, wo meine Laune sich wieder besserte, kam mir auch wieder in den Sinn, wie ich die Dreistigkeit besessen hatte, dem Reiseleiter gegenüber vollen Ernstes zu behaupten, ich sei Ingenieur. Und zwar Straßenbauingenieur, wie ich auf seinen erstaunten Blick hin präzisierte; roads, highways, all that stuff.

3.

Es ist schon seltsam, wie beim Anblick fremder Orte, besonders alter historischer Stätten, das eigene Leben an Fülle verliert, zu schrumpfen beginnt und immer kleiner wird, bis es nur noch die Größe eines Lexikoneintrags hat: ein Geburtsdatum, Ausbildung, berufliche Leistungen, ein Sterbedatum. Nicht mehr. Eine Biografie wie unendlich viele andere vor und neben einem, nicht mehr: Jonas Angst, geboren am 16. 4. 1972 in St. Gallen, Besuch des Gymnasiums in der Heimatstadt, Studium der Germanistik in Zürich. Danach müsste eigentlich folgen, was dieser J.A. im Leben erreicht hat: Doktor der Philosophie, namhafter Wissenschaftler an verschiedenen Universitäten im In- und Ausland, Verfasser mehrerer Standardwerke, Ehe mit der Schriftstellerin So-und-so, Vater zweier Kinder und so weiter. Stattdessen: Studienabbruch, Ausweichen in die Privatwirtschaft, immerhin auf die Kaderebene, dabei aber zunehmende Vereinsamung und Depression, nimmt sich im April 2004 auf Malta das Leben. Mehr nicht. Eine Biografie wie unzählige andere vor und neben mir.

Ich musste gegen dieses Gefühl mehrmals an diesem Tag ankämpfen, immer verbunden mit dem Grausen beim Gedanken an die Möglichkeit, weiter zu schrumpfen, bis zur völligen Nichtexistenz. Das erste Mal beim Anblick der Befestigungsmauern von Valetta.

Valetta! Du Mächtige! Du Sagenumwobene! Ich war auf dem gleichen Platz wie am Morgen und blickte hinüber zu den stolzen Mauern und den Kuppeln barocker Kirchen – alles erbaut aus diesem leicht gelblichen Stein – während ich auf die Fähre wartete. Natürlich nimmt man zuerst einmal die Größe wahr, den Nachklang einer einst da gewesenen Macht und Würde, wird aber gleich stutzig und kann sich beim zweiten Blick des Gefühls nicht erwehren, auf eine verlassene Baustelle zu blicken, einen verdreckten Steinbruch, in den sich Menschen am Rande des Menschseins Wohnhöhlen gegraben haben, in denen sie bis heute hausen.

Dass als Fähre ein grünes Boot mit der Aufschrift *Löwenbräu* auftauchte, machte jeden Versuch, sich in die Zeit der Ritterorden zurückzuversetzen, augenblicklich zunichte. Ich schüttelte den Kopf und begann ernsthafte Zweifel zu hegen, ob der Rest des Tages ein Erfolg werden würde. Je näher das Ende kommt, desto wichtiger werden solche Fragen. Wen kümmert es, wenn irgendein Tag irgendwo in der Mitte der Lebensbahn einmal misslingt? Erst wenn die Anzahl der

Tage, die einen solchen Tag wieder ausgleichen könnten, knapper wird, am viertletzten Tag, um genau zu sein, da gewinnt diese Frage massiv an Bedeutung, ja sie wird absolut beherrschend. Und dieser Tag trug nun alle Anzeichen dafür, dass er misslingen würde. Löwenbräu! Und das südlich von Sizilien, an einem Knotenpunkt europäischer Geschichte und Tradition. Lächerlich!

Die Fahrt dauerte nicht lange. Ich überholte Touristengruppen und Familien, die aus dem Aussteigen eine Staatsaktion machten, schlüpfte in das Gewirr kleiner Gässchen und suchte den ersten Wegweiser zur sogenannten ›Malte Experience‹, einer Diashow über die Geschichte Maltas, die mir der Holländer empfohlen hatte.

Hatte ich mich erstmals an den bröckligen, schmutzig grauen Stein gewöhnt, daran, dass alles im Verfall begriffen zu sein scheint, sah ich auch ganz hübsche Ecken, die authentischer, orientalischer wirkten als das hässliche Sliema.

Die Diashow war interessant, wenn auch etwas unprofessionell gemacht und recht oberflächlich. Aber schließlich war man im Urlaub, nicht auf einer Forschungsreise.

Anschließend Mittagessen auf der Terrasse vor der ›Malta Exp.‹; ich aß zwei ›Arancini‹, mit Reis gefüllte Teigtaschen. Wäre die Situation eine andere, hätte ich mich nach einem Kochbuch umgeschaut.

Ich schlenderte durch die Altstadt und vergaß die Zeit. Die Hauptstraße war voller Touristen; der reinste Jahrmarkt. Fetzen von Blasmusik mischten sich mit den Stimmen von Verkäufern, Taschendieben und Betrügern, Puppenspieler zogen ihre peinlichen Nummern ab, dicke Touristen ließen sich auf Pferdewagen durch die Stadt karren – es war ein Trauerspiel und der Anblick tat mir weh. Meine tiefsten Überzeugungen von Stil und Würde wurden mit Hufen zertreten, es war ein Karneval und doch von solch einem menschlichen Ernst durchzogen, dass es schmerzte. Ich musste diesem Schauspiel den Rücken kehren und bog unmutig in ein kleines Seitengässchen ein, das über mehrere Treppen nach unten führte. Die hohen Fassaden waren mit den vielen hölzernen Erkerchen gespickt, die ich schon in Sliema gesehen hatte und die den Häusern diesen Hauch von Tausendundeiner Nacht verleihen. Zwischen den Erkern waren Wäscheleinen über die schmale Gasse gespannt. Ich blieb stehen, ließ meinen Blick schweifen und horchte in die Stille.

Dann hörte ich plötzlich Stimmen, und als ich den Kopf hob, sah ich, wie über mir, in zwei gegenüberliegenden Erkern, eine alte Frau und ein junger Mann ihre Köpfe hinausstreckten und sich lebhaft in ihrem arabischen Dialekt unterhielten. Ein schönes Bild. Ich setzte mich auf die Treppe, um die beiden unauffällig zu beobachten und zu belauschen. Der Boden war zwar schmutzig, aber es kümmerte mich nicht. Ich fühlte mich wie in der Oper, einer Oper für mich allein. Nach einer Weile blickte aus einem anderen Erker, der viel kunstvoller geschnitzt war als die anderen, eine junge Prinzessin mit bunten Schleiern, die sie spielerisch über den Kopf und die Schultern gezogen hatte. Wie sich mich erblickte, lächelte sie und winkte mir, hochzukommen. Ich trat durch die schwere Tür, stieg eine geschwungene Treppe hoch, zog meine Schuhe aus und schritt über samtweiche Teppiche der Schönen entgegen, die mich mit einem traurigen Lächeln erwartete. Der weite Raum hing voller Tücher, sodass ich seine Ausmaße nur erahnen konnte. Sie schwebte auf nackten Füßen voraus, durch einen Torbogen, der in einen angenehm kühlen Innenhof führte. Zwischen exotischen Pflanzen plätscherten kunstvolle Springbrunnen. Seltene Vögel sangen fremde Weisen. Hier legte sie sich auf eine Liege und forderte mich auf, mich zu ihr zu setzen. Bisher hatte sie kein Wort gesprochen, doch jetzt begann sie ein schwermütiges Lied zu singen, während sie langsam einen Schleier nach dem anderen von sich zog, bis sie ganz nackt war. Wir liebten uns unter dem Schatten der Palmen, beim Zwitschern paradiesischer Vögel. Anschließend lehnte sie sich zurück und schloss ihre Augen. Ich beobachtete ihr weiches, dunkles Gesicht, ihre kleinen Wangen, die im Schlaf lächelten, einige Strähnen ihres schwarz gelockten Haares waren ihr ins Gesicht gefallen. Durch die Blätter zeichnete die Sonne lustige Muster auf ihren Körper, die sich wie ein Kaleidoskop veränderten, durcheinanderwirbelten, tanzten, tanzten und tanzten – bis ich aus dem Traum erwachte.

Vom Sitzen auf der Treppe tat mir der Rücken weh, zudem hatte die Alte den Holzladen ihres Erkers geräuschvoll zugeschlagen und auch der Junge hatte sich ins Haus zurückgezogen. Also klopfte ich den Staub von meiner Hose ab und ging weiter. Irgendwann war ich an der Festungsmauer angelangt. In diesem Augenblick brach die Sonne durch die graue Wolkendecke und ich begriff das Geheimnis dieser Mittelmeerstädte. Ihren Trick, schön zu wirken, halb Nordeuropa an sich zu ziehen, ohne wirklich schön zu sein, ohne irgendeine Anstrengung zu unternehmen, diese Anziehungskraft zu pflegen. Es ist die Sonne, nichts weiter als die Sonne. Sobald sie an diesem Nachmittag auftauchte, schien alles reingewaschen. Der Stein war nicht mehr gelblich-grau, sondern wirklich gelb, zwei kleine rote Blumen leuchteten, das Meer war tiefblau. Und auch all der Abfall am Straßenrand sowie die Müllsäcke in den Kellereingängen konnten das Bild nicht trüben. Es war, als wäre ich selbst plötzlich voller Farben, voller Leben, und ich hatte wieder Energie, um meine Besichtigung weiterzuführen. Ich besuchte das Haus des Großmeisters des Ritterordens, was meine farbige Hochstimmung in kürzester Zeit wieder kippen ließ und kaum die wenigen Worte wert war, die ich ihm später in meinem Tagebuch widmete.

Besichtigte das Haus des Großmeisters. Enttäuscht. 1 £ für »Armory«: eine Unmenge von Helmen, Schwertern, Rüstungen, Lanzen, usw. in Schaukästen ohne Beschriftung. Nach dieser Schrotthandlung zum gleichen Preis Besuch der »State Rooms«: immerhin zwei Räume, aber fast leer, schlecht beleuchtet; beim Hinausgehen Stau wegen einer Gruppe amerikanischer Touristen: alles fröhliche Senioren, mit Vornamen und Herkunftsort beschriftet.

Es war erst drei Uhr, als ich oben auf der Festungsmauer saß, mich von der Sonne bescheinen ließ und einsehen musste, dass ich genug hatte. Genug von Urlaub, genug von Besichtigungstouren, genug vom Leben. Gehen, schauen, kurz verweilen, wieder gehen, stehen, schauen – ich hatte es gesehen! Es war eine idiotische Idee gewesen, überhaupt hierher zu kommen, nach Malta zu reisen. Was hatte ich erwartet? Einen Lebensabend mit exotischem Touch, noch eine letzte Liebschaft? Die deutschen Touristinnen, die etwas weiter drüben auf der Mauer saßen und sich sonnten? Sie stimmten mich aggressiv. Ich hatte nie dazugehört und würde es auch jetzt nicht tun. Das ewig Weibliche hatte mich ständig angezogen und angezogen und es zog weiter. Zog an dem Strick, der um meinen Hals festgemacht war, den ich selbst nicht lösen konnte, an dem ich am Ende baumeln würde. Am knorrigen Ast eines schwarzgefaulten Krüppelbaumes. War es das Ziel gewesen, noch einmal das ganze Elend des Lebens aufkommen zu lassen, um dann leichter den letzten Schritt zu tun? Ich schüttelte den Kopf und starrte ins Wasser. Mein Leben, mein Elend, meine Ziele, meine Identität, mein Sein entglitten mir wie ein Stück Seife, fielen über die Mauer hinab und verschwanden in der Flut, die sich am Fuß der Befestigung brach.

Mit meinen Stimmungen war es ähnlich wie mit dem maltesischen Wetter. War die Sonne erst einmal hinter einer grauen Wolkendecke verschwunden, wirkte alles, aber auch wirklich alles nur noch abstoßend und hässlich. Während das maltesische Stadtgebiet sich aber einfach eine Weile verdüsterte, bis die Sonne erneut durchbrach, sank meine Stimmung, wenn dieser Prozess erst einmal angefangen hatte, unaufhaltsam tiefer und tiefer, ins Bodenlose. Auf der Festungsmauer war ich noch schlecht drauf. Als ich auf die Fähre wartete, fühlte ich mich aufgewühlt, auf dem *Löwenbräu*-Schiff spürte ich schon die körperlichen Anzeichen einer tieferen Depression, diesen Druck auf der Brust, die nervöse Verkrampfung im Magen. Ich stürzte rastlos ins Hotel, durch die Halle ins Zimmer. Minutenlang saß ich dort, unbeweglich vor Schmerz, sprang dann plötzlich wieder auf, überzeugt, etwas dagegen tun zu können, tun zu müssen, rannte wieder los in die Nacht, ging an einem Restaurant nach dem anderen vorbei, sah die Menschen, hörte den Lärm, der meinen Kopf auspressen wollte, ließ mich schließlich in einen Pizza-Schnellimbiss fallen, wo ich dumpf vor mich hinbrütete, von den Blicken der wenigen Leute durchbohrt.

Vielleicht hätte ich mich an diesem Abend umbringen sollen. Aber wie? Hätte ich mich mit Pan Pizzas zu Tode fressen sollen? Gut, ich hätte mich aus dem Hotelfenster stürzen können, um vier Stockwerke weiter unten auf die Uferstrasse zu klatschen, vielleicht im gleichen Moment noch von einem Auto überfahren zu werden. Aber ich wollte nicht so abgehen, nicht am Fuß der Fassade eines geschmacklosen Hotels liegen. Und vor allem wollte ich nicht in dieser Stimmung sterben. Ich wollte in einem Moment totaler Klarheit, in vollem Bewusstsein meiner Tat, an einem von mir ausgewählten Ort sterben. Dafür war ich nach Malta gekommen. Für einen gelungenen Abgang. Wegwerfen hätte ich mein Leben auch in Zürich können. Dafür hätte ich nicht einmal meine Wohnung zu verlassen brauchen.

4.

Bevor ich die Reise nach Malta antrat, mit meinem Koffer ins Tram stieg, holte ich meine Militäruniform und die anderen Militärutensilien aus dem Keller und ging mit dem, was ich tragen konnte, zur Straße hoch, stapelte es fein säuberlich an den Gartenzaun und klebte Sperrmüllmarken auf. Dann ging ich zurück und holte den Rest. Fünfmal musste ich den Weg zurücklegen, bis alles an der Straße stand: der große Rucksack mit verschiedenen Ausrüstungsgegenständen, vom Essbesteck über Kompass und Feldstecher bis zum Schlafsack, die Trageinheit mit Pistole und Schutzmaske, die schwarze Offizierskiste, der kleine Rucksack mit der Dienst- und Ausgangsuniform, die Fliegertasche mit Ordnern und Karten, zwei Einkaufstüten voller Dienstvorschriften und die hochgebirgstauglichen Schalenschuhe, die ich in der Rekrutenschule bekommen und ein einziges Mal getragen hatte.

Ich hatte sonst keinerlei Vorkehrungen getroffen, nicht aufgeräumt, das Altglas nicht entsorgt, meine Finanzen nicht geregelt, nicht festgelegt, wer die CD-Sammlung und wer den Computer bekommen soll. Die Post lag noch ungeöffnet auf der Kommode beim Eingang, die Rechnungen auf dem Schreibtisch waren unbezahlt, mehrere Bündel Altpapier stapelten sich im Keller. Vor allem hatte ich keinen Abschiedsbrief geschrieben. Aber die Militärsachen musste ich einfach entsorgen; die Armee war das Einzige, mit dem ich noch im Leben abschließen wollte. Die Armee selbst und die Tatsache, dass ich in ihr eine Kaderposition innehatte. Die Kurse, zu denen ich drei bis vier Mal pro Jahr aufgeboten wurde, die Unmöglichkeit, diesen Lebensbereich an den Nagel zu hängen, das alles hatte mich in den letzten Jahren so angewidert, dass ich es weit von mir stoßen musste. Sauber entsorgen. Gegen Gebühren. Manche sähen darin ein politisches Signal, aber das war es überhaupt nicht, nicht im Geringsten. Es war eine rein persönliche Abrechnung mit einer Institution, in die ich naiv hineingerutscht war und die mich nun gegen meinen Willen festhielt, mich zu idiotischen Kursen aufbot, mich zwang, in Uniform durch den Zürcher Bahnhof zu gehen, die reinste Folter. Eine persönliche Abrechnung.

Natürlich würde eine solche Handlung behördliche Konsequenzen nach sich ziehen. Wenn die Männer von dem Entsorgungsteam die Sachen nicht stillschweigend einpackten und zu Geld machten, bevor eine der Damen vom Altersheim auf der anderen Straßenseite auf den Stapel aufmerksam wurde, auf das »Materialdepot«, wie es militärisch so schön hieß, würde es zu einer Untersuchung kommen. Die Armee lässt in solchen Sachen nicht mit sich spaßen. Ich weiß nicht, was sie einem aufbrummen, dafür, dass man seine Militärausrüstung mit dem Sperrmüll entsorgt: eine Geldstrafe, einige Jahre Gefängnis? Es war mir egal; es würde mich ohnehin nicht mehr treffen.

Es war übrigens auch keine lang geplante Aktion gewesen, nein. Die Sperrmüllmarken hatte ich noch im Schrank gehabt, und als ich noch etwas Zeit hatte und nichts Neues mehr beginnen wollte, erst da kam mir die Idee, alles zu entsorgen. In kürzester Zeit wurde es zum Zwang, ich musste es tun. Es war eine spontane Aktion gewesen und blieb das Einzige, was ich an Vorkehrungen traf.

Einen Abschiedsbrief schrieb ich wie gesagt nicht, und dies aus verschiedenen Gründen: Zunächst hätte ich nicht gewusst, an wen ich ihn adressieren sollte. Dann wäre mir garantiert nichts Gescheites in den Sinn gekommen, was ich hätte schreiben können. Die Textgattung ›Abschiedsbriefe von Selbstmördern‹ zeichnet sich, das kann dir jeder Kriminologe bestätigen, durch fast identischen Inhalt und totale Fantasielosigkeit aus. Selten ist etwas Originelles darunter. Es ist zwar die letzte Gelegenheit, der Welt noch einmal die Meinung zu sagen – en criant Dieu est mort, une dernière fois! –, die einzigen Worte, die man nicht mehr bei Gelegenheit korrigieren kann, und doch schreiben fast alle ungefähr das Gleiche. Gemeinplätze. Floskeln. Hätte ich mich vor der Abreise noch einmal hingesetzt, um einen Abschiedsbrief zu verfassen, wäre ich nie losgefahren.

Vielleicht war ja mein Reisetagebuch eine Art Ersatz für den nicht vorhandenen Abschiedsbrief. Man kann sich schon fragen, warum man säuberlich die Erlebnisse der letzten Tage seines Lebens notiert, wenn man nicht die Absicht hat, sie jemandem zu hinterlassen. Das imaginäre Du, das sich im letzten Abschnitt eingeschlichen hat, ist ein Niemand; aber ganz hübsch, weil es mich einen Augenblick glauben lässt, ich schreibe tatsächlich für jemanden. Wie dem auch sei: Ich hätte das Tagebuch vor dem Sprung in eine Mülltonne oder in die Fluten geworfen. Es war nie für jemand anderen bestimmt gewesen als für mich. Vielleicht hätte ich dabei schon stutzig werden und mich fragen müssen, ob mich nicht gerade dieses Tagebuch am Sterben hindern würde. Wie die Fotos, die ich machte und ebenso wenig jemandem zu zeigen beabsichtigte: die Fährenanlegestelle von Valetta, Fassaden mit Erkern, eine Straße mit geparkten Autos, ein einzelner Erker, ein Innenhof mit Palmen, mehrere Bilder der Befestigungsmauer mit gelben Blumen vor dem tiefblauen Meer.

Ich sah sie auf dem kleinen Display meiner Digitalkamera an, während ich am Busbahnhof von Valetta wartete. In der Hand hielt ich zudem den Streckenplan, ein schlecht kopiertes A4-Blatt, auf den ersten Blick völlig kryptisch: Eine stilisierte Karte von Malta, darauf alle Ortschaften, die Nummern der Buslinien und ein Gewirr von durchgezogenen und unterschiedlich gestrichelten Linien. Ich hatte mir vorgenommen, an diesem zweiten Tag aus der Stadt herauszukommen.

Habe das Gefühl, außer einem überwachsenen Flusslauf zwischen den Häusern in Sliema seit meiner Ankunft noch kein Grün gesehen zu haben.

Beim Frühstück hatte ich den Reiseführer konsultiert und mir einige Destinationen an der Ostküste, eine prähistorische Tempelanlage und ein malerisches Fischerdorf mit dem Namen Marsaxlokk (ausgesprochen »Mar-sa-schlock«) herausgeschrieben. Beim Gedanken an die prähistorische Tempelanlage tauchte die Statue einer fetten Fruchtbarkeitsgöttin vor meinem geistigen Auge auf – wahrscheinlich hatte ich ein solches Bild in einem anderen Reiseführer gesehen. Eine Urmutter, die aus ihrem riesigen Becken die ganze Welt gebar. Ich mag diese Statuen sehr, ebenso wie die parallelen männlichen Gottheiten, die solche riesigen Phalli mit sich herumtragen, dass sie – die Götter – kaum stehen können. Die Mutter Erde, Gaia, Frau Eva oder wie man sie immer nennen wollte, rief mich zu sich.

Mit lautem Brummen und schwarzem Qualm kam der Bus. Die öffentlichen Verkehrsbetriebe Maltas wirken in ihrer kindlichen Unbekümmertheit erheiternd und sympathisch: Die Busse ähneln Schweizer Postautos aus den Fünfzigerjahren, und sie scheinen seit dieser Zeit auch nicht mehr gewartet zu werden, die Straßen sind voller Schlaglöcher, Haltestellen tragen grundsätzlich keine Beschriftungen, dafür sind die Einheimischen sehr hilfsbereit, spielen ungefragt in ihrem lustigen Englisch Reiseleiter, und lotsen einen dahin, wo sie glauben, dass man hin möchte.

Ich lehnte mich zurück und genoss die Fahrt durch die hässlichsten Vororte, die ich je gesehen hatte. So etwa stellte ich mir Kairo vor: Kaum etwas Grünes, und wenn zwischen den vielen Autospuren ein kleiner Streifen Rasen auftauchte, war er ungepflegt, er schien rein zufällig da zu sein, als hätte man die Stelle übersehen, als es darum ging, alles mit Beton, Asphalt und grauem Stein zu überdecken. Die kleinen Düsen von Bewässerungsanlagen schauten wie Pilze aus dem Boden, waren um diese Jahreszeit aber nicht in Betrieb und schienen es, angesichts ihrer rostigen Farbe, auch im Sommer nicht sein zu können. Es war abstoßend und ich freute mich kindisch über diese Fahrt durch die steingewordene Hässlichkeit, blickte fasziniert auf die von den Abgasen grau gewordenen Fassaden, auf halb abgerissene Plakate, verrostete Schilder, die Abfälle am Straßenrand. Die ganze Trostlosigkeit tat mir gut, und so stieg ich fröhlich aus, dort, wo sich nach den Angaben einer älteren Frau die Tempelanlagen befinden müssten.

Der Tempel von Tarxien (ausgesprochen »Tarschiin«) lag mitten in diesem Zivilisationselend, in einem kleinen Garten. Mein Plan von Malta schien keinen Unterschied zwischen städtischen Gebieten und unbebauten Zonen zu machen, alles war im gleichen Beige eingefärbt. Hätte ich den Reiseführer genauer gelesen, hätte ich es wissen müssen. Dort hieß es, dass »dieser steinzeitliche Tempelkomplex« inmitten der Wohnhäuser der Ortschaft Tarxien lag und »damit des landschaftlichen Reizes entbehrt«. Er entbehrte nicht nur des landschaftlichen Reizes, sondern auch jeglicher Beschriftung, die einem hätte helfen können, wenigstens gedanklich aus den herumliegenden Steinen und Steinhaufen eine prähistorische Tempelanlage zu rekonstruieren.

1 £ Eintritt. Drinnen viele Steine, einige wenige mit schönen Ornamenten. Zwischen den Steinen viele Touristen, die Fotos machen. Nirgendwo ein Plan der Anlage, eine Rekonstruktionsszeichnung o.Ä., nur zwei wenig informative Täfelchen über Techniken zum Transport schwerer Steinquader. Im Reiseführer sah ich, dass die Originalsteine im archäologischen Museum in Valetta liegen.

Ich lachte mich fast närrisch über die Touristen, die gewissenhaft Replikate fotografierten, die ein Steinmetz vor wenigen Jahren in seiner Werkstatt angefertigt hatte, und meinten, in die Aura tausendjähriger Geschichte eingetaucht zu sein. Allein dieses Lachen entschädigte mich mehr als genug für den Eintrittspreis. Ich dachte an die armen Originalsteine! Ich sah vor meinem inneren Auge, wie sie in einem düsteren Raum aufgereiht waren, ungeordnet und unbeschriftet, wie die Schwerter und Helme im Haus des Großmeisters. Ich hätte es ahnen müssen: eine Touristenfalle. Ich nahm mir vor, eine zweite Tempelanlage, die in der Nähe lag, auszulassen und stattdessen weiter nach Süden zu fahren. Dort sollten weitere Tempel liegen, diese aber außerhalb einer Ortschaft, mitten in der mediterranen Natur. So stellte ich es mir zumindest vor. Es war – ich gebe es gern zu – kein historisches Interesse, das mich zu den alten Steinen hinzog, es war mehr ein ästhetisches, ein Nachklang romantischer Kindheits- und Jugendträumereien.

Ich saß auf einem Mäuerchen, dort, wo ich die Bushaltestelle vermutete, und wartete. Es war mild. Eine Frau gesellte sich nach einer Weile zu mir. Sie stellte ihre blaue Einkaufstasche auf den Gehsteig und kramte nach einem Taschentuch. Das dunkle Kopftuch und die Sonnenbrille ließen sie wie eine dieser Witwen aus einem Film der Fünfziger- oder Sechzigerjahre aussehen. Ich überlegte mir, ob ich sie ansprechen sollte. Immerhin hatte ich den ganzen Tag noch mit fast niemandem ein Schwätzchen gehalten. Aber würde der Zauber der verhüllten Gestalt nicht verloren gehen, würde sich die geheimnisvolle Trauernde nicht beim ersten Wort oder schon vorher in eine ganz gewöhnliche Frau verwandeln, die nichts anderes zu sagen wüsste, als was alle Einheimischen sagen, nämlich die drei Standardfragen: *You're on holiday?, Do you like Malta?* und *You're all alone?* Nein, ich musste es geschickter angehen, jede Möglichkeit ausschließen, um nicht in die Falle der Belanglosigkeit zu geraten. Also beschloss ich die Rollen zu wechseln. Ich sprang von meinem Mäuerchen, stellte mich neben sie und fragte, ob sie hier in den Ferien sei. *Pardon?* Sie verstand nicht. Sagt man einmal etwas Unerwartetes, stößt man auf Unverständnis. Also wiederholte ich meine Frage. Sie lächelte und antwortete mit so starkem Akzent, dass ich sie nicht verstand. Jetzt war es an mir, *pardon* zu sagen. So würde das nichts geben. Sie blickte mich unsicher an, machte eine Handbewegung und sagte etwas mir immer noch Unverständliches, in dem mehrmals das Wort *bus* vorkam. Ich hätte es wissen müssen. Für diese Frau kann ein Tourist, der an einer Haltestelle steht und eine einheimische Frau anspricht, gar nichts anderes wollen, als sich nach dem Bus erkundigen, danach, ob er hier fahre, wann oder wohin. Offensichtlich hatte sie alle drei Fragen beantwortet und drehte den Kopf weg.

Ich gab es auf, setzte mich wieder auf das Mäuerchen und ließ die Beine baumeln. Es ärgerte mich, dass das Gespräch so misslungen war. Ich hatte es mir nicht zurechtgelegt, aber ich wusste, was ich gesagt hätte, wenn sie mich nach meinem Beruf gefragt hätte: Kindergärtner. Es war mir schleierhaft, wie ich auf diese Idee kam. Doch während der Fahrt vom Flughafen zum Hotel lag immer, wenn ein Gespräch auf den Beruf kam, eine Berufsbezeichnung fix und fertig bereit und rutschte mir heraus, bevor ich es mir anders überlegen konnte, bevor mir bewusst wurde, dass ich log. Es war schon seltsam, doch gleichzeitig amüsierte es mich über Maßen. Außer dieses Mal, wo mir der »Kindergärtner« als meine Berufsbezeichnung auf der Zunge lag, und ich es doch nicht schaffte, ihn der Frau mitzuteilen. Das ärgerte mich gewaltig. Kindergärtner! Das war komisch. Wirklich komisch. Ich fragte mich, was ich bei der nächsten Gelegenheit sagen würde. Die Trauerfrau hatte sich einige Schritte entfernt, um ihre Taschen auf der Bank abzustellen. Ich blickte mich um, beobachtete das Gewirr von Antennen, Kabeln und Satellitenschüsseln auf den schmuddeligen Häusern. Einige Vögel zogen schreiend vorbei. Es war nicht auszumachen, wo die Sonne stand, doch schien sie mit aller Kraft gegen den Dunst anzukämpfen und schaffte es tatsächlich, eine milchige Helligkeit auf das mediterrane Häusermeer zu werfen. Ich saß da mitten im Städtchen Tarxien, einem Vorort von Valetta, und erinnerte mich an die vielen Burg- und Schlossruinen, die ich als Kind mit meinen Eltern besucht hatte. Nie war es darum gegangen, aus den Mauerstümpfen einen Bauplan zu rekonstruieren, Bergfried, Pallas und wie die einzelnen Teile alle heißen mögen, zu lokalisieren, sich ein Gesamtbild der Anlage zu machen. Nein. Eine Ruine reichte vollkommen aus, um meine Fantasie schweifen zu lassen. Einige Steine, an einer unzugänglichen Stelle in einem Wald, von Farnen und Efeu überwachsen, vielleicht noch ein Name, Falkenstein oder Greifenegg, und ich war selig. Es brauchte keine Rekonstruktion, der Platz war perfekt wie er war, eine Ruine in einem Wald, die durch diese alten Steine in ihrer Mitte selbst zu etwas Geheimnisvollem, Märchenhaftem wurde. Ich weiß nicht, was es war, was mich so anzog, dass ich meine Eltern in jedem Urlaub, den wir meistens in der Schweiz oder im nahen Ausland verbrachten, zu den Besuchen abgelegener Ruinen nötigte. Auf den Wanderungen war ich dann wie im Fieber. Wenn wir angekommen waren, kletterte ich zwischen den Steinen herum, doch nur am Rand und schon gar nicht etwa auf die Mauern rauf – ich war ein überaus ängstliches Kind – und wusste eigentlich nie recht, was ich hier wollte. Ich glaube, ich hätte mir nichts mehr gewünscht, als einmal allein an einer Ruine zu sein, ohne meine Eltern in Rufnähe. In ihrer Wanderkleidung, im Begriff, Würste, Rivella-Dosen und Brot aus dem Rucksack zu holen, mit Zündwürfeln ein Feuer zu machen. Ich hätte allein sein müssen, in einem Gewand aus grobem Leintuch, einer Kutte oder etwas anderem, was nicht schon von weitem Moderne ausstrahlte und die mystische Begehung zum banalen Sonntagsausflug werden ließ. Vielleicht war es diese unerreichte Sehnsucht, die mich immer wieder zu Ruinen, Tempeln und Ähnlichem hinzog, das Gefühl, nahe von etwas zu sein, was mir selbst unbekannt war.

Während des Militärdienstes hatte mir diese Gabe, mich zeitweise ganz aus dem Hier und Jetzt zu bewegen und in irgendwelche Fantasiewelten zu entschwinden, oft geholfen, schwierige Situationen zu bewältigen. Ich erinnere mich an einen steilen Pfad, der durch den Wald oberhalb von Mels im St. Galler-Oberland führte. Es muss in der Rekrutenschule gewesen sein. Es war gegen Abend, wir waren schwer bepackt mit Rucksack und Gewehr und hatten, einer hinter dem anderen, schweigend diesen Pfad hochzugehen. Dieser steinerne

Pfad, die Farne, die überwachsenen Findlinge, die Dämmerung hinter den Tannen, das alles entführte mich augenblicklich in eine Märchenwelt. Ich weiß nicht, als wer ich mich gefühlt hatte. Vielleicht war es auch nicht so deutlich, ob ich ein Kaufmann, ein Ritter, ein Mönch oder ein Knappe war. Aber ich war ein Teil dieser märchenhaften Welt, und bei der nächsten Zwischenverpflegungsstelle, wo es Fleischbrühe und Zitronenwasser gab, konnte keiner von den anderen verstehen, warum ich so gut gelaunt war, während sie nur leise über ihre müden Beine fluchten, über die vom Gewehrriemen wundgescheuerten Schultern klagten oder rechneten, wie weit es noch bis zur Kaserne war. Vielleicht war es das, was mich veranlasst hatte, den Militärdienst fortzusetzen. Ich ertrug viele körperliche Strapazen mit Leichtigkeit, weil meine Gedanken sich dabei nach Herzenslust tummeln konnten, in der offenen Natur, die für mich Stadtkind zu einem Abenteuerland wurde, oder in den Bunkern und Festungswerken aus dem Weltkrieg, die in meiner Vorstellung prächtigen Sälen sagenhafter Zwergenkönige glichen.

5.

Gozo. Ich habe meinen Bungalow zu einer Art Grabkammer gemacht und liege die meiste Zeit wie ein Toter auf den weißen Laken. Seit zwei Tagen. Wenn ich aufstehe, um zur Toilette oder zum Pool zu gehen, wird mir zuerst schwarz vor Augen; eine tiefe Schwärze voller kleiner glitzernder, schwirrender Punkte legt sich über mein Bewusstsein und droht mich zurück in einen traumlosen Schlaf zu ziehen. Vor der verriegelten Tür hängt das Do-not-disturb-Schildchen. Ich will nicht, dass jemand meine Grabkammer betritt, meine Ruhe stört. Manchmal höre ich ein Rasseln von Schlüsseln, ein Tuscheln von Frauenstimmen, dann rufe ich laut, es sei in Ordnung, sie müssten nicht aufräumen.

Den Bungalow verlasse ich nur nachts, wenn ich an den Pool gehe, mich auf einen der weißleuchtenden Liegestühle fallenlasse, in den dunklen Himmel starre und dem Wind lausche, der zwischen den Palmen bläst. Ich bin zu einem Gespenst geworden, zu einem Untoten, der sich nachts aus seinem Grab erhebt und ruhelos durch menschenleere Orte zieht, voller Abscheu vor dem richtigen Leben, voller Sehnsucht nach einem richtigen Tod.

Malta. Fahrt nach Marsaxlokk: Wieder Vororte, etwas weniger dicht, aber doch nie ganz aus der Besiedlung raus: Leitungen, Masten, Mauern, Abfälle.

Ich hatte gelesen, dass Malta zu großen Teilen aus Siedlungsgebiet besteht, doch hatten die pittoresken Landschaftsaufnahmen im Reiseführer – Klippen über einem tiefblauen Meer, der Blick auf eine weite, von Feldern und Hecken in verschiedenförmige Muster geteilte Ebene, weite Hügel mit malerischen Natursteinhäusern – ein völlig falsches Bild vermittelt. Malta ist in erster Linie eine große Stadt, eine große, hässliche Mittelmeerstadt. Mit orientalischen Anleihen, die durchaus ihren Reiz haben, das muss ich zugeben; im Großen und Ganzen aber ist Malta doch eine einzige Besiedlung mit eher funktionalen, würfelförmigen, verschmutzten Gebäuden – abgesehen von den Kirchen und Kathedralen – mit Straßen voller parkender Autos und Bergen von Abfallsäcken. So schien es mir zumindest, als ich mit dem holpernden und schüttelnden Bus an die Ostküste fuhr – voller Sehnsucht nach etwas Natur.

Es war immer noch bewölkt, doch ein starker Wind trieb die Wolkenpakete in solcher Geschwindigkeit über den Himmel, dass immer wieder einzelne Sonnenstrahlen durchbrachen und ein herrliches, surreales Farbenspiel schufen. Der Bus fuhr über eine kleine Anhöhe, und dahinter lag das Meer. Ein überwältigender Anblick: Eine riesige Hafenanlage, Verladerampen mit einem Gewirr von Kranen und Förderbändern, dahinter mächtige Frachtschiffe. Ich schüttelte den Kopf und lachte, während ich die trägen Bewegungen der Kranarme verfolgte und Bilder von Industrie, Fabriken, Maschinen, raubeinigen Arbeitern in verschmierten Overalls vor meinem inneren Auge aufsteigen ließ, bis ich das Quietschen, Dröhnen, Rattern, Schleifen, die lauten Kommandorufe der Arbeiter tatsächlich zu hören glaubte. Doch schon holperte der Bus über die nächste Anhöhe, und dahinter lag nun die Ortschaft Marsaxlokk, im Reiseführer als »malerisches Fischerdorf« bezeichnet. Der Kommentar, den ich beim Mittagessen in mein Reisetagebuch schrieb, erscheint mir rückblickend etwas zu negativ: *Ebenso hässlich wie alles heute Gesehene. Einzig Positives: Die farbigen Fischerboote, die wild im aufgewühlten Wasser schaukeln, sind ohne den Sonnenbonus aber auch nicht mehr als eine Minute Aufmerksamkeit wert. Farbige Boote eben, vor der malerischen Kulisse eines großen Kraftwerks mit zwei hohen Kaminen. Der Markt: Touristen-Mist. Essen: Überteuerte Fischres-*

taurants, sonst Schnellimbiss. Lande bei aufgewärmten Calamaris & Chips. Es ist kühl geworden und der Wind bläst immer stärker.

Natürlich war ich enttäuscht. Doch war es nicht die Art von Enttäuschung, die sich einstellt, wenn man etwas nicht bekommt, was man unbedingt haben will – eine Enttäuschung, die traurig und wütend macht. Nein, es war eine heitere Enttäuschung, vielmehr ein Gefühl von Erleichterung. Ich hatte mir in den letzten Tagen oft überlegt, warum ich diese Reise eigentlich angetreten hatte, und dafür die verschiedensten Antworten gefunden: Um einen stilvollen Rahmen für den Freitod zu schaffen, um mich, losgelöst von meinem Zürcher Alltag, vorzubereiten, um mein verpfuschtes Leben noch einmal Revue passieren zu lassen. Den Tod als letzte Konsequenz mir gegenüber zu rechtfertigen, vielleicht doch noch – ohne den letzten Schritt in Frage zu stellen – positive Seiten meines Lebens zu entdecken. Und mit der Gewissheit zu sterben, ein kurzes, aus philosophischer Sicht betrachtet »gutes« Leben gelebt zu haben; sprich ein Leben, das zwar mit Leid, mit Versagen und mit Einsamkeit erfüllt, aber dennoch erfüllt war. Es war sicher auch ein Abschiednehmen, ein Abschiednehmen vom Leben, von Orten, Taten, Menschen. Wie wenn man vor einem Umzug ein letztes Mal durch die leere Wohnung geht, ihren Duft einatmet, dann von den Nachbarn Abschied nimmt, einen letzten Blick zurückwirft, während der Umzugswagen bereits mit laufendem Motor vor dem Haus steht. In Zürich wäre ein solcher Abschied zu kompliziert geworden, Malta hingegen war ein willkürlich gewählter Ersatz dafür. Um von einer Welt Abschied zu nehmen, die zwar Teil meiner Welt war, aber die nichts von meinem Vorhaben wusste. Mich nicht umzustimmen versuchte, mich nicht ablenkte und mich bei meinem letzten Gang nicht störte.

Bei einigen Dingen fiel mir der Abschied leicht, einzelne hatte ich schon vorher verabschiedet, sie mit Freude weit weg von mir geworfen. Bei anderen hatte ich hingegen große Angst, der Abschied würde schmerzhaft werden, würde Gefühle auslösen, die mich hinderten, mein Vorhaben durchzuführen. Dazu gehörten schöne, sinnlich erfahrbare Orte, kühle Gärten mit prächtigen Blumen und einem plätschernden Brunnen oder aber ein malerisches Dörfchen irgendwo am Meer, der Blick in die blaue Unendlichkeit, ein kräftiger Wind im Gesicht. Als ich nun sah, dass ich solche Orte hier nicht finden würde, dass es sie nur im Reiseführer gab, stellte sich eine große Erleichterung ein. Ich lachte darüber, dass mein Blick sich nicht in der Unendlichkeit verlor, sondern schon bei den rauchenden Schornsteinen des Kraftwerks am gegenüberliegenden Ufer der Bucht aufgehalten wurde. Dass die farbig bemalten Fischerboote nicht von einer fernen Welt zeugten und Sehnsucht nach unausgeführten Lebensplänen weckten, sondern sich inmitten des Touristenmarktes, neben den rostigen Motorbooten als bloße Kulisse einer Welt zu erkennen gaben, die nichts Magisches, nichts Zauberhaftes an sich hatte, die all das nur vorzutäuschen versuchte. Hier gab es tatsächlich nichts, was mir den Abschied schwer gemacht hätte, es gab nur meine längst verlorenen Illusionen. Nichts, woran ich mich hätte klammern müssen, keinen Abschiedsschmerz.

Ich überlegte, ob ich mir auf dem Markt einen Pullover kaufen sollte. Während des Mittagessens war es immer kühler geworden und der Wind verwandelte sich in einen richtigen Sturm. Soll man zwei Tage vor seinem Tod noch einen Pullover kaufen, um sich nicht zu erkälten? Eine Frage philosophischen Ausmaßes. Ich wollte nicht niesend und hustend über die Klippe springen. Trotzdem unterließ ich den Kauf.

Einige Stände mit wertlosem Trödel, von den unzähligen im Reiseführer gelobten Fischrestaurants sieben oder acht gefunden, davon fünf schweineteuer, zwei Fastfood – hatte genug gesehen und beschloss, trotz des stürmischen Wetters und der mittlerweile orkanartigen Winde zu Fuß weiterzugehen und etwas Natur zu suchen.

Beim Ortsausgang bog ich in die falsche Straße ein, die in eine etwas erhöht liegende moderne Wohnsiedlung führte, einen großen Bogen machte und mich wieder an den Ausgangspunkt zurückbrachte. Ich hatte keinen Menschen gesehen, nur teure Autos, allerdings weniger dicht geparkt als sonst in den Ortschaften. Ich blickte mich um und entdeckte einen schmalen Weg, der von einem kleinen Sandstrand zu den Klippen hinaufführte. Es ging steil bergauf, ein richtiger Wanderweg wie im Alpstein, ein schmaler Pfad aus Lehm, groben Steinen, Wurzelwerk. Ich atmete in vollen Zügen, der Sturmwind drückte mich gegen die Landseite und versuchte mich am Vorwärtskommen zu hindern. Ich musste mich ducken, breitbeinig gehen, aber ich nahm das Kräftemessen an. Gischt spritzte mir ins Gesicht, meine Brille war bald mit einer salzigen Kruste überzogen. Das Meer, weit unter mir, war aufgewühlt und von einem leuchtenden Hellblau, wie ich es noch nie gesehen hatte. Vielleicht hätte ich mich da hineinstürzen sollen, ins aufgepeitschte Azurmeer. Der Wind hätte mich sanft aufgefangen, und schmerzlos wäre ich ins Wasser gestürzt. Aber der Kampf hielt mich davon ab, ich wollte noch einmal dieses Gefühl erleben, mit der Natur gerungen und den Sieg davongetragen zu haben. Der Weg war streckenweise kaum zu erkennen, und ich hätte mich nicht gewundert, wenn er plötzlich gar nicht mehr weitergeführt, sondern in dichtem Buschwerk geendet hätte. Stattdessen wurde er aber wieder breiter und ausgetretener – und schließlich kam hinter einer Biegung eine Festung zum Vorschein, die mich an das alte Dufourwerk auf dem Gotthard erinnerte. Während ich um das Gebäude herumging, den verrosteten Stacheldraht mied und dabei den Weg zur Straße suchte, kreisten meine Gedanken einmal mehr um das Militär, die Kriegstechnik und ihre Bedeutung für die Menschheitsgeschichte. Ich fand es – auf etwas kindisch naive Art, ich gebe es zu – traurig, dass so viele Spuren des Menschen kriegerischer Natur sind, und fragte mich, ob die Kriegsführung wirklich ein Grundzug des Menschen sei, wie sein Verlangen nach Liebe, sein Trieb nach Fortpflanzung. Ich fragte mich weiter, ob die moderne, technisierte, sogenannte »zivilisierte« Kriegsführung einen solchen urmenschlichen Aggressionsdrang noch zu befriedigen vermöge. Eine »zivilisierte« Kriegsführung, wie ich sie in der Armee gelernt hatte, die in Flugbahnberechnungen für Kanonenkugeln und Minenwerfer bestand, deren Wirkung man nie sah, nur über Funk »quittiert« bekam. Und ich fragte mich weiter, wie ich in diese Maschinerie hineingerutscht war, wie ich dort hatte funktionieren können. Eine Frage, die mich seit Jahren immer in Verlegenheit brachte, weil ich sie nicht richtig beantworten konnte, wenn ich auch verschiedene Versuche unternommen hatte. Einerseits war es sicher die strenge Erziehung, dieser absolute Glaube an Autoritäten, der mir zu Hause eingetrichtert worden war. Ich hätte nie einem Lehrer widersprochen, geschweige denn einem militärischen Vorgesetzten. Es war dieser Autoritätsglaube, der mich blind gemacht hatte. Damals in der Rekrutenschule erkannte ich nicht, dass meine Vorgesetzten teils machthungrige Idioten waren, die sonst im Leben nichts zu sagen hatten, teils gutmütige Kerle, die mehr aus Trägheit in ihre Position gerutscht waren. Ich hatte nicht erkannt, wie sich die anderen im Zug Freiheiten herausnahmen, ihre Meinung sagten, auch mal eine Strafe in Kauf nahmen. Ich hatte nur zwei Möglichkeiten: mich dem übermächtigen System anzupassen oder unterzugehen. Von diesem Standpunkt aus betrachtet, war das Militär nur eine konsequente Fortsetzung meiner Erziehung gewesen. Mir stand keine andere Strategie zur Verfügung. Ich hatte mich angepasst, um zu überleben. Wie in der Familie, wie in der Schule. Seine Sache recht machen, nicht auffallen, nie aufmucken. Das war meine Devise gewesen.

Und irgendwann macht man das System zu seiner eigenen Welt. Ich habe es oft mit einer Schachtel verglichen. Verbringt man fünfzehn oder siebzehn Wochen in der Armee, wo man tagtäglich von Verteidigung, Feinden, Disziplin und Kameradschaft hört, nimmt man das irgendwann für die richtige Welt. Man lebt in dieser Schachtel und arrangiert sich in ihr, sucht sich einen möglichst angenehmen Platz und vergisst, dass sich am Ende dieser fünfzehn oder siebzehn Wochen der Deckel öffnet und man wieder ins richtige Leben herausgeschüttet wird. Oder dass man den Deckel jederzeit selbst aufheben und hinausklettern könnte. Ich hatte es nicht geschafft, den Deckel zu öffnen; dafür hatten meine Erzieher gesorgt. Ich hätte mich schuldig gefühlt, als schlechter Mensch, der die gegebene Ordnung unrechtmäßig durchbricht und dafür bestraft werden muss. Ich hätte mich auch selbst bestraft, wenn es niemand anders gemacht hätte. Wenn man vergisst, dass es außerhalb der Schachtel noch ein Leben gibt, lässt man sich locken vom »Weitermachen«, wie es so schön heißt, von der Verantwortung als Gruppenführer (was wusste ich zu der Zeit schon von Verantwortung für andere Menschen?), von den Privilegien als Zugführer. Erst als ich nur noch jedes zweite Jahr für einige Wochen aufgeboten wurde, wurde mir der ganze Schwindel bewusst. Aber es ist wie ein Pakt mit dem Teufel: Hat man seine Seele erst einmal versprochen, muss man schon sehr gerissen sein, um sich wieder aus dem Handel herausstehlen zu können. Und gerissen bin ich nie gewesen. Das habe ich nie gelernt. Man lernt entweder sich anzupassen oder gerissen zu sein. Beides geht nicht.

Mit diesen Gedanken kam ich zur Straße, die in Richtung der Ortschaft Birzebbuga führte. Ich beschloss, das Thema Militär ein für alle Mal abzuhaken. Es hatte sich trotz der Aufräumaktion vor der Abreise als blinder Passagier eingeschlichen, doch jetzt war es entdeckt und würde mit harter Hand über Bord geworfen. Das nahm ich mir fest vor.

Mittlerweile hatte es zu regnen begonnen. Was für eine Stimmung! Die aufgewühlte See, die über die Straße spritzte, ein Frachtschiff, das allein dem Sturm widerstand, verschwommen und geisterhaft; ich war nass, sah kaum mehr durch meine Brille, aber ich fühlte mich so lebendig wie schon lange nicht mehr. Das Dorf war, wohl wegen des schlechten Wetters, ziemlich ausgestorben. Einige Eltern holten Kinder von der Schule ab. Lustigerweise wirkte dieser Ort, der viel weniger touristisch war, als was ich bisher gesehen hatte, viel gepflegter.

Gehe dann mit meiner schlechten Karte in die Richtung, von der ich annehme, sie führe aufs Land, zur zweiten Tempelanlage. Komme aber nie ganz raus, links oder rechts immer Häuser, oft halb verfallen; ab und zu Mohnfelder, einige Äcker.

Ich war erstaunt, als ich bei einer halbverfallenen Scheune aus groben Natursteinen moderne Menschen sah, die davor geparkt hatten und einen Fernseher hineintrugen. Es wollte einfach nicht zusammenpassen.

Nach rund einer halben Stunde sah ich den Tower des Flughafens und musste einsehen, dass ich mich verlaufen hatte. Wenig später kam ich auf eine größere Straße und stand vor einem hohen Zaun. Ich folgte der Überlandstraße nach links, südwärts, wurde dabei ständig von Lastwagen älteren Baujahrs überholt. Es gab kein Trottoir; die niederen Dornenbüsche schienen aus dem Asphalt zu wachsen, sodass ich mich bei jedem durchfahrenden Lastwagen an den äußersten Straßenrand drücken musste, um nicht überfahren zu werden. Die Straße schien kein Ende zu nehmen. Am Horizont tauchten die Krananlagen auf, die ich vom Bus aus gesehen hatte. Wenigstens hatte es zu regnen aufgehört, die Wolken verzogen sich und die Sonne kam immer stärker durch. Irgendwann sah ich ein Schild, das zu einer prähistorischen Tempelanlage wies.

Wieder der Straße nach, etwas mehr Büsche am Straßenrand, links das Meer. Der Wind wieder stärker, fantastisches Naturschauspiel. Links parallel zur Straße führt ein kleiner Fußweg, aber hoffnungslos zugewachsen, man hätte eine Machete gebraucht, um durchzukommen.

Ich war schon über eine Stunde unterwegs, als ich auf einen Parkplatz kam, von wo aus ein Weg zu einem Höhleneingang oberhalb des Meeres führte. Es war die Ghar Hassan Cave, wenn ich mich recht erinnere, der Zufluchtsort eines Piraten. Da mich Höhlen schon immer angezogen hatten und es zudem wieder zu regnen begann, beschloss ich, Ghar Hassan's Unterschlupf einen Besuch abzustatten. Eine dicke Frau mit Gummistiefeln rief mir etwas zu, was ich nicht verstand, wurde energisch, als ich nicht reagierte. Schließlich wartete ich, und sie kam mir mit einer großen Taschenlampe in der Hand entgegen. *You need a light! You need a light!* Ich witterte eine Falle – sicher mindestens 1 £ Eintritt, dann 1 £ für die Lampe. Aber nein, meine Liebe, nicht mit mir! Nicht mit mir! Also nickte ich der Guten freundlich zu, ging an ihr vorbei zur Straße und ließ sie mit ihren Lampen stehen. Nicht mit mir!

Ich saß auf einem Mäuerchen, ruhte mich aus und machte mir einige Notizen. *Die Straße führt in ein Industriequartier. Ein langes Gebäude am anderen, Last- und Lieferwagen durch die Tore ein und aus, sonst kein Mensch auf der Straße. Weniger zerfallen, dafür werde ich langsam müde vom vielen Gehen und bin nicht sicher, wo ich eigentlich bin.*

Ich gelangte immer weiter in diese Industriezone, die auf meinem Plan natürlich nicht angegeben war. Wie ich so mit schmerzenden Beinen ging und ging, entwickelte sich in meinem Kopf eine eigentümliche Gedankenkette. Ausgehend vom Anblick der Lagerhäuser und Fabrikgebäude links und rechts, stellte ich fest, dass ich es im Grunde mag, im Urlaub auch so etwas zu sehen. Ich war keineswegs verärgert, dass ich statt romantischer neolithischer Dolmen auf offenen Feldern ebendiese Lagerhäuser und Fabrikgebäude zu Gesicht bekam. Ich fand es realistischer, stellte den Begriff »realistisch« aber gleich wieder infrage. Denn das würden die intellektuellen Freunde aus der Universitätszeit natürlich als erstes tun, den Begriff infrage stellen. Warum realistisch?, würden sie fragen. Und ich würde erklären, dass es eben »echter« sei als das, was man als Tourist gewöhnlich zu sehen bekomme, die Mauern von Valetta, den Grandmasters Palace oder die Tempel von Tarxien. Aber einer der anderen würde weiter fragen, warum das echter sein solle und was denn für mich überhaupt »Realität« bedeute. Da müsste ich eine Weile überlegen. Philosophisch betrachtet, würde ich einräumen, sei natürlich beides realistisch, nur mache der Einbezug auch nicht touristischer Aspekte das Gesamtbild umfassender, vollständiger – und damit eben noch realistischer. Denn bei Realität gehe es ja nicht nur darum, ob etwas real da sei oder nicht, sondern ebenso sehr darum, welche Objekte man überhaupt wählte, um seine Realität zu repräsentieren. Au weia, jetzt wurde es heikel, jetzt hatte ich mir eine subjektive Realität eingebrockt …

Das fiktive Streitgespräch nahm aber ohnehin ein Ende, weil sich ein neuer Gedanke, ein eigentlicher Metagedanke, in mein Bewusstsein drängte, nämlich der Gedanke daran, wie viel Zeit meines Lebens ich mit solchen Gedankenspielereien verbracht hatte, wie viele Monate und Jahre, alles zusammengerechnet, wie viele Themen aus allen möglichen Wissensgebieten in meiner Gedankenmühle kleingemahlen worden waren! Ich überlegte mir, wie umfangreich mein Werk geworden wäre, wenn ich alle diese Überlegungen gesammelt und gedruckt hätte – schon sah ich eine Bibliothek vor mir: Studenten, Doktoranden, Habilitanden und Professoren, die meine Gedanken untersuchten, systematisierten, die versuchten, sie an philosophische Strömungen anzuknüpfen, sie aber am Ende doch nur als Plattform für ihre eigenen Gemeinplätze missbrauchten. All die Jahre geistiger Schwerarbeit! Ich kam zum Schluss, es sei besser, wenn alles ausgelöscht würde.

So in Gedanken, ging ich weiter und weiter. Ein Wagen hielt und ein Einheimischer forderte mich auf, mitzufahren. Ich verstand nicht, wohin er fuhr, er schien aber zu wissen, wohin ich wollte, also stieg ich ein. Auf der Fahrt lamentierte er – in einer unangenehmen Lautstärke und in fast unverständlichem Englisch. Ich bekam knapp mit, dass er früher zur See gefahren sei, dass man zu irgendeinem Minister gehen müsste (wer? wozu?), dass Malta klein und dreckig, die Politiker ohnehin nichts wert seien, dass sein größter Fehler gewesen sei, nach Malta zurückzukehren, etc., etc. Beständig nickte ich stumm, bis er mich am Flughafen aussteigen ließ und mir den Weg zur nächsten Bushaltestelle wies. Ein seltsamer Mensch, der mich mit seinem dunklen Gesicht, den buschigen Brauen und den wilden Haaren an diabolische Figuren aus der Literatur erinnerte, an Hofmanns Coppola oder jenen Matrosen bei Thomas Mann.

Am Abend wurde ich wieder von diesem dunklen Sog ergriffen.

Pizzeria in St. Julian's bei Sliema, über dem Meer. Sitze allein an einem Tisch, lauter junge, gutaussehende Mädchen servieren, wohl Schülerinnen, die sich in den Ferien etwas dazuverdienen. Warten, nichts zu lesen. Bier. An den anderen Tischen ist niemand allein: zwei skandinavisch aussehende junge Frauen; ein Alter mit einer jungen Frau, die pausenlos quatscht und ihn küsst, eine österreichische Familie. Neue Paare kommen. Fühle mich beobachtet vom Personal, das sich sicher fragt, was ich hier allein mache. Weiß nicht mehr, wohin schauen, denke, dass alle sehen, wie tieftraurig ich bin, könnte weinen.

Die junge Serviererin tat alles, um mich aufzuheitern, fragte mich, woher ich komme, ob ich allein reise, plauderte über dies und das. Ich tat mein Bestes, um nicht so niedergeschlagen zu wirken. Ich erzählte ihr, woher ich komme, dass ich allein reiste und – dass ich Psychiater sei, *a psychiatrist*. Es war wieder passiert! Wieder hatte ich, ohne absichtlich lügen zu wollen, einen falschen Beruf angegeben. Psychiater! Wie seltsam. Während ich auf meine Pizza wartete, stellte ich mir vor, wie ich als Psychiater lebte, eine schöne Praxis, eine tolle Villa am Zürichberg hätte. Aber die Praxis war kalt, das Haus düster und erdrückend, und ich selbst erschien mir als Psychiater einsam, verbittert und voller Hass.

Warum tue ich mir das an?, schrieb ich später in mein Tagebuch.

6.

Der dritte Tag auf der Honiginsel zeichnete sich vor allem durch eine drückende Hitze aus. Die Sonne blieb hinter einem dichten Dunstschleier verborgen, heizte dennoch unaufhörlich die Luft auf, die sich unter dem bleichen Deckel staute. Ich hatte mir schon am Vortag, trotz Regenwolken und nachmittäglichem Dunst, einen leichten Sonnenbrand eingefangen. Als hellhäutiger Typ vertrage ich die Sonne sehr schlecht. Wenn ich nur zehn Minuten ungeschützt in der Sonne liege, spüre ich, wie sich die Sonnenstrahlen in meine Haut brennen.

Ich fuhr mit dem Bus nach Rabat, wo ich einen spirituellen Morgen verbrachte. Rabat ist eine kleine Ortschaft etwas westlich von der geographischen Mitte der Insel. Das Städtchen ist einerseits wegen seiner Kirchen und Katakomben berühmt, andererseits gelangt man von hier aus in die alte Festungsstadt Mdina, deren Mauern auf der Felsnase eines Hochplateaus die ganze Insel zu beherrschen scheinen. Möglicherweise war es Mdina gewesen, das ich beim Landeanflug auf Malta gesehen hatte, rot leuchtend in der untergehenden Mittelmeersonne.

Von der Bushaltestelle schlenderte ich durch die Gässchen den Wegweisern nach bis zum Dorfplatz, auf dem vor der barocken Fassade der großen St. Pauls-Kirche dunkelhäutige Männer mit dichten Schnurrbärten auf den Bänken saßen und sich lebhaft gestikulierend unterhielten. Ein großer Baum in der Mitte des Platzes spendete etwas Schatten. Einige schmuddelige Cafés hatten vor ihren dunklen Eingängen Tische mit Sonnenschirmen aufgestellt. Es war ein klassischer, mediterraner Dorfplatz, wie man ihn in Italien, Frankreich oder Spanien findet; ein Ort, an dem man vor der Mittagshitze flüchtet, Politik betreibt, sich über Sport ereifert und an dem simple, aber charmante Philosophie entsteht.

Ich setzte mich ebenfalls auf eine Bank, hörte den arabischen Klängen zu, die für unsere Ohren immer etwas aggressiv anmuten, und blätterte dann im Reiseführer, um zu erfahren, was es hier zu sehen gab. Ich hatte am Vortag Natur, Vororte und Industriegelände gesehen, am ersten Tag in Valetta klassische historische Sehenswürdigkeiten besucht, einige der Top Ten, wie sie im Reiseführer bezeichnet wurden, und an diesem dritten Tag wollte ich einfach Schönes, intellektuell und ästhetisch Erbauliches sehen, etwas für die Seele tun.

(Ich bin übrigens – das sei hier kurz angemerkt – ein erbitterter

Gegner von solchem Top-Ten-Tourismus, der einen nur zu den sogenannt »wichtigsten« Orten führt. Wo man dann genau dieses eine Monument betrachten, fotografieren, auf Postkarten und T-Shirts abgebildet kaufen muss, ohne darauf hingewiesen zu werden, dass ganz nahe, vielleicht nur ein Gässchen weiter, sich die schönsten Einblicke bieten: Blumenbewachsene Häuserfassaden, Innenhöfe mit hohen Palmen und einer Blumenpracht, wie auf einem Gemälde; und das ohne einen einzigen Touristen. Deshalb reise ich auch so gern allein, mache meine eigenen Entdeckungen.)

Als ich von der Wärme langsam schläfrig wurde, stand ich von der Bank auf, überquerte die Straße und betrat die St.-Paul-Kirche. Die Kirche war über einer Grotte erbaut, in der – der Legende nach – der Apostel Paulus gelebt haben soll. Ausgetretene Stufen führten gleich nach dem Portal einige Meter in die Tiefe, wo außer Grabplatten und kitschigen Barockaltären hinter einem verzierten Gitter wenig zu sehen war. Es roch nach alten Steingräbern, wie in der Krypta des St. Galler Doms oder im Vatikan, nach steinernem Tod und weihräucherner Heiligkeit. Ein einheimischer Touristenführer gruppierte mit lauter Stimme die Besucher und führte einige von uns in eine Ecke, wo er uns in gebrochenem Englisch vom heiligen Paulus und dessen Schiffbruch erzählte. Ich erinnere mich nicht mehr an die anderen Besucher, nur noch daran, dass plötzlich ein älteres italienisches Ehepaar auftauchte, während sich die anderen unauffällig dem Einflussbereich des selbsternannten Kenners entzogen, sodass wir nur noch zu dritt dastanden und der Einheimische auf Italienisch weiterdeklamierte. Ich hörte aufmerksam zu, schüttelte aber innerlich den Kopf und lächelte. Denn ich vertraute ihm nicht. Ich hatte festgestellt, dass die meisten einheimischen Reiseführer eigentlich keine Ahnung hatten, wovon sie redeten. Sie rezitierten einen kürzeren oder längeren auswendig gelernten Text, und die genaueste zeitliche Einordnung blieb dann meistens *in the old times*, ob es sich nun um phönizische Händler, den Apostel Paulus, die napoleonischen Truppen oder den Seeräuber Ghar Hassan handelte. Dieser katholische Marktschreier amüsierte mich aber sehr; zudem war die Höhle, ob sie nun den Apostel Paulus oder einen maltesischen Schafhirten beherbergt hatte, angenehm kühl. Kaum trat ich um 1 £ ärmer wieder aus der Kirche, traf mich die Hitze wie ein Schlag, meine Achselhöhlen fühlten sich unangenehm feucht an und einige Schweißtropfen rannen mir den Rücken hinunter.

Der zweite Programmpunkt bildeten die St.-Agathas-Katakomben.

Was mich am meisten anzog, war der Vermerk im Reiseführer, diese würden »im Rahmen organisierter Tagesausflüge nur selten besucht, obwohl sie mit Abstand die interessantesten der Insel« seien. Ich ging am Ticketschalter der St.-Pauls-Katakomben vorbei, wo sich lange Warteschlangen gebildet hatten, und folgte der Straße, die von hier an menschenleer war, bis zum unscheinbaren Eingang, der auf einen Kirchhof führte. In dem Augenblick, als ich durch das Steintor trat, fühlte ich mich, als wäre ich durch ein Zaubertor getreten und in eine andere Welt gelangt, eine Welt voller Ruhe, Frieden und Zuversicht. Ich hatte in meinem Leben wenige solcher Orte gefunden, die mich in dem Maße aus der Hektik des modernen Lebens zu ziehen vermochten und mich den ganzen Leistungsdruck, den Kampf um Anerkennung und Lebenssinn vergessen ließen. Es waren Orte in der Natur, solche *loci amœni*, wie sie die Literatur des Mittelalters kennt: Eine Wiese, Blumen, ein fröhlich plätschernder Brunnen oder eine Quelle; das Ganze geschützt durch Büsche und Bäume, in deren Zweigen Vögel singen. Es waren versteckte Plätze in Gärten, so der Steinbrunnen mit den Seerosen im St. Galler Botanischen Garten, wo ich als Gymnasiast so häufig hingegangen war, um ungestört lesen zu können. Oder es waren spirituelle Orte, Kreuzgänge, Friedhöfe oder Klosterhöfe. Orte, die abgeschlossen waren, die Schutz boten, die Ruhe vermittelten und Vertrauen einflößten. Hier war es ein Weg aus unregelmäßigen verwitterten Steinplatten, auf beiden Seiten von Natursteinmäuerchen gesäumt, hinter denen Pinien aufragten und ein schützendes Blätterdach boten, dahinter der schattige Kirchhof. Ich musste eine halbe Stunde warten, bis die Führung begann. Zwei junge Amerikaner hatten sich auf der anderen Seite des Hofes unter die Kirchenmauern gesetzt und warteten ebenfalls.

Ich war vom Gang durch die Katakomben tief ergriffen. Im ersten Raum, zu dem eine steile Treppe hinunterführte, waren einige Restaurateure in weißen Arbeitskitteln dabei, die mittelalterlichen Fresken zu restaurieren, die mich an die Werke des Waltensburger Meisters oder die Kirche von Eschenbach im Simmental erinnerten. Wir waren eine kleine Gruppe, an deren Mitglieder ich mich nicht mehr erinnern kann. Ich war immer der Erste hinter dem Führer, der mit seinem Fachwissen und seiner Begeisterung alle anderen maltesischen Touristenführer, die ich bisher gesehen hatte, als Scharlatane entlarvte. Es wurde wenig geredet; außer dem Fremdenführer schien keiner es zu wagen, die Feierlichkeit der in den Fels gehauenen Grabkammern zu stören. Die vielen Gräber, der Gedanke an all die Toten, die hier ihren Frieden gefunden hatten, der Anblick eines Skeletts in einem der offenen Steinsärge, das alles erfüllte mich mit einer solchen Todessehnsucht, dass ich mich am liebsten von der Gruppe abgekoppelt hätte, um mich in eines der Gräber zu legen und augenblicklich zum Skelett zu werden.

Es ist interessant, dass mich der Tod zuweilen an solchen Orten anzieht, während er mich an anderen Orten anwidert und nichts als Verzweiflung und Panik hervorruft. Ich glaube, es ist nicht der Tod an sich, der mir Angst einjagt, mich ekelt, sondern die biologischen Prozesse darum herum. Fäulnis und Verwesung, dieses fremde Leben, das einen auffrisst. Ist dieser Prozess erst einmal überwunden und hat der Tod sich an diesem falschen Leben gesättigt, haben die Mikroben und Bakterien ihre Arbeit getan, hat sich der Gestank verzogen und liegen nur noch bleiche Knochen im Grab, dann ängstigt mich der Tod nicht mehr. Im Gegenteil, flößt er mir dann ein tiefes Vertrauen und eine Ruhe ein, da gegenüber seiner Größe und Absolutheit alle kleinen Lebensprobleme, alle Entscheidungen für oder gegen einen Job, eine Beziehung, einen Lebensstil hinfällig werden. Ich liebe Steinsärge, Grabkammern, Katakomben, weil das ganze biologische Sterben und Verwesen hier längst überwunden ist. Weil an solchen Orten Frieden herrscht.

Ich war glücklich, noch einmal einen solchen Ort erlebt zu haben, und erwartete nicht mehr viel vom Rest des Tages.

Draußen setzte der Schweißfluss wieder ein, ich stank und fühlte mich unsauber, mein Hemd klebte sofort am Körper fest. Ich trug offene Schuhe und spürte, wie sich im Stofffutter Schweißabdrücke bildeten, die einen so erbärmlichen Gestank von sich gaben, dass ich nicht mehr wagte, sie von den bloßen Füßen zu streifen, um diese etwas zu kühlen. Es war mir zuwider. Ich war mir zuwider.

Dann nach Mdina, zuerst Spaziergang in den Gärten, ein stärker werdender Harndrang zwingt mich in die Altstadt, wo ich auch etwas esse; sehr schönes mittelalterliches, arabisch wirkendes Städtchen, aber relativ schnell gesehen.

Nach den Katakomben mochte ich eigentlich nichts mehr besichtigen, ich ging an allen Tonbildschauen vorbei, die von Einheimischen angepriesen wurden, spazierte einige Gässchen rauf und wieder runter, bis ich auf den Hauptplatz kam, von wo man auf die Mauern steigen und eine wunderbare Aussicht genießen konnte – was große Herden von Touristen mir gleich taten. Von diesem Aussichtspunkt aus fiel mir auf, wie klein die Insel eigentlich war; man sah auf zwei Seiten hinter Äckern, Feldern und grasbewachsenen Hügeln das Meer. Ich glaubte es fast greifen zu können, wenn ich mich nur weit genug über die gelbliche Mauer streckte.

Vor der Stadt an einer Straßenecke, die mich an das Westschweizer Städtchen erinnert, wo meine Großtante wohnte, lange auf den Bus gewartet.

Unter den Touristen, die auf den Bus warteten, war eine skandinavisch aussehende Familie mit einem kleinen Jungen. Junge Leute, die aussahen, als seien sie einer Werbebroschüre für Vorsorge, Eigenheimfinanzierung oder IKEA-Möbel entsprungen, in der sie Wohlstand, Jugend, Schönheit und Erfolg auszustrahlen hatten. Daneben – welch ein Kontrast – ein älteres Schweizer Ehepaar. Ich mag im Urlaub keine Schweizer treffen. Sie stören mich. Das Aussehen, die Sprache, alles stört mich. Der braungebrannte Mann trug Wanderkleidung, Hut, entsprechende Schuhe, Fotoapparat, alles, was den guten Touristen ausmacht. Aus der Art, wie die beiden miteinander sprachen, schloss ich, dass er Lehrer sein musste. Lehrer erkennt man sofort an der Art, wie sie reden, sich bewegen, sich kleiden. Und dann dieser Dialekt! Ich bin überzeugt, dass es auch für ausländische Ohren grässlich klingen muss. Dieser Singsang, diese Langsamkeit! Wenn man sie mit der Dynamik und Lebendigkeit des Maltesischen vergleicht … Ich ärgerte mich über diese helvetische Vergewaltigung und beschloss, etwas dagegen tun. Ich erinnerte mich an ein lustiges Spiel, mit dem ich mir vor einigen Jahren in einer Buchhandlung in New York die Zeit vertrieben hatte. Zusammen mit einem Freund aus der Schweiz hatten wir uns einem Schweizer Ehepaar genähert. Wir unterhielten uns zwar auf Englisch, ließen aber immer wieder einzelne besonders urwüchsige Schweizer Wörter und Begriffe fallen: *Chabis, alwäg, Saich, Chasperli, gopfridstutz.* Die beiden Schweizer schreckten auf, als sie plötzlich ihre Muttersprache zu hören glaubten. Sie stockten und blickten immer wieder verstohlen zu uns rüber. Dann setzten wir die eingestreuten Wörter eine Weile aus, bis die Opfer sich etwas anderem zuwendeten, um dann die nächsten Attacke zu starten und ihr Hirn zu narren. Die Kunst besteht darin, ganz unauffällig zu bleiben und ja nicht auf die Reaktionen der Opfer zu achten. Die nächste Schwierigkeitsstufe: Man erhöht vorsichtig die Frequenz der Wörter, bis die unfreiwilligen Zuhörer immer auffälliger hinschauen und -hören, dann verstummt man plötzlich, schaut ihnen ins Gesicht und fragt auf Englisch, ob etwas nicht stimme. Erröten, gestammelte Entschuldigungen – es ist zu köstlich! In diesem Fall, an der Bushaltestelle in Rabat, hatte ich allerdings keinen Gesprächspartner. Ich hätte so tun können, als rede ich in ein Mobiltelefon, doch war ich mir nicht sicher, ob die nordisch wirkende Familie die wenigen Wörter, die ich auf Norwegisch beherrschte und vermutlich nicht akzentfrei aussprechen konnte, überhaupt bemerkt hätte, oder ob sie mich am Ende noch durchschaut und als dubiosen Spaßvogel entlarvt hätten. Außerdem kam jetzt der Bus, der mich zu den Klippen von Dingli bringen sollte. Es war Zeit, das Touristenprogramm etwas zur Seite zu legen und mich meinem eigentlichen Vorhaben zu widmen.

7.

Ich saß hoch über dem Meer auf einer steinernen Bank, ein kühler, feuchter Wind wehte mir ins Gesicht und durch die Haare. Mein Blick ohne Halt im unklaren Übergang vom Dunkelblau des Meeres zum Milchigweiß des dunstigen Himmels. So saß ich ohne Zeit und verlor mich in einem Nichts, das das Hier und Dort, Jetzt und Früher, Oben und Unten, ich und das andere, Leben und Tod, Sein und Nichtsein, in sich aufhob. Ein Schweben ohne Raum. Ein Fließen ohne Zeit.

Irgendwann erhob ich mich, ging zurück zum Weg, suchte mir ein windstilles Plätzchen und schrieb in mein Tagebuch: *Mit dem Bus nach Dingli, Besuch der Klippen. Wie ein Gemälde von C. D. Friedrich.*

Ein schlechter Vergleich, aber im Moment kam mir nichts Besseres in den Sinn. Hier sollte es sein. Das war mir klar. Der Ort war bestimmt. Aber die Zeit noch nicht reif. Ich spürte, dass ich noch nicht mit allem abgeschlossen hatte, noch nicht alles von mir geworfen hatte, was mich ans Leben band.

Unter den Klippen ein Landvorsprung, von dort nochmals steil bis ins Meer. Noch einmal die Füße im Meer baden! Will auch noch die Buskett Gardens sehen.

Ich hatte noch diesen und den folgenden Tag. Am Mittwoch, um neun Uhr, würde ein Taxi vor das Hotel in Sliema fahren, auf dem schmutzigen Trottoir parken. Ein Taxi, das mich zum Flughafen fahren sollte, von wo mich der Helikopter nach Gozo bringen würde. Aber ich würde nicht da sein. Der Fahrer würde neben seinem Wagen stehend rauchen, mit anderen Fahrern sprechen und warten. Irgendwann würde er hineingehen, lange mit dem Rezeptionisten verhandeln, dieser würde versuchen, mich telefonisch zu erreichen, es lange klingeln lassen, dann würde irgendwann jemand heraufkommen, an der Zimmertür klopfen, eine Weile warten, schlussendlich aufschließen, im Zimmer aber nur meinen gepackten Koffer vorfinden.

Eine schmale Straße führte die Klippen entlang. Hinter mir eine große Antennenanlage mit Satellitenschüsseln, vor mir auf einem Felsvorsprung eine kleine Steinkapelle. Eine schwarz gekleidete Frau stand daneben, vor dem Nichts. Sie telefonierte. Ich schaute nach unten, wo aber nicht das Meer, sondern ein weiteres Plateau mit vereinzelten Häusern und überwachsenen Gärten lag. Ab und zu führten Trampelpfade zwischen den Felsen nach unten. Der erste Versuch, auf das Plateau zu gelangen, scheiterte.

Gehe ein Stück weit die Straße entlang, dann steilen Pfad runter, wohl Privatgrundstück, meine offenen Schuhe taugen nichts, zudem schwitze ich in ihnen – unangenehm. Habe Lust, mich einfach hinzusetzen und sie wegzuwerfen, aber überall Dornenbüsche, Eidechsen, vielleicht Schlangen? (Eurydice!) Was für ein Tod – würde mit Atemnot kämpfen, schwitzen, kotzen und hässlich krepieren. Drehe wieder um.

Jetzt muss ich über diesen Gedanken lachen, aber dort, inmitten der Dornbüsche, unter der drückenden Dunstglocke, versetzte er mich in helle Angst. Ich wollte nicht so sterben, nicht diesen Augenblick erleben müssen, wenn man – in blankem Entsetzen – nach Luft ringend sich aufbäumt, wenn der Körper kämpft und sich dabei selbst zu Tode martert – schrecklich, einfach unvorstellbar schrecklich! Andererseits wäre es irgendwie auch spaßig gewesen. Stell dir vor, da will einer aus dem Leben scheiden, bereitet alles vor, reist extra auf eine ferne Insel, sucht sich Zeit und Ort aus, schließt mit allem ab, wird dann aber von einer Schlange gebissen und verreckt völlig unplanmäßig. Irgendwie spaßig.

In diesem Augenblick klammerte ich mich aber an meinen Todesplan (Oder vielleicht doch einfach ans Leben selbst?), kraxelte den Pfad wieder hoch und folgte weiter der Straße, die in einen ungeteerten Weg überging. Eine herrliche Aussicht über das Plateau und das Meer. Kein Horizont, nur verschwommene Blautöne. Büsche, einzelne leuchtend gelbe, langstielige Blumen. Hinter einer Biegung traf ich auf einen Jäger. Wie ein Feldherr beobachtete er die Gegend, das Gewehr über den Schultern, und begrüßte mich freundlich: »Nice day, isn't it?« Es musste einer der vielen britischen Rentner sein, die sich ein Landhaus kaufen und einige glückliche Jahre verbringen, bevor ihnen die Hausarbeit zu anstrengend wird und sie in hässliche Stadtwohnungen übersiedeln, wo sie von den britischen Altersheimen träumen, die sie sich nicht mehr leisten können. Ich pflichte ihm bei: »Yeah, a marvellous day.« Und dann geht das Gespräch seinen gewohnten Gang: »You're on holiday?« … »You're alone here?« … »No girlfriend?« Wie ich diese Frage hasse! Ich stammelte etwas von Arbeit, später nachkommen, was weiß ich. Ich ärgerte mich darüber, dass ich mich von diesem Kerl so in Verlegenheit bringen ließ. Ich hätte ihm sagen sollen: »No, I'm here to kill myself. Maybe you know a nice place to jump from a cliff, don't you?« Seine Reaktion hätte mich interessiert. Wahrscheinlich wäre sie doch nur enttäuschend ausgefallen: unsicheres Grinsen, Themenwechsel, kaum mehr. Er hätte wohl nicht einmal angenommen, ich wolle ihn veräppeln, sondern eher an ein Missverständnis, einen unverstandenen Witz, ein sprachliches Problem gedacht. Also nahm ich den Themenwechsel vorweg und fragte ihn nach dem Weg ans Meer. Er nannte einige markante Wegweiser, auffällige Steinformationen, eine Baumschule. Vom Meer aus könnte ich einem weiteren Pfad folgen, um in der nächsten Bucht wieder auf die Küstenstraße zu gelangen. Ich dankte ihm und ging los.

Bis zur Felsnase am anderen Ende des Plateaus ging alles gut. Ich spazierte durch eine duftende Blumenwiese, umging die Dornenwälder weiträumig. Insekten summten, Schmetterlinge flatterten um mich her, es war die reinste Freude. Etwas weiter oben, dort wo die Küstenstraße sein musste, stand ein Reisebus, und eine Gruppe von Touristen betrachtete die Landschaft, machte Erinnerungsfotos, einige mit riesigen Teleobjektiven. Wie auf einer Safari. Ich wunderte mich, wonach sie wohl Ausschau hielten. Nach der Felsnase ging es dann steiler nach unten, einen kleinen Pfad aus Kies und Geröll, an der Baumschule vorbei, die der Jäger erwähnt hatte. Ich hätte meine Treckingschuhe mitnehmen müssen, die offenen Schuhe stützten meine Füße überhaupt nicht, zudem rutschte ich auf dem schweißnassen Innenfutter hin und her. Ich hielt mich an trockenem Wurzelwerk und den Stängeln dicker Pflanzen fest. So kletterte ich Schritt für Schritt langsam in Richtung des Meers. Plötzlich aber rutschte ich aus, verlor den Halt, schaffte es nicht mehr, mich irgendwo festzuhalten. Wie auf einer Rutschbahn sauste ich mitsamt dem Untergrund talwärts, spitze Steine schlugen mir in den Hintern, die Schulter rammte eine Wurzel, ein Knöchel wurde schmerzhaft geprellt. Schläge auf Knien, Ellbogen, Staub, weitere Schläge. Den letzten Meter flog ich, dann landete ich mit einem schmerzhaften Schlag auf dem Hintern. Staub und Kieselsteine rieselten noch eine Weile über mich hinweg, während ich bewegungslos sitzen blieb und kaum zu atmen wagte. Stille – nur mein schnelles Atmen. Meine Handflächen waren blutig, ebenso der Knöchel. Mit dem staubigen Taschentuch tupfte ich das Blut weg. Die Wunden waren nicht tief, und Hand- und Fußgelenke nicht gebrochen, nicht einmal verstaucht. Wahrscheinlich hatte ich sie mir an den Steinen blutig geschlagen. Die Schramme am Handgelenk lag ein ganzes Stück neben der Pulsader und hatte schon fast aufgehört zu bluten. Das Fußgelenk war etwas stärker in Mitleidenschaft gezogen, hier musste ich zuerst einen spitzen Stein, fast einem Nagel gleich, hinausziehen und das Taschentuch herumwickeln, weil die Wunde immer noch blutete. Ich hatte Glück gehabt. Etwas weiter drüben und ich wäre einige Meter tief auf den Steinstrand geschmettert worden. Glück …? Auf jeden Fall war mir wenig passiert, ich konnte aufstehen und gehen, obwohl ich ein Ziehen im Hintern verspürte und ein dumpfer Schmerz in der Seite brannte. Einen Schuh hatte ich verloren, er lag etwas weiter oben im Dreck. Mühsam kämpfte ich mich wieder hoch, vorsichtig jeden Schritt abwägend, bis ich den Pfad erreichte, den mir der Jäger beschrieben hatte, und humpelte zur nächsten Bucht, wo ich mich in ein Café setze.

War ich wirklich vom Ort meines kleinen Unfalls zur nächsten Bucht gelaufen? Oder war ich einfach wieder hochgegangen, hatte versucht, dem Jäger und der Reisegesellschaft aus dem Weg zu gehen, weil mir der Vorfall peinlich war? Ich weiß es nicht mehr, es ist auch ganz egal. Ich war schmutzig, aber die Wunde am Knöchel hatte aufgehört zu bluten, und so beschloss ich, mich nicht von meinem Programm abhalten zu lassen und die Busket Gardens aufzusuchen, die ganz in der Nähe lagen.

8.

Gozo. Diese Nacht, kurz nach drei Uhr, hat sich ein Erdbeben ereignet. Nur ein kleines, keine Naturkatastrophe. Aber doch ein spürbares Beben, das einen erschreckt; wahrscheinlich, weil man es ebenso gewohnt ist, dass der Boden, auf dem man steht, fest und stabil ist, wie man es sich gewohnt ist, dass Gegenstände nach unten fallen und die Zeit von gestern nach morgen und nicht umgekehrt verläuft. Ich liege also auf dem Bett, als es plötzlich rüttelt. Nur ganz kurz. Ein Rütteln ist vielleicht schon zu viel gesagt, ein Vibrieren eher, ganz schwach. Ein ganz leises, einmaliges Pochen von Riesenhand. Ich hätte es nicht gespürt, wäre ich nicht so unbeweglich, wie tot, auf dem Bett gelegen. So aber war es ganz deutlich. Ein Beben der Stärke null Komma irgendetwas, geologisch gesehen vernachlässigbar. Aber doch deutlich spürbar. Ein kurzer, sanfter Ruck durch den Fußboden, wie wenn man oben auf einem Kajütenbett liegt und die Person im unteren Bett mit den Füßen die obere Matratze anstößt – ganz sanft. Dazu ein feines Knacken in den Gittern der Belüftung, ein fast unhörbares Knarren der Tür- und Fensterrahmen, ein leises Klirren der Zahnputzgläser und Parfumflaschen im Bad. Hätte an diesem Morgen über der Insel Gozo nicht totale Windstille geherrscht, wären diese Geräusche untergegangen. Geräusche gibt es ja immer, neben dem Wind höre ich die ganze Zeit Katzen, Ratten oder Vögel auf dem Dach des Bungalows herumtappen. Aber die Kombination von leichtem Knacken, Knarren und Klirren, zusammen mit dem leichten Vibrieren, und das bei totaler Windstille, das alles ließ keinen anderen Schluss zu: Am Morgen des dritten Tages meines Aufenthaltes auf Gozo habe ich ein Erdbeben erlebt.

Das Beben war von so geringem Ausmaß, dass keine nennenswerten Schäden entstanden sind, keine langen, gezackten Risse im Mauerwerk, keine zerbrochenen Spiegel oder eingestürzten Dächer. Soviel ich mitbekommen habe, gab es auch keine Verletzten, die meisten Hotelgäste haben vom kleinen Beben wohl gar nichts mitbekommen. Ich liege noch immer auf dem Bett. Eine Weile noch habe ich mit dem Schreibheft neben mir auf ein Nachbeben gewartet, auf neue Erschütterungen, herunterfallende Bilder und zerspringende Spiegel, aber nichts ist passiert.

Malta: Starker Wind, gehe zu Fuß in Richtung der Gärten. Wunderbare Blumen am Straßenrand (denke an meinen kleinen Garten in Zürich). Auch die Gärten sind recht schön und fast menschenleer. Solche Orte tun mir gut. Bleibe aber nicht lange; spaziere herum und suche einen Platz zum Hinsetzen. Kinderstimmen führen mich zu einem Restaurant, wo ich auf der Terrasse etwas trinke. Dann zur nächsten Bushaltestelle. Warte jetzt schon wieder eine Ewigkeit hier.

...

Der Bus fährt nach Dingli, wo der Fahrer uns fast eine halbe Stunde ohne Kommentar warten lässt. Ich will an einen der wenigen Sandstrände im Norden der Insel.

Ich weiß nicht mehr, wo ich das schrieb, ich kann mich auch nicht mehr an die Ereignisse genau erinnern. Vielleicht hatte ich mir beim Sturz doch den Kopf gestoßen und war den ganzen restlichen Tag etwas benommen? Jedenfalls schlief ich diese Nacht sehr schlecht, aber das kann auch damit zusammenhängen, dass ich zu viel Sonne abbekommen hatte, ich weiß es nicht.

Gozo. Manchmal frage ich mich, wieweit das, was ich hier schreibe, mit dem, was ich in fast unleserlicher Schrift in mein Tagebuch gekritzelt habe, zusammenhängt? Was mache ich eigentlich, wenn ich schreibe, wenn ich auf dem Bett liege, meine Notizen lese und ergänze? Ich schreibe sie ja nicht nur ab, ich lebe sie nochmals durch. Um sie erneut in Schrift, in Buchstaben festzuhalten. Trotzdem sind es nur blaue Zickzacklinien auf 4 mm-kariertem Papier. Ohne mein Dazutun nicht einmal Wörter, Stichworte, Sätze, Metaphern und Bilder. Hat das, was mein Kopf aus dem Text macht, wirklich mit meiner Erinnerung zu tun? Verbindet sich die Erinnerung mit dem, was ich lese, oder erschaffe ich am Ende die Erinnerung, indem ich meine Notizen lese? Oft bin ich unsicher, ob ich etwas wirklich erlebt habe, ob ich es wirklich so erlebt habe. Oder ob ich es vorher erfand, wie wenn ich aus gegebenen Stichworten einen Roman schreiben müsste, dessen Bauplan ich gar nicht kenne.

Und wozu eigentlich das Ganze? Um mir klar zu werden, warum ich noch lebe? Oder um weiterzuleben? Mich an meinen Stift zu klammern, weil er mir Leben verspricht, solange noch etwas Farbe in ihm ist? Schreiben, um zu leben? Genauso wie ich mich an die Wurzeln und Blumenstängel geklammert habe, um nicht abzustürzen? Wie ich umgekehrt bin, um nicht an einem Schlangenbiss zu krepieren? Wie ich gegen den Wind angekämpft habe, um die Natur zu besiegen? Wie ich Gärten aufgesucht habe, um Leben zu finden?

Habe ich den Tod gesucht oder das Leben? Den Tod im Leben oder das Leben im Tod?

Also schreibe ich. Und wenn ich den Stift nicht über die karierten Seiten führe, schreibe ich trotzdem. Ich schreibe, wenn ich die Decke mit dem ovalen Fleck anschaue, wenn ich dem Getrampel der Tiere auf dem Dach lausche. Ich schreibe, wenn ich den Kopf um 180 Grad drehe und mit dem Blick das Zimmer scanne: die Terrassentür mit den schweren Vorhängen, den altmodischen Spiegel über der Kommode, im Vorraum Einbauschränke mit weißen, gerippten Schiebetüren, meine Schuhe und meinen geöffneten Koffer am Boden, die Sitzgruppe mit dem Glastischchen, darauf meinen Fotoapparat, Stifte, Prospekte, Taschentücher. Ich schreibe, wenn ich mit verkrampften Fingern den Kugelschreiber umfasse und die Tinte durch die Mine auf das Papier zwinge – immer schreibe ich.

Die Tür meines Bungalows lässt sich nicht mehr schließen. Ich habe es anfänglich gar nicht gemerkt, das leise Klappern, wenn sie der Durchzug wenige Zentimeter oder gar nur Millimeter auf- und zustieß. Ohne ganz aufzugehen und ohne ganz ins Schloss zu fallen. Nur ein kleines bisschen hin und her. Was aber ein leises Geräusch, ein Tak-tak-tak, verursacht, das sich mit der Zeit über die anderen Geräusche, den Wind und die Tiere auf dem Dach legt und sich immer penetranter in mein Bewusstsein schleicht. Bis ich aufstehe, um nachzusehen und entdecke, dass die Tür nicht mehr vollständig schließt. Durch das Erdbeben wurde der Türrahmen ein klitzekleines Bisschen verzogen. Sie bleibt zwar geschlossen, jedoch hält sie nicht mehr im Schlossblech. Ich öffne sie und stelle mich in den Türrahmen. Eine Weile blicke ich auf den pflanzengesäumten Weg, der an den Bungalows vorbei zum Pool führt, lasse die milde Luft über meinen nackten Körper streichen, den Körper eines Neugeborenen. Kein Mensch draußen. Ich gehe wieder hinein und schreibe weiter.

9.

Plötzlich standen sie im Zimmer. Ich musste kurz eingeschlafen sein. Im Traum habe ich Geräusch gehört, Stimmen, ein Rascheln, Klirren. Dann ist mir plötzlich, im Bruchteil einer Sekunde, klar geworden, dass ich nicht allein im Zimmer war. Ich bin aufgeschreckt, habe mit weit aufgerissenen Augen die zwei Zimmermädchen angestarrt, die einen Augenblick unbeweglich im Raum standen. Sofort saß ich aufrecht im Bett, das Leintuch im ersten Schrecken bis zum Hals hochgezogen. Und auch die beiden Mädchen erschraken, stotterten Entschuldigungen und stürzten wieder hinaus. Beschwert sich ein Hotelgast beim Manager über einen solchen Vorfall, kann das diese Mädchen den Job kosten. Von draußen hörte ich dann ihre Stimmen, wie sie sich leise, aber angeregt unterhielten. Irgendwann ist die eine in ein unterdrücktes Lachen ausgebrochen, worauf die andere sie zur Ruhe mahnte. Die Zimmermädchen! Ich habe nicht daran gedacht, dass die Tür sie nicht mehr abhalten würde, das Zimmer zu betreten, und ich habe nicht rechtzeitig gerufen, sie sollen draußen bleiben. Sie müssen gedacht haben, der Bungalow sei leer und dann recht erschrocken sein, einen nackten Mann, ausgestreckt auf dem Bett liegend, vorzufinden. Wahrscheinlich ist auch das Schildchen mit der Aufschrift »Do not disturb!« heruntergefallen. Es ist der dritte Tag, zehn Uhr. Sie werden wiederkommen.

Malta. Das Salzwasser brannte in meiner Wunde am Knöchel. Ich hatte keine Badehose dabei und daher meine Jeans bis über die Knie hochgekrempelt. So stand ich im Mittelmeer, an einem der spärlichen Sandstrände an der Westküste Maltas, der Golden Bay, in der Sprache der Einheimischen Ramla tal-Mixquqa genannt. Das Wasser war zu dieser Jahreszeit noch sehr kalt.

Der Strand ist sehr klein; wenigstens habe ich doch noch die Füße baden können, dafür sind jetzt auch die Hosen nass. Wie immer die anfängliche Freude gleich wieder gedämpft vom Anblick der vielen jungen Frauen, von denen keine zu mir gehört, von den Paaren, von denen ich kein Teil bin, von all der Erotik, an der ich keinen Anteil haben darf.

Ich hatte Jacke, Schuhe und Rucksack in den Sand gelegt. Es waren nur wenige Leute am Strand, junge Paare hauptsächlich. Während ich noch im Wasser stand und die Wellen meine hochgekrempelten Hosen benetzten, kam eine Gruppe von vielleicht zehn Jugendlichen auf Fahrrädern angefahren. Im Nu hatten sie ihre Badesachen angezogen, sprangen in die kalten Fluten, zogen einander gegenseitig an den Armen, spritzten mit Händen und Füßen um sich, lachten ausgelassen. Unbeschwerte Lebensfreude. In mir verkrampfte sich etwas, in meinem Inneren begann etwas zu gären. Ich wollte Teil dieser jungen gesunden Körper sein, mit ihnen in die Wellen springen, sie berühren, berührt werden. Ich blickte zurück und sah, wie ein Mann durch den Sand in Richtung meiner Sachen lief und offensichtlich nach dem Besitzer Ausschau hielt. Also kehrte ich langsam, aber entschlossen zurück, bereit zu rufen oder einzugreifen, sollte er sich an meinen Sachen vergreifen; aber er ging weiter. Ich setzte mich in den Sand und der Anblick der frischen Jugendlichkeit fraß weiter an mir. Ich hatte das Gefühl, mindestens achtzig Jahre alt zu sein und meine eigene Jugend für immer verloren zu haben. Schlimmer noch, sie nie gehabt zu haben. Ich hatte nur solche Momente des Zuschauens erlebt, wenn andere in Lebensfreude und Erotik tauchten, und gespürt, wie sich etwas in mir zusammenzog und gärte, zu einem dunklen Geschwür wurde. In meinem Zimmer liegen und zuhören müssen, wie sich mein Nachbar mit seiner Freundin amüsierte.

Und dann, vor einem Jahr etwa, fast aus dem Nichts, hatte ich plötzlich alles, eine attraktive Frau, ein erfülltes Liebesleben, wie es so schön heißt. Ich aber wollte mir nur noch das Leben nehmen. Nicht ihretwegen. Aber ich frage mich doch oft, warum sie mich nicht davon abhalten konnte. Nicht dass sie etwas von meinem Vorhaben gewusst hätte, natürlich nicht. Aber ich, ich hätte doch am Leben bleiben können, jetzt wo ich eine Perspektive hatte, eine Frau, die mit mir ihr Leben verbringen wollte, die sich von mir Kinder wünschte. Aber jetzt wollte ich nicht mehr. Es war alles zu glatt gegangen; ich wusste, dass mir Gott eine Falle gestellt hatte und ich ihr nur entgehen konnte, wenn ich vorher von der Bildfläche verschwand. Konnte er lange warten, der alte Herr! Ich würde nicht in seiner göttlichen Komödie den Hanswurst geben, da hatte er sich tüchtig verrechnet.

Als ich so im Sand saß und mich dem Gefühl der Hoffnungslosigkeit hingab, während die jungen Leute wieder aus dem Wasser kamen, sich abtrockneten und sich bereitmachten, weiterzufahren, kam der Mann zurück, der vorher an meinen Sachen vorbeigegangen war. Ein Einheimischer. Er stellte sich vor mich hin und begann zu plaudern, über das Wetter, das Meer, und fragte natürlich gleich das Übliche. Ich antwortete freundlich, als er sich zu mir setzte, und dachte mir nichts Böses dabei. Ich hatte Mühe, sein Englisch zu verstehen, darum verlief sein erster Versuch im Sand. Ich habe ihn ganz einfach missverstanden. Er hatte etwas von Steinen und Klippen erzählt, fragte dann, ob ich »so etwas« gern tue oder Angst hätte, und ich antwortete, ich hätte Höhenangst. Um eine Klippenwanderung ging es allerdings gar nicht, wie es sich im Verlauf der nächsten Minuten nach einem langen Hin- und Herfragen herausstellte. Stattdessen ging es darum, dass einheimische Männer wie er sich in der Nähe auf einem Felsen nackt zu sonnen pflegten, wozu er mich herzlich einlud, zuerst mir jedoch die Frage stellte – die ich nicht verstand – ob ich gern nackt sei. Ich antwortete unverbindlich (viel zu diplomatisch, und ich ärgerte mich später darüber), meinte, ja, nackt zu baden sei schon okay, aber nicht mit jedermann und überall, vor allem nicht jetzt, wo das Wasser ohnehin zu kalt sei. Der Malteser, er war wohl um die vierzig und wirkte wie ein Berber, holte lange aus, erzählte mir (ich verstand immer nur Teile und schloss davon auf den Rest der Aussage) von der Verstocktheit der äußerst kirchlich orientierten maltesischen Bevölkerung, von der Intoleranz gegenüber Schwulen, von einem belgischen Freund und dessen regelmäßigen Besuchen, wozu auch das gemeinsame Nacktbaden gehörte. Ich bin Schwulen gegenüber nicht voreingenommen, jeder muss nach seiner Vorstellung selig werden, davon bin ich überzeugt. Daher hörte ich zu, und hätten mich die halbverfaulten Zähne des Mannes nicht so abgestoßen, hätte ich sogar ein wenig Mitleid verspürt. Nicht jeder hätte so reagiert, die meisten hätten ihm gesagt, er solle sich verpissen, ihm »schwule Sau« nachgerufen oder weiß ich nicht was. Ich blieb aber freundlich, etwas distanziert, klar in meiner Ablehnung. Er sei verheiratet und habe Kinder, sagte er irgendwann, und ich hatte etwas Mühe, das Verhältnis von Frau, belgischem Freund und am Strand abgeschleppten Fremden zu verstehen. Wahrscheinlich bin ich einfach zu bürgerlich aufgewachsen, eine Zwangsjacke mit lebenslanger Garantie. Vielleicht hätte ich es probieren sollen, hätte mit ihm auf den Felsen gehen und tun sollen, was er mit einer unmissverständlichen Handbewegung andeutete. Niemand hätte es je erfahren, es wäre eine Erfahrung gewesen, mehr nicht. Angesichts meiner Lage wollte ich es aber nicht. Es wäre zu viel Neues gewesen, hätte den ganzen Prozess durcheinandergebracht, hätte mich verwirrt. Nur schon dieses Gespräch, das sich irgendwann totlief und mit dem Austausch von Floskeln beendet wurde, hatte mich aufgewühlt. Auf der einen Seite die jungen Frauen, die Lebendigkeit und Erotik ausstrahlten, auf der anderen ein schmuddeliger Schwuler. Ein Schwarm Tauben und ein Spatz.

Wenn ich Gott wäre und auf mich hinunterblickte, müsste ich den Kopf schütteln über das Leben meiner Kreatur. Für einen, der immerhin die Schöpfung auf die Beine gekriegt hat, alle Geschicke leiten und allmächtig, allgütig, und so weiter sein soll, für so einen ist die Schaffung einer Existenz wie mir ein Armutszeugnis. Ich bin überzeugt, dass selbst ihm mein Verhalten schlicht und einfach unbegreiflich bliebe. Von einer enervierenden Sinnlosigkeit. Er würde nicht nachvollziehen können, was in mir vorgeht, was ich plane, was ich will, was mich bewegt, weil ich einfach nicht nach diesen simplen Allerweltsmustern funktioniere. Ich bin nicht der Mensch, ich bin viele, will etwas und gleichzeitig das andere. Tue etwas, ohne zu wissen, warum, ja, vielleicht ohne es eigentlich zu wollen. Will andererseits, ohne es auch zu tun, im Leerlauf sozusagen, fühle etwas Unbestimmtes, glaube, das wirke sich auf mein Denken aus. Ich kann das *Ich* nicht fassen, es entgleitet mir wie ein Sandhäufchen aus der Hand. Gott würde kein System sehen, weil es kein System gibt. Keine Berechnung, keine Vorsehung, kein Ziel. Wie kann dieser Supergott etwas wie mich erschaffen haben, das ihm dann offensichtlich total aus den Fingern gleitet, das er selbst nicht mehr versteht, das jeder Vorsehung trotzt und jeder Vorbestimmung spottet? Ich bin so etwas wie der Stein, den der Teufel von Gott als Beweis für seine Allmacht verlangt haben soll, der so schwer sein musste, dass ihn Gott selbst nicht mehr aufheben kann. Ich bin der lebende Beweis für die Nichtexistenz Gottes.

10.

Gozo. Ich habe heute kurz meine Grabkammer verlassen, um mir beim Barkeeper zwei Flaschen Wein zu kaufen. Während ich schreibe, trinke ich sie langsam aus, Schluck für Schluck, direkt aus der Flasche. Einige Sätze schreiben, einen Schluck trinken, einige Sätze schreiben, einen weiteren Schluck trinken. Ein Kreislauf. Wein rein, Tinte raus. Der Verstand verfärbt sich, während mein Text an Gestalt gewinnt. Wein. Text. Wein. Text.

Die Zimmermädchen sind eben gegangen. Sie hatten die Gelegenheit genutzt, als ich an der Hotelbar war, um in meinen Bungalow zu kommen und sauber zu machen. Auf einem Handwagen haben sie Besen, Lappen und Putzmitteln mitgebracht und in Windeseile das Zimmer hergerichtet, sodass ich im ersten Augenblick glaubte, mich in der Türnummer geirrt zu haben. Mit verblüffender Diskretion haben sie meine Unordnung beseitigt, die Laken und Tücher gewechselt, meine Kleider ordentlich zusammengefaltet und auf einen Stuhl gelegt. Ich überlege mir, wie ich das Zimmer zurückgelassen hatte. Kleidungsstücke lagen auf einem großen Haufen, das feuchte Badetuch, das ich mir um den Kopf gewickelt hatte, in einer Zimmerecke, Jeans, T-Shirts, Unterhosen in einer anderen. Die Zimmermädchen tragen eine Art schlichter Uniform, die ihre Figuren zur Gänze verdecken und sie alle gleich neutral aussehen lässt: Zimmerwesen, keine Zimmermädchen oder -frauen. Ob das Hotelmanagement das bewusst so hält, damit die Gäste nicht auf falsche Gedanken kommen, die an einem so katholischen Ort unerwünscht sind? Sie sind dunkelhäutig, schwarzhaarig, verfolgen aus dunklen Augen die flinken Bewegungen ihrer Arme. Die Mädchen wären schön, hätten sie etwas feinere Gesichtszüge. Man könnte die beiden für Schwestern halten.

Malta. Die ganze Rückfahrt Krise. Noch einmal, nachdem es das ganze Leben nie recht geklappt hatte, noch einmal dieses Glück. Nein, es würde nur ein emotionales Durcheinander anrichten, es hätte keinen Sinn mehr.

Noch einmal eine junge Frau in die Arme nehmen, mit ihr kämpfen, die Kraft ihrer jungen Arme und Beine spüren, die Tiefe ihres Geschlechts, das Leben und die Leidenschaft. Noch einmal. Encore une fois prendre un amour comme on prend le train … einfach so. Wie man in die S-Bahn steigt. Aber es geht nicht. Natürlich nicht. Nicht aus moralischen Gründen, wer kümmert sich um solche, nein, aus rein praktischen Gründen, weil niemand mit mir will, außer ihr, die ich zurückließ, die sich im Augenblick wohl wundert, warum ich ihre SMS nicht beantworte, die jede halbe Stunde anruft, sich langsam fragt, ob sie sich ärgern oder besorgt sein soll. Ich hätte keine Skrupel, noch einmal in die Weiblichkeit einzutauchen, mit all meinen Sinnen das andere Geschlecht zu ergreifen. Aber es geht nicht, weil niemand mit mir Sex haben will, weil ich hier niemanden kenne. Weil ich nur zuschauen kann, wie der Junge im Bus neben einer so hübschen, lebensfrohen, jungen Frau sitzt.

Spät abends fragte ich mich, als ich schon ziemlich betrunken in mein Tagebuch schrieb, was es eigentlich hieße, wenn ich mir sagte, ich wolle an der ganzen Erotik, die ich am Strand sah, teilhaben. Was heißt an der Erotik Anteil haben? Hat der Junge im Bus mehr Anteil an der jungen Frau als ich, der sie gierig anschaute? Es ging nicht um Anteil, es ging – sagen wir es unverblümt – um Sex. Ich wollte einfach noch einmal, rein animalisch, losgelöst von jedem Intellekt und jeder Romantik, Sex haben. Es wäre ein wunderbarer Abschied von allem Vergeistigten gewesen, unter dem ich mein ganzes Leben so gelitten hatte. Es hätte alles ausgelöscht: die Erwartungen der Eltern an den Sechstklässler vor der Aufnahmeprüfung ins Gymnasium, die Angstzustände beim Zurückbekommen der Matheprüfungen, die Panik im Vorlesungssaal, bei der Besprechung von Platons Höhlengleichnis aufgerufen zu werden, der verkrampfte Magen beim Vortrag über Hartmann von Aue vor der Seminargruppe, die Selbstzweifel während der Dissertation, die Gewissheit, alles falsch gemacht zu haben. Noch einmal, was hätte ich dafür gegeben!

Aber es war vorbei und ich würde es nie mehr tun. Ich musste jetzt Abschied nehmen, jetzt.

Und dabei hatte ich ja eigentlich alles gehabt, zumindest äußerlich, alles, was ich hier zu vermissen schien: eine liebende Frau, eine Beziehung, ein Liebesleben. Aber eben: nur äußerlich. Es ist schwer, eine Beziehung zu beenden, die eigentlich funktioniert. Man liebt einander (weil sich das in einer Beziehung so gehört), man geht zusammen essen, wandern, ins Kino, hat Sex, frühstückt am nächsten Morgen, diskutiert über die Nachrichten in der Morgenzeitung oder die Beziehungsprobleme befreundeter Paare, lacht über einen Film. Man versteht sich auch, hat vielleicht sogar ähnliche Wertvorstellungen, findet das Verhalten des Bekannten A völlig daneben, ganz anders als die Situation der Bekannten B, die total zu bedauern ist. Man schläft nebeneinander ein, hört nachts den ruhigen Atem des anderen, wacht am Morgen gemeinsam auf. Schaut einander lächelnd an, wenn man im Bus ein liebenswertes Kind sieht, das will man selbst auch mal haben, nicht gleich, aber doch bald, eine glückliche Familie sein, gemeinsam Weihnachten feiern, mit einem Baum, Kerzchen. Die Weihnachtsgeschichte vorlesen – da müssen dann alle ganz ruhig sein –, mit den Krippenfiguren spielen, Geschenke, tonnenweise Geschenke. Kurz – eine glückliche Familie. Zunächst aber noch einfach ein glückliches Paar. Und ist es nicht erstaunlich, dass alles eigentlich funktioniert, keiner irgendwelche Zweifel an irgendetwas hat, und sich doch beim einen etwas einschleicht, etwas, was einem ständig ein Wort einflüstert, ein einziges Wort: Nein. Nein zu all dem Kitsch, zu den immer gleichen Umarmungen, zum täglichen Trott, zu den belanglosen Streitereien. Nein zur Belanglosigkeit überhaupt, zur Belanglosigkeit, zu der die Beziehung verkommen ist.

Dann fault etwas im Innern, auch wenn der Wagen auf seiner gewohnten Spur weiterfährt. Die Handlungen sind eingespielt, sie laufen von selbst: Frühstück zubereiten, Sex haben, abwaschen, einander in den Arm nehmen, das alles läuft von selbst, problemlos. Nur im Innern gärt es, beginnt es zu stinken, verrottet alles langsam. Und irgendwann bricht die Geschwulst auf und der stinkende Eiter läuft heraus und verpestet die Luft.

Zuerst ist nur eine Art Aufstoßen spürbar, was der Partner als Laune, als liebenswerten Fimmel auffasst. Aber so harmlos ist es nicht, es ist das Gären im Innern, das sich einen Weg nach draußen sucht. Und je mehr man es zurückhält, am gewohnten Trott festhält und sich nichts anmerken lässt, desto größer quillt die Blase im Innern auf, bis sie platzt, alles vollmacht, stinkt. Dann ist es zu spät, um zu diskutieren. Außerdem hat man das Diskutieren außerhalb festgefahrener Schemata ohnehin verlernt. Dann ist nur noch Gestank und Ekel, Hass und

Enttäuschung, Wut und Verzweiflung. Wie häufig habe ich das während dieser kurzen Beziehung erlebt! So etwas konnte ich nicht akzeptieren, ich wollte vorher aufhören. Nur dass es kein sauberes Aufhören gibt. Man kann nicht aus einer äußerlich funktionierenden Beziehung aussteigen, ohne während der langen Diskussionen wieder von der Illusion der Nähe gefangen zu werden.

Gozo. Beim Weggehen hat eines der Zimmerwesen meine Tür inspiziert, während das andere den Putzwagen herausmanövriert hat. Dann ist es nochmal in den Raum gekommen, wo ich mich untätig herumgedrückt und darauf gewartet habe, wieder allein gelassen zu werden, hat auf die Tür gewiesen und mir klar gemacht, dass bald jemand kommen und sie wieder in Ordnung bringen würde. Ich habe genickt und mich bedankt. Dann, als ich sicher war, dass beide fort waren, habe ich mich wieder aufs Bett geworfen, um weiterzuschreiben.

Malta. Habe nichts mehr zu lesen. Aber etwas Neues kaufen? Lieber keine halb gelesenen Bücher zurücklassen. Wenigstens jetzt noch einmal den Augenblick leben, auch wenn es nur Leiden ist. Habe mein ganzes Leben in fremden Welten gelebt, in Büchern, Filmen. Aber die schienen mir auch immer mehr zu bieten als alles, was ich selbst nie erreichen konnte: Liebe, große Gefühle (nicht nur abgrundtiefe Depressionen), ein gutes Ende, die Liebe einer Frau – ach was: Sentimentalitäten …

Ja, ich hatte mein Leben in fremden Welten geführt, ich gebe es offen zu. In unzähligen Filmen und Büchern. Ich hatte andere für mich Leidenschaft, Tiefgang, Würde, Leiden, Erfolg, Verzweiflung, Schmerz, Übermut, Stolz, Trauer und all das Zeug erleben lassen. Ich hatte geweint, wenn die Hauptfiguren am Schluss wieder zusammenfanden, hatte die Faust geballt, wenn der Held seine Waffe zückte, hatte tiefsinnig genickt, wenn tiefsinnig diskutiert wurde. Ich hatte mein Leben in fremden Welten geführt, weil die eigene zu eng war.

II.

Am vierten und letzten Tag auf Malta plante ich eine Inselrundfahrt. Der holländische Reiseführer hatte sie mir empfohlen und ich hatte gleich gebucht und bezahlt. Am Vorabend schrieb ich ins Tagebuch: *In drei Tagen hat man alles gesehen, was sich lohnt, und daneben noch vieles mehr. Morgen Inselrundfahrt per Schiff. Übermorgen ist es vorbei.* Es stimmt, ich würde jedem Reisenden diesen Tipp geben: Drei Tage Malta genügen, und ist man gezwungen, doch noch länger zu bleiben, kann man zur Not noch einen Tag mit einer Inselrundfahrt totschlagen. Mehr liegt nicht drin. All die Lobgesänge auf Malta, die »Honiginsel«, die historischen Reichtümer, den Charme des Mediterranen mit der orientalischen Note, das alles ist Lug und Trug. Malta lohnt sich nicht. Es ist größtenteils aufs Hässlichste überbaut, vom Tourismus mit all seinen Metastasen überwuchert und wird von einem unkontrollierten Verkehr erstickt.

Gozo. Am Nachmittag, ich saß zur Abwechslung wieder einmal am kleinen Glastisch, um zu schreiben, ist ein Vertreter des Hotelmanagements gekommen und hat freundlich, aber bestimmt an die Tür geklopft, die sich dadurch einen Spalt öffnete. Ich habe ihn hereingelassen – was etwas seltsam war, da ich mich im gleichen Augenblick fragte, ob er bei mir oder ich bei ihm zum Besuch sei –, und er hat die Tür untersucht, sich Notizen gemacht und dann eine Weile mit seinem Handy telefoniert. Jemand würde kommen, hat er mir daraufhin versichert. Dann blieb er eine Weile unschlüssig stehen, packte mich väterlich an der Schulter, sah mir tief in die Augen und fragte, ob ich etwas zu bemängeln hätte. Ich war etwas erstaunt über die Frage und sagte »Nein«, weil ich nichts zu bemängeln hatte. Er lächelte verlegen, das Gespräch war ihm offensichtlich unangenehm, und meinte, ich wäre noch nie zum Nachtessen im Speisesaal erschienen, was mir doch zustehe. Ach so, das war es: das Nachtessen. Ich habe meinen Bungalow nicht verlassen, seit ich angekommen bin. Er gestikulierte ins Leere und setzte entschuldigend fort, ich hätte dafür bezahlt, also verstehe er nicht … Ob ich denn nicht gewusst hätte, wo … Es sei ihm unangenehm, dass sich niemand früher darum bemüht hätte und mich gefragt habe, aber … Ich mochte ihn, wie er vor mir stand in seinem Anzug, und versuchte sich nicht anmerken zu lassen, wie unangenehm ihm dieses Gespräch war, als ob er mich nicht nach meinen verpassten Nachtessen fragen, sondern mir Aufklärungsunterricht erteilen müsste. Ich wollte ihm eine gute Antwort geben, aber es kam mir im Moment nichts in den Sinn. Ich überlegte eine Weile und sagte dann etwas von einer Fastenkur, einem Vollfasten, *a complete diet, just water, nothing else.* Sein fragender Gesichtsausdruck ermutigte mich, noch eins draufzusetzen und von religiösen Gründen, einem Gelübde, von einer Freikirche, von totaler Enthaltsamkeit als Weg zur Harmonie mit dem Universum zu sprechen. Er nickte still und schien es zu verwünschen, mir die Frage je gestellt zu haben. Eine schwere Prüfung für einen soliden Katholiken, der regelmäßig zur Kirche geht, in eine dieser barocken Kathedralen aus gelbem Sandstein, und tatsächlich glaubt, jedes der in den eigens dafür vorgesehenen Räumen aufgehängten Relikte einer Heilung oder Rettung aus tiefer Not – Kärtchen, Fotos, verbeulte Motorradhelme, aufgeschnittene Gipsschienen, Krücken – zeuge tatsächlich vom direkten Eingreifen des lieben Gottes ins böse Weltgeschehen. (Diese Art von Leuten hat sich noch nie überlegt, wie groß eine ähnliche Galerie für alle Unfälle und Krankheiten sein würde, die tödlich geendet haben.) Eine schwere Prüfung.

Schließlich sah er meinen Fuß, wollte schon zu einer Frage ansetzen, meinte dann aber nur, er würde mir etwas bringen. »You need a doctor?« Ich verneinte. »You're sure?« Ich bejahte. Also nickte er nur, immer tiefer gegen den Boden, dass ich schon Angst hatte, er würde das Gleichgewicht verlieren, und ging fast rückwärts zur Tür, voller Ehrerbietung, wie am Ende einer päpstlichen Audienz.

Malta. Ich war froh, für den letzten Tag die Rundfahrt gebucht zu haben. Wir hatten ein hübsches Holzschiff, eine Art Yacht, mit einer gemütlichen Kabine und genug Platz, sich auf Deck auszubreiten. Der Kapitän meldete angesichts des unsicheren Wetters Zweifel an, ob wir die Insel ganz umrunden könnten oder bei der Insel Gozo wieder umkehren und der Nordostküste entlang zurückfahren müssten. Wir fuhren los, das Schiff schaukelte, ich ließ meinen Blick über die großen Hotelanlagen, Leuchttürme und Hafenanlagen gleiten, die aus dieser Distanz wie Spielzeug wirkten, wie die Bastelbögen, die zu meiner Grundschulzeit groß in Mode gewesen waren, oder die Plastikhäuschen für eine Modelleisenbahn.

Wir waren eine kleine Gruppe und es war unumgänglich, miteinander ins Gespräch zu kommen, zumindest probehalber etwas Small Talk zu machen, um zu wissen, ob man sich an den anderen halten oder ihm (so gut es auf dem kleinen Schiff eben möglich war) aus dem Weg gehen sollte. Nach nur einer Stunde hatte ich die Passagiere in ebendiese zwei Gruppen eingeteilt. Zur ersten Gruppe gehörten (1) ein junger Amerikaner, (2) ein Australier mit österreichischen Wurzeln, (3) eine norwegische Ärztin, (4) eine ältere Holländerin und (5) eine junge, stille Frau, vielleicht Russin, die offensichtlich darauf bedacht war, allein zu bleiben. Mit diesen wollte ich die rund zehnstündige Fahrt um die Insel Malta verbringen, wenn ich nicht allein irgendwo saß, fotografierte oder vor mich hin träumte. Zur anderen, kleineren Gruppe, die ich meiden wollte, gehörten (1) ein Franzose zwischen vierzig und fünfzig, der Socken, Pullover und T-Shirt mit Tintin & Milou-Motiven trug, (2) die Mutter des amerikanischen Jungen, (3) der Kapitän und (4) ein weiteres Besatzungsmitglied.

Auf einer Schiffsreise richte ich mich früher oder später geometrisch aus, in der Mitte zwischen Bug und Heck, genau auf der Längsachse des Schiffsrumpfes, den Blick nach vorne, am liebsten noch mit seitlich ausgestreckten Armen, so gut das eben geht. So im Zentrum des Schiffes, in der Mitte eines imaginären Kreuzes, genieße ich den Fahrtwind und kann das Schaukeln und Schlingern ertragen, ohne dass es mir übel wird. Am liebsten stehe ich möglichst weit oben: Einmal, in Norwegen, war ich in den Mastkorb eines kleinen Ausflugsschiffes geklettert und hatte stundenlang die Bewegungen des Kahns mitgemacht, ohne dass es mir übel geworden wäre. Nach vorne und auf die Seite hin ausgerichtet, auf der Längs- und der Querachse. Dann geht alles gut.

Die Mutter des Amerikaners war in die zweite Gruppe gerutscht, weil sie, kaum hatten wir Anker gelichtet, über Übelkeit geklagt und sich mit einer Decke in die Kabine zurückgezogen hatte, wo sie die meiste Zeit schlief. Ihr Sohn, der ersten Gruppe zugehörig, erzählte mir, dass sie ihn in Sizilien besuche, wo er arbeite, und dass sie bei dieser Gelegenheit einige Tage auf Malta verbrächten. Überhaupt ein netter Kerl, dieser Junge (schade, dass ich mich nicht mehr an seinen Namen erinnere), äußerlich ein Schlägertyp, mit kurzgeschorenen Haaren und Muskelpaketen, aber naiv und nett. Erzählte mir dies und das, von seiner Arbeit auf Sizilien, wie er sich einen Geländewagen mit großen Pneus zulegen musste, um von den Einheimischen akzeptiert zu werden. Er erzählte es mit einer Selbstverständlichkeit, wie wenn es darum gegangen wäre, dass er sich eine Telefonkarte habe kaufen müssen, um nach Hause telefonieren zu können. Ein lustiger Kerl.

Mit dem Australier sprach ich weniger, er stand am Anfang der Fahrt oft beim Amerikaner und mir, wenn wir die gemächlich vorbeiziehende Landschaft kommentierten und über Belangloses redeten. Er hatte alles andere als einen australischen Akzent, er klang eher wie ein Slave. Seine Wurzeln, so erklärte er später, seien österreichisch, deutsch spreche er allerdings nicht. Ich schüttelte innerlich den Kopf. Ich weiß nicht mehr, was er machte, ich glaube etwas in der Industrie.

Mit der norwegischen Ärztin saß ich eine Weile entgegen meiner Prinzipien auf dem Seitendeck; wir unterhielten uns über Drogen in unserer Gesellschaft. Sie arbeitete in diesem Bereich und so war das Thema naheliegend. Ich hatte an der Uni, gegen Ende des Studiums, als ich mich mit mittelalterlicher Heldenepik und allgemein mit der germanischen Stofftradition beschäftigte, etwas Norwegisch gelernt, immerhin so viel, um mich oberflächlich über Drogenprobleme in der Schweiz und in Norwegen unterhalten zu können. Einige Gemeinplätze und Floskeln: *Ja, ja, det er et veldig stort problem i Sveits også* oder *Ah, det høres jo spennende ut.* Irgendwann kam die Holländerin hinzu, eine ältere, aber äußerst rüstige und lebensfrohe Frau, die schon die halbe Welt bereist hatte und für Malta und seine Einwohner kein gutes Wort fand. Mit ihr unterhielt ich mich über die Kunst des Reisens. Die gleiche Oberflächlichkeit überall. Neben dem Schiff sanfte Wellen, eine hinter der anderen auf allen Seiten, auf dem Schiff seichte Worte, eines hinter dem anderen auf allen Seiten. Wellen – Wellen – Wellen – Worte – Worte – Worte – Wellen – Wellen – Worte …

Auf der ganzen Hinfahrt, der Nordostküste entlang, hatte ich nur mit der jungen Frau, die ich einfach »die Russin« nannte, kein Wort geredet. Auch sonst niemand. Die Blonde mit dem etwas vollen Gesicht und den wasserblauen Augen saß meist in der Kabine, las in einem Buch, dessen Umschlag ich nicht erkennen konnte, oder stand abseits an der Reling und schien mit den Gedanken ganz woanders zu sein. Zwar trafen sich unsere Blicke bisweilen, zu einem Wortwechsel kam es aber nicht. Und ich war nicht fähig, einen sinnvollen Satz zu finden, um ein Gespräch einzuleiten. *Beautiful, isn't it?* oder *Do you enjoy it?* schien mir unpassend, und einfach auf sie zuzugehen, mich vorzustellen und so ein Gespräch zu beginnen, kam mir einige Stunden nach der Abfahrt noch abwegiger vor. Also beschränkte ich mich darauf, sie zu beobachten und im Geist Gespräche zu entwickeln, doch selbst in meinen Gedanken gingen mir die Themen aus, jeder Dialog starb sofort ab, wie ein alter Automotor.

Wellen – Wellen – Wellen. Die Nordküste bis zum Ahrax Point, der nördlichsten Spitze Maltas, zeichnet sich durch eine geradezu beleidigende Langweiligkeit aus. Man könnte meinen, in ein Geleemeer gelangt zu sein und trotz voller Motorenleistung immer vor der gleichen Ortschaft zu stehen, würden nicht zwischendrin schmutziggraue Felsplatten mit Leuchttürmchen, Antennenanlagen und verrosteten Bootsanlegestellen kurzzeitig das Bild verändern. Auch die Wellen sind immer die gleichen und die Minuten schleichen, als wären auch die Uhrzeiger verklebt.

12.

Beim Anblick der Insel Comino, die mit ihren Felsbuchten hinter dem letzten Zipfel Maltas sichtbar wurde, kam mir sofort Böcklins »Toteninsel« in den Sinn. Ich weiß nicht, warum ich an dieses Gemälde dachte, das ich in meiner Mittelschulzeit kennengelernt, aber über viele Jahre wieder vergessen hatte, vielleicht war ja nur die Situation schuld – ich meine, wer würde einen Tag vor dem geplanten Selbstmord nicht überall Vorboten des Todes, Rabenvögel, schwarze Gondeln, diabolische Matrosen und leichenblasse Kinder sehen wollen? Mit der »Toteninsel«, soweit ich mich an sie erinnere, hat Comino zudem herzlich wenig gemein. Doch ist mir von Böcklins Gemälde auch nicht mehr als ein schwacher Abdruck ohne das geringste Detail in Erinnerung geblieben, ein allgemeiner Eindruck, etwa so wie das dünne Netz von Stimmungen und Gefühlen, das gleich nach dem Aufwachen noch einen Augenblick im Bewusstsein hängt, bis es sich ebenfalls in Vergessen auflöst.

Comino, hinter diesem schönen Namen verbirgt sich ein zerfurchter Felsen von kaum einem Kilometer Länge, der wie der Rücken eines mächtigen Walfisches zwischen Malta und Gozo aus dem Wasser ragt. Nichts von schwärmerischer Todesromantik, auf den ersten Blick nur nackter, zerfressener Stein, unzugänglich, wild und unfreundlich. Nichts, was einen bleibenden Eindruck hinterlassen würde. Und doch schrieb ich, als wir zwei Stunden später noch immer in der Blauen Lagune vor Anker lagen, in mein Schreibheft als Erstes diesen Vergleich: *Zwischen Malta und Gozo Insel Comino. Erinnert mich an Böcklins Toteninsel.*

Ich muss mich im gleichen Augenblick über den Eintrag gewundert haben, denn ich ergänzte sofort, nach einer Erklärung ringend: *Das Bild, das ich nur ein- oder zweimal gesehen habe, hat mich tief beeindruckt.*

Ich wollte eine schnelle Antwort und kritzelte den erstbesten Gedanken auf das karierte Papier: *Der Tod in künstlerischer Gestaltung, in einer Ästhetisierung, die ihm den Schrecken nimmt; Grabplatten, Gemälde wie dieses, Erzählungen des Mittelalters, Totentänze – der Spaziergang auf einem Friedhof entlastet vom Druck des Lebens.* Dieser erste Gedanken, so flüchtig und unausgereift ich ihn hinschrieb, erscheint mir bei genauerem Überlegen aber im Kern immer noch stimmig. Ich habe es ja erwähnt, dass mich seit jeher alles, was mit dem biologischen Aspekt des Sterbens zu tun hat, mit Verwesung, Fäulnis, mit wuchernden Bakterien- und Pilzkulturen, dass mir das alles einen solchen Ekel verursacht, dass es mich schüttelt. Nur schon ein schimmlig gewordenes Joghurt oder eine Tomate, die zu lange im Kühlschrank gelegen und sich braun-schwarz verfärbt hat, lösen schlimmste Übelkeit aus, ein überfahrener Igel oder ein blutig gerissener, halbgefressener Vogel akuten Brechreiz. Ich hatte schon als Kind alle Nahrungsmittel, die verderblich sind, zu meiden versucht, kaum Früchte und Gemüse gegessen, und mich später, als ich zum ersten Mal allein wohnte, zeitweise ausschließlich von Tiefkühlprodukten ernährt. Ich ertrug ganz einfach den Gedanken nicht, dass in meinem Kühlschrank Dinge lagerten, die seit dem Moment, wo sie gepflückt waren, in einem langsamen, aber stetigen Zerfallsprozess standen, der erst mit ihrer totalen Verwesung abgeschlossen sein würde.

Gleichzeitig hatte mich der Tod aber auch angezogen und meine ganze Jugend durch nicht mehr losgelassen. Mit Gruselgeschichten hatte ich meine Kindheit verbracht, Bram Stokers »Dracula« sicher fünfmal gelesen. Später waren es dann alle Arten von Grabplatten, Sarkophagen und Grabmonumenten, die mich in ihren Bann zogen. Vor den mittelalterlichen Steingräbern, wie man sie bisweilen in alten Kirchen findet, auf denen der bestattete Ritter im Stein nachgebildet ist, wie er mit gefalteten Händen einfach daliegt, vergesse ich alles andere und werde von einem Gefühl des Wohl- und Geborgenseins gepackt, das mich für eine Zeit lang dem Toten näher sein lässt als der Umwelt um mich. Trete ich nach einigen Minuten wieder ins Freie, bin ich erstaunt darüber, draußen Sonnenschein und die Welt des 21. Jahrhunderts, Autos, Tiere und Pflanzen anzutreffen, und lebende Menschen, die auf mich warten. Wie wenn ich unwillig aus einem angenehmen Traum erwacht wäre.

Ich habe mich während meines Studiums immer wieder mit dem Tod, mit der Geschichte des Sterbens auseinander gesetzt, habe Philippe Ariès vorwärts und rückwärts gelesen, weniger aus soziologischem oder theologischem Interesse als aus purer Faszination am ästhetischen Umgang mit dem Tod. Es ist diese Ästhetisierung, die einen Tod schafft, der nur scheinbar Tod ist, den auch der Lebende begreifen kann, weil er ihn mit den Mitteln der Ästhetik bändigt, im Stein, im Bild, im Text. Weil mit dem harten Stein der biologische Tod, die Zersetzung, die Fäulnis und Verwesung, verdeckt werden. Der Tote im Sarkophag wird ersetzt durch sein Abbild aus Stein, das sich zersetzende Fleisch durch harten Marmor, der Ekel vor dem bestialischen Leichengestank durch die Nüchternheit der Schrift. Der Tod als Kunstwerk übt eine Faszination aus, der ich mich nie habe entziehen können. Das ewig Tote zieht mich an. Denn schließlich ist er ja erst dann Tod, wenn auch die Fäulnis, die Verwesung völlig abgeschlossen ist – aber ich wiederhole mich.

Ich hatte mich mit dem Vergleich der Insel Comino mit der Toteninsel angefreundet und ließ mich von diesem Gedanken leiten. Wir hatten in der Blue Lagoon, auf Maltesisch Bejn-il-Kniemen, angelegt. Tatsächlich war der Meeresgrund leuchtend blau; ich glaube wegen irgendwelcher Pflanzen, und das trotz der schwarzen Wolken, die im Nordwesten über Gozo aufgezogen waren. Der Amerikaner blieb an Bord, da er nur Flip-Flops trug, und ich entschloss mich, dem Weg von der Anlegestelle auf die Insel zu folgen, wohin er mich auch führen würde. Es ging zuerst an skurrilen Felsformationen vorbei, in denen ich alle möglichen Gesichter zu erkennen glaubte: eine alte Frau, einen Troll mit langen Ohren, einen schreienden Mund, einen Hasen, ein lachendes Kind. Dann kam ich zu einem verlassenen Gebäudekomplex, vielleicht war es früher ein Bauernhof gewesen. Leere Gemäuer, halb zerfallene Mauern, Scherben, Spinnweben, Staub. Von dort führte ein Pfad über ein Geröllfeld zu einem alten Wachtturm, der aber verschlossen war. Mächtige Mauern, trockene Kletterpflanzen, morsche Bretter, durch die der Wind zog.

Ich rechnete aus, wie lange ich gehen könnte, bevor ich umkehren müsste, verlor mich dann aber in meinen Berechnungen. Der Weg führte die Südküste entlang und bot einen schönen Ausblick. Da ich wusste, dass meine Zeitberechnungen nicht stimmten, lief ich schneller und schneller, kam ins Schwitzen, wurde kurzatmig. Ich würde zu spät sein, oder nie ankommen, irgendwo vor einer unüberwindbaren Felswand stehen und zusammenbrechen. Kleine Fliegen plagten mich unaufhörlich, indem sie um meinen Kopf herumflogen und sich auf meine Jacke setzten. Nur auf die Jacke. Ich überlegte mir angestrengt, warum nur dahin, was sie daran anzog. War es die Farbe, war es irgendein Geruch? Ich versuchte sie mit einem Zweig zu vertreiben, aber sie flogen nur kurz auf und setzten sich sofort wieder hin, wie von einem

Magneten angezogen. Sie stachen nicht, aber ich wollte sie doch loswerden, rannte ein Stückchen, um sie abzuschütteln, aber ohne Erfolg, nahm die Jacke ab und versuchte sie mit bloßen Händen abzustreifen, vergeblich. Nach einer gewissen Zeit erreichte ich einen Ort, an dem man vielleicht einmal eine Schweine- oder eine Fischzucht betrieben hatte: ein langes graues Gebäude mit niedrigen Mauern, in quadratische Räume unterteilt. Einige verrostete Rohre, alles von dürrem, dornigem Buschwerk überwachsen. Ich hatte mir zum Ziel gesetzt, die Insel zu umrunden, und musste mich nun irgendwo an der Südostecke befinden. Den gleichen Weg zurückzugehen hätte zu lange gedauert, ich musste eine Verbindung quer über die Insel finden, denn der Weg hörte inmitten dieser verfallenen Gebäude einfach auf. Ich war sehr unruhig, zitterte, lief so verkrampft, dass ich mehrmals zu stolpern drohte. Dann erreichte ich, nach einigen hundert Metern unwegsamen Gerölls, wieder einen Pfad, der in die Richtung führte, wo unser Schiff liegen musste. Zuerst gelangte ich in eine schattige Senke, auf deren Boden der Fels dicke Spalten aufwies, die mich an alte Narben erinnerten. Ich ging weiter. Ich hob den Blick, suchte die Sonne. Auf einer kleinen, mit niederen Büschen bewachsenen Anhöhe hatte man einen Friedhof angelegt, der kaum mehr als zehn Gräber umfasste. Auf meinem Weg um die Insel war es das einzige Bauwerk, das nicht zerfallen war. Über die Mauern ragten schmale Pinienbäumchen in den düster bewölkten Himmel. Ein einziger Strahl Sonnenlicht durchbrach die Wolken und warf einen breiten Lichtkegel auf die tiefgraue Fläche zwischen Comino und Gozo. Kein Vogel am Himmel, kein Schiff auf dem Meer.

Ich habe mir vor einigen Jahren eine Theorie zurechtgelegt, mit der ich mir schlüssig bewiesen habe, dass es so etwas wie den eigenen Tod für einen selbst nicht gibt und dass die eigene Lebenszeit für einen selbst unendlich ist.

Lass es mich erklären, so gut ich das kann, Schritt für Schritt:

Zunächst gehe ich davon aus, dass der Tod – wenn wir die medizinischen Zwischenstufen einmal außer Acht lassen – ein Fehlen von jeglicher Form von Bewusstsein ist. Alles andere ergibt keinen Sinn – in all den Vorstellungen eines Weiterlebens nach dem Tod äußert sich doch nur die Unfähigkeit, ein totales Aufhören des Seins zu akzeptieren – Wunschdenken oder einfach Ausdruck der Unmöglichkeit, sich so etwas wie Nichtexistenz von Bewusstsein vorzustellen. Ich hatte vor einigen Jahren ein längeres und im Endeffekt gänzlich fruchtloses Streitgespräch mit einem Mitbewohner – einem Medizinstudenten übrigens –, der eines Morgens behauptete, er habe geträumt, er sei tot. Ich bestand darauf, dass das nicht möglich sei, dass er nicht träumen – was ja ein klarer Bewusstseinsakt sei – und gleichzeitig (im Traum) tot sein könne. Er hielt an seiner Meinung fest, obwohl ich ihm des Langen und Breiten erklärte, dass er höchstens sich selbst, seinen Körper, als Leiche gesehen haben könne, dass der Traum in diesem Fall nichts als eine Spaltung seiner Person in Körper und Bewusstsein gewesen sei, weil sein bewusster Teil ja bereits dadurch jeder Nichtexistenz spottete, dass er eben sah, beobachtete. Wenn ich tot bin, existiere ich nicht mehr, um festzustellen, dass ich es bin. Um den Tod zu erleben, bräuchten wir Bewusstsein, wie schon das Verb »er-leben« überdeutlich zum Ausdruck bringt. Deshalb gibt es den eigenen Tod für einen selbst nicht. Niemals. Und von einer Auferstehung an einem jüngsten Tag zu predigen ist so abwegig, dass ich darüber nur lachen kann.

Wenn das auch einfach und einleuchtend klingt, ist es doch schwerer zu begreifen als man denkt. Ich habe früher den Tod oft mit dem Schluss eines Filmes verglichen, wo man den Fernseher ausschaltet und ob der schwarzen Fläche erschrickt, die auftaucht, wo eben noch Menschen, Handlungen, Gefühle, Hoffnungen, Schmerz und Freude waren. Das Problem ist, dass nur der Zuschauer die schwarze Fläche sieht, man muss sich aber in die Figuren im Film versetzen. Für sie gibt es keine schwarze Fläche, keine »Zeit danach«. Nichts, verstehst du?

Wir können den Tod nur bei den anderen sehen, und eigentlich nicht einmal das. Wir sehen nur, wie ein Körper zerfällt, und dieser Prozess, von Mikroorganismen zersetzt zu werden, ist ja eigentlich das pure Gegenteil von Tod, nämlich Leben in seiner ganzen Scheußlichkeit, Leben, das eben immer auch Zerfall bedeutet, ja, das sich vor allem dadurch definiert, dass es jeden Moment in einem Prozess der Zersetzung steht, du erinnerst dich. Wir kommen als Menschen kaum umhin, den Tod mit diesen biologischen Prozessen in Verbindung zu bringen, und hier liegt auch schon das ganze Problem. Leben ist für uns nicht das biologische Leben, dieser ewige Fäulnisprozess, Leben ist für uns Geist, Bewusstsein. Tun wir denn nicht alles, um während unseres Lebens gegen den stetigen Zerfall, gegen das eigentliche biologische Leben in seiner Vergänglichkeit anzukämpfen, mit allen Mitteln, von Hautcreme über dritte Zähne bis zu Hüftprothesen? Dieses Leben mit seiner inhärenten Verfallsucht ist uns zutiefst zuwider, seien wir doch ehrlich! Für uns ist Leben Geist, Bewusstsein, und alles, was wir sinnlich erleben, muss soweit vergeistigt sein, dass es uns den Aspekt des Zerfallens und der Verwesung vergessen lässt. Was wir am Tod so sehr fürchten, ist eigentlich nicht der Tod, sondern der Sieg des Lebens über das Bewusstsein. Dem eigenen Tod begegnet keiner von uns je, das ist logisch ausgeschlossen.

Von diesem Satz ist es ein kleiner Schritt zur nächsten Behauptung: dass das eigene Leben für einen selbst unendlich sei. Solange wir leben – oder besser, solange wir ein Bewusstsein haben –, tragen wir immer eine Zukunft und eine Vergangenheit in uns. Wir bewegen uns scheinbar auf einer Linie, die von der Geburt zum Tod läuft. Das Bild ist aber falsch, weil wir nie an ein Ende gelangen, nie am Punkt stehen, wo wir merken, dass wir eine Grenze überschreiten oder überschritten haben. Wir kommen nie an einen Punkt, wo wir feststellen müssen, dass es fertig ist. Wir wissen zwar, dass der Tod auf uns wartet, ahnen ein Ende, verzweifeln daran, ihn nicht erfassen, nicht begreifen zu können, aber wir geraten nie an die Grenze, obwohl sie das ganze Leben hindurch drohend am Horizont steht. Sobald der Tod eintritt, sind wir nicht mehr und die Zeit läuft nicht weiter. In jedem Augenblick, wo wir sind, leben wir, und daher kann man das eigene Leben ohne Weiteres als unendlich bezeichnen. Solange es die Zeit gibt, lebe ich, und wenn ich nicht mehr lebe, gibt es keine Zeit mehr, Begriffe wie »danach« ergeben keinen Sinn mehr. Das eigene Leben ist unendlich, und dieser Gedanke hat etwas unsäglich Tröstliches.

Gozo. Ein Handwerker machte sich unter Aufsicht des schüchternen katholischen Hotelmanagers an meinem Türrahmen zu schaffen. Also stand ich von meinem Denkerstuhl auf und überließ die beiden ihren unterschiedlichen Aufgaben. Ich trat aus dem Dunkel meiner Kammer ins warme Licht der Sonne, das zwischen den Blättern mächtiger Palmen strömte und gleichmäßige Muster auf die Steinplatten warf. Augenblicklich von wohliger Wärme eingehüllt, folgte ich dem geschwungenen Weg zwischen den natursteinernen Häusern. Dieser, gesäumt von Beeten, aus denen sich grüne Pflanzen rankten, führte mich zum Pool, an dem ich in kalten Nächten einsam unter dem Mond gelegen hatte. Jetzt aber war der Pool voller Leben. Alles blühte, ein sanfter Wind schaukelte die Blätter der Stauden und Palmen, das Licht spielte vergnüglich auf der Oberfläche des azurblauen Wassers. Auch Menschen waren da, fröhliche Menschen, die sich auf den Liegestühlen reckten und sich in der Sonne wärmten, schwatzten und lachten, sich im Wasser kühlten oder, wie ich, durch die Anlage spazierten. Wie erfreute ich mich an ihnen, an jedem Einzelnen. Jede Blume, jedes Blatt, jeder Schmetterling, jede Eidechse, jeder Windhauch erfüllte mich mit tiefer Freude, mit einer befreienden Leichtigkeit. Ich ging um den Pool herum und kam an der Terrasse vorbei, auf der einige Feriengäste, ein älteres Paar und einige jüngere Frauen, unter weißen Sonnenschirmen Schatten gesucht hatten und sich erfrischten. Sie waren aus ihren Sandalen geschlüpft und nahmen die Wärme des Bodens mit ihren bloßen Füßen auf. Ich lächelte dankbar, während ich mich dem nächsten Weg anvertraute und zum zweiten Pool kam. Er glich dem ersten, wirkte aber etwas stiller und unberührter. Das Hauptgebäude war, wie alles hier, einstöckig und in Naturstein gehalten, überdeckt von einer grün rankenden Pracht. Alles Harmonie, alles Natur, und doch von einer Logik, die es viel natürlicher als die Natur selbst erscheinen ließ. Ich blickte durch das kleine steinerne Tor, auf eine von großen Steinblöcken übersäte und von Dornbüschen bewachsene Ebene außerhalb der Anlage, wo ein staubiger Weg direkt zu den Klippen und über sie hinaus ins Meer zu entschwinden schien, das unter dem leicht dunstigen Horizont irgendwo sein musste. Ein einzelner, dürrer Baum trotzte auf einer kleinen Anhöhe der Hitze. Das Summen von Insekten erfüllte die Luft.

Dann hörte ich Stimmen und Gesprächsfetzen, die ich nicht verstehen konnte. Erst als ich mich umdrehte, wurde mir bewusst, dass sie mir galten. Eine Gruppe von Feriengästen, die ich erst jetzt bemerkte, kam die Außenmauer entlang auf mich zu. Ein großer, leicht korpulenter Mann mit einem rötlichen Gesicht redete fröhlich auf mich ein, wobei er lachte und sich gebarte, als wäre ihm mit meinem Auftauchen das größte Glück zuteilgeworden, das man sich vorstellen konnte. Die anderen Touristen, zwei Frauen, vielleicht Mutter und Tochter, und ein zweiter Mann, hielten sich im Hintergrund, lächelten ebenfalls, starrten mich ungläubig an und wechselten Blicke voller Heiterkeit. Aus der Sprachmelodie schloss ich, dass es Russisch sein musste. Ich zuckte mit den Schultern und sagte auf Englisch, ich verstünde sie nicht, doch keiner der Gruppe schien Englisch zu sprechen, was besonders den Großen traurig stimmte. Auf Deutsch kamen wir auch nicht weiter; erst als ich es mit Französisch versuchte, heiterte sich sein Gesicht auf. Er sprach recht schlecht französisch, dennoch bekam ich stückchenweise heraus, dass er und seine Begleiter mich bei meinem Sturz vorige

Woche auf Malta beobachtet hatten und überzeugt gewesen seien, ich müsse schwer verletzt oder gar tot sein. »Nous croyions vous êtes tombé … mort.« Seine Frau, er wies auf die ältere der beiden Frauen, habe den Busfahrer zurückhalten wollen, aber dieser sei einfach losgefahren. »Nous étions choqués … et … pouvions rien faire … rien faire, vous voyez.« Er rollte das »R« wie ein Südländer und verlor sich bei jedem Nasallaut in einen der Nachbarlaute. »Ma fille était si triste, vous savez, mais maintenant.« Die Junge sah mich aus großen, wasserblauen Augen an und entblößte beim Lächeln ihre gelblichen Zähne. Schließlich klopfte mir der Große, der sich unterdessen als Jurij vorgestellt hatte, auf die Schultern. Er schien es nicht bemerkt zu haben, dass er plötzlich russisch sprach, und wiederholte unablässig, was seine Frau mir mit einem Wink zur Terrasse übersetzte: Meine Auferstehung müsste gefeiert werden. Ich wurde von Jurij und seiner Frau in die Mitte genommen und unter einen der weißen Sonnenschirme gezogen, wo sofort Bestellungen aufgegeben und mir weiter auf die Schulter geklopft wurde. Der Jüngere war sein Sohn, Nikolai. Wie die Frauen hießen, habe ich nie erfahren. Jurijs Frau wollte alles wissen über den Sturz, über die Verletzungen, besah sich meine Hand und den Fuß, was mir etwas unangenehm war, und redete dann lange mit ihrem Sohn, der – wenn ich Jurij richtig verstanden hatte – Arzt war oder zumindest werden sollte, der aber kein Wort französisch zu sprechen schien. Ebenso wie die junge Frau, die ich zuerst für die Tochter hielt, die aber doch eher Nikolais Freundin war, da sie die ganze Zeit ihre Hand auf seinem Knie hielt. Vielleicht hatte sich Jurij in seiner Wortwahl geirrt, als er von »ma fille« und »mon fils« geredet hatte; vielleicht wurde man aber in Russland für die Schwiegereltern auch gleich zum Sohn oder zur Tochter – ich wusste es nicht. Keiner der Jungen ähnelte Jurij oder seiner Frau. Der Sohn jedenfalls schien mit keinem der dreien verwandt zu sein. Wahrscheinlich war er der Schwiegersohn in spe, als Arzt oder werdender Arzt sicher eine gute Partie. Wie auch immer, ich beantwortete brav alle Fragen, prostete lächelnd einem nach dem anderen zu und spürte, wie sich unter dem Einfluss des Alkohols mein anfänglicher Widerwille gegen dieses improvisierte Familienfest verflüchtigte und einer wohligen Schwere und Zufriedenheit Platz machte. Schließlich entbrannte zwischen der Mutter und Nikolai eine Diskussion, die sich für jemanden, der die Sprache nicht versteht, ziemlich heftig ausnahm. Die Mutter gestikulierte und gab einen Redeschwall von sich, der keine Atempause zuließ. Nikolai warf ab und zu kurze Repliken ein und schüttelte den Kopf wie ein trotziges Kind. Jurij verstummte und blickte die beiden mit müden, verständnislosen Augen an. Schließlich stand Nikolai ruckartig auf, kam zu mir und nahm, ohne ein Wort zu sagen, meine Hand, besah sich die Wunde, fuhr mit außergewöhnlich langen, zerbrechlich wirkenden Fingern darüber, setzt sich dann wieder hin und nickte nur. Dann gingen die Plaudereien weiter, die aber immer häufiger ins Russische abdrifteten und mich ganz ausschlossen, während ich mich von den Drinks, die unermüdlich nachbestellt wurden, immer schwerer fühlte, in mich zurücksank und wie im Traum die fremden Laute verfolgte. Ein oder zwei Mal schien Jurij noch zu bemerken, dass ich da war, und bemühte sich, mich in einigen wenigen, französischen Sätzen, die immer undeutlicher wurden und mehr betrunkenem Russisch ähnelten, über den Gesprächsverlauf der letzten Viertelstunde ins Bild zu setzen. Er erzählte mir, der ich nur große Augen machte und dümmlich grinste, etwas von einem Casino, von einem Gewinn wohl, den er oder sonst jemand gemacht hatte. Auf jeden Fall schien dabei die Zahl 153 eine zentrale Rolle zu spielen, diese wiederholte er mir unermüdlich: »Cent-cinquante-trois, CENT-CINQUANTE-TROIS … eh?«

Ich weiß nicht, wie lange wir so saßen. Irgendwann war die kleine Familienfeier vorüber, so plötzlich, wie sie begonnen hatte. Man klopfte mir auf die Schulter, lächelte mich an, überhäufte mich mit russischen Sätzen, nickte aufmunternd, dann war ich wieder allein. Auf der Terrasse des Hotels, unter einem weißen Sonnenschirm, umgeben von Rauschen, Summen, Zwitschern und fernem Stimmengewirr. Ich war müde, aber aufgehoben in meiner Trunkenheit. Ich lebte.

Malta. Als ich wieder auf Deck saß und mein Heft beiseitegelegt hatte, fielen mir die Augen zu und die Bilder der »Toteninsel« begannen in meinem Kopf zu kreisen, sich zu verformen, sich zu vermischen, um gleich darauf wieder auseinanderzubrechen und sich wieder anders zu vereinen. Der steile Weg, der zum Friedhof auf dem Felsen führte, zum Gittertor, das fast die ganze Breite der steinernen Umfassungsmauer ausmachte. Große schwarze Fliegen, die aus Erdspalten aufstiegen und so laut brummten, dass die Steine von den Mauern der verfallenen Gebäude bröckelten. Ein Lichtstrahl vom Friedhof in den aufgebrochenen Himmel, ein Weg, so steil, dass ich bei aller Kraftanstrengung keinen Millimeter vorwärts kam, so sehr ich auch in tiefster Verzweiflung die Hände ausstrecke. Ein ehemaliger Schweinezuchtbetrieb, aus dem Dornenbüsche wuchsen, so schnell, dass sie in Kürze die ganze Insel überwuchern würden, riesige schwarze Fliegen, die sich auf die Büsche stürzten und sie wegfraßen, die an der Friedhofsmauer zerschellten, blutig über den Felsrücken, über den Walfischrücken ins Meer floßen, Schaum, Gischt, Gestalten ohne Gesichter, die über die Brücke des Wachtturms reichten, Ritter aus Marmor, die ein verfallenes Gut bestellten, Steine aus den Felsen ernteten, ein Zug von Gesichtslosen, der einen Ausgang suchte und in die Felsspalten stürzte, die zum Atemloch des Walfisches wurden, der schwarzes Blut ausspritze, das sich zu Abertausenden von Fliegen verwandelte … von dem es Steine regnete … zur Mauer … große … Schwanzfloss … stein … schwarz … Blut … Spalten stü … lo … walf … sp … s …

13.

Gozo. Angesichts der geografischen Nähe ist es natürlich nicht erstaunlich, dass auf Malta italienische Pflaster verkauft werden, *Cerotti formato unico* von einer Firma in Chiuppano, Italy. Rein vom Gefühl her allerdings schon. Seit ich hier bin, habe ich den Eindruck, mich weit weg in einem Morgenland zu befinden. Ein von allen Übeln der Moderne aufs Beste versorgtes Morgenland zwar, aber dennoch ein Morgenland. Ich weiß, dass Malta nur wenige Kilometer von Sizilien entfernt liegt – ich habe die Insel beim Landeanflug ja sehen können, mit ihren hellblau verwaschenen Küstenstrichen.

Die Packung Heftpflaster ist eine weitere kleine Enttäuschung, die dieses Entrücktsein Lügen straft, bloß ein kraftloses Kratzen am Gebäude einer Illusion zwar, und doch steht das Gebäude nicht mehr ganz so fest wie noch vor fünf Tagen. Ich bin auf keiner Märcheninsel, ich bin nicht in den Orient entrückt. Ich bin auf Malta, fast noch in Italien – eigentlich bin ich kaum über das Tessin hinausgekommen.

Ich lege die Packung zu den Medikamenten, die mir die Zimmermädchen vor einer halben Stunde brachten. Sie klopften schüchtern an und sagten kaum etwas, legten lächelnd die Packungen und Tuben auf den Tisch und verschwanden gleich wieder, als wären sie nie wirklich hier gewesen. Wie ein Windhauch, wie Geister. Zimmerwesen eben. Wahrscheinlich sprechen sie wirklich nur ihre orientalische Sprache. Sie haben zwei verschiedene Salben gebracht. Ich kann lesen, was auf beiden Tuben steht, auf Englisch und Italienisch, aber ich weiß nicht, wogegen die Salben wirken sollen. Allerdings habe ich schon in dem Moment, als ich sie dem einen Mädchen aus der Hand nahm, gewusst, welche ich benutzen würde. Was Medikamente angeht, habe ich einen sicheren Instinkt – es war diejenige Tube, die neuer, ungebrauchter, eben erst hergestellt wirkte. Ich erinnere mich, dass meine Mutter Medikamente aufbewahrte, die schon seit Jahrzehnten abgelaufen waren und sicher nicht die geringste Wirkung mehr hatten. Aber sie waren da, lagerten im Medikamentenschränkchen im Bad. Sie wäre nie auf den Gedanken gekommen, ein abgelaufenes Medikament einfach wegzuwerfen. Ach was, so etwas hält ewig, pflegte sie zu sagen. Als ich groß genug war, kletterte ich auf die Waschmaschine und untersuchte den Inhalt des Kästchens, das darüber hing. Nicht ohne eine gewisse Ehrfurcht, das muss ich zugeben, vielleicht weil es eine Art verbotener Handlung war. Die Mutter verbot mir nie, es zu tun. Im Allgemeinen gab es keine Verbote, ich bekam jedoch durch einen leicht veränderten Tonfall und eine bloße Stimmung ganz klar zu verstehen, wo eine Grenze lag, die zu überschreiten ich Gefahr lief oder die ich – in schlimmeren Fällen – bereits überschritten hatte. Ich wusste, dass das Medizinschränkchen in diesen Bereich gehörte, und hätte mich die Mutter ertappt, wäre ich natürlich gerügt worden. Nicht heftig, höchstens durch eine abfällige Bemerkung oder durch einen abwertenden Blick. Das klingt nach Nichts, nach bloßer Einbildung, aber das war es nicht – im Gegenteil. Diese Blicke, diese Bemerkungen waren, so oberflächlich sie auf einen Außenstehenden gewirkt hätten, oder vielleicht gerade deswegen, ein äußerst effizientes Erziehungsmittel; viel ausgeklügelter als richtige Rügen oder gar Strafen.

So stand ich damals also auf der Waschmaschine und durchstöberte den Medizinschrank, hob vorsichtig die Fläschchen und Schachteln auf, nur die obersten, und stellte sie möglichst genau an den gleichen Platz zurück, nachdem ich die exotischen Namen auf den teils vergilbten Packungen entziffert hatte. Diese Exkursionen zu unserem Medizinschrank sind schuld daran, dass ich jedes Medikament, das nicht den Eindruck erweckt, erst vor wenigen Tagen oder Wochen hergestellt, verpackt und verkauft worden zu sein, als eine Art Gift ansehe. Auch eine der Salben sondere ich im ersten Augenblick als Gift aus. Es liegt nicht so sehr daran, dass die Tube schon mehrfach gebraucht und entsprechend verformt ist, es ist vielmehr die Farbe. Dieses Beige-Bräunliche, das unmöglich die ursprüngliche Farbe sein kann. Mit der anderen Salbe schmiere ich meinen Knöchel und mein Handgelenk ein. Ich hasse es, Salbe an den Fingern zu haben und eine Weile nichts anfassen zu können. Doch die Kühle tut gut, ich glaube zu merken, wie die Entzündung weicht. Ich stelle mir vor, dass die Salbe in meine Muskeln eindringt und die schädlichen Bakterien vernichtet, auffrisst. Wozu ich die Pflaster brauchen soll, ist mir hingegen nicht klar.

Malta. Das Wetter war so gut, dass wir die Rundfahrt durchführen und an der Südwest- und Ostküste entlang zurück nach Sliema fahren konnten. Während die meisten Passagiere in ihren Kabinen dösten oder die Felsformationen und Höhleneingänge fotografierten, bot sich mir die Gelegenheit, die Klippen in Bezug auf mein Vorhaben zu begutachten.

Die Natur hat an Orten wie diesen eine solche Macht, dass man gar nicht erst zu versuchen braucht, sich ihr zu entziehen.

Die hohen Felsen über dem stillen Meer strahlten eine Ruhe aus. Sie schien mir zu sagen: »Komm, wirf dein nichtiges Menschenleben weg, es ist nichts gegenüber unserer Macht; wir sind schon immer gewesen, wir müssen richtig und gut sein, hier geht alles auf, stimmt alles, ist alles.« Etwa so vernahm ich ihre rauen Stimmen.

Die Klippen faszinierten mich. Sie waren alle unterschiedlich: verschieden hoch, verschieden geformt: senkrecht, schräg oder überhängend. Ich überlegte mir, welche sich am besten eigenen würde. Bei schrägen Klippen würde man sechs, sieben Mal aufschlagen, ehe man ins Wasser fiel, nur noch ein blutiges Stück Fleisch. Keine schöne Vorstellung. Anderseits fragte ich mich, ob der bloße Sturz ins Wasser genügen würde, sich zu töten. Schließlich gab es ja Klippenspringer, die von weiß ich nicht wie hoch ins Meer sprangen und dabei nicht getötet wurden. Auch dieses Bild gefiel mir nicht, nach dem Sturz aufzutauchen, zu versuchen, sich instinktiv über Wasser zu halten, weil man ja nicht willentlich ertrinken kann, sich die Hände an den Felsen blutig schürfte, während man langsam ermüdete. Nein, es musste ein kurzer Augenblick sein. Vielleicht war ein Felsvorsprung doch besser, beim Absprung der Blick auf das Meer, dann eine Sekunde später ein kurzer Schlag, den man wahrscheinlich gar nicht mehr erlebte, da das Bewusstsein im gleichen Augenblick aussetzte. Dann tot ins Meer tauchen. Eine beruhigende Vorstellung. Ich wollte tot sein, nicht sterben. Das unumgängliche Sterben musste so kurz und so schmerzlos wie möglich gehalten werden.

Ein anderes Problem hatte ich nicht genügend durchdacht. Ich konnte mir vom Boot die schönste, geeignetste Klippe aussuchen, doch würde ich sie vom Land her auch wiederfinden? Woran sollte ich mich orientieren? Ich sah nur einmal kurz die großen, weißen Satellitenschüsseln bei den Dingli-Klippen, vielleicht müsste ich mich an ihnen orientieren. Am Ende redete ich mir ein, dass ich auch am Land die passende Klippe finden würde. Schließlich ging es jetzt nicht darum, mich auf die eine oder andere festzulegen, sondern vielmehr, mich darauf einzustimmen und mir die Kriterien für einen Platz zu überlegen, der ein schnelles Sterben ermöglichte.

Ich durfte nur nicht abstürzen, bevor ich an die Stelle gelangte, von der ich abspringen wollte. Stell dir vor, abstürzen, sich an den Felsen blutig scheuern, vielleicht irgendwo mit gebrochenen Armen und Beinen in einer Spalte festgeklemmt sein, kaum atmen können und langsam, unter qualvollen Schmerzen verenden. Nein, es musste sauber gehen. Sauber und schnell. Das hat auch etwas mit Würde zu tun.

Mein Blick verlor sich in den Spalten und Vorsprüngen, meine Augenlider wurden schwer und meine Gedanken machten sich selbstständig, begannen, ohne dass ich es anfänglich merkte, mir Bilder vorzugaukeln, die sich langsam mit der Realität vermischten. Von diesem ersten Traum sind mir nur Bruchstücke geblieben, ohne sichtbaren Zusammenhang. Einige Personen und Orte habe ich wiedererkannt, es waren Eindrücke meiner Reise, die ich verarbeitet hatte. So spielte ein dunkelhäutiger Einheimischer mit krausem Haar und schlechten Zähnen – es war wohl eine Mischung zwischen dem Mann, der mich am zweiten Tag mitgenommen hatte, und dem Schwulen vom Strand – eine strukturierende Rolle, indem er immer wieder auftauchte und mich mit Bücklingen und ausladenden Armbewegungen aufforderte, ihm zu folgen. Es war dabei nicht auszumachen, wohin ich ihm folgen sollte, da er auf einer weiten, völlig leeren Ebene stand, die nirgendwo hinzuführen schien. Da waren aber noch andere Leute: meine Eltern mit einer ganzen Schar kleiner Jungen, die um sie herumwirbelten, einander schubsten und kicherten. Mein Vater versuchte mich verzweifelt zu überzeugen, irgendwo hinzugehen, um etwas zu Ende zu bringen, was von höchster Bedeutung war. Ich war nicht nur zwischen dieser seltsamen Gruppe und dem Malteser hin und her gerissen, ich spürte in mir einen Zwang, ganz woanders hinzugehen, nämlich an einen Bergsee, oder eher einen Vulkansee in den Bergen. Zwischendrin war ich auch dort und ging auf das Wasser zu, von dem ich etwas Wunderbares erwartete, doch jedes Mal, wenn ich auf die Wasseroberfläche trat, wurde sie zu Eis; zu einer endlosen Fläche, auf der wieder dieser dunkle Kerl stand, winkte und mit seinen schlechten Zähnen eklig grinste. Und dann trat auch noch eine junge Frau auf, aus dem Eis – es war eindeutig das russische Mädchen vom Schiff – und begann wild zu tanzen, wobei sie sich nicht nur vollständig entkleidete, sondern sich unter andauerndem Tanz selbst in einen Nebelschleier auflöste, der vom Wind weggetragen wurde und verschwand. Ich war tief traurig und zudem verzweifelt, weil ich wusste, dass ich etwas tun musste, aber an diesem eisigen See stand, weder zu meinen Eltern zurückgehen noch ins dunkle Wasser tauchen konnte und es mir im Innersten widerstrebte, mich dem grinsenden Führer anzuvertrauen.

Irgendwann erwachte ich kurz mit einem Zucken, das mir durch den ganzen Körper fuhr, sah aus müden Augen noch immer Klippen und Felsformationen vorbeiziehen und ließ mich nochmals ins Bodenlose des Traumes fallen. Die zweite Traumsequenz war viel konsistenter, hatte einen Anfang, ein Ende und zeichnete sich durch einen viel größeren Realismus aus. Es begann hier, auf dem Schiff, das russische Mädchen war ebenfalls wieder bei mir, ja sie gehörte zu mir. Wir fuhren fort von der Insel, aufs hohe Meer, plötzlich war da ein Überfall von Piraten und wir wurden gefangen. Später war ich in einer nordafrikanischen Hafenstadt, die im Traum allerdings aus lauter Holzhütten bestand. Wir wurden befreit, von ihrem Vater, der uns nach Russland brachte, in eine riesige Villa mit großen Spiegelsälen, die bei genauerem Hinsehen aber nichts anderes war als die Kantonsschule meiner Heimatstadt. Es gab Intrigen, von denen ich mich an keine Einzelheiten erinnern kann: Irgendwann war ich jedenfalls auf der Flucht, allein, durch Schützengräben und unter Stacheldraht durch, dann in einem Auto, irgendwann in der Wüste bei einer Karawane, saß zwischendurch vor dem Wohnmobil einer Gruppe von Hippies im Grünen, an der Sonne. Aber die Flucht ging immer weiter, ich weiß nicht mehr, welche Rolle die Russin spielte, auf jeden Fall kreisten meine Gedanken auch immer wieder um sie, hauptsächlich aber um die Flucht. Es ging darum, strategisch vorzugehen, und bisweilen hatte ich bei der Planung der weiteren Züge ein Spielbrett vor mir, Karten und Würfel, bevor ich wieder in exotischen Gegenden durch Flüsse watete, Berge erklomm, mich durch den Dschungel kämpfte. Irgendwann sah ich mich um und bemerkte überrascht, dass ich wieder auf Malta war. Vielleicht lag ja eine Bootsfahrt dazwischen, an die ich mich aber nicht erinnern konnte. Ich wurde von Männer mit grauen Mänteln und dunklen Sonnenbrillen verfolgt, die Mafia vielleicht, und schließlich stand ich auf einer Klippe, der höchsten und steilsten, der Wind fuhr mir durchs Haar und hinter mir hörte ich die Verfolger, die ihre Waffen entsicherten. Es gab nur eins – springen.

Und in diesem Augenblick erwachte ich; ich hatte mich im Schlaf auf den Arm gelegt und die Durchblutung abgedrückt. Der Arm fühlte sich nun kalt und leblos an. Ich massierte ihn wie ein Stück totes Fleisch – erweckte ihn so wieder zum Leben.

Was für eine stupide Geschichte! Man kann noch so viele kluge Bücher lesen, noch so viele tiefschürfende literarische Werke studieren, doch erst wenn man die Zügel seiner Gedanken locker lässt, zeigt sich ganz deutlich, was wirklich Eindruck gemacht hat: Nicht die philosophischen Reflexionen, nicht die zwischenmenschlichen Feinheiten eines guten Dramas, nicht die innere Geschlossenheit einer Novelle. Es sind die trivialsten Abenteuermotive, wie man sie in schlechten Romanen und kommerziellen Filmproduktionen findet, simpelste »Action«, klar definierte Gefühle, eine Welt aus Guten, Bösen und Statisten, verpackt im farbenfrohen Gewand exotischer Länder. Ich habe nie von der Kritik der reinen Vernunft oder der Phänomenologie des Geistes geträumt, auch nicht von der Monadenlehre oder vom Platonischen Staat.

Meine Gedanken hatten mich genau wieder an den Punkt gebracht, wo ich war: Auf den Felsvorsprung über dem Meer. In meiner Geschichte war der Held zwar aus Seenot gerettet, entführt worden, an die Grenzen der körperlichen Leistungsfähigkeit gegangen, am Ende hatte ich ihn aber doch wieder zum Felsen gebracht, wo sich der Kreis wieder schloss. Im richtigen Leben fehlt zwar all das, was die Geschichte farbig und lebhaft macht, aber am Ende steht der »Held« genauso auf dem Felsvorsprung und muss springen.

Vielleicht ist es ja auch einfacher so.

Nach langen, schaukelnden Stunden waren wir wieder in Valetta angekommen, machten noch eine Runde durch den Hafen, bevor wir die Anlegestelle in Sliema anpeilten. Keiner der Passagiere hatte mehr Lust, den Plaudereien des Kapitäns zu folgen. Einige tauschten Adressen aus, ein Kleinbus brachte uns zu unseren Hotels und ich war einer der Ersten, der aussteigen musste. Die Russin hatte sich gleich nach der Ankunft abgesetzt. Der Abend fiel über die Insel, die Geräusche der

Nacht stellten sich ein: Autos, Busse, das Gelächter der Nachtvögel, das monotone Schlagen der Wellen an die Mole.

14.

Malta. Ich weiß nicht, was schiefgegangen war. Ich hatte es mir so deutlich vorgestellt, den Fahrer, der sich vor der Glasfront des Hotels in Sliema die Beine in den Bauch steht, das aufgeregte Diskutieren und Telefonieren an der Rezeption, das Vorfinden des leeren Zimmers – während ich hoch über den Klippen von Dingli stehe und mich vornüberkippen lasse. Aber es war nicht so. Als der Fahrer kam, wartete er nicht, sondern ging gleich zur Rezeption, von dort rief man mich an und wenige Minuten später stand ich mit meinem Koffer bereit, gab den Zimmerschlüssel ab und folgte dem Mann zum Wagen. Es war mir anfangs unerklärlich. Vielleicht war es einfach der einzig logische Weg. Alles andere, die Fahrt zu den Klippen, wäre so absurd gewesen. Doch nein, nicht absurd, nein, vielleicht nur – abweichend? Ich glaube, dass wir unser Leben weitgehend nach fixen Abläufen leben. Ob wir in die Oper oder einkaufen gehen, wir wissen genau, was passiert, welche Handlungen der Reihe nach erwartet werden, und können uns auf dieser Schiene rangieren lassen, ohne etwas denken oder steuern zu müssen. Wie im Schlaf steigst du aus dem Taxi, bezahlst, gehst ins Foyer, gibst den Mantel ab, wartest, bis die Türen geöffnet werden, setzt dich hin, hörst zu und verhältst dich still, gehst in der Pause raus, trinkst vielleicht ein Glas Champagner, gehst wieder rein, wenn der Gong erklingt und so weiter. Alles ist vorgegeben. Jede Abweichung von diesem Schema ist ein kleinerer oder größerer Schock, je nach dem Ausmaß. In diesem Fall wäre die Abweichung so massiv gewesen, dass sie in den Bereich des Absurden gerutscht wäre. Ein Augenblick der Unachtsamkeit und ich war auf einer solchen Schiene, packte meinen Koffer, ging zum Wagen und ließ mich wie im Traum zum Heliport chauffieren. Wie im Traum. Es fragt sich allerdings, was mehr Traum gewesen wäre: Die marionettenhafte Taxifahrt oder das Ausbrechen aus dem Schema? Ich war wie jener japanische Dichter, der geträumt hatte, ein Schmetterling zu sein, und sich beim Aufwachen verzweifelt die Frage stellte, ob er nun geträumt habe, ein Schmetterling zu sein, oder ob er ein Schmetterling sei, der träumte, er sei ein Mensch.

Auf jeden Fall ließ ich mich zum Flugplatz fahren, folgte brav den

Anweisungen, bis ich im Helikopter saß, einer russischen Maschine, die an Vietnamfilme erinnerte. Ich wusste nicht, ob ich mich über den Moment freuen sollte, darüber, dass ich im Fluss war, der mich vorantrieb – ein fast buddhistischer Gedanke –, oder sollte ich mich grämen, weil ich nach allem, was ich getan hatte, meinen Plan nicht verwirklicht hatte. Ich wusste es einfach nicht. Meine Gedanken liefen im Leerlauf und ich schaute bloß aus dem Fenster und registrierte dumpf staunend das Bild, das sich mir bot.

Flugreisen haben immer etwas Übernatürliches. Es ist nicht natürlich, dass ein Mensch vom Erdboden abhebt; ich könnte noch so viel fliegen – und ich bin in meinem Leben viel geflogen! –, es beunruhigt und fasziniert mich immer wieder von Neuem, zu wissen, dass keine feste Verbindung mehr zwischen mir und der Erdoberfläche besteht, dass unter dem Boden des Flugzeugs oder Helikopters nur Luftschichten liegen, die einen eigentlich gar nicht tragen dürften. Fliegen ist etwas Unnatürliches, der Blick aus dem Fenster hat etwas von einem Traum. Kaum hatte der Helikopter abgehoben, waren wir schon über der Siedlungsfläche um Valetta, die gegen Westen aber schnell offener wurde: zwischen zusammengepferchten Quartieren einzelne ummauerte Gebäude, leuchtendweiße Neubauten und grauschwarze, verfallene Scheunen mitten im Chaos von Feldern voll großer Steine, von Straßen und Wegen zwischen Steinmauern, von einzelnen Baumgruppen. Das blauweiße Dach von Treibhäusern, Telegrafenmasten, schräg hinter uns Valetta mit seinen Türmen, das langsam mit dem dunstigen Gemisch von Meer und Himmel zusammenfloss. Dann wieder eine Ortschaft, unzählige kleine Häuschen, wahllos durcheinander geworfen, wie ein ausgeleerter Sack voller grauweißer Würfel. Offene Felder, wie ich sie von der Stadtmauer von Mdina aus gesehen hatte, ein Flickenteppich aus verschiedenen Grün- und Brauntönen, in der Ferne undeutliche Ortschaften an der Küste. Eine barocke Kirche mit zwei Türmen in einem Würfelmeer, dann eine Fläche voller Steine, schließlich die Südwestküste. Klippen mit ihren dunklen Höhleneingängen, darüber schräge Flächen aus trockenem Gras und Stein, unwegsames Niemandsland am Rande der bewohnten Ebene mit ihren Dörfchen und Feldern. Steilere Klippen. Wir überflogen eine Reihe von Felsnasen, die wie die Finger einer riesigen Hand aus der Insel heraus ins Meer greifen, den Handrücken von den terrassenförmigen Kulturen geometrisch verziert. Man hat das Gefühl, die Insel sei an den Rändern einfach abgeschnitten worden, teils sauber und rechtwinklig in hohe Klippen, teils unsorgfältig in Geröllfelder, Abbrüche, kegelförmige Steinrutsche. Ich erkenne die Satellitenanlagen oberhalb der Klippen von Dingli, dann vereinzelte Sandstrände, von denen einer die »Golden Bay« sein muss. Etwas weiter scheinen große Felsbrocken eben erst ins Meer gerollt zu sein. Wir fliegen an der äußersten Spitze von Malta vorbei, die wie eine Blumenblüte an einem dünnen Stängel aus der Insel herauswächst, mit steinernen Blütenblättern und Stempeln. Am äußersten Blatt winzig klein die Fähre, dann Comino, nicht mehr als ein unförmiger brauner Fleck auf der blauschwarzen Wasserfläche. Nach einer Weile Buchten, Felder, Häuser, die schnell größer werden, eine Ortschaft auf einem Hügel, zuerst weiße Striche, dann Straßen, Wege, Baumgruppen, Leitungsmasten, Autos, Menschen. Wie werden wie an Seilen zur Erde hinuntergelassen. Und plötzlich, wie aus einem Traum erwacht, ist man wieder unten. Wie wenn nichts gewesen wäre. Wie wenn der ganze Flug nur eine Simulation mit einem gut nachgebauten Modell der Insel Malta gewesen wäre, eine geschickte Illusion. Nichts weiter.

Während des Fluges hatte ich mir eine neue Erklärung zurechtgelegt für das, was geschehen war. Es hatte nichts mit dem Abweichen von einem möglichen Schema zu tun, vielmehr damit, dass ich mir neben dem Schema »Transfer nach Gozo« ein anderes Schema zurechtgelegt hatte, das stärker sein sollte als dieses, nämlich zu den Dingli-Klippen zu gehen und mich umzubringen. Am Morgen muss es im halb wachen Zustand gleich nach dem Aufstehen einen kritischen Augenblick, vielleicht nur den Bruchteil einer Sekunde, gegeben haben, an dem die beiden Wege einander so nahe gekommen sind, dass eine kleine, willkürliche, spontane Schaltung im Hirn ausgereicht hat, den Zug unbemerkt auf die andere Schiene springen zu lassen. Ein unkontrollierter, neuronaler Funke vielleicht, der über eine meiner Synapsenspalten im Hirn sprang und eine Kettenreaktion auslöste, an deren Ende ich mich lebend auf Gozo statt tot am Fuß der Dingli-Klippen befinde. War der Funke erst einmal ausgelöst, hatte es keine Möglichkeit mehr gegeben, den Weg zu verlassen und zum ursprünglichen Plan zurückzukehren. Wenn es um so entscheidende Dinge geht wie Leben und Tod, fallen Entscheidungen entweder ganz spontan und im Affekt, oder sie müssen von langer Hand geplant werden. Man geht sich nicht umbringen, wie man ein neues Hemd kauft. Nein, ich hatte im weiteren Verlauf des Tages nicht mehr abspringen, die Schiene wechseln können, nur noch erstaunt und verwirrt zusehen können, wie ich mich immer weiter davon entfernte, wo ich eigentlich hätte sein sollen. Wie wenn man vergessen hat, aus der S-Bahn auszusteigen, und zusieht, wie der Zielbahnhof langsam verschwindet und man sich irgendwohin entfernt, wohin man nie wollte. Ich hätte nicht mehr aussteigen können. Du wirst sagen, dass ich sehr wohl hätte aussteigen können. Vielleicht nicht aus dem Taxi, da hätte es zu viele unangenehme und enervierende Erklärungen gebraucht, aber spätestens am Flughafen hätte ich mich aus dem Staub machen können, da wäre noch genügend Gelegenheit gewesen. Aber du irrst. Es wäre nicht gegangen. Das Unbehagen, aus einer solchen Schiene zu springen, hätte den letzten Gang überschattet, hätte Zweifel, Angst, Panik hervorgerufen. Der ursprüngliche Plan war eben kein Abweichen von etwas, sondern es war der Plan, den ich die ganze Zeit auf Malta gefestigt hatte, sodass der andere, der »offizielle« Plan, der Transfer nach Gozo, in den Hintergrund gerückt war. Bis zu diesem Morgen hatte ich es geschafft, die Fahrt zu den Klippen zum »richtigen« Plan zu machen. Und nun hatte sich im Halbschlaf eine Hirnschaltung verselbstständigt und alles ist anders gekommen. Es ist immerhin eine Erklärung.

Gozo. In wenigen Stunden holt mich ein Taxi vor dem Eingang des Hotels ab und bringt mich zum nahen Heliport. Ich blättere in meinen Notizen, seit Stunden, versuche eine Struktur, einen roten Faden zu finden. Aus Langeweile suche ich alle Stellen heraus, wo ich über den Tod schreibe, wo ich nach Erklärungen suche, wo ich glaube, einfach drauflosgeschrieben zu haben, ohne mir viel zu überlegen, wo ich an früher denke.

Schließlich mache ich mir einen Spaß daraus, ein Register aller »Reflexionen« zu erstellen, die ich entwickelt habe – ich schrieb sie als Randnotizen in den Text:

Kleine Reflexion über den Effekt der südländischen Sonne auf das Hässliche
Abschiedsbriefe von Selbstmördern
Über die Anziehungskraft von Ruinen
Vom Zweck dieser Reise
Vom Krieg
Vom Milizdienst
Vom Realismus im Tourismus
Vom Reflektieren
Ergänzung zur Reflexion über den Tourismus

Von Friedensorten
Vom Ekel vor dem Tod (erste Fassung)
Vom Schreiben von Erinnerungen
Vom Verkrampfen beim Anblick junger Frauen
Wie eine Beziehung fault
Von der idealen Position auf einem Schiff
Von Faszination und Ekel angesichts des Sterbens
Von der Nichtexistenz des eigenen Todes und der Unendlichkeit des Lebens
Von Medikamenten
Von den Klippen Maltas und ihrer Eignung für einen Suizid
Von der bleibenden Wirkung guter Lektüre
Vom Entscheiden (erste Fassung)
Von Flugreisen
Vom Entscheiden (zweite Fassung)
Von Reflexionen

Ein Protokoll von Belanglosigkeiten, unkontrolliertes Sprudeln überschüssiger Hirnflüsse oder was auch immer, bloße Gemeinplätze, von lächerlicher Oberflächlichkeit – aber amüsant, zumindest für mich, weil ich jetzt hier sitzen und von außen in meinen Kopf hineinblicken kann, wie in den eines Fremden. Wie wenn ich meinen Kopf aufgeschnitten und in die Mühle meines Hirns blickte – sehen kann, was Descartes vorborgen blieb, und dabei von einem »metaphysischen Gruseln« gepackt werde, dass es mich schüttelt.

In einer Stunde holt mich das Taxi ab. Es wird die lange, von Palmen gesäumte Einfahrt hochfahren und vor der Rezeption warten. Auch wenn ich mich etwas verspäte, wird es warten. Die Zeit bis zum Abflug des Helikopters nach Malta ist großzügig berechnet. Man mag hier keinen Stress. Mein Koffer steht fertiggepackt am Eingang; ich liege angekleidet auf dem Bett. Ich brauche nur aufzustehen, in die Schuhe zu schlüpfen, den Koffer zu nehmen und loszugehen. Ich könnte ihn auch stehen lassen, am Pool vorbei zum Hinterausgang und zu den Klippen hinuntergehen. Diese Möglichkeit besteht immer.